北海道の歴史がわかる本

増補版

桑原真人
川上　淳

石器時代から近・現代までイッキ読み!

亜璃西社

はじめに

昨今、アイヌ民族関係も含めて、北海道の歴史について書かれた本が数多く書店に並ぶようになってきた。しかし、簡潔でおもしろい上に、新しい研究成果を取り入れ、なおかつ信頼できる読み物は、案外少ないように感じる。

そこで本書は、北海道と周辺地域の歴史に関心があるものの、何から学んだらよいか迷っている人、もう一度歴史を学び直したい人、学校で習った歴史が暗記科目で少しもおもしろくなかったと思っている人、さらにはフィクションよりも事実の持つおもしろさに触れてみたい人、現在の北海道が置かれている状況を確認したい人など、おもに北海道の歴史に初めて触れるであろう読者を想定して執筆した。

また、読みやすさを考慮して、北海道の歴史をほぼ年代順に約3万年前の旧石器時代から21世紀の現在にいたるまで、全体を52のトピックスで構成している。北海道の歴史を教科書のようにすべて網羅しているわけではないが、全体を通して読むと北海道の歴史がわかるようになっている。また、最初から読まなくても、興味のあるところから読んでいただける点も、本書の特徴といえるだろう。

このように、まずは一般の読者にわかりやすいことを目指して執筆しているが、北海道の歴史を次のような視点で捉えていることも、あらかじめお断りしておきたい。

北海道の歴史は、近代以降の「開拓の歴史」に矮小化されるほど、短くて新しいわけではない。何万年も前から人々がこの地に住み、今日にいたるまで営々と歴史を刻んできている。また、北海道の人々は孤立していたり、停滞していたわけではない。古くから周辺地域の人々と活発な交易・交流を繰り返していたのである。そうした意味でも、北海道の歴史は、日本史や世界史の中に正当に位置づけられなければならないと思う。

本書が、北海道の歴史を学ぶきっかけとなり、さらに北海道の歴史について興味と関心を深めていただく一助となれば幸いである。

２００８年2月

桑原　真人
川上　淳

増補版の刊行に寄せて

本書が刊行されてから早くも10年の歳月が過ぎた。この間、本書は幸いにも多くの読者から好評をもって受け入れられ、版を重ねてきた。が、近世の日露関係や近代のアイヌ問題を中心に北海道史を取り巻く環境も、徐々にではあるが変貌してきている。このような事情を考慮して、この度、近世と近・現代の一部の項目を新たに追加して、全体を56のトピックスから構成する増補版を刊行することとした。

２０１７年12月

桑原　真人

増補版 北海道の歴史がわかる本 目次

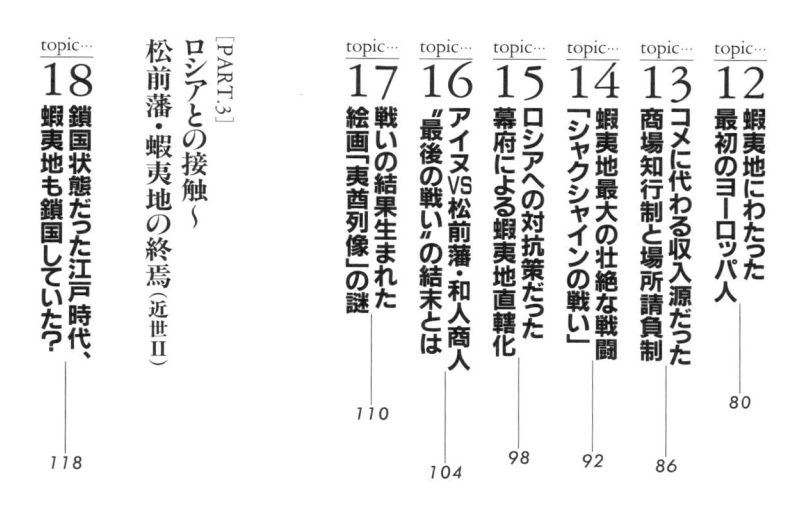

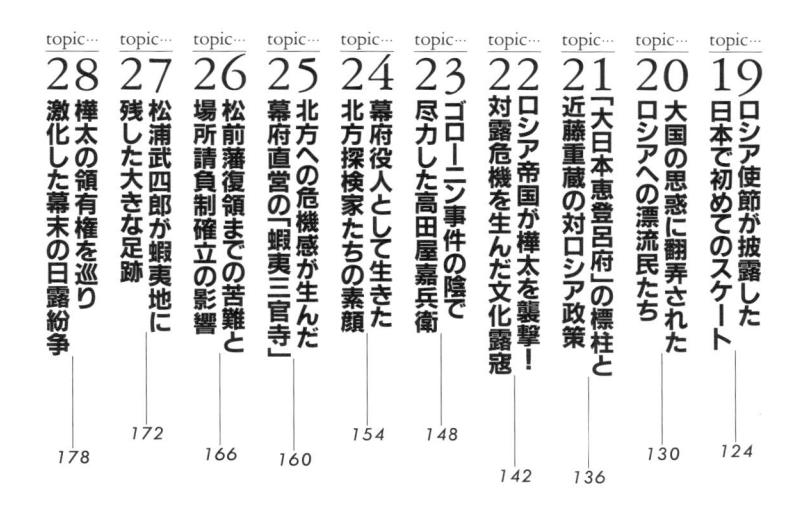

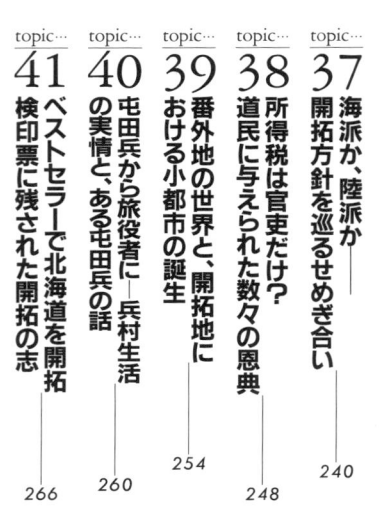

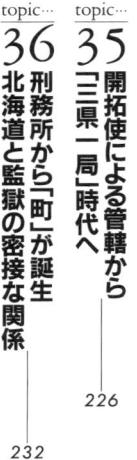

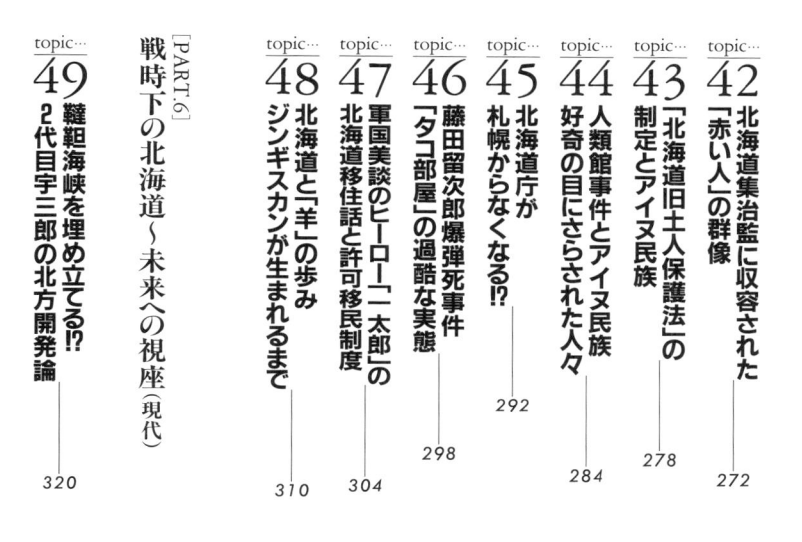

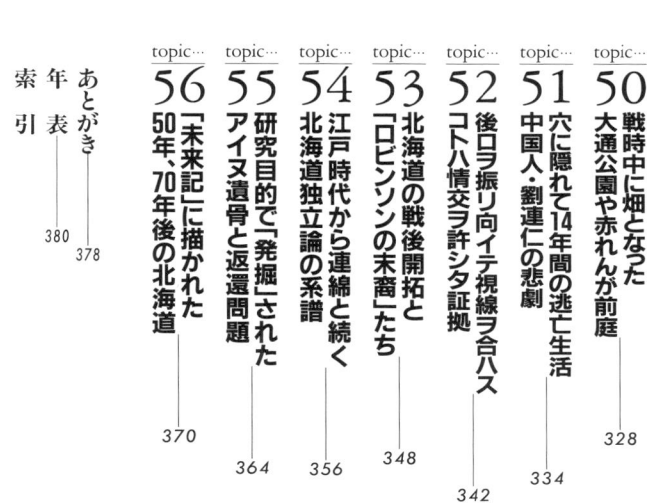

この本を読む前に

1. 年号は西暦を基本に、できる限り和暦を併記した。また、ロシア暦はそれとわかるように記している。
2. 本書に掲載する地名などの固有名詞は、アイヌ語や当て字などを含んでおり、また時代的な変遷もあって必ずしも統一されていない。そのため、できるだけ現在使われている名称を併記するようにした。
3. アイヌの人々をあらわす言葉として、本書では「アイヌ」「アイヌ人」「アイヌの人々」「アイヌ民族」などの表現を文脈に応じて使用し、機械的・形式的な統一は行わなかった。
4. 各トピックは基本的に年代順に配列したが、トピックによって広範囲な年代にわたる事項もあるため、一部、年代が前後する場合がある。
5. 各トピックのタイトル下に配した「時代ＭＥＭＯ」では、その項と同じ時代の日本国内や海外の動きを簡単に紹介した。ただし、前後のトピックと時代が重なる場合などは、その項に関連する話題を盛り込むなど、適宜内容を変えている。
6. 本文を補足する目的で、語句の説明などを脚注として本文下に配した。ただし、同じ語句がたびたび登場する場合は、参照ページを示している。
7. 各トピックの末尾に挙げた参考文献は、原稿を書く上で参考にさせていただいた文献のほか、その項をより深く知りたい方に読んでもらいたい文献も一部紹介している。

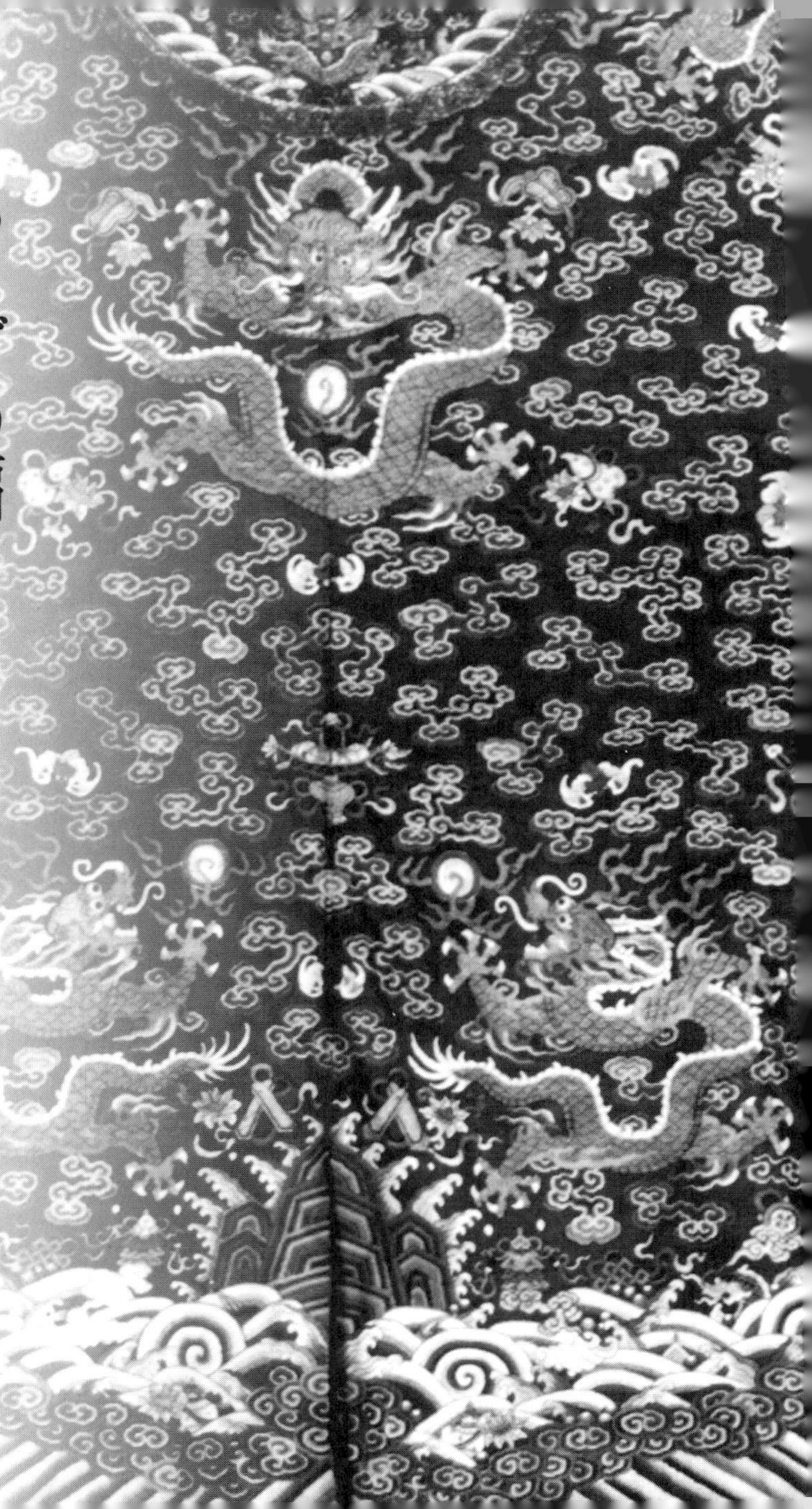

あけぼの編

川上　淳

introduction

topic....01

北海道特有の時代区分は、どうして生まれたのか?

アイヌ民族が刻んだ、本州とは異なる独自の歴史

◆北海道独自の時代区分とは?

日本の歴史は、その全土が足並みを揃え、一様に発展したわけではない。特に北海道は、南の沖縄と同様に日本列島の中央部と離れているため、一般の日本史とは異なる発展を遂げてきた。だからこそ、北海道には独自の〝時代区分〟が必要となるわけだが、では時代区分とは何なのだろう。

『岩波日本史辞典』では、以下のように説明している。

歴史の推移や社会の特徴を明らかにするために時代を区切ってとらえる認識概念。政権の所在による区分法も広く行われるが、ヨーロッパ近代で行われた古代・中世・近代の3区分法が、政治・経済・社会・文化などを包括的にとらえるものとして普遍性をもつ。日本では明治後期、**原勝《はらかつ》**

原勝郎　1871〜1924年。歴史学者。日本史に「中世」の歴史概念を導入したことで知られる。

郎《ろう》が初めて3区分法による〈中世〉概念を日本史に適用。戦後は3区分法をふまえた原始・古代・中世・近世・近代・現代という区分が一般的。

このように日本史では、〈原始・古代・中世・近世・近代・現代〉と時代を区分するのが一般的だが、教科書などではさらに細分化される。例えば、〈原始・古代〉は「旧石器・縄文・弥生・古墳・飛鳥・奈良・平安」となり、〈中世〉は「鎌倉・南北朝・室町・戦国」、〈近世〉は「安土桃山・江

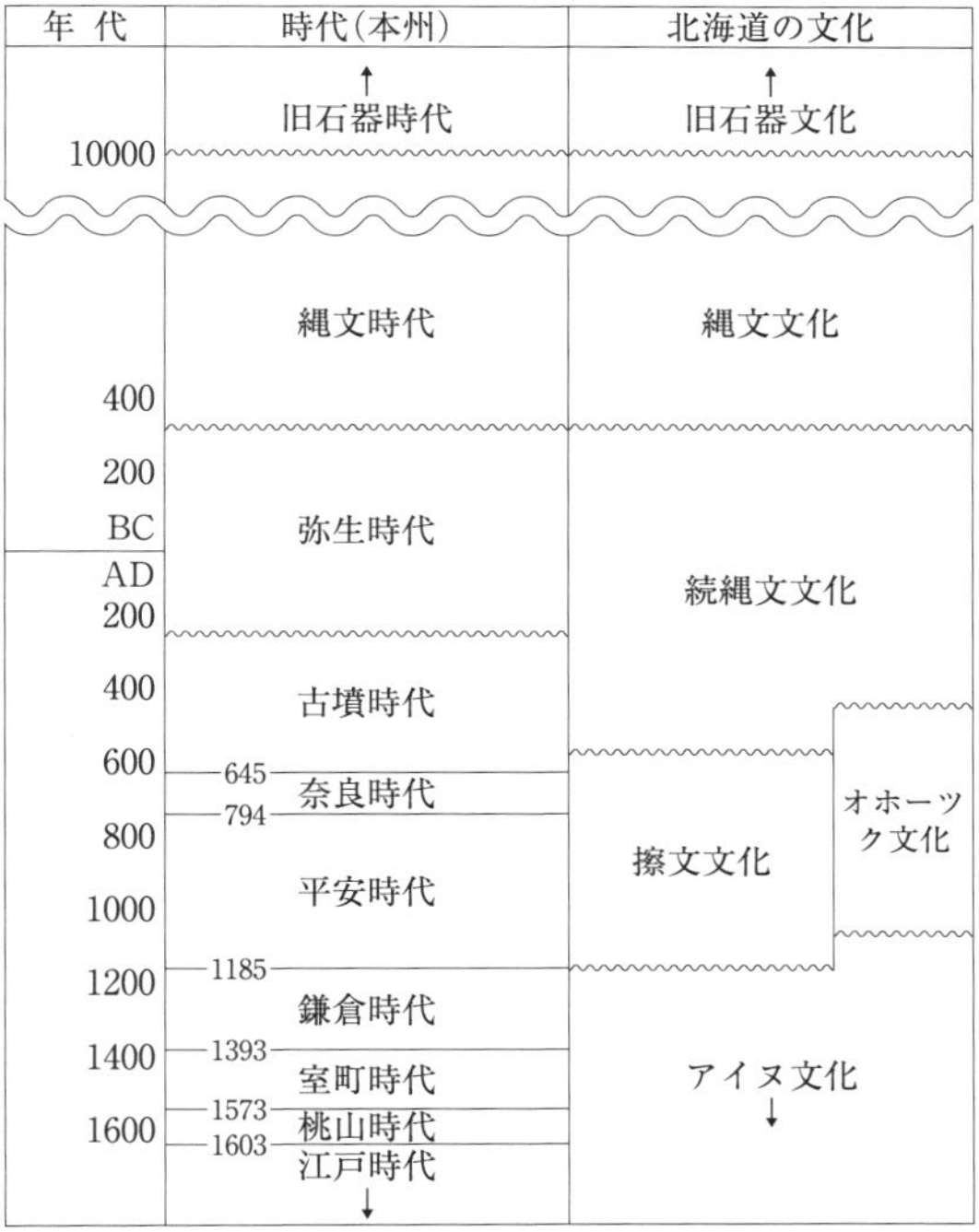

北海道と本州における時代・文化の違い

戸」、さらに〈近代・現代〉では「明治・大正・昭和・平成」となる。

日本史と北海道史を比べてみると、古い時代（旧石器・縄文）と新しい時代（明治・大正・昭和・平成）については、ほぼ同じ区分でくくることができる。しかし、北海道史の続縄文時代から江戸時代にかけては、発展の仕方が日本史と大きく異なるため、同じ時代区分で表すことは難しい。これは、北海道の自然環境が異なっていたこと、古代・中世国家の支配が及んでいなかったことに深く関係する。この間、本州など周辺地域の影響を受けながらも、アイヌ民族が独自の歴史を刻んだことで、北海道の歴史は本州と異った形で発展していったのである。

さて、**考古学**における北海道文化全体の時代区分は、おおよそ前ページの図「北海道と本州における時代・文化の違い」のように考えられている。本州とは時間的にややずれるが、縄文文化の次に続縄《ぞくじょうもん》文文化、オホーツク文化、そして擦文《さつもん》文化、アイヌ文化へと移り変わっていく。考古学では、土器や石器といった遺物《いぶつ》や遺跡を中心に、土器の形式や文様、住居の形式などを判断基準にして、時代区分を決めている。なお、各時代の詳細については後述するため、ここでは各時代の概要だけを説明していく。

考古学　土器や石器などの遺物や、住居跡などの遺構を用いて、人類の過去を研究する学問。

〔続縄文文化の時代〕

北海道の縄文時代は本州よりやや長く続いたと考えられ、紀元前後頃に「続縄文文化」へと移り変わっている。本州では大陸からの米の伝播《でんぱ》により弥生文化が栄えるが、稲作文化は北海道へ到達せず、土器も縄文の文様がつけられていた。これを続縄文土器と呼び、この時代から北海道は独自の文化形成の道を辿ることになる。また、続縄文文化も、地域的な相違や時間的な変遷を経て、奈良時代頃まで続いたようだ。

〔オホーツク文化の時代〕

続縄文文化の終わりに近い5世紀頃、**サハリン**付近から海を渡って、北海道のオホーツク海側に住み着いた人々がいた。彼らは海獣などを狩猟する海の民と考えられている。遺された住居の大きさから、大家族であったことが推測でき、土器も縄文とは異なる**刻文**《こくもん》や**貼付文**《てんぷもん》と呼ばれる文様がつけられていた。この文化を「オホーツク文化」と呼ぶ。

しかし、北海道の大部分の地域では、まだ続縄文文化が続いていた。その後、13世紀頃になって、続縄文文化に続いて北海道全域で広がった擦文文化に、オホーツク文化は融合・吸収されたと考えられている。また、アイヌ文化の**クマ送り**は、オホーツク文化から伝わったとする説が有力である。

サハリン　宗谷海峡を挟んで北海道の北の位置する島。西のユーラシア大陸とは間宮海峡で隔てられている。面積は北海道よりやや小さい。日本名は樺太（カラフト）。

刻文　尖った木などで、土器の表面に線などを刻みをつけた文様のこと。

貼付文　土器の表面に粘土を貼り付けることで、装飾性を高めた文様のこと。

クマ送り　北方諸民族やアイヌ民族が、クマを殺してあの世に送る儀礼。イオマンテとも呼ばれ、その起源については諸説ある。

〔擦文文化の時代〕

7世紀頃になると、続縄文文化は「擦文文化」に移行する。擦文文化は本州の社会や文化の影響を強く受けて成立したと考えられるが、まだ**竪穴《たてあな》式住居**と土器を使用していた。擦文土器は本州の**土師器**《はじき》の影響を受けており、表面に木のへらで擦《こす》ったような跡が残っていることから、その名がつけられている。その後、擦文文化は12~13世紀頃にオホーツク文化と一体化し、次のアイヌ文化へと移行していくことになる。

〔アイヌ文化の時代〕

交易などにより、本州社会の影響を強く受けた「アイヌ文化」は、住居も竪穴式から柱を土中に埋めて自立させた「掘立《ほったて》」に移行する。さらに、土器に代わる鉄鍋が本州からもたらされるようになったと思われるが、不足がちだったことから、内側に取っ手をつけた内耳《ないじ》土器がつくられるようになる。本州の内耳鉄鍋を模倣したこの土器は、13~15世紀にかけて使われた。

その後、16~18世紀にかけてはチャシがつくられるようになる。砦《とりで》であるチャシは、集会・談判の場でもあり、見張り台でもあった。これら内耳土器とチャシがつくられた時代を、アイヌ文化の時代と呼ぶ。なお、チャシが最後に使用されたのは、江戸時代後期の18世紀末だった。アイヌ文化はその後

竪穴式住居　地面を円や方形に掘り、そこに柱や骨組みを作って、上から葦などで屋根を葺いた建物のこと。

土師器　弥生土器の系譜を引く、素焼きした赤色軟質の土器。古墳時代以降に使われ、煮炊き用の鍋釜類に用いられた。

も続くが、考古学的にはこの時期までをアイヌ文化の時代としている。

ところで、日本史の近世段階になって松前藩が成立すると、松前藩領である和人地《わじんち》（和人の住む地域）は、明らかに近世の江戸時代と同一の文化になっていた。しかし、それ以外の北海道の大部分は、そうした影響を受けながらも独自に発展したため、便宜的《べんぎ》に**「近世アイヌ文化期」**と呼ばれることが多い。〝便宜的〟としたのは、アイヌ史を背景とした時代区分が、いまだ確立されていないためである。

現段階では「旧石器・縄文・続縄文→擦文・オホーツク文化→アイヌ文化→近代→現代」とするのが、北海道の時代区分としては一般的だが、今後はアイヌ史を背景とした北海道史・北方史の研究をさらに深め、新たな時代区分を確立していかなければならない。

近世アイヌ文化期　日本近世期の蝦夷地(北海道)については、アイヌ社会の発展段階が明確になっていない。そのため、このような呼び方をすることが多い。

［参考文献］
野村崇『日本の古代遺跡40　北海道Ⅰ』（保育社、１９８８年）
河野本道『アイヌ史／概説』（北海道出版企画センター、１９９６年）
田端宏・桑原真人他『北海道の歴史』（山川出版社、２０００年）

PART.1

原始〜中世

黎明期〜アイヌ・和人の相克

北海道にはいつから人が住み始め、それらの人々はどのような文化を持っていたのだろうか。新しい発見が続く考古学の成果から、遺跡や遺物を通して、北海道の先史時代の様子が垣間見えてきた。さらに、続いて登場するアイヌ人やアイヌ文化を紹介。彼らアイヌと、北海道に住み着くようになった和人が、どのようにかかわりあっていったのかを辿りながら、まだ不明な点が多い北海道の黎明期を検証していく。

フゴッペ洞窟の刻画(余市町教育委員会提供)

topic….02

2〜3万年前に現れた北海道最初の人類

石器が明らかにする旧石器時代の北海道

時代MEMO

旧石器時代は、打製石器を使用した猿人や原人・旧人の時代である。日本では1949(昭和24)年の岩宿《いわじゅく》遺跡発見で、初めて旧石器文化が確認された。また、この時代は氷河期にあたり、世界的に寒冷だった。

◆北海道に人類が現れた後期旧石器時代

筆者は、十勝の音更町《おとふけちょう》で生まれ育ったが、この町の川や砂利道には、いたるところに「十勝石」と呼ばれる黒いガラス質の石が落ちていた。そのほとんどは角が取れ、表面もざらざらなので、割ってみないとガラス質であることはまずわからない。しかし、十勝の子供たちは、その表面を見ただけで十勝石と見抜いたものだ。後に、その石が**黒曜石《こくようせき》**であることを知るが、それら十勝の黒曜石は、原産地である上士幌町の十勝三股から、川を伝って十勝平野全域にちらばっていったものだった。

この黒曜石は、叩き割ると鋭利なナイフ状の刃を持つため、旧石器時代の頃から石器の材料として多用されてきた。また、日本列島のこの時代の地層が酸性だったことから、有機質の遺物が残らなかったため、石器類が主な遺

旧石器時代　人類史上最古の時代。道具の使用が始まる200万年前から1万年前の時期にあたる。

黒曜石　火山岩の一種。灰色ないし黒色で、断面は貝殻状。石器の素材として、世界的に使用されていた。

物となっている。旧石器時代は前・中・後期に分けられるが、近年までは前・中期にも北海道に人類がいたとされていた。しかし、あるスキャンダルをきっかけに、その説は否定されてしまう。

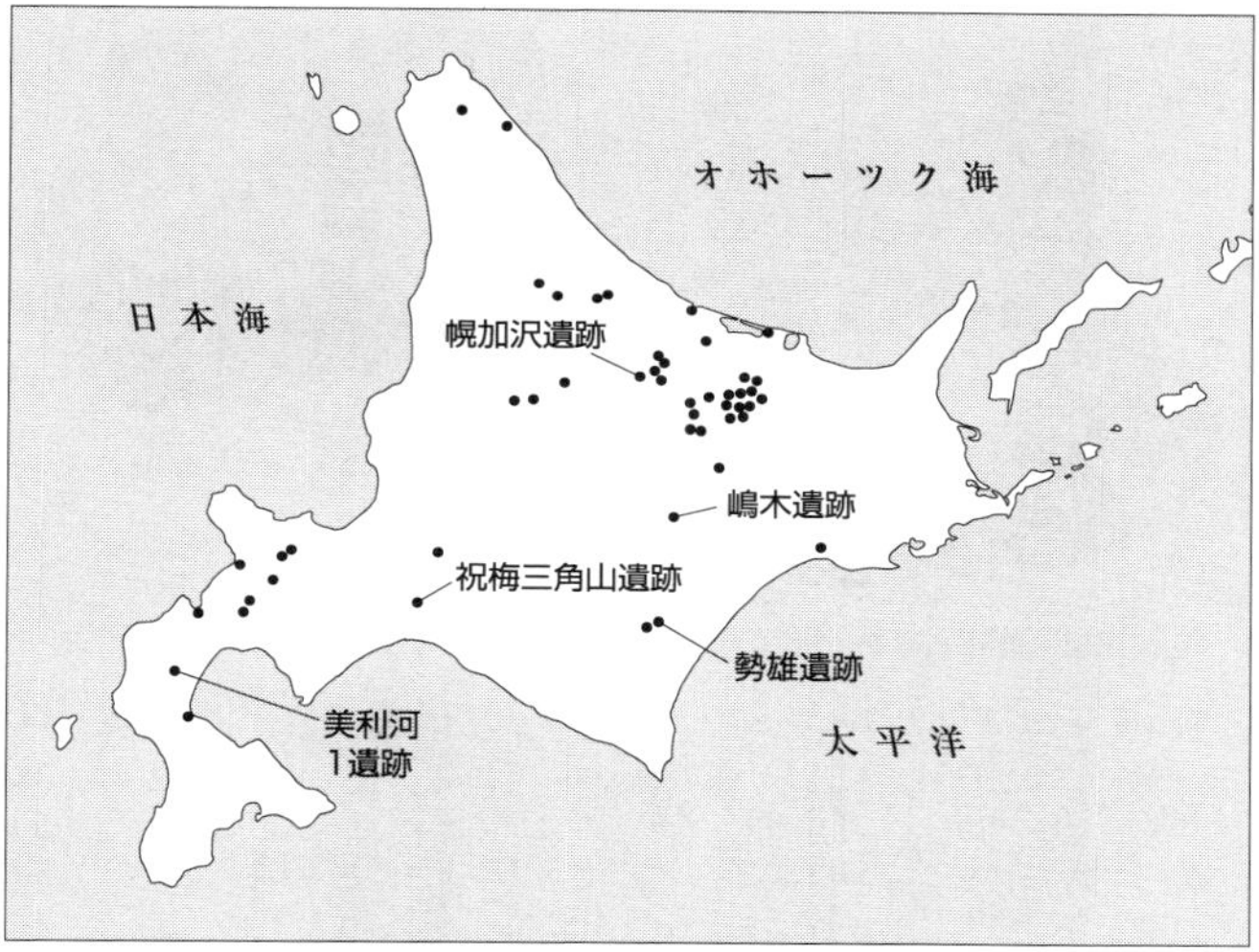

後期旧石器時代の北海道主要遺跡分布図

そのスキャンダルとは、2000(平成12)年11月5日の『毎日新聞』朝刊で明るみに出た、東北旧石器文化研究所の藤村新一氏による「**旧石器ねつ造事件**」である。藤村氏が、それまで東北や北海道で発見したとする、60万年前から3万年前の前期・中期旧石器が、ほぼすべてねつ造であることが暴かれたのだ。この事件を境に、教科書の記述や博物館の展示は改められ、

旧石器ねつ造事件　藤村新一氏は、縄文時代の石器を自ら旧石器時代の地中に埋め、旧石器を発見したかのように装っていた。その実態を毎日新聞社が撮影・スクープし、そのねつ造が暴かれた。

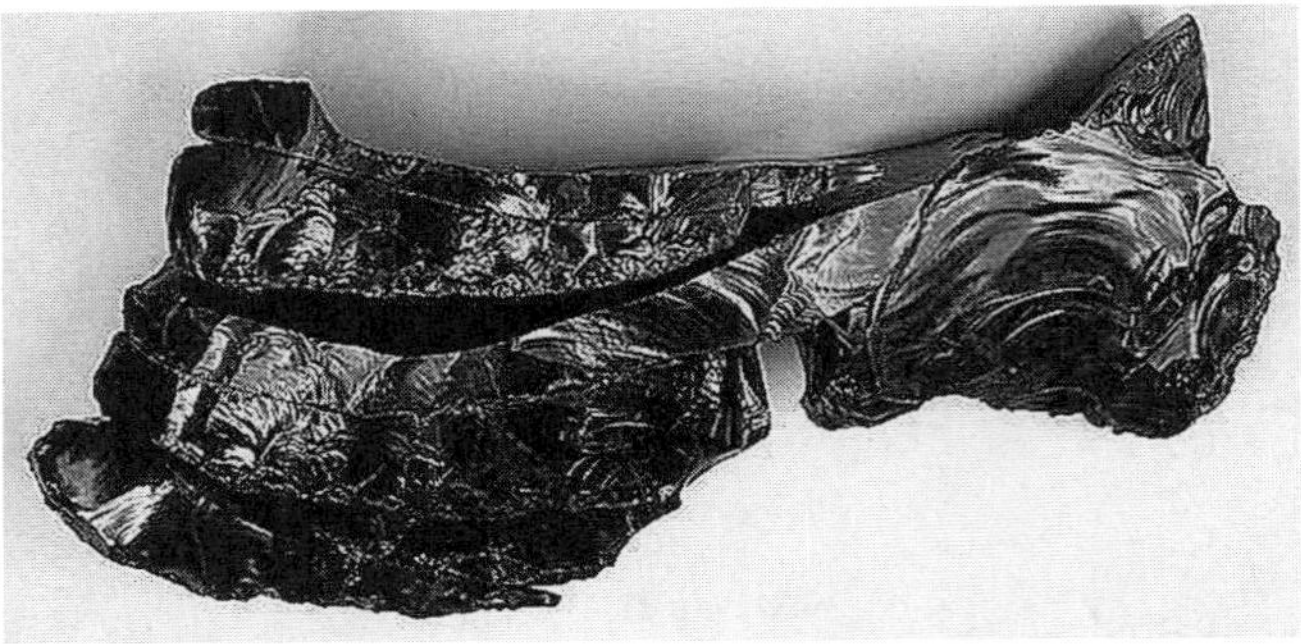

白滝幌加沢遺跡遠間地点出土の旧石器・細石刃の復元写真（木村英明氏提供）

日本の旧石器研究は振り出しに戻ってしまった。

しかし、彼が関わっていない発掘調査については、当然信頼性がある。北海道では、少なくとも約3万年前から1万年前の後期旧石器時代に使われた石器の存在が確認されていることから、後期旧石器時代（土器を使わない文化だったので、先土器時代あるいは先縄文時代とも呼ばれる）に本道で人類が生活していたことは、間違いないようだ。

後期旧石器時代にあたる2万年前の北海道は、氷期と間氷期を繰り返す**氷河時代**で、まだサハリン・シベリア大陸と陸続きだった。当時はマンモスゾウが闊歩していたことから、北海道にいた後期旧石器人を「マンモスハンター」と呼ぶ研究者もいる。

道内では、現在までに約500カ所に及ぶ旧石器時代の遺跡が発見され、千歳市の**祝梅三角山《しゅくばいさんかくやま》遺跡**や上士幌町の**嶋木《しまき》遺跡**、更別村の**勢雄《せお》遺跡**などが、

氷河時代　寒冷な氷期と温暖な間氷期が、数万年周期で繰り返された時代。200万年前から1万年前にあたる。

祝梅三角山遺跡　千歳市中心部から北東1・5キロメートルの丘陵地に位置する。

嶋木遺跡　上士幌町市街から西へ約1キロメートルの音更川左岸に位置する。

勢雄遺跡　更別村を流れる更別川とイタラタキ川に挟まれた河岸段丘上に位置する。

最も古いとされている。なかでも祝梅三角山遺跡は、深さ1〜1・5メートルの地中から、約200点の石器などが出土しており、**炭素測定**年代によって2万1450＋－750年前という数値が出ている。こうした科学的な年代測定法による結果を見ても、北海道最初の人類は、およそ2万1000年前の旧石器人であったと言っていいだろう。

◆黒曜石の世界的原産地・旧白滝村

筆者が大学1年生の夏休みに音更の実家へ帰省した折、畑の草取りを手伝ったところ、その日だけで黒曜石の石器や土器の破片を50点以上も発見した。何十年もその畑で仕事をしていた父や母が一度も気づかなかったのに、考古学を少しかじっただけでいきなり大量の遺物を見つけられたわけで、何か不思議に感じたことを覚えている。

石器の材料となる黒曜石の原産地は、道内に数カ所あるが、網走管内中西部の**旧白滝村**《しらたきむら》（現遠軽町《えんがるちょう》）は、世界的な原産地として知られる重要な場所だ。白滝産の旧石器は、400キロメートル離れた**サハリン**・ソコル遺跡で見つかっているほか、縄文時代につくられた石器は本州やロシアでも確認されている。そして、白滝の市街から北北西約6・5キロメートルの場所にある、標高1000メートルの赤石山《あかいしやま》が、大量の黒曜石を埋蔵する産出地であり、旧石器時代には石器製作の拠点ともなっていた。

炭素測定　大気中に存在する放射性炭素14を摂取した動植物が、生命を失った時点からその量を減衰させる特性を利用して年代を測定。

旧白滝村　北海道網走支庁にあった自治体で、2005年に遠軽町・丸瀬布町・生田原町と合併し、遠軽町となった。基幹産業は酪農と畑作。

サハリン　13ページ参照。

白滝幌加沢遺跡遠間地点の発掘風景（木村英明氏提供）

白滝の石器は、昭和初期から地元民によって収集が始まり、その後、研究者による調査が開始された。そうした積み重ねが、やがて日本の旧石器研究に大きな影響を与える成果を結び、その後も札幌大学の調査チームによって研究が続けられた。また2008（平成20）年までに、公益財団法人**北海道埋蔵文化財センター**が約13万平方メートルの調査を実施し、総重量13トンにおよぶ石器などの遺物696万点を発掘した。この調査では4メートル四方の空間から、最高で8万点以上の石器が出土したという。

前出の札幌大学調査チームは、赤石山中腹の**幌加沢《ほろかざわ》遺跡遠間《とおま》地点**で行った調査で出土した40万点の遺物を整理した結果、原石から削られた剥片《はくへん》・砕片《さいへん》類が、全体の97パーセントに達したことに着目。この周辺が、掘り出した原石に第1次加工を施し、半製品の状態にして他の場所へ運ぶための中継基地

北海道埋蔵文化財センター　江別市西野幌にあり、道内の大規模な発掘調査や埋蔵文化財の調査研究・保存を手掛ける。また、遺物の展示や、埋蔵文化財の情報提供も行う。

幌加沢遺跡遠間地点　白滝在住の遠間栄治氏によって発掘が始められ、膨大な量の石器や剥片が採集されたことから、その名がつけられた。

に使われたと想定し、麓の集落で最終加工が行われたものと推測している。

また、白滝産黒曜石は、前述したように産地から遥か離れた遠隔地でも発見されている。例えば、道南の今金町《いまかねちょう》**美利河**《ぴりか》**1遺跡**へは、最初に半製品の状態で持ち込まれ、そこで最終的な加工を行ったと考えられている。双方で行われた石材の動きは、そこに文化的な繋がりがあったことを示す。さらに、白滝でも他の地域でつくられた石器が見つかっていることから、当時、すでに石材の交換ネットワークが確立していたと想定されている。

旧石器時代の北海道については、石器製作の事実を除くと、火を使った跡があること程度しかわかっていない。しかし、この膨大な石器をいかに研究し解釈するかによって、この時代の社会の様相までを明らかにする可能性を秘めている。1万年以上前に北海道で暮らしていた人々のメッセージを、石器から読み取る作業が、今も考古学者たちによって日夜続けられているのだ。

美利河1遺跡　今金町美利河峠の北方、利別川支流のピリカベツ川左岸丘陵上に位置する。独特の製作工程を示す石器などが出土しており、その多くが国指定の重要文化財になっている。

［参考文献］
野村崇『日本の古代遺跡40　北海道Ⅰ』（保育社、1988年）
野村崇・宇田川洋編『新北海道の古代1　旧石器・縄文文化』（北海道新聞社、2001年）
毎日新聞旧石器遺跡取材班『旧石器発掘捏造のすべて』（毎日新聞社、2002年）
木村英明『北の黒曜石の道・白滝遺跡群』（新泉社、2005年）

topic....03

偶然発見された国宝――縄文時代の名品・中空土偶

縄文人の芸術性が光る国宝指定の中空土偶

時代MEMO

世界的には、紀元前3000年頃までに、エジプト・メソポタミア・インダス・黄河の4大文明が生まれている。しかし、同じ頃の日本列島では、まだ農耕や青銅器文化、国家は成立していなかった。

◆筆者が発見した最東の縄文土偶

かつて筆者は、偶然にも縄文時代の土偶を発見したことがある。1988（昭和63）年5月18日、根室市教育委員会の遠藤俊馬氏と根室市文化財調査委員の北角《きたずみ》定吉氏（ともに肩書きは当時）、それに筆者の3人は、埋蔵文化財の分布調査のため根室市別当賀《べっとうが》川流域を踏査していた。この日は別当賀川から近い農業・立石《たていし》貢氏宅へ立ち寄り、立石氏が拾い集めている土器や石器を見せてもらう予定だった。

その途中、ちょうどトラクターで土を掘り起していた立石氏の牧草地を横切ったところ、筆者らは掘り起こした土の上に散乱する土器片の存在に気づいた。3千数百年にわたり地中で眠っていた土器片が、偶然掘り起こされ、地表に散乱していたのである。周囲を見渡してみると、数十点ほどの土器片が見つかり、その内の9点が明らかに普通の土器と異なっていた。その表面には、鮮やかな朱色の**ベンガラ**が塗られていたのだ。

早速、割れた面を合わせてみると、片腕や片足など一部は揃っていないものの、人のような形をした土偶であることがわかった。そして、その後の調査で、縄文時代の土偶としては、最も東の位置で発見されたものであることが判明。これが、**初田牛《はったうし》20遺跡**の発見につながった。

根室市教育委員会では、土偶の未発見部分の探査と遺構そのものを確認することを目的に、急遽、発掘調査を実施した。その結果、当初は見あたらなかった足や手の断片も発見され、ほぼ完全に近い形に復元することができたのである。

さらに、そのすぐそばからは縄文時代後期の墓が2つ発見され、わずかではあるが骨片も出土。あわせて、

初田牛 20 遺跡出土の土偶（根室市歴史と自然の資料館所蔵）

ベンガラ　赤色の顔料。鉄分を含んだ石からつくられたとされる。縄文時代は、土器の彩色などに使われた。

初田牛20遺跡　根室市内を流れる、別当賀川中流に位置する。現況は牧草地。なお、出土した土偶と副葬品は、2008年に北海道有形文化財に指定。

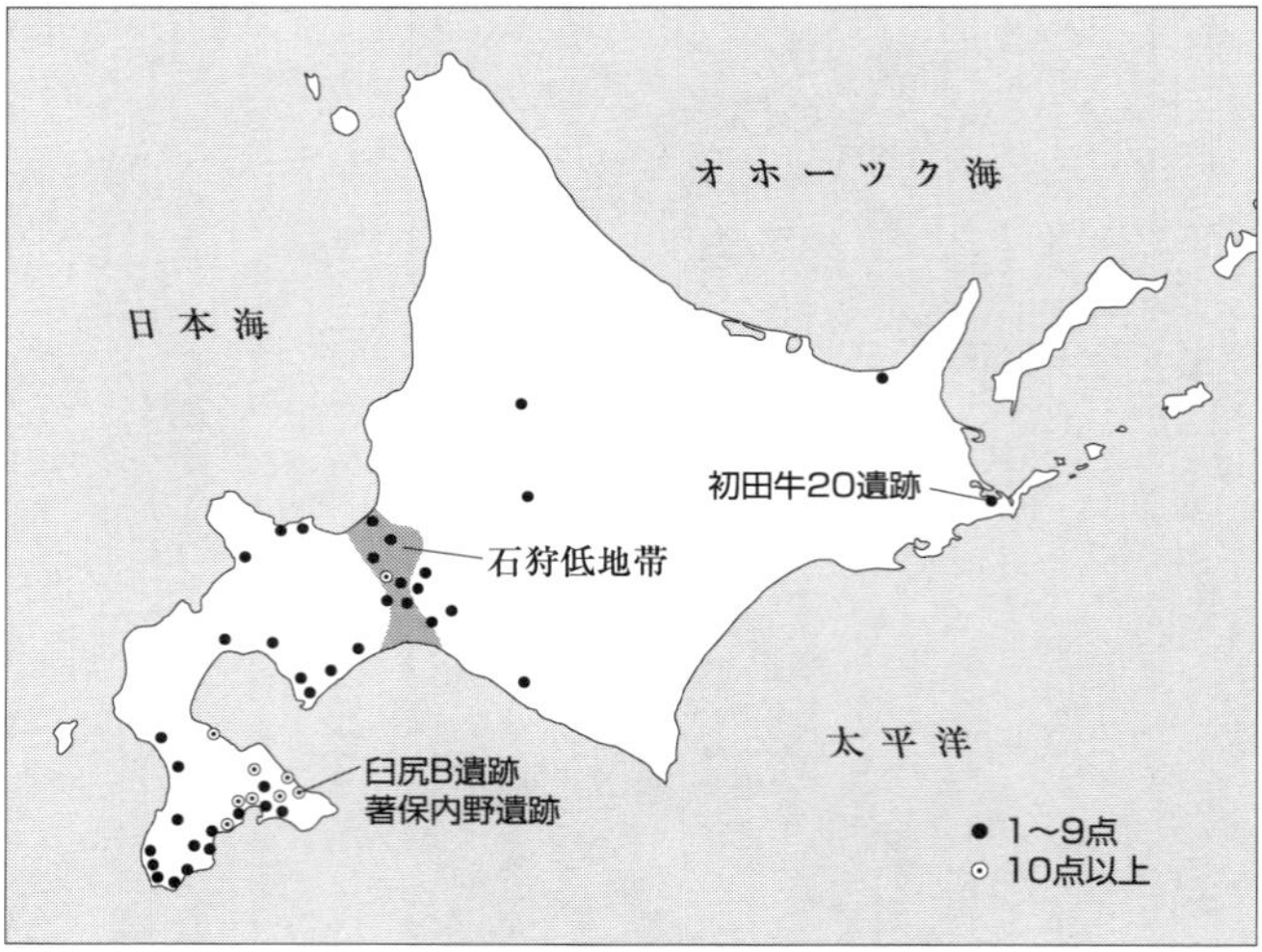

北海道の土偶分布図

被葬者の頭についたままの**漆塗《うるしぬ》りの櫛《くし》**や、**蛇紋岩《じゃもんがん》**に起因する**滑石《かっせき》**の耳飾り、蛇紋岩を60個ほど使ったビーズ状の飾りなど、一緒に埋葬されていた**副葬品《ふくそうひん》**も、人骨とともに多数発見された。

そもそも縄文文化とは、約1万3000年前から2500年前までの長きにわたり、**縄文式土器**を製作・使用した、日本列島全域に広がる文化のことだ。その遺跡は、北海道各地や南千島にも残っており、時代や地域の違いにより異なった形の土器がつくられていた。また、縄文時代の生活は、竪穴式住居で生活しながら土器や石器を使っており、青森県**三内丸山《さんないまるやま》遺跡**のような大規模な集落

漆塗りの櫛　縄文時代の遺物として、漆を塗った木製品が出土する。主に遺体の副葬品として見つかる木製の櫛は、朱漆のものが多い。

蛇紋岩　表面に蛇皮のような模様が見られる、暗緑色から黄緑色の岩石。

滑石　主にマグネシウムとケイ素からなる含水ケイ塩酸鉱物。柔らかく、白色から赤緑色を呈する。

副葬品　遺骸に添えて埋葬された、生前の所有物や祭具など。

縄文式土器　縄文時代に使われた土器の総称。主に縄目文様のついた土器をいうが、縄目がないものもある。

三内丸山遺跡　青森県西部の沖館川沿いに位置する、日本最大級の縄文集落。国指定史跡。

が形成されていたことも判明している。

これまで、数多くの遺跡や土器が発見されてきた縄文文化だが、その精神生活は必ずしも明らかにはなっていない。その鍵を握るのが土偶といわれ、今も研究が進められている。日本国内で確認された縄文時代の土偶は、約1万8000点に上るが、なぜか北海道では70余の遺跡から約400点しか発見されていない。さらに、**石狩低地帯**《いしかりていちたい》までの南西部を除くと、5カ所ほどの遺跡でしか出土しておらず、道南・道央に集中している。

◆縄文人が生んだ芸術性の高い土偶

その道南の**旧南茅部町**《きゅうみなみかやべちょう》（現函館市）**著保内野遺跡**《ちょぼないの》で出土したのが、2007(平成19)年に縄文時代としては国内3件目となる国宝に指定された、国内最大級の**中空**《ちゅうくう》**土偶**である。2006年の調査で周辺に集団墓のあることがわかり、縄文時代の信仰や祭祀と深い関係があると見られている。そしてこの土偶も、偶然発見されたものだった。

1975(昭和50)年、家庭菜園で畑仕事をしていたコンブ漁師の妻が、「国宝」を掘り出した時の様子を、『北海道新聞』では次のように紹介している。

　コンブ漁が盛んな渡島管内南茅部町の小板アエさん(74)。当時、43歳。コンブ干しの仕事に出る前に、昼に食べるジャガイモを掘ってこようと

石狩低地帯　日本海側石狩湾から、太平洋側勇払原野まで続く低地帯。

旧南茅部町　亀田半島北東部に位置する、内浦湾に面した漁業の町。2004年に函館市に編入された。

著保内野遺跡　中空土偶の出土により遺跡に指定。その後の調査で、一帯が集団墓であることがわかった。

中空土偶　内側が空洞になっている土偶で、大型のものが多い。

国宝に指定された著保内野遺跡出土の中空土偶
（函館市所蔵）

午前8時ごろ、自宅裏の高台にある畑に入った。下ろした鍬の先に、カーンと硬い音が響いた。鍬を置いて手で土をかいた。「本当にびっくりしたわ。イモでねく、頭が出てきたの」。掘り当てたのは、約3500年前に先人が埋めた中空土偶の顔の部分だった。（中略）掘り直してみたら、6つに割れた形で胴体や足が出てきた。（中略）掘り出した土偶は菓子箱に詰め、その日のうちに近所の町職員に託した。

（2007年3月17日付『北海道新聞』朝刊）

このように、土偶は偶然発見されることが多い。これは、土偶自体が墓や住居の内部ではなく、外部に置かれることが多かったことも一因となっているようだ。

北海道の土偶に詳しい北海道埋蔵文化財センターの長沼孝氏によると、北海道の土偶は、隣接する東北地方の**円筒《えんとう》・亀ヶ岡《かめがおか》文化**の影響を強く受けながらも、墓との強い関連性に加え、完形品が多い点など、他の地域とは異なる点が多いという。これまでの土偶研究では、「一般に土偶はほぼ女性の形をしており、豊穣や子孫繁栄を願って作られ、さらに後で意図的に壊した」とされてきた。しかし、北海道の土偶に限っていえば、墓との関連性が認められ、祭祀との関連も見出せるなど、北海道独自の特徴を持つ。とはいえ、それ以上の性格や用途はわかっておらず、まだまだ不明な点が多い。

ところで、前出の中空土偶は、国宝に指定される前の1989(平成元)年、ヨーロッパのベルギーで展示されたことがある。その際、土偶の美しさに魅せられた現地の人々から口々に、「日本には何人のピカソがいるのか」と絶賛されたという。北海道の縄文人が持っていた芸術性の高さは、すでに世界的に評価されているといっても過言ではないのだ。

円筒・亀ヶ岡文化　ともに縄文時代、東北地方北部から北海道南部にかけて広がった文化。

[参考文献]
『初田牛20遺跡発掘調査報告書』(根室市教育委員会、1989年)
長沼孝「北海道の土偶」〈『季刊考古学』第30号〉(雄山閣出版、1990年)

topic….04

続縄文文化が独自に持つ地域色豊かな多様性

北海道で発展した続縄文の多様な文化

時代MEMO

中国では漢〜隋初頭の時代にあたり、仏教が定着。ヨーロッパではゲルマン民族の大移動が発生し、ローマ帝国が分裂した。一方、本州では弥生・古墳・飛鳥の時代にあたり、古代国家が形成されていく。

◆多様性を持った続縄文独自の文化

地域によって特色が大きく異なる続縄文《ぞくじょうもん》文化は、多様で豊かな文化といえる。概要は後述するが、以下にあげる続縄文文化の実例で、まずはその一端に触れてみてほしい。

【余市町《よいちちょう》フゴッペ洞窟】

世界的には、スペインの**アルタミラ洞窟**や南フランスの**ラスコー洞窟**の壁画が知られるが、フゴッペ洞窟の刻画《こくが》はこれらに匹敵するものといえる。洞窟内の岩壁には、翼を持つ男、角をつけた男、４つ指の**シャーマン**、海獣狩り、女性のシンボルなど、２００個ほどの謎の刻画が描かれている。１９５０（昭和25）年、札幌から海水浴に来た中学生が、小さな洞窟があるのに気づき、中に入って貝殻や土器片を発見。この話を聞いた彼の兄（札幌南高校郷土研究部に所属）が、部に報告して調査がスタートする。さらに、顧問の先生が

アルタミラ洞窟　スペイン北部にある洞窟。１８７９年に後期旧石器時代の彩色動物壁画が発見された。

ラスコー洞窟　フランス南西部にある洞窟。１９４０年に後期旧石器時代の線刻壁画が２００点余り発見された。

シャーマン　呪術者や巫女など、神や精霊などの力を借りて、託宣や予言、治病を行う宗教的職能者のこと。

北海道大学の名取武光助教授（当時）に相談したことから、本格的な調査が行われ、**貝塚**《かいづか》層と炉の跡、続縄文時代の土器や骨角器《こっかくき》が多数発見された。その刻画の内容から、洞窟は続縄文人の聖地だったとも言われている。

〔伊達《だて》市《し》有珠《うす》モシリ遺跡のイモガイ製腕輪〕

88年の調査で、原産地が小笠原諸島や琉球列島に限られる**イモガイ**製の腕輪をはじめ、**テングニシ**製の装飾品やタカラガイ・ツノガイを使う貝製品など、南海産の貝を素材にした製品が出土した。なかでもイモガイ製の腕輪は、長崎県佐世保市**宮**《みや》**の本**《もと》**遺跡**で同じものが出土しており、琉球列島で採取され、北九州で腕輪に加工して伊達市に持ち込まれたと考えられている。

フゴッペ洞窟の刻画（余市町教育委員会提供）

琉球から伊達市へどのようにしてもたらされたかについては明らかになっていないが、興味は尽きない。この他、骨角器も多数出土しており、芸術品といっても良い出土品も少なくない。

〔羅《ら》臼《うす》町《ちょう》植別川《うえべつがわ》遺跡の銀製品〕

80年に行われた発掘調査で、2号墓から道東地方の続縄文文化の土器である**興津式土器**《おこつしき》1点、砥石2点、石斧2点、コハク玉101点、**刀子**《とうす》（短刀）2点、小金属片3点が出土し、人の頭

貝塚　人が食べた貝の殻や動物の骨などが堆積したもの。土器や石器、各種自然遺物も含まれ、当時の生活を知るうえの重要な遺物。

イモガイ　主に熱帯域のサンゴ礁に棲息する貝類。

テングニシ　高さ20センチメートル、径9センチメートルほどの大型の巻き貝。房総半島以南に棲息。

宮の本遺跡　縄文時代前期から古墳時代にかけての遺跡。弥生時代に埋葬された女性の手首から、イモガイ製の腕輪が見つかった。

興津式土器　釧路市興津で発掘された続縄文文化の土器。深鉢形と壷形があり、口縁部のボタン状突起と垂れ下がる隆起線文が特徴。

刀子　金属製の小刀で、木を細工したり調理に使うなど多目的に使われた。

や上腕の骨も一部発見された。遺体は、ベンガラを敷き詰めた平地に頭を北に向けて置かれ、その上に海岸から運んだ砂礫《されき》を盛土《もりど》して埋葬されたようだ。また、金属片を調べたところ、純度90パーセント以上の銀であることがわかった。鞘に銀製品が使われていた鉄製刀子は、後漢時代の中国北部に見られるもので、**松花江《しょうかこう》・アムール川**流域を経て羅臼へもたらされたと想定されている。この銀製品は、今のところ**日本列島で最も古い銀製品**になるという。

◆本州や北方の影響を受けながら発展

このように多種多様な文化が育った続縄文文化という名称は、北海道の縄文文化に続くという意味でつけられた。紀元前4世紀頃、西日本へ伝えられた稲作農耕文化（**弥生《やよい》文化**）は、紀元前2世紀頃に本州北端の青森県に到達する。しかし、寒冷な気候のせいもあって、津軽海峡を越えることはなかった。このように農耕文化を受け入れないまま、北海道を中心に紀元前1世紀頃から6世紀末頃まで続いたのが続縄文時代なのである。狩猟と漁労を中心に、縄目《なわめ》を入れた土器を使って生活した続縄文文化は、本州から**金属製利器《りき》**が安定供給されるようになった点が、縄文時代とは大きく異なっている。

伊達市噴火湾《ふんかわん》文化研究所の大島直行元所長と青野友哉元学芸員によると、続縄文文化前期は道南の恵山《えさん》文化、石狩低地帯《いしかりていちたい》の江別《えべつ》（太《ぶと》）文化、知床から北

松花江　中国東北部を流れる大河。アムール川最大の支流でもある。

アムール川　モンゴル高原から中国東北部を経由し、オホーツク海へ注ぐ大河。中国名は黒竜江。

日本列島で最も古い銀製品　大沼忠春編『考古資料大観第11巻』（小学館、2004年）によると、この銀製品は続縄文文化の遺跡に重ねて作られた中世の墓地の遺物と見なすべき（46ページ）との見方もある。

弥生文化　紀元前4世紀頃～後3世紀頃の弥生時代の文化で、稲作農耕が基本。

金属製利器　刀子や鉄斧などの鉄製品。

伊達市噴火湾文化研究所　伊達市教育委員会に属し、文化財の保護や活用、噴火（内浦）湾の先史や古代資料の調査・研究を行っている。

方の宇津内《うつない》文化、道東太平洋岸の興津《おこつ》・下田《しもだ》ノ《の》沢《さわ》文化に分けられるという（図参照）。では、これらの文化を個別に見てみよう。

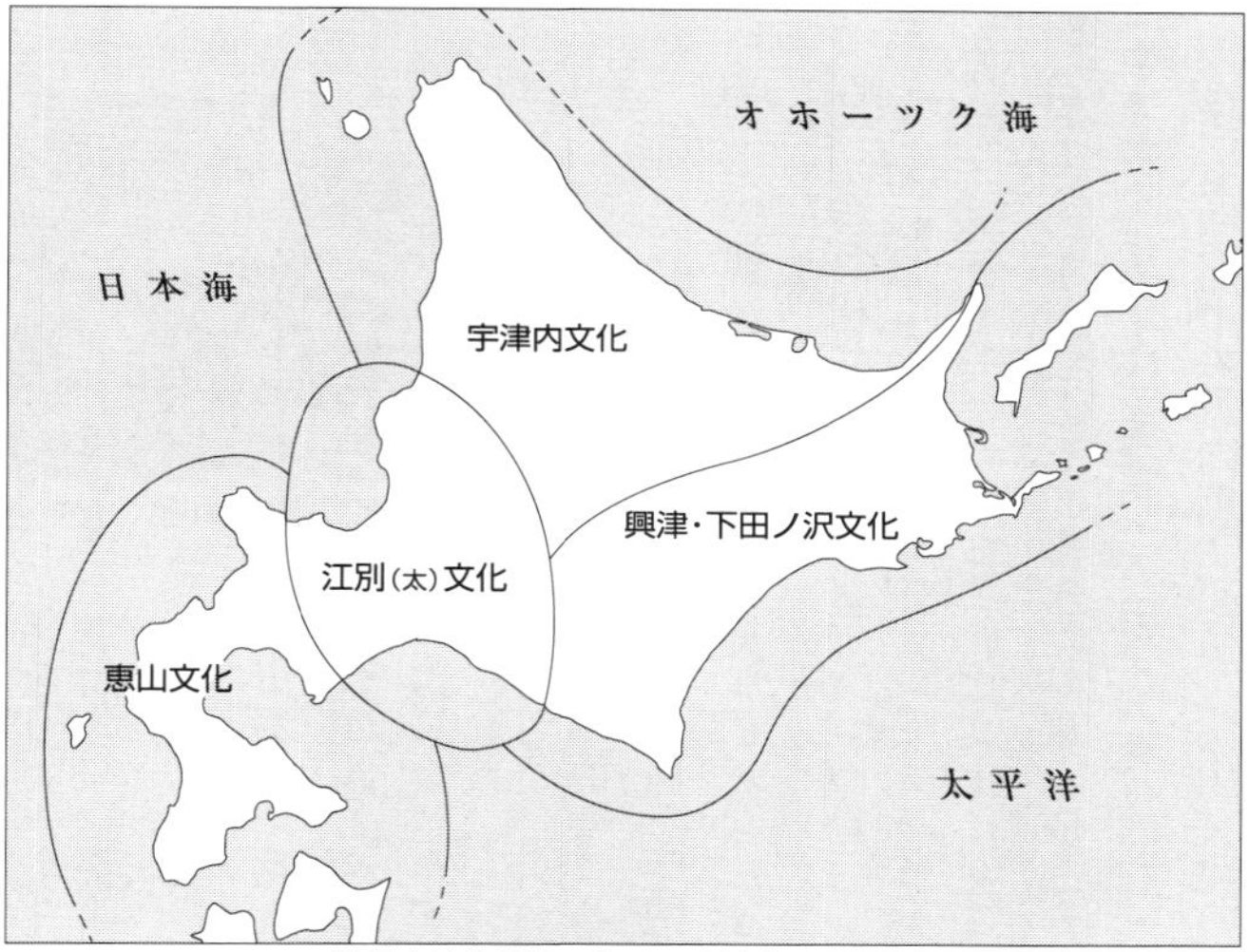

続縄文時代前期における地域文化分布図

〔恵山文化〕

恵山文化は、本州の弥生的文化の影響を強く受けながら、北海道東北部の土着文化の影響もあり、両者の要素を取り入れて成立していた。稲作栽培は行わなかったが、そこに見られる弥生的な文化要素を考えると、弥生文化に入れて良いのではという議論も生まれている。

また、貝塚が多く残ることや、釣針、銛《もり》などの漁労具が出土していることから、恵山文化は海に依存す

江別(太)文化の後北式土器
(江別市郷土資料館所蔵)

る文化だったと思われる。

〔江別(太)文化〕

道央部の石狩低地帯で発生した江別(太)文化の土器は、**後北式土器**《こうほくしき》と呼ばれる。この土器は文様を少しずつ変え、道南の恵山文化が衰退した後に全道へ広がった。文化人類学者の河野本道氏は、土器につけられた文様を「近世アイヌの基本的な文様の原型」と指摘。アイヌ文化との関連性を主張する。

また、遺跡から出土した用具などから、江別(太)文化は河川でのサケ・マス漁を主な生業としていたことがわかった。江別市郷土資料館の元館長、故高橋正勝氏は、「8000年以上にわたって続いてきた縄文文化の流れをくむ人々が、異質ともいえる弥生農耕文化に変質することを、その当時の気候や豊富な食料を背景として拒んだ結果、成立した文化」と定義づけている。

〔宇津内文化および興津・下田ノ沢文化〕

続縄文期前半の道内東北部は、弥生文化の影響が薄い。道北部から**サハリン**南端までは、地域色の強い**宇津内式土器**が多く、道東部は**千島列島**《ちしまれっとう》中部付近までが**下田ノ沢式土器**をともなうなど、地方色豊かだった。稚内市の遺跡

後北式土器 後期北海道式薄手縄文土器の略称で、北海道考古学を確立した、河野広道氏(文化人類学者の河野本道氏は子息)が命名。口縁部の突起や器の外側を飾る縞縄文が特徴。

サハリン 13ページ参照。

宇津内式土器 斜里町の宇津内遺跡で発見された続縄文式土器。口縁部の突瘤文と縄線文が特徴のⅡa式と、突瘤文のないⅡb式がある。

千島列島 北海道東端とカムチャツカ半島南端の間に連なる、弧状の列島。略して千島とも言う。なお日本外務省は、北方領土問題により、クナシリ島とエトロフ島はこれに含まれないという見解をとっている。ロシア名はクリル列島。

で、漁労や海獣狩猟に結びつく遺構が見つかっているほか、礼文島ではアワビの貝層や陸獣や海獣、魚類、鳥類の骨が大量に出土している。

これらの遺物を見ると、文化的には主にサハリンや千島列島に繋がっていることがわかり、弥生文化圏の影響は薄かったと思われる。しかし、周辺地域との関係性には不明点が多く、今後ロシア側の調査が進むことで、具体的な文化の流れが解明されていくだろう。

このように、弥生文化の影響を色濃く受けた南部、サハリンや千島列島の文化の影響を受けた東北部、そしてその狭間で独自色を強めた道央部など、続縄文文化は地域によって異なる発展を遂げていく。さらに、日本列島の南方や海外との交易も行われるようになっており、次の擦文《さつもん》文化へ繋がる下地がつくられていった時代ともいえる。

下田ノ沢式土器　厚岸町の下田ノ沢遺跡から発見された続縄文式土器。撚糸文と突瘤文が特徴のⅠ式と、縄線文と隆起線が特徴のⅡ式がある。

［参考文献］
峰山巌・掛川源一郎『謎の刻画　フゴッペ洞窟』（六興出版、1983年）
野村崇『日本の古代遺跡41　北海道Ⅱ』（保育社、1997年）
野村崇・宇田川洋編『新北海道の古代2　続縄文・オホーツク文化』（北海道新聞社、2003年）

topic....05

交易の重要性が高まる擦文文化の開かれた社会

農耕生活とそれを支えた本州との交易品

時代MEMO

ヨーロッパでは962年に神聖ローマ帝国が成立し、中国では960年に宋が建国された。日本では794年に平安京が都となり、1192年には源頼朝が征夷大将軍となるなど、古代から中世への転換期だった。

◆今も道内に残る竪穴式住居群の跡

北海道の北部や東部では、地表面が四角く窪んだ**竪穴《たてあな》式住居**の跡が、今もあちこちに見られる。オホーツク海に面した北見市常呂《きたみしところ》の栄浦《さかえうら》第2遺跡の場合、東西2・7キロメートル、南北300メートルの帯状に、2030軒もの住居跡が確認されている。また、国後島《くなしりとう》を望む標津町《しべつちょう》の伊茶仁《いちゃに》カリカリウス遺跡には、標高20メートルの台地に1300軒の竪穴式住居跡が残っており、こうした住居跡のほとんどが擦《さっ》文《もん》文化の時代のものだ。これらの住居跡は、航空写真などで見ると、月面のクレーターのように窪んで見え、壮観ですらある。

残された住居跡の数だけ見ると、数千人規模で暮らしていたのかと思うかもしれないが、そうではない。擦文文化の住居跡が209軒分発掘された小平町の**小平高砂遺跡《おびらたかさご》**では、166軒の住居跡から出た450点以上の擦文土

竪穴式住居　浅く掘り窪めた地面を床にした、半地下式の住居。床に柱を立て、円錐形の屋根を地面に直接葺き下ろしていた。

小平高砂遺跡　小平町市街の北東を流れる、小平蘂川右岸の河岸段丘上に位置する。1967年、北海道大学の大場利夫氏らが初めて発掘調査を行い、1980〜1981年に同町教育委員会が大規模な発掘を実施した。

器をもとに、集落の変遷が研究された。その結果、それらの住居跡は、9世紀末から11世紀までの２００年余りにわたって少しずつ築かれたもので、同じ時代に一斉につくられた住居ではなかったのである。

7~13世紀にかけて北海道とその周辺に広がった擦文文化は、土器が持つ特有の器面の仕上げからその名がついた。その表面には、滑らかに仕上げるために、幅1センチメートルほどの木の箆《へら》で擦った跡が残っていたのだ。本州の**土師器**《はじき》の影響を受けて誕生したと考えられる擦文土器は、大きなもので高さ約50センチメートルに達し、カマドで使えるように下部が細くなっている。ろくろを使わずに厚さ4~8ミリメートルに仕上げられた器は、完成度が高い。

空から見た西月ヶ岡遺跡の竪穴式住居跡
(根室市歴史と自然の資料館提供)

また、深さ1メートル程度の半地下式でつくられる竪穴式住居は、床面を角の円い正方形にしたワンルーム構造が特徴だ。大きさは、平均すると一辺4メートル程度のものが多い。主柱は四隅に1本ずつ立てられ、屋根は葦《あし》や笹などを使い、地表面から中心上部に向けて葺《ふ》いていた。

内部には、壁側に粘土で固めた1~2個

土師器　14ページ参照。

のカマドがあり、地中から野外に煙の抜け穴を設けたタイプのほか、家の中心に簡単な炉を置いただけの住居も少なくない。なかには、壁際にベッド状の板を置き、そこで寝起きしていたと思われる家もあった。その室内には、1、2個ほどの擦文土器や鉄製品などが残されており、本州から鉄が豊富にもたらされていたことがわかる。

こうした竪穴式住居を、一部では墓として利用していた例もある。ところが、擦文文化の住居跡が数多く残っているのに、墓自体はほんのわずかしか見つかっておらず、その理由は今も明らかになっていない。

◆農耕集落の生活に欠かせなかった交易

では、擦文文化の時代、人々はどんな生活をしていたのだろう。まず、前の続縄文文化同様、彼らが豊かな自然の恵みを受けて暮らしていたことは、遺された食べ物のカスなどから推察できる。同時に、そこから**栽培種の種子**も見つかっており、続縄文文化には少なかった本州との交易や農耕の広がりが認められるのだ。

例えば、札幌市の北海道大学構内にある**サクシュコトニ川遺跡**では、魚を罠に導くためのテシと呼ばれる木杭《きぐい》と、多量のサケ科の魚の歯や骨片が出土している。また、川底に落ちたりテシ材にはさまっていた多くのヤスや中柄《なかえ》状の木器《もっき》、さらにはアイヌがサケ・マス漁に使うマレク(鉤銛《かぎもり》)同様の鉄片も見

栽培種の種子　その土地の原生ではない、他地域から持ち込まれた農耕栽培用の植物の種。

サクシュコトニ川遺跡　北海道大学構内の旧恵迪寮跡で見つかった遺跡。ここで出土した9世紀頃の土師器の杯には、「夷」の文字が刻み込まれていた（この字は「夷」と読むとされる）。

つかった。

　この遺跡では、他にコメ、オオムギ、コムギ、キビ、アワ、アサ、アズキなど、炭になった栽培植物の種子も出土しており、この一帯に原初的な農耕集落地帯があったと思われる。このほかにも、栽培植物の種子が見つかっている擦文文化の遺跡は、道南の松《まつ》前町《まえちょう》**札前《さつまえ》遺跡**から道東の根室市《ねむろし》**西月《にしつき》ヶ《が》岡《おか》遺跡**まで全道10数カ所におよび、農耕や交易の広がりを裏付けている。

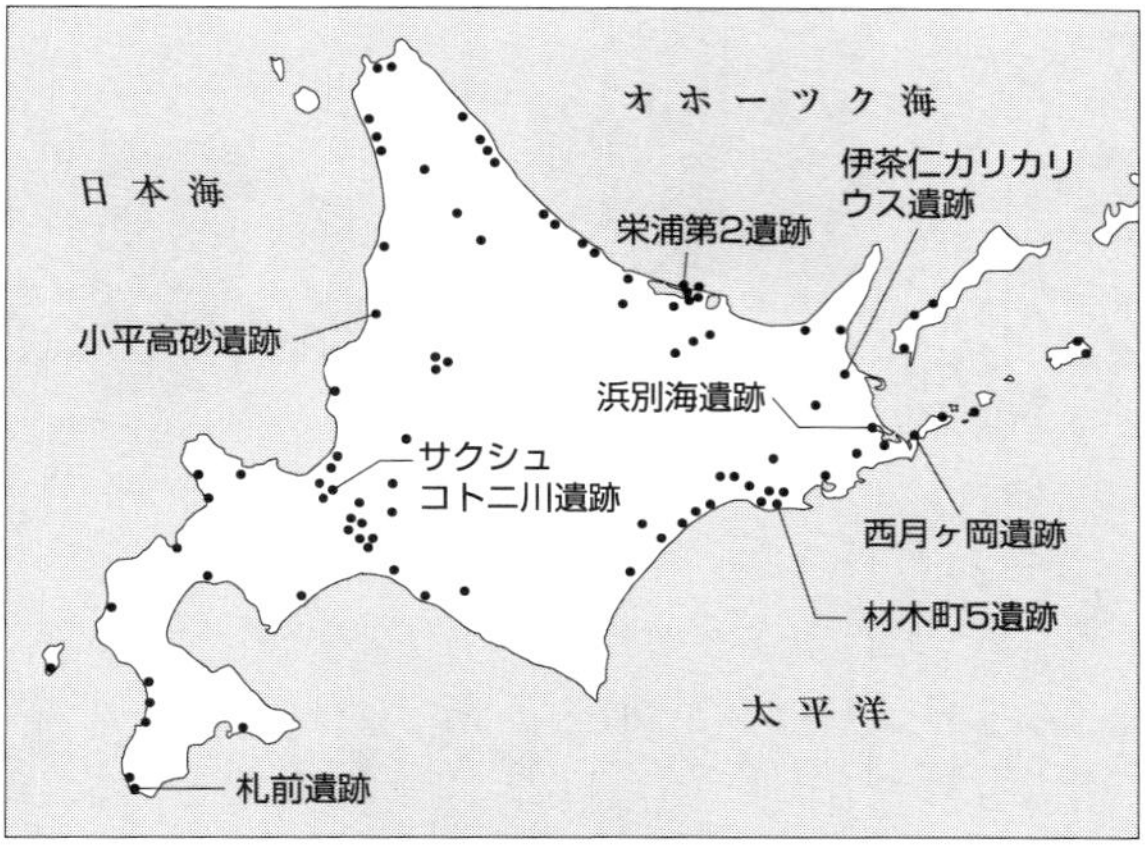

擦文文化の主要な遺跡分布図

　旭川市博物館の瀬川拓郎氏（当時、現札幌大学教授）が行った、この時代の石狩川水系におけるサケ漁についての調査結果がある。それによると、サケの産卵場と擦文文化の集落があった場所とが一致し、それらの場所から大量のサケの骨が出土したことから、集落は捕獲加工基地の役割を担っていた

札前遺跡　松前市街の北西、日本海を見下ろす段丘上に位置する。鉄製品が多く出土し、擦文文化終末を解明する上で重要な遺跡。

西月ヶ岡遺跡　根室市街手前の国道44号線沿いに位置する国指定史跡。擦文時代の竪穴式住居跡約300個が地表面に並ぶ。

西月ヶ岡遺跡出土の擦文土器
（根室市歴史と自然の資料館所蔵）

と指摘。さらに、日本海側にある主要河川の河口付近で10世紀に成立していた交易の拠点では、交易品として従来使われてきた獣皮などの奢侈品《しゃしひん》（贅沢品）に加え、新たに本州向けの**干《ほ》しサケ**が登場していた可能性が高いとしている。

前述の通り、擦文文化の時代には鉄が広く使われるようになり、農耕具（鎌・鍬《くわ》・鋤先《すきさき》など）や武器（**蕨手刀《わらびてとう》**・直刀《ちょくとう》・**鉄鏃《てつぞく》**など）、加工具（斧・刀子《とうす》など）、漁労具（釣針・ヤス・鉤銛《かぎもり》など）、さらには生活用具、装身具にまで鉄製品が用いられていた。これら金属製品のほとんどは、本州や中国でつくられたものだ。また、釧路市の材木町《ざいもくちょう》5遺跡では中国の**湖州鏡《こしゅうきょう》**、別海町《べつかいちょう》の浜別海《はまべつかい》遺跡でも中国の通貨・**元豊通宝《げんぽうつうほう》**（初鋳年1078年）が出土している。

このように、大量の金属製品や栽培種を入手するため、それまで行われてきたと思われる**毛皮生産**に加えて、大規模な干しサケ生産もこの頃に始まったと推測できる。つまり、続縄文時代までの自己完結的な社会ではなく、交易がかなりの比重を占める開かれた社会だったと想定されるのだ。

干しサケ　寒風で干したり、住居内につり下げて炉の煙で燻蒸したサケのこと。

蕨手刀　持ち手側が蕨の若芽のような形をした鉄製の刀。

鉄鏃　狩猟用具や武器として使われた、矢の先に付ける鉄製のやじり。

湖州鏡　中国宋代に浙江省湖州地方で作られた鏡。朝鮮半島や日本国内で出土している。

元豊通宝　中国北宋の元豊年間に鋳造された銭。平安末期から、日本にも大量に輸入された。

毛皮生産　クマやシカ、アザラシ、ラッコなどを狩猟し、その毛皮をなめした物を生産した。

こうした時代を経て、擦文文化が次のアイヌ文化へ進展していったことは、異論のないところだが、疑問点も多い。というのも、擦文文化の終焉《しゅうえん》時期である13世紀から、アイヌ文化へと移行する15世紀にかけての遺跡が、ほとんど見つかっていないのである。カマドを使う竪穴式住居から、炉だけの**掘立**《ほったて》**住居**に変化していったことは間違いないと思われるが、まだ近世期のアイヌ文化に繋がるだけの遺跡は見つかっていない。今後の研究の進展が、さらに望まれる時代でもある。

掘立住居 平らな地面に柱を埋める穴を掘り、そこに直接柱をたてた家。

［参考文献］
藤本強『擦文文化』(教育社、1982年)
横山英介『擦文文化』(ニュー・サイエンス社、1990年)
野村崇『日本の古代遺跡41 北海道Ⅱ』(保育社、1997年)
野村崇・宇田川洋編『新北海道の古代3 擦文・アイヌ文化』(北海道新聞社、2004年)

topic....06

海とともに暮らしたオホーツク人の海洋文化

モヨロ貝塚が明らかにした海洋民の生活

時代MEMO

ヨーロッパでは、神聖ローマ帝国が興った後、13世紀まで十字軍が続く。中国では隋・唐・宋が成立。日本では飛鳥時代にオホーツク文化が生まれたと考えられ、その終末は擦文文化に比べるとやや早かった。

◆オホーツク文化を代表するモヨロ貝塚

日本の近代的考古学は、1877（明治10）年にアメリカ人の**モース**が**大森《おおもり》貝塚**（東京都）を発掘調査したことに始まる。翌年には、同じくお雇《やと》い外国人として来道していた英国人火山地震学者ミルンが、早くも根室の**弁天島《べんてんじま》貝塚**で発掘調査を実施。『英国人類学雑誌』第10号に発表されたその遺物の中には、紛れもないオホーツク式土器が図示されていた。つまり、北海道の近代考古学は、根室の弁天島から始まったといっても過言ではないのだ。

5～13世紀にかけて、**オホーツク海南岸一帯**にのみ居住していた海洋民がいた。狩猟と沿岸漁を生業とする彼らは、オホーツク人またはオホーツク文化人と名づけられ、その文化はオホーツク文化と呼ばれる。その代表的な遺跡が、網走市にある**モヨロ貝塚**である。

モース　1838～1925年。明治政府に招かれ、東京大学で生物学を教えた。

大森貝塚　東京都の品川区と大田区にまたがる縄文時代の貝塚。国の重要文化財。

弁天島貝塚　根室港内に位置する小島に残った貝塚。

オホーツク海南岸一帯　サハリン南部から稚内を経て、知床半島、根室、千島列島にかけての海岸部を指す。

ミルンの調査から35年後の1913(大正2)年、網走に一人の男性が居を定めた。彼の名は**米村《よねむら》喜《き》男《お》衛《え》**氏。考古学に魅せられた米村氏は、自ら網走で発見したモヨロ貝塚を調査研究すべく東京から単身移住し、仕事の傍ら発掘を続ける。その結果、オホーツク文化の存在を明らかにし、その後も貝塚とその遺物の保存運動に生涯をかけた。

米村氏は最初の調査で、見慣れない土器に注目。紐《ひも》状の粘土を貼った文様を持つこの土器は、縄文や続縄文時代とは明らかに系統が異なっていた。未知の土器との出あいが、彼にオホーツク文化の存在を直感させたのだ。

1941(昭和16)年、海軍施設建設のため遺跡の一部が壊されることになり、北海道

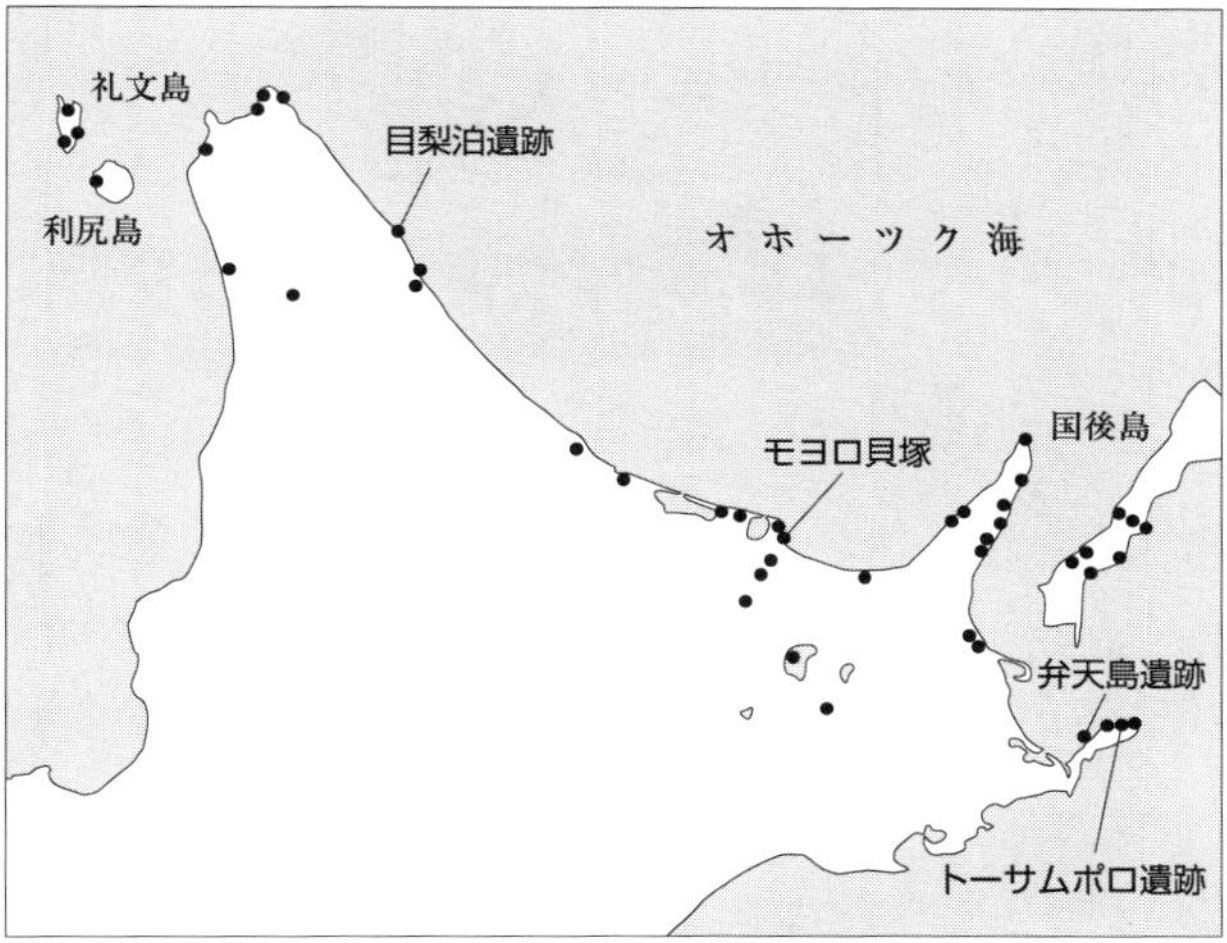

オホーツク文化の主要な遺跡分布図

モヨロ貝塚　網走川河口北岸に位置する、オホーツク文化を代表する遺跡。2万平方メートル余りが、国指定史跡になっている。

米村喜男衛　1892〜1981年。青森県で農家の長男として生まれる。18歳で上京し床屋職人となるが、東京大学の鳥居龍蔵と出会い、考古学への関心を深めたことから、網走への移住を決意した。

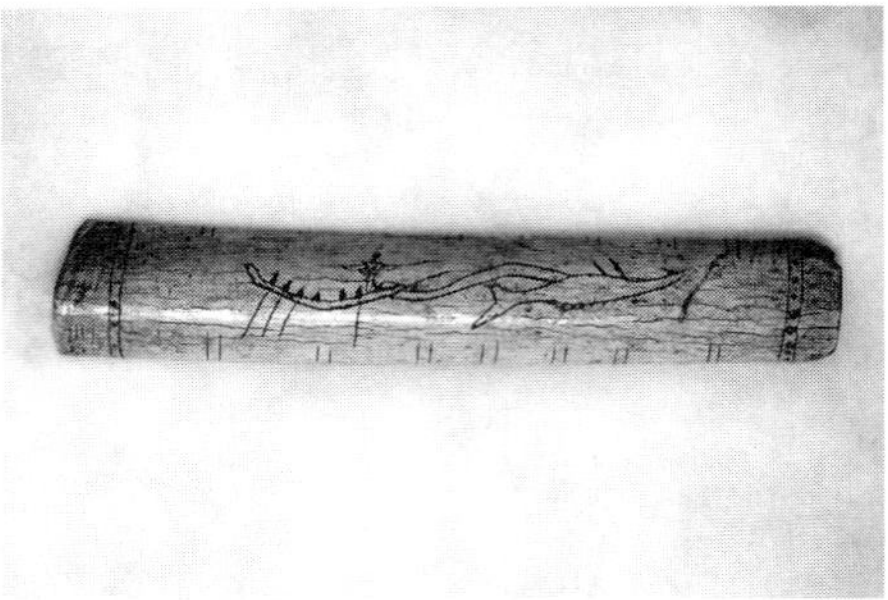
弁天島貝塚から出土した管状骨製針入れ
（北構保男氏所蔵）

大学などの協力で発掘調査が行われた。その結果、完形土器１８０点、骨角器１５００点、石器１２００点など膨大な遺物が出土し、貝塚の重要性が再認識されることになった。

遺跡はその後、米村氏の尽力で**モヨロ貝塚館**を中心とする公園となり、数々の遺物を展示収蔵する**網走市立郷土博物館**（旧北見郷土館）も誕生。米村喜男衛氏は１９８１（昭和56）年にその生涯を閉じるが、息子の哲衛氏（元網走市立郷土博物館長）、さらに孫の衛氏（現網走市立郷土博物館長）と、３代にわたって研究は継承されている。

一方、冒頭で紹介した根室の弁天島貝塚では、地元の考古学者**北構保男**《きたかまえやすお》氏の招聘で、１９６２（昭和37）年から３年間にわたって東京教育大学による本格的な発掘調査が行われた。北構氏は13歳の時、弁天島で「捕鯨彫刻図」が刻まれた管状骨製《かんじょうこっせい》針入れ（写真）を発見し、その後國學院大学で考古学を専攻。第２次大戦後は、故郷の根室で考古学の研究を続けてきた。北構氏は、米寿を迎えた後にも現役研究者として活躍され、その考古学に対する情熱は、

モヨロ貝塚館　モヨロ貝塚に隣接し、発掘された状態を復元した貝塚や人骨、オホーツク式土器などを展示する。

網走市立郷土博物館　初代館長である米村喜男衛の収集した約3000点の資料をもとに、オホーツクの考古学・民俗学・自然科学資料などを収蔵・展示する。

北構保男　1918～2020年。旧根室町出身。國學院大学で考古学を学び、外務省、文部省を経て、第2次大戦後は根室で印刷会社を設立。その傍ら考古学研究を続ける。『古代蝦夷の研究』など著書多数。

米村喜男衛氏にも決して引けをとっていない。

◆海洋民族・オホーツク人　初期に**サハリン**南部と北海道北部に定着したオホーツク文化は、中期に道東・千島方面にまで進出する。ところが、後期になって彼らの存在の痕跡は、突然消えてしまう。これまでその原因は謎とされてきたが、最近では内陸部で狩猟や農耕を生業にしていた擦文人と混血し、吸収されたとする説が有力になっている。では、海と生きたオホーツク人の生活様式とは、どんなものだったのだろうか。

〔生業〕

彼らは様々な動物とともに生きていた。多量の骨が見つかった根室市のオンネモト遺跡では、貝類（9種）やフジツボ、ウニ、軟骨魚類（11種）、鳥類（10種）、エゾシカなどの陸生哺乳類、海獣類（約20種）が、住居の内外で出土している。さらに、これらを捕獲するために使う骨製釣針や骨製釣鉤《つりかぎ》、銛頭《もりがしら》、刺突具《しとつぐ》、さらに石製錘《おもり》なども大量に見つかった。

また、前述の北構氏が発見した鳥の骨を使う管状骨製針入れには、人が乗る舟が銛先のような用具でクジラ漁をする様子が彫られており、彼らが舟を使って魚や海獣を捕獲していたことがわかる。

サハリン　13ページ参照。

弁天島遺跡での発掘調査の様子
（根室市歴史と自然の資料館提供）

〔住居〕

住居は四角形または五角形の竪穴式住居で、直径は10~15メートルと大きく、大家族で暮らしていたと思われる。中央に石で囲んだ炉があり、そこを中心に板状の粘土を床に張った住居が多い。

また、五角形の頂点部分にクマの頭骨を重ね、祭壇のように祭った住居もあり、後のアイヌ文化におけるクマ送り儀礼との深い関係性が指摘されている。ベルトの飾りや小鐸など大陸の金属製品や和製の**蕨手刀**《わらびてとう》も出土しており、周辺地域と盛んに交易していたようだ。

蕨手刀　40ページ参照。

〔信仰〕

オホーツク文化では、墓に埋葬された死者の頭部に土器をすっぽりかぶせている例が多い。枝幸町《えさしちょう》の目梨泊《めなしどまり》遺跡では、その土器の下半分だけが風化していたことから、長期間その部分が地表に露出していたと思われ、それを墓標にしていた可能性が高い。

埋葬方法として屈葬《くっそう》（死者の手足・腰を折り曲げた埋葬の方法）が一般的だが、

目梨泊遺跡などでは伸展葬《しんてんそう》が見られるほか、根室市のトーサムポロ遺跡では石を墓の輪郭に沿って並べた例もある。また、モヨロ貝塚で見つかった副葬品には、蕨手刀を中心に**袋柄《ふくろえ》形鉄鉾《がたてつほこ》**や鈴、石環《せっかん》(中央に穴を開けた円盤で装飾品などに使われた)、景祐元宝《けいゆうげんぽう》(中国北宋の景祐年間に鋳造された銭)などがあり、隣接する大陸や本州との交流の一端を垣間見ることができる。

このように様々な遺物を残したオホーツク人だが、彼らがどの民族をルーツとするかは、いまだにわかっていない。アイヌ民族説、**ニブフ民族**説、**ウルチ民族**説などアムール川下流域民説など諸説あるが、いまなお謎を秘めている。北方の歴史にとって、オホーツク人はロマンあふれる存在なのだ。

［参考文献］
野村崇『日本の古代遺跡41　北海道II』(保育社、1997年)
野村崇・宇田川洋編『新北海道の古代2　続縄文・オホーツク文化』(北海道新聞社、2003年)
米村衛『北辺の海の民・モヨロ貝塚』(新泉社、2004年)

袋柄形鉄鉾　鉄製の先の鋭い用具。特に刃側の基部を袋状にし、柄の先を袋部分に入れて装着するものを指す。

ニブフ民族　ロシアのアムール川下流域とサハリンに居住する原住民。

ウルチ民族　アムール川中流域に住むツングース系民族。サンタン(山丹)人は、ウルチ民族を指すと考えられている。

topic….07

アイヌ人とアイヌ文化はいつ生まれたのか？

遺跡のない空白期間にルーツをたどる鍵が

時代MEMO

この項は時代を特定していないため、北海道周辺地域に暮らす民族を紹介しよう。サハリンにウィルタ、ニブフ民族、ロシア沿海州にウルチ、オロチ、ウデヘ、ナナイ民族など、カムチャツカにはイテリメンがいる。

◆近世に形成された蝦夷＝アイヌの認識

現在、北海道を中心に数万人ものアイヌの人々が暮らしており、過去から現在までアイヌと呼ばれる人々が存在していることは、紛れもない事実である。しかし、「アイヌ人とアイヌ文化は、いつ北海道で形成されたか」という本項のテーマについて、誰もが納得する答えを出すことは難しい。たとえるなら、「日本人はいつから日本人になり、日本文化がいつの時点で形成されたのか」という問題同様、単純にこうだと言い切れる明快な回答がなかなか見出せないのである。

一般に「アイヌ文化」という場合、**日本近世**《きんせい》を中心に考えることが多い。研究者の間では、この時代を便宜的に「**近世アイヌ文化期**」と呼んでいる。この〝近世〟は、日本近世におけるアイヌ文化という意味で、アイヌ文化の成熟度が近世の段階だったわけではない。アイヌ社会が日本近世社会から大

日本近世　豊臣秀吉が全国統一した1590年から、徳川慶喜が大政奉還した1867年までを指す。

近世アイヌ文化期　15ページ参照。

きな影響を受けたことは間違いないが、アイヌ社会自体が近代の前段階だったということを意味しているわけではないのだ。

そうした近世以降のアイヌ文化に比べて、それ以前の状況はほとんどわかっていない。たとえば、日本の古代・中世の文献に出てくる「エミシ」「エビス」「エゾ」という名称が、アイヌのことを指すか否かについては、いまも論議が続いている。

『日本書紀』に出てくる「蝦夷」と呼ばれる人々は、7世紀頃、現在の東北地方から北海道にかけての地域に住んでいた。当時の「蝦夷」について『日本書紀』には、朝廷のある大和から近い順に熟蝦夷《にきえみし》、麁蝦夷《あらえみし》、都加留《つかる》があり、毎年**朝貢**《ちょうこう》にやってきたと書かれている。

歴史学の立場から見ると、古代日本の律令国家は、当時の「蝦夷」（古代ではエミシ・エビスと読む）を中国の**東夷**《とうい》**・北狄**《ほくてき》に見立て、**征討**《せいとう》すべき対象と考えていた。8世紀には、**坂上田村麻呂**《さかのうえのたむらまろ》が、「蝦夷」の指導者だった**阿弖流為**《あてるい》らを反乱者として征伐したとする文献が残っている。

その後、朝廷による征討が進められた結果、古代の「蝦夷」は、東北北部を除いて9世紀前半までに律令国家体制に組み込まれ、服従を余儀なくされた。なかでも、陸奥・出羽地方の蝦夷は、朝廷への隷属《れいぞく》と引き換えに特産物を朝貢する「俘囚《ふしゅう》」という身分におかれるが、やがて交易を通して力を持ち、

朝貢　外国の使いが来て、貢物をさし出すこと。

東夷・北狄　古代中国において、都市文化を共有しない異民族を呼ぶ際の蔑称。

征討　支配者に服属しない者をせめうつこと。

坂上田村麻呂　758〜811年。平安初期の武人。797年に征夷大将軍となり、蝦夷征討を行った。

阿弖流為　あてるい。陸奥国胆沢地方の蝦夷の族長。801年、坂上田村麻呂による胆沢地方平定で投降し、処刑された。

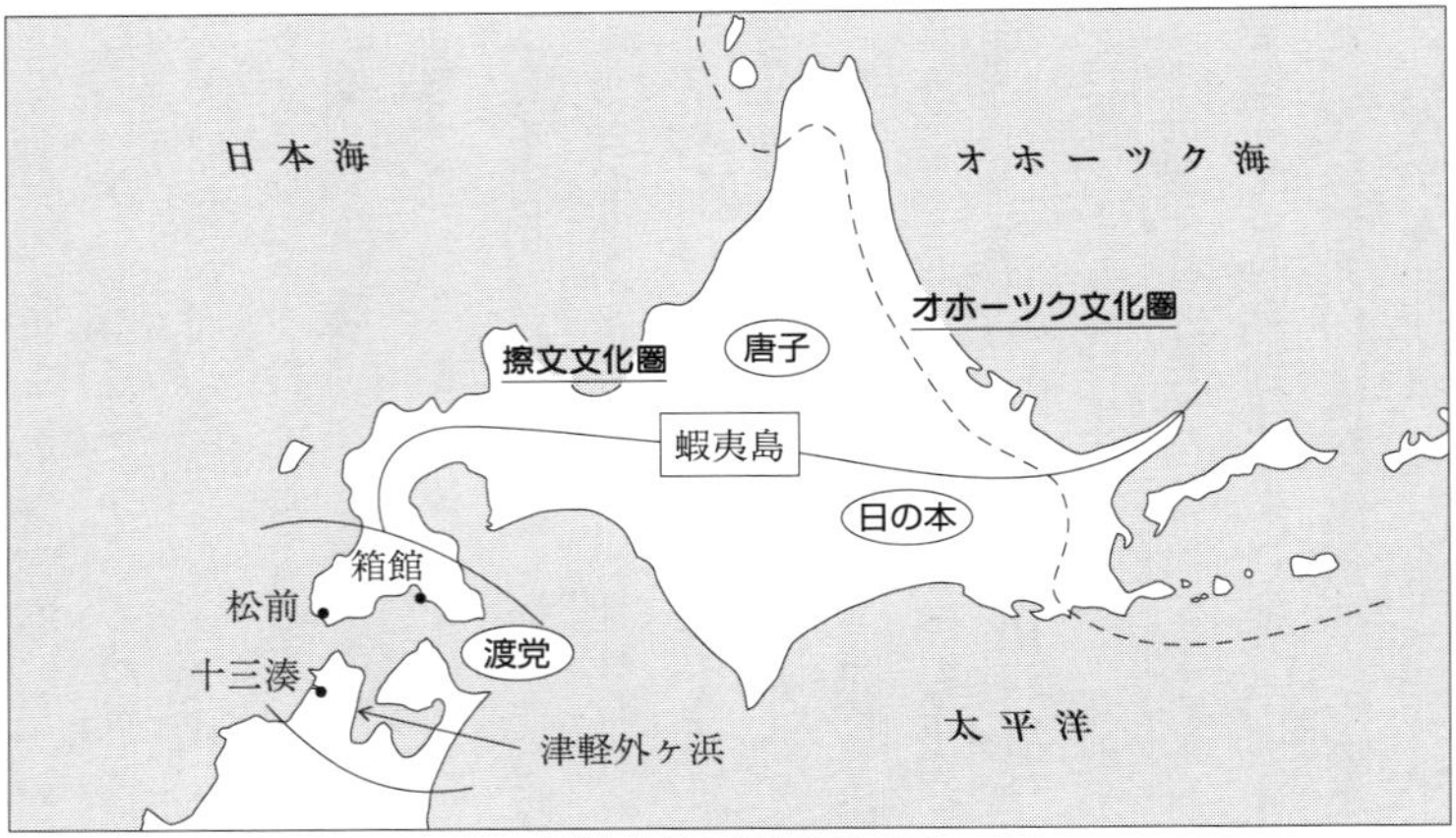

中世における蝦夷島概念図

安倍氏《あべし》などの中世的な地頭《じとう》権力へと成長していく。

中世になると、源頼朝が「蝦夷」（中世・近世ではエゾと呼ぶようになる）を征服する軍事的指揮者として征夷大将軍の位につく。頼朝が東北地方を支配していた**奥州藤**《おうしゅうふじ》**原氏**《わらし》を滅ぼすと、俘囚安倍氏の系譜を引く**安藤氏**《あんどうし》が、東北北部や北海道の「蝦夷」を朝廷に代わり支配する「**蝦夷管領**《えぞかんれい》」となった。

では、蝦夷島《えぞがしま》の名で呼ばれていた中世の北海道は、どんな状況だったのだろうか。14世紀初めの北海道には、「日の本《ひのもと》」「唐子《からこ》」「渡党《わたりとう》」と呼ばれる蝦夷がいた。「日の本」は東部の太平洋岸、「唐子」は西部の日本海側に住み、箱館・松

安倍氏　平安後期に陸奥国北上川中流域の奥六郡に勢力を広げ、俘囚の長と自称した豪族。

奥州藤原氏　平泉を本拠とし、院権力と結んで俘囚上頭・陸奥出羽押領使として東北地方で勢力を振るう。

安藤氏　安東とも書く、東北の豪族。下国安藤氏は南部氏に敗れ、15世紀に蝦夷地へ追われるが、後に出羽檜山（能代）に移り、戦国大名となる。

蝦夷管領　鎌倉時代、津軽や北海道の蝦夷を支配するためにおかれた職名。

前などを拠点にする「渡党」は、**津軽外ヶ浜**《つがるそとがはま》と往来する人々のことを指す。なかでも「渡党」は、近世アイヌと似たような習俗を持つ人々のほか、奥州藤原氏の滅亡によって東北北部から北へ逃げた人、蝦夷島に追放された強盗や盗賊、日本海交易の武装した海商や海民などを含んでいた。**十三湊**《とさみなと》を本拠地にする蝦夷管領の安藤氏は、こうした蝦夷島の「渡党」も管轄下に置いたようだ。

このように古代における「蝦夷」とは、特定の民族や人種を意味するものではなく、中世における「蝦夷」も、特定の地域に住む人間集団の呼称として使われていた。「蝦夷」という言葉が民族としてのアイヌを指すようになっていくのは、近世になってからのことだろう。

◆空白の14世紀にルーツを辿る鍵が

一方、北方史や考古学の世界では、近世以前のアイヌ文化を考古学の時代区分で捉え、擦文文化を「前アイヌ文化」と一般的に位置づけている。つまり、「擦文文化がオホーツク文化の影響を受けたことで、近世アイヌ文化が成立した」という考え方だ。しかし、ことはそう簡単ではない。考古学の菊池徹夫氏は、以下のような問いを投げかけている。

津軽外ヶ浜　青森県の津軽半島と下北半島に囲まれた陸奥湾の古い地名。

十三湊　中世から近世にかけて、青森県五所川原市十三の辺りにあった港。

たとえばあなたが、「現代日本文化の起源・系統は平安文化にたどれるか？」と問われたらどう答えるだろう。そうだとともいえるし否ともいえるのではないか。たとえそれが「弥生文化」だったとしても同様、答えは必ずしも単純でないだろう。これはアイヌ文化と擦文文化との間でも同じことなのだ。現存する一つの民族文化と、同じ地理的領域の先行文化との間で起源・系統論を論ずることはかなり困難な作業なのだ。

（「擦文文化はアイヌ文化の前身か」〈『別冊宝島EX　アイヌの本』所収〉）

擦文文化の終わる13世紀と、文献史料が現れる15世紀の間に位置する14世紀は、遺跡や遺物がほとんど見つかっていない〝空白の時代〟である。このため、擦文文化だけをアイヌ文化の祖形・母胎と断定するのは早計、と菊池氏はいう。

また、考古学の宇田川洋氏は「アイヌ考古学」を提唱し、擦文文化以降について次のような時代区分を設定している。

14〜18世紀を「原アイヌ文化期」、19世紀以降を「新アイヌ文化期」の2つにわけ、さらに原アイヌ文化期を、前期「**内耳**《ないじ》**土器**時代」、中期「中期**チャシ**文化」、後期「後期チャシ文化」の3つに区分。つまり、内耳土器とチャシがつくられた時代を原アイヌ期とする、考古学的発想に基づいた考え方である。

内耳土器　本州の内耳鉄鍋を模倣したとされる。取っ手が内側につくため、炉での使用に適していた。

チャシ　54ページ参照。

さて、菊池氏も指摘しているように、アイヌ人とその文化のルーツをどこまで遡るかについては、アイヌ文化とアイヌ人の定義を再検討し、研究者の間に共通認識を生み出していかない限り、その答えを出すことは難しいだろう。前述の古代蝦夷論についても、これとまったく同じことがいえる。そうした意味でも、アイヌ文化の起源を探るための鍵は、14世紀の空白期間にこそ隠されているはずだ。

［参考文献］
海保嶺夫『エゾの歴史』（講談社学術文庫、２００６年）
石井慎二編『別冊宝島ＥＸ　アイヌの本』（宝島社、１９９３年）
菊池勇夫『アイヌ民族と日本人』（朝日新聞社、１９９４年）
宇田川洋『アイヌ考古学研究・序論』（北海道出版企画センター、２００１年）

topic….08

チャシ跡が物語るアイヌ文化成立期の様子

16〜18世紀の北海道を代表する遺跡チャシ

時代MEMO

1533年に南米ではインカ帝国が滅亡、イギリスでは1642年に清教徒革命が始まる。日本では1590年に豊臣秀吉が全国統一を達成。1603年には徳川家康が征夷大将軍となり、江戸幕府を開いている。

◆アイヌの砦だったチャシ　チャシとは、「砦《とりで》」「かこい」を意味するアイヌの言葉で、近世の和人による記録には「城」「城跡」とも記されている。河川や海、湖沼などを臨む高台に方形や半円状の壕や土壇《どたん》をつくり、その内側に柵をめぐらせて使っていたと思われるチャシは、砦や聖域、祭の場、さらには見張り台など、多様な機能を持っていたようだ。

その遺跡は、北海道とその周辺に500カ所以上残っている。消滅したものを含めると1000カ所近くあったといわれ、**根室半島チャシ跡群**や**釧路川流域チャシ跡群**など、国指定史跡になっているものも少なくない。筆者は、根室半島チャシ跡群が史跡に指定される際、調査に携わったことから、何度も通ったことがある。そこで見たものは、チャシの眼前に横たわる**国後島《くなしりとう》**の威容だった。かつて、アイヌの人たちはここに立ち、島からやってくる船を

根室半島チャシ跡群　根室市にある24カ所のチャシ跡の総称。国指定史跡。

釧路川流域チャシ跡群　釧路川流域に点在する11カ所のチャシ跡の総称。国指定史跡。

国後島　知床半島の東、千島列島最南に位置し、北海道とは根室海峡で隔てられている。

監視していたのだろうか――などと、往時に思いを馳せたことを記憶する。

　北海道の歴史では、考古学的解明が進む13世紀までと、文献史料的解明の進む19世紀以降の狭間にあたる14～18世紀にかけてが、アイヌ文化の成立期と考えられている。考古学的には、土器や石器から鉄の使用に、住居も竪穴《たてあな》式から掘立《ほったて》に変化する過渡期にあたるため、遺物が非常に少ない。そのため、14～16世紀は**内耳土器**《ないじどき》、16～18世紀はチャシ跡が、各時代を代表する遺物・遺跡となっており、当時の生活を解明する鍵を握っているのだ。

　チャシが使われていた時代の記録は非常に少ない。しかし、1643（寛永20）年に蝦夷地や**千島列島**南部などへ上陸し、アッケシ（厚岸）のチャシについての見聞を記録に残したオランダ人がいた。オランダ東インド会社の司令官フリースである。極東への進出を目指す**オランダ東**《ひがし》**インド会社**が、未知の日本北端を調査するために送り込んだのが、第2回太平洋探検の司令官であるフリースだった。では、彼が残したチャシの記録を見てみよう。

　それから**険阻**《けんそ》な地点に向かった。そこは…

根室半島チャシ跡群のひとつ「ヲンネモトチャシ」
（根室市歴史と自然の資料館提供）

内耳土器　52ページ参照。

千島列島　34ページ参照。

オランダ東インド会社　1602年に設立され、アジアでの交易や植民を手がけて、一大海上帝国を築いた。

険阻　地形がけわしい状態。

入り江の北西点に当たり、その岡の上には一基の…とりでが建っていた。その後方には、八軒ないし十軒の家があったが、その中にはまったく人がいなかったし、この一か年間は人が住んだことがないようにみうけられたのである。

　この村落から南西微西に当たる幅半**マイル**ほどの川の対岸に二つの村落があり、各村落の近くの山上には同じように造られた…とりでがたっていた。これらの…とりでは、次のように構築されている。

　塞《とりで》は山の頂上に建てられていて、そこまでは登りにくい一本の細い上り道があるだけであった。そして、方形の防御柵が人の丈の一・五倍の高さに造られ、その柵の中には二、三軒の家がある。防御柵には、大きなカスガイのついた松材の大きな扉があり、これを閉ざす時には太い二本のカンヌキをカスガイに通してとめられるのである。これらの方形に造られた防御柵の二隅には、松材の厚板で造られた足場が建てられているが、それは、その場所から見張りをするためのものであった。さらに、防御柵は全て交叉する梁《はり》で補強されていた。

　フリースが書き残したように、チャシは村落の近くにある山の上に築かれ、そこへの道はひとつしかなく、頂上に防御柵や見張り台が設置されていた。

マイル　1マイルは約1609メートル。

さらに、出入口の大きな扉にはカンヌキをし、柵もしっかり補強された極めて堅牢な造りだったことがわかる。

しかし、チャシが使われている様子を描いた絵や図版となると、ほとんど残っていない。珍しい例として、安政年間（1854〜1860年）に作成されたと思われる『**蝦《え》夷《ぞ》風《ふう》俗《ぞく》図《ず》会《え》附《ふ》蝦《え》夷《ぞ》語《ご》解《かい》説《せつ》全《ぜん》弐《に》冊《さつ》**』（函館市中央図書館所蔵）がある。作者は、安政年間にノツケ（別海町野付半島）の支配人を務め、アイヌ語通訳でもあった**加賀伝蔵《かがでんぞう》**。アイヌの争いについての伝承を描いたものだが、写実的な部分もあり、実在した「チフルチャシ」が舞台と思われる。

絵につけられた説明には、「チフル方のチャシ《館》四月十五日早朝より由断《ママ》の図」と書かれ、女性が全裸になって、チャシに立て籠もる人々を油断させようとする様子が描かれている。

『蝦夷風俗図会附蝦夷語解説全弐冊』より
（函館市中央図書館所蔵）

◆発掘されたチャシの実像

いまも数多く残るチャシ跡だが、発掘調査されたものは、まだほんの一握りにすぎ

蝦夷風俗図会附蝦夷語解説全弐冊　別海町野付半島付近の地名が出てくる、チャシを舞台にした草紙的な物語。絵図とともに現実的な描写と非現実的な話が入り混じっている。

加賀伝蔵　根室場所請負人の用人として働いた加賀家3代目。アイヌ語の記録を数多く残した。

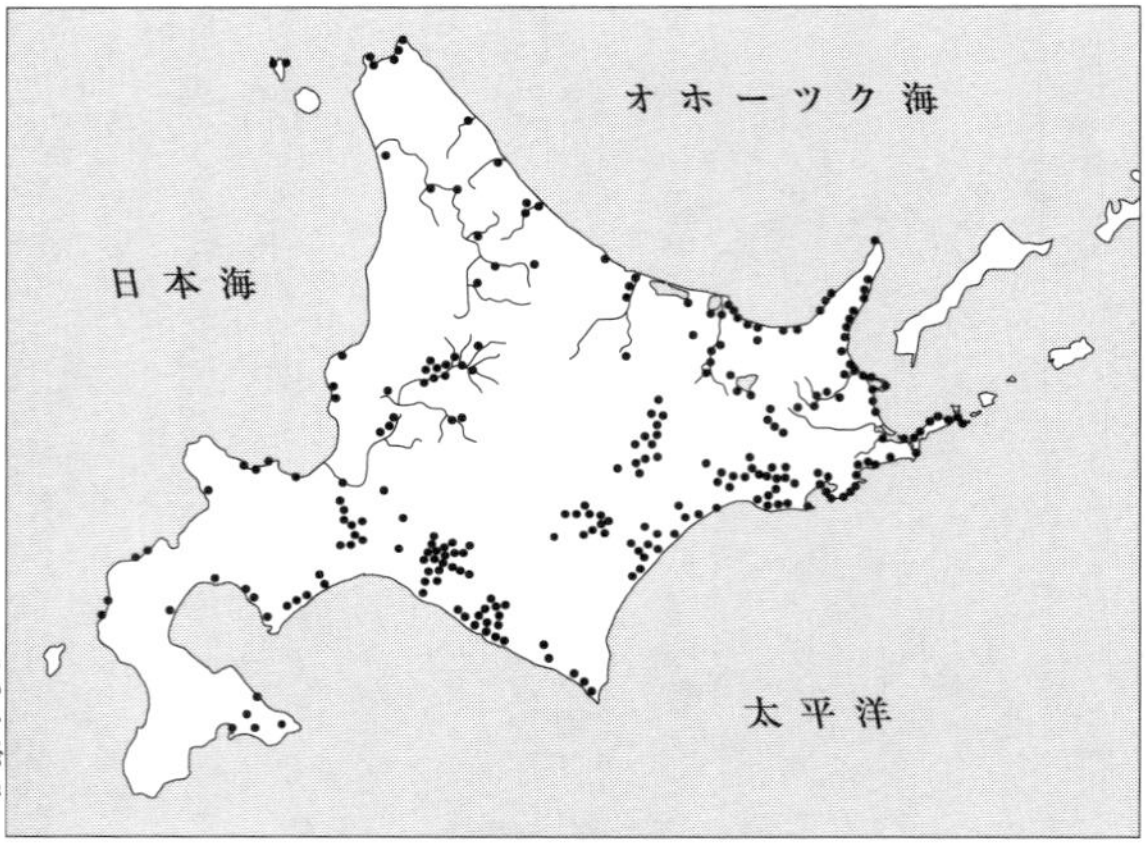

北海道の主要チャシ分布図

ない。そのなかで、1984(昭和59)年に全面発掘された日高管内**平取町《びらとりちょう》**の**ポロモイチャシ**を例に、その実像を紹介したい。

このチャシは、沙流川《さるがわ》の段丘上(川から14メートルほどの高さ)に掘られた2本の壕でできている。西側の壕は幅3メートル、深さ1・5メートル、長さ31メートルで、掘った土は壕の内側に盛り土され、その上に柵列があったと思われる柱穴が15個めぐらされていた。

その内側には、炉のついた建物の跡が残り、周辺から鉄鍋、刀、鎌、ノミ、絵唐津大皿、釘、鎧縁金《よろいふちがね》、古銭、ガラス玉、骨角器、漆器片、錘《すい》石《せき》、魚骨、獣骨などが出土。東側の壕にも2棟の建物跡が確認でき、西側同様の遺物が多数見つかっている。

柵や建物の跡は、前述のフリースが見たアッケシのチャシやノツケの絵図

平取町　日高支庁西部の山間部に位置し、アイヌ文化を大切にする街づくりを行っている。

ポロモイチャシ　全面発掘ののち、二風谷ダム建設工事のために消滅した。

に見られる柵囲いと、ほぼ一致する。また、生活用具から武器までがチャシ跡から出土していることから、内部に立て籠もったり、儀式を行ったり、あるいは戦いの際に使っていたと思われる。このように、チャシは16〜18世紀のアイヌ文化の実像を明らかにする、貴重な遺跡なのだ。

いまなお研究途上にあるチャシだが、このような構築物は集団でなければ築けないため、指導的役割を担う人物が存在したと思われる。このことからも、アイヌ社会の階層分化や階級の誕生といった可能性が考えられており、今後もさらに多くの新しい知見がチャシから得られることだろう。

もし機会があれば、チャシ跡を訪ねて、そこに立ってみてはどうだろう。文献だけではわからない臨場感や、往時のアイヌに思いを馳せることができるかもしれない(大部分のチャシは自由に見学できるが、事前に各地域の教育委員会や博物館などへ問い合わせをしてから訪れた方がよい)。

［参考文献］
北構保男『一六四三年アイヌ社会探訪記─フリース船隊航海記録』(雄山閣、1983年)
本田克代「北海道東部のヲ小コイチャシ、チフルチャシの一物語」〈『北海道チャシ学会研究報告』第1号〉(北海道チャシ学会、1981年)
『ユオイチャシ跡・ポロモイチャシ跡・二風谷遺跡：沙流川総合開発事業(二風谷ダム建設用地内)埋蔵文化財発掘調査報告書』(北海道埋蔵文化財センター、1986年)

topic....09

90余年におよんだ争乱「コシャマインの戦い」

交易の主導権を巡る、アイヌと和人の対立

時代MEMO

ヨーロッパではビザンツ帝国が滅亡し、東アジアではポルトガルがマカオの居住権を得る。日本では室町時代中期にあたり、農民による一揆が度々発生し、11年におよぶ応仁の乱が勃発するなど、動乱の時期だった。

◆国の重要文化財「志海苔の出土銭」

市立函館博物館の玄関を入ると、まず目に飛び込んでくるのが、大きな甕と大量の古銭だ。これこそが、国の重要文化財にも指定されている「北海道志海苔《しのり》中世遺構出土銭」である。1968（昭和43）年、函館市志海苔町の工事現場から出土した大甕は、14世紀後半に現在の福井県や石川県周辺で作られたもので、高さは85センチメートルほど。甕に入っていた古銭は約37万枚におよび、その9割が**北宋銭**《ほくそうせん》だった。

鋳造年代から推測すると、14世紀末頃までに埋められたものと思われることから、博物館では、昆布を畿内（関西）方面に出荷して得た利益を、何者かが備蓄した、と考えている。

さて、松前藩が残した『**新羅之記録**《しんらのきろく》』には、函館の旧名である宇須岸《うすけし》の15世紀ごろの様子について、「年3回、若狭（福井県）から商船が来て、宇須岸に

市立函館博物館　1879年、開拓使函館支庁仮博物場として開場。現在も函館市の博物館として存続する。

北宋銭　中国王朝のひとつ、北宋時代に鋳造された貨幣。アジア全土に流通し、日本にも多数輸入された。

新羅之記録　17世紀に編纂された松前家初期の歴史書で、北海道最古の歴史文献。

は問屋が軒を並べている」と記されている。これにより、志海苔のあった宇須岸一帯が、非常に栄えていたことがわかる。そしてそのそばには、中世の**道南十二館**《どうなんじゅうにたて》のひとつ「**志海苔**《しのり》**（志濃里）館**《たて》」があった。このことから、館主《たてぬし》の小林氏が出土した古銭と関係していたことは、ほぼ間違いないと思われる。ではこの「館主」とは、一体どんな存在だったのだろう。

鎌倉幕府を打ち立てた源頼朝は、1189（文治5）年に奥州藤原氏《おうしゅうふじわらし》を征服すると、津軽に**蝦夷管領**《えぞかんれい》を設置する。北条氏の代官となった安藤氏は、**十三**《とさ》**湊**《みなと》を拠点に北方との交易を行うが、15世紀半ばに南部氏《なんぶし》との争いに敗れ、道南へ逃れた。その後も、本州最北部では豪族間の争いが続き、1454（享徳3）年には、下北半島田名部《たなぶ》の**安東**《あんどう》**（藤）政季**《まさすえ》が、**武田信広**《たけだのぶひろ》らをともない渡島半島に渡っている。

こうした状況を反映して、当時の渡島半島には和人、和人系**渡党**《わたりとう》、アイヌ系渡党、アイヌなど多様な人々が住んでいたと思われる。その中から、交易などで富を得た各地の小豪族らが館《たて》（小規模の城）を築き、館主となっていった。後に、東は志海苔館から西は**花沢館**《はなざわたて》

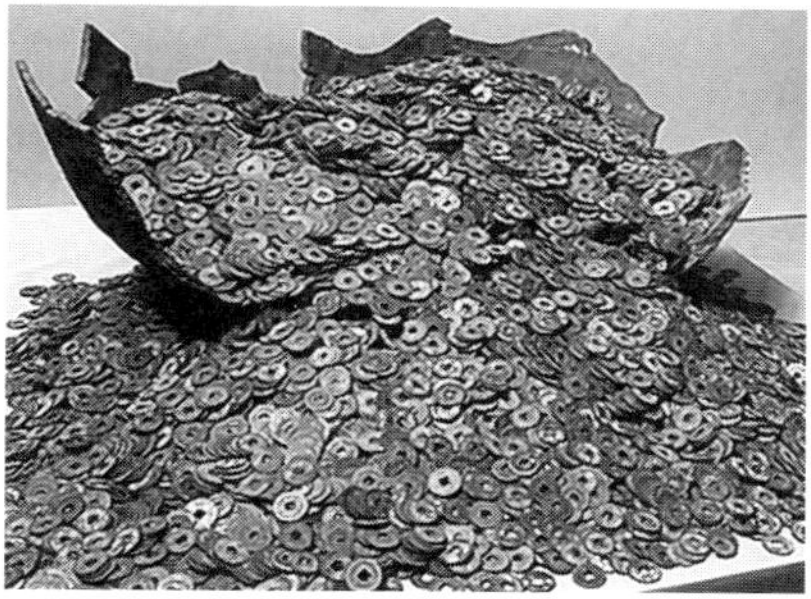

志海苔の出土銭（市立函館博物館所蔵）

道南十二館　渡島半島に小豪族が築いた館の総称。近世和人地の前身となった。

志海苔館　上野国（現在の群馬県）出身の小林重弘が、南北朝動乱の際に蝦夷へ渡り築いた館。

蝦夷管領　鎌倉時代、蝦夷に関する役職を統括した。

十三湊　51ページ参照。

安東政季　（?）〜1488年。陸奥、蝦夷地の豪族。南部氏との抗争に敗れ、花沢館・蠣崎季繁の元に身を寄せ、権勢を振るった。

武田信広　1431〜1494年。生家を出奔後、花沢館に身を寄せ、館主蠣崎季繁の養子となった。

渡党　51ページ参照。

花沢館　上ノ国町にある15世紀頃に築かれた館で、蠣崎季繁の居城だった。

（上ノ国町《かみのくにちょう》）まで、12の館が築かれた。
そうした状況下、蝦夷島の支配権を持つ安東政季は、渡島半島を下之国《しものくに》、松前、上之国の3つに分割。それぞれに、自らの親族を**守護**《しゅご》と副守護として配し、「安東氏―守護―館主」という指揮系統のもと、半島を政治的に編成していったのである。

守護　鎌倉・室町幕府が敷いた職制で、国単位の軍事的指揮官や行政官を指す。

◆コシャマインの戦いと道南の戦乱

その後、安東政季は北海道を離れるが、直後にアイヌの3大蜂起の最初の戦いとされる「コシャマインの戦い」が勃発する。発端となった事件は、志海苔を舞台に起こった。

志濃里《しのり》の鍛冶屋村に家数数百有り、康正二年春乙孩《おつかい》来て鍛冶に劘刀《まきり》を打たしめし処、乙孩と鍛冶と劘刀の善悪価を論じて、鍛冶劘刀を取り乙孩を突き殺す。之に依て夷狄《いてき》悉《ことごと》く蜂起して、康正二年夏より大永五年春に迪《いた》るまで、東西数十日程の中に住する所の村々を破り、者某《しゃも》を殺す事、元は志濃里の鍛冶屋村に起る成り。活き残りし人皆松前と天河《あまのがわ》とに集住す。

（『新羅之記録』）

〔筆者意訳〕志濃里（志海苔）の鍛冶屋村には家が数百軒あった。1456年の春に、オツカイ（アイヌの少年または男性）が鍛冶屋に来てマキリ（小刀）をつくらせたところ、できの良し悪し、もしくは値段について意見が合わず、鍛冶屋はマキリでオツカイを突き殺した。これをきっかけにアイヌが一斉に蜂起し、1525年春まで、数十日ほどの距離がある周辺の村々を攻撃して和人を殺した事件は、もとはといえば志濃里の鍛冶屋村で起きたことなのである。生き残った者は、松前と天河（上ノ国町）に集まって住んだ。

　引用した内容には、多少誇張した部分もあると思われるが、15世紀半ばの志海苔に鍛冶屋があり、そこで鉄製品を作っていた事実は重要である。つまり、当時のアイヌは鉄製品を自分たちでつくることができず、生活必需品の小刀を、和人から購入せざるを得ない状況にあったことがわかるからだ。

　この事件をきっかけに、道南のアイヌは一斉に蜂起する。1457（長禄元）年、東部のアイヌ首長コシャマインに率いられたアイヌ勢が、まず志海苔館、宇須岸館（箱館）を攻撃し、続いて中野《なかの》館、脇本《わきもと》館、穏内《おんない》館、覃部《およべ》館、大《おお》館、祢保田《ねばた》館、原口《はらぐち》館、比石《ひいし》館の計10館を攻略。道南十二館中、残ったのは下国《しものくに》氏《し》の**茂別《もべつ》館**と蠣崎《かきざき》氏《し》の花沢館だけだった。

　しかし、蠣崎氏の客将であった武田信広の謀略により、その後コシャマイン父子は射殺され、その他のアイヌも多数殺害されたことで敗北を喫してし

茂別館　館主は安東政季の弟にあたり、北斗市（旧上磯町）に位置した。

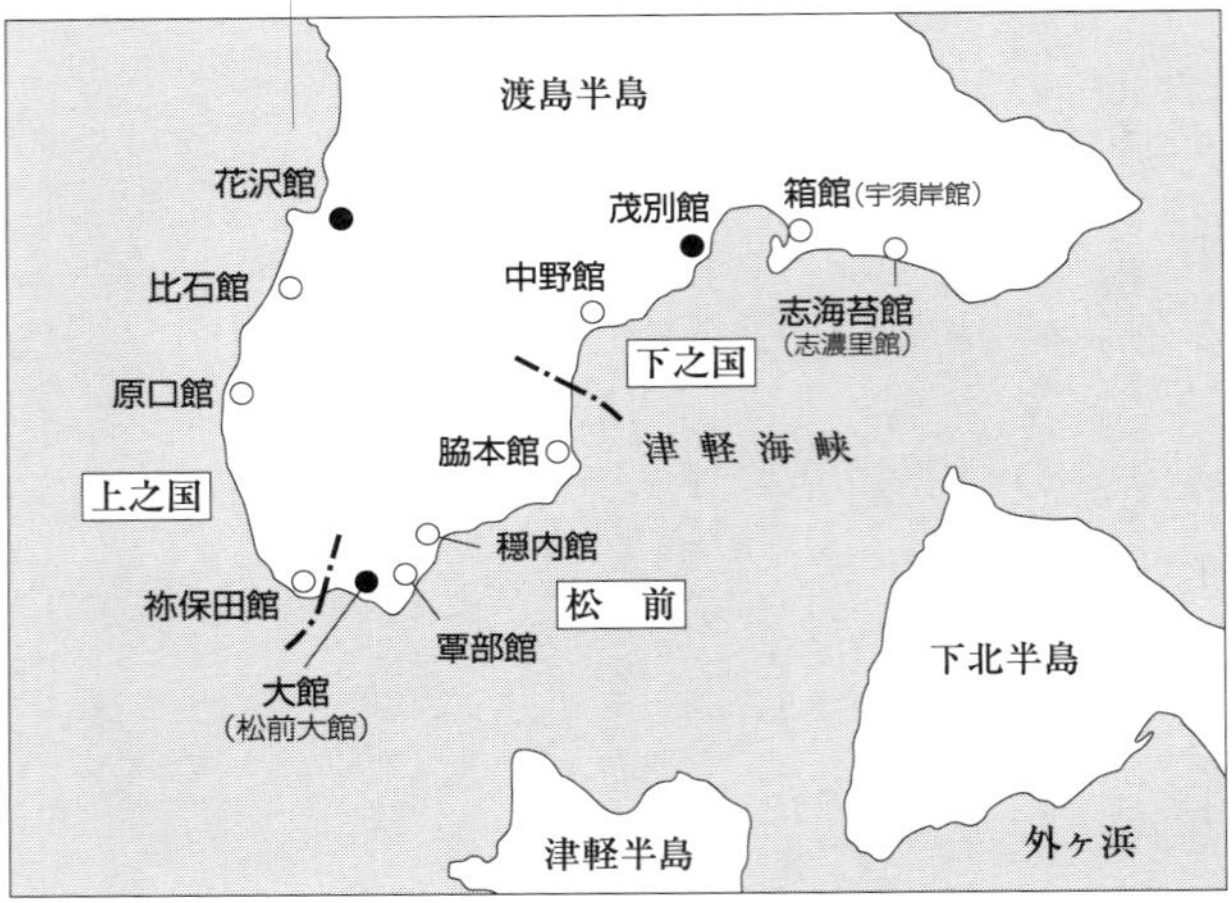

道南十二館位置図

まう。破竹の勢いで各館を落としていったアイヌ勢が、なぜ敗北するに至ったのか、詳しい経緯はいまもわからず、コシャマインについても東部の首長であることしかわかっていない。

この結果、戦いの勝利に貢献した武田信広は、後に花沢館館主である蠣崎季繁《すえしげ》の娘婿となる。そして、蠣崎氏の家督を継ぎ、**勝山館**に居を定めて蝦夷島支配者への第一歩を踏み出していくのだ。

その後も、アイヌと和人勢力との戦乱は収まらなかった。1471（文明3）年、再びアイヌが蜂起し（詳細は不明）、1512（永正9）年には宇須岸など3館がアイヌに攻め落とされ、翌年には大館（松前大館）も攻撃される。以後、アイヌと和人の戦いは一進一退の攻防が続くが、1550（天文

勝山館　次項参照。

19)年に、**蠣崎季広**《すえひろ》が東西のアイヌと和睦したことで、90年以上にわたって続いた争乱は、ようやく終息へと向かう。

こうした戦いの根底には、アイヌと和人勢力との間に、交易の主導権を巡る争いがあったと見られる。と同時に、アイヌ社会が内部の力だけでここまで戦いを続けられたのは、交易による富の蓄積によって階層分化が進み、道南のアイヌをまとめるだけの権力を持つ、リーダー的な存在が生まれていたためと推測することができる。

また、和人の間でも館主同士の勢力争いなどが発生しており、蝦夷地での支配権・交易権を巡る熾烈なつばぜりあいが行われていた。先に紹介した志海苔の出土銭は、そうした争いを生んだ富の象徴ともいえる存在なのである。結果としては、この戦乱を勝ち抜いた蠣崎氏が、蝦夷島の支配者(後の松前藩主)となり、その富を独占していくことになる。

蠣崎季広　1507〜1595年。武田信広のひ孫にあたり、父・蠣崎義広の代から続いたアイヌとの対立路線から、一転して和睦。アイヌ交易権の独占化を図った。

[参考文献]
『松前町史』通説編第1巻上(1984年)
榎森進『アイヌ民族の歴史』(草風館、2007年)

topic....10

中世の山城・勝山館の都市を思わせるスケール

日本史を塗り替える、驚くべき繁栄ぶり

時代MEMO

勝山館が築城された15世紀頃は、足利氏による室町幕府の力が衰えたことから、応仁の乱が発生。京都周辺は戦乱の地と化していた。さらに、農民による一揆なども起こり、庶民や豪族が力を得た時代でもあった。

道南の上ノ国町《かみのくにちょう》に「夷王山《いおうざん》」という標高159メートルほどの小さな山がある。その名から〝蝦夷の王の山〟とも解釈できるが、山頂に建てられた夷王山神社は、かつて「医王山」（医王は薬師如来の意）と称されたともいわれ、それが転じていまの名になったという説が主流となっている。

これについて、歴史家として知られる故**網野善彦**《あみのよしひこ》氏は、次のような注目すべき発言をしている。

◆発掘調査でわかった勝山館のスケールとは

15世紀後半に「夷千島王《えぞちしまおう》」という**安藤氏**《あんどうし》の流れを汲むのではないかと言われている人物が、朝鮮王国に**大蔵経**《だいぞうきょう》の下賜を求めて使者を送っているという事実が一方で確認されたことを考えますと、「夷王山」の「夷王」

網野善彦　1928～2004年。歴史家。日本中世史研究に大きな影響を与えた。

安藤氏　50ページ参照。

大蔵経　仏教の教えなどをまとめた叢書。北宋時代の中国で初めて刊行された。

についても、「医王」にひきつけなくてもいいかもしれない

（『北から見直す日本史』）

この「夷千島王」とは、朝鮮の正史『李朝実録《りちょうじつろく》』の1482年の条に出てくる名で、日本列島の中・近世において大陸諸国に自ら「王」と称したのは、天皇や幕府関係者を除けば、「琉球王」と「夷千島王」だけだった。

丘の上に広がる勝山館跡。館の中央に道が通り、その両側に住居などが建ち並んでいた跡が、整備・復元されている

また、夷王山神社の祭神は、中世末蝦夷の覇者である**武田信広**《たけだのぶひろ》（松前氏の始祖）である。そのそばには、信広自身が築いた勝山館があるうえ、南東斜面には**夷王山墳墓群**《ふんぼぐん》が点在し、信広はそこに埋葬されたといわれている。つまり、信広もしくはその後継者が、この地を「蝦夷の王の山」と称していたとしても、なんら不思議ではないのだ。

武田信広　61ページ参照。

夷王山墳墓群　勝山館跡の背後を取り囲むように点在する、650基余りの円墳。

15世紀頃に築造されたとみられる勝山館は、夷王山頂上に近い北西斜面の尾根部分から海岸近くまで、約600メートル、面積35ヘクタールにわたる山城である。眼下には、大澗湾《おおまわん》と呼ばれる入り江や天ノ川《あまのがわ》、さらに前項で触れた道南十二館に含まれる**花沢館**《はなざわたて》跡や**洲崎館**《すざきたて》跡が見え、北東には日本海の海岸線を臨むこともできる。

コシャマインの戦いで落城しなかった花沢館には、館主**蠣崎季繁**《かきざきすえしげ》が居住していた。蠣崎氏は、その戦いの勝利に貢献した客将武田信広を娘婿に迎え、1457（長禄元）年に新婚の館として洲崎館を築いたとされる。その5年後、蠣崎季繁が没すると、武田信広が蠣崎氏の当主となり、新たに勝山館の築城に着手。その後の勝山館は、近世初頭の慶長年間（1596〜1615年）まで、少なくとも130年ほど存続した。

勝山館跡は1977（昭和52）年に国指定史跡となり、1979年から20年間にわたって、上ノ国町教育委員会の松崎水穂氏を中心に発掘調査が行われた。その結果、文献では窺い知ることのできない数多くの発見がなされ、北の**中世山城**《ちゅうせいやまじろ》の全貌がいま、ようやく明らかになりつつある。その成果は、多くの日本史研究者も注目するところだ。

20年におよぶ発掘調査では、館の主体部から約200棟の掘立柱の建物、約100棟の竪穴建物などの遺構、陶磁器類約4万3000点、鉄製品約1

花沢館　61ページ参照。

洲崎館　天ノ川河口に近い、海岸砂丘上に位置する山城。天河館ともいう。

蠣崎季繁　（?）〜1462年。若狭国（福井県南部）の守護武田信繁の近親で、蝦夷地に渡って安藤政季の娘婿となり、蠣崎氏を名乗ったとされるが、不明な点が多い。

中世山城　土豪の丘城的な城郭で、比較的規模の小さなものが多かった。

万点、さらに獣や魚の骨などを含めると、合計約10万点もの遺物が出土した。陶磁器を詳しくみると、最も多い碗や皿は中国製の青磁《せいじ》・白磁《はくじ》・染付《そめつけ》と、本州の瀬戸・美濃《みの》大窯《おおがま》の製品だった。これらは、15世紀後半から16世紀の終わり頃につくられたもので、各地との交易が盛んだったことを裏づけている。

また、**客殿**《きゃくでん》近くの一角では、銅を溶かして鎧《よろい》の金具をつくったり修理加工するための細工場《さいくば》も発見された。さらに注目されるのは、吹口《ふいご》、羽口《はぐち》、鉄滓《てっさい》、鉄塊《てっかい》などが出土したことだ。これらの鉄資料を分析した結果、勝山館内部では、砂鉄や鉱石から金属を取り出す**精錬**《せいれん》・精錬鍛冶《かじ》が行われ、さらに**鋼**《はがね》も館内に持ち込まれていることがわかったのである。

一方、ゴミ捨て場からは、日常の茶器や皿、**呂宋壺**《るそんつぼ》・瀬戸瓶子・唐物茶入などの骨董、座敷装飾品、鉄砲・脇差・甲冑などの武具、狩猟・漁労用の**骨角器**《こっかくき》、女性の化粧用具など、

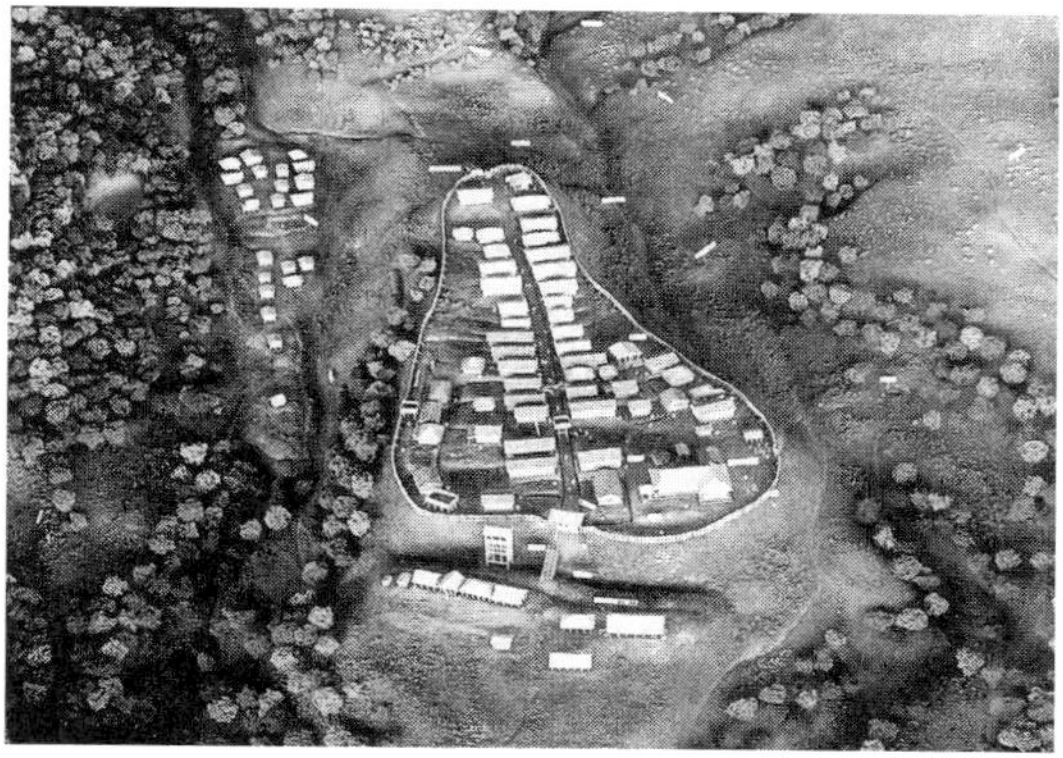

勝山館最盛期の様子を復元した模型
(上ノ国町教育委員会所蔵)

客殿 貴族などの邸宅にある、客を接待するための屋敷。

精錬 鉱石から金属を取り出して精製すること。

鋼 鉄を主成分とする加工用の金属合金。強靭な性質を持つことから、刃物の刃先に用いられた。

呂宋壺 フィリピンのルソン経由で輸入された、陶器製の茶壺。

骨角器 動物や魚、貝類の骨や角、殻などでつくられた、道具や装身具。

様々な道具や生活用具が見つかった。

前出の網野氏は、紅《べに》とその溶き皿、キセル、梅毒にかかった人骨が出土していることから遊郭《ゆうかく》（娼婦を抱えた家が集まる区域）を連想し、「この勝山館は単なる**城館**《じょうかん》でなく、都市とみるべきではないか」という印象を持ったという。同時に、キセルや喫煙の習慣、梅毒が、一般的には17世紀以降のものと考えられている現状についても、再考をうながしている。

◆館内に混住していたアイヌと和人

勝山館の発掘で最も注目すべき点は、館の内部にアイヌの人々が居住していたと考えられることだ。ゴミ捨て場から大量に出土した骨角器は、その材料であるクジラやシカの骨と角に加工した痕が残り、削った残片なども見つかっていることから、勝山館内部で製作し、使用後に捨てられていたことが判明したのである。

さらに、アイヌが使用していたと思われる小刀や鞘、高台《こうだい》ウラに刻印のある**天目茶碗**《てんもくちゃわん》と、同一の刻印が入った白磁皿なども見つかっている。加えて、アイヌ民族が**イクパスイ**と呼ぶ木製儀礼具4本が出土。これにも、アイヌ民族が所有者を示す際に刻む印がついていた。

夷王山墳墓群については、計38基が発掘調査されているが、そのうち2基だけ他の墓と異なるものがあった。ひとつは、遺体と60センチメートルの太

城館　豪族が住む大邸宅。
天目茶碗　すりばち形の抹茶茶碗。茶の湯で貴人に用いられた。
イクパスイ　棒酒箸。木の棒の先に酒をつけ、祭壇に向かって垂らすことで、神々に祈りを捧げる儀礼用の道具。

刀、漆器3個、もうひとつは、2つの遺体が一緒に葬られ、頭部にアイヌが**ニンカリ**と呼ぶ耳輪が左右についていた。しかも、他の土葬墓が頭を北に向けた屈葬(手足を折り曲げた姿勢での埋葬)なのに対して、この2基3体は頭を南東方向に向けた伸展葬の土葬だったのである。

こうした相違点から、伸展葬の墓はアイヌを葬ったものと考えられ、和人の墓の中に区別されずアイヌの墓があったことが明らかとなった。これらの事実により、勝山館内ではアイヌが和人と一緒にいたことは、ほぼ間違いないと思われる。しかし、彼らがどのような形でともに生活していたかについては、いまのところわかっていない。

このように勝山館の発掘は、日本史を塗り替える大きな成果をあげつつある。北の中世における権力者や支配者の存在、アイヌ民族と和人の関係、さらに道南における交易社会の存在など、新たな歴史像を考えるうえで重要な事実を数多く明らかにした。同時にそれらは、後に松前氏となる蠣崎氏が確立した強大な勢力を、まざまざと実感させてくれる。

ニンカリ　耳たぶに開けた穴につり下げる、リング型の耳飾り。

[参考文献]
菊池徹夫・福田豊彦編『よみがえる中世4　北の中世　津軽・北海道』(平凡社、1989年)
網野善彦・石井進編『北から見直す日本史』(大和書房、2001年)

PART.2
近世Ⅰ

松前藩の成立～クナシリ・メナシアイヌの戦い

17世紀に入って、稲作のできない蝦夷地に誕生した松前藩は、アイヌとの交易によって藩を成立させる独特のスタイルで、幕藩制国家の一翼を担っていた。

同時に、松前藩の成立によってアイヌ社会も大きな影響を受け、その社会の有り様は大きく変化していくことになる。

「シャクシャインの戦い」や「クナシリ・メナシアイヌの戦い」は、そうした状況下で起きた、アイヌと和人の衝突だった。

変容する蝦夷地の様子を、両者の軋轢を中心に辿っていく。

夷酋列像—イコトイ

topic.... 11

ラッコ毛皮献上が生んだ松前藩成立への道程

巧みに秀吉、家康へ取り入った蠣崎氏の手腕

時代MEMO

17世紀初頭、千島列島に達したロシアはラッコ皮を生産し、これを中国やヨーロッパへ輸出して、外貨を獲得していた。日本では珍重品として馬の鞍などに使われ、江戸時代の長崎交易により中国へ輸出していた。

◆軍役奉公と献上品で秀吉に取り入る蠣崎氏

上ノ国《かみのくに》の勝山館《かつやまたて》館主であり、蠣崎《かきざき》氏当主でもある武田信広《たけだのぶひろ》の息子・蠣崎光広《かきざきみつひろ》は、1514（永正11）年に**松前大館《おおだて》**へ居を移す。**松前守護職**だった相原季胤《あいはらすえたね》氏の館である松前大館は、1513年にアイヌの攻撃で落城していた（この落城については、光広が松前に進出するための陰謀だったといわれている）。

光広はその空き城に息子義広とともに入城し、本州と蝦夷地を結ぶ重要な交易地である松前を略奪した。これにより、上ノ国時代に掌握していた日本海交易ルートに加え、ラッコ毛皮などの極上品が豊富に揃う太平洋交易ルートをも、蠣崎氏は手中に収めたのである。

こうした状況を背景に蠣崎氏は、主君である出羽檜山の**安東氏《あんどうし》**から、当初は渋っていた代官職（蝦夷島の支配権を持つ役職）への就任を、ついに認めさせ

松前大館　道南十二館のひとつで、1400年頃にできたとされる。

松前守護職　鎌倉・室町時代に国単位で置かれた行政官の役職。

安東氏　中世に北東北地方を支配した武家の一族で、後に戦国大名となった。

ることに成功した。こうして、「安東氏―総守護松前の蠣崎氏―守護―館主」という体制を確立させた蠣崎氏は、蝦夷地での支配権を着々と固めていく。

と同時に、蠣崎氏は中央の動きにも素早い対応を見せた。1590（天正18）年に全国統一を成し遂げた豊臣秀吉に取り入ろうと、義広の孫である慶広《よしひろ》が、津軽で**前田利家**《としいえ》らと会談。同年には、「**狄之嶋主**《てきのとうしゅ》」として京都で秀吉に謁見し、**民部大輔**《みんぶたいふ》に叙任されている。秀吉は、出羽国《でわのくに》（現在の山形・秋田県）の安東実季《さねすえ》にも、東北の領地を**安堵**《あんど》する「領地目録」を発給するが、そこに蝦夷地の名はなかった。これは、蠣崎氏が安東氏の支配から脱し、独立したことを意味する。

秀吉から叙任を受けた2カ月後、陸奥《むつ》の国人衆《こくじんしゅう》（在地領主）が、秀吉の検地や刀狩に従わず、一揆を起こす。秀吉が徳川家

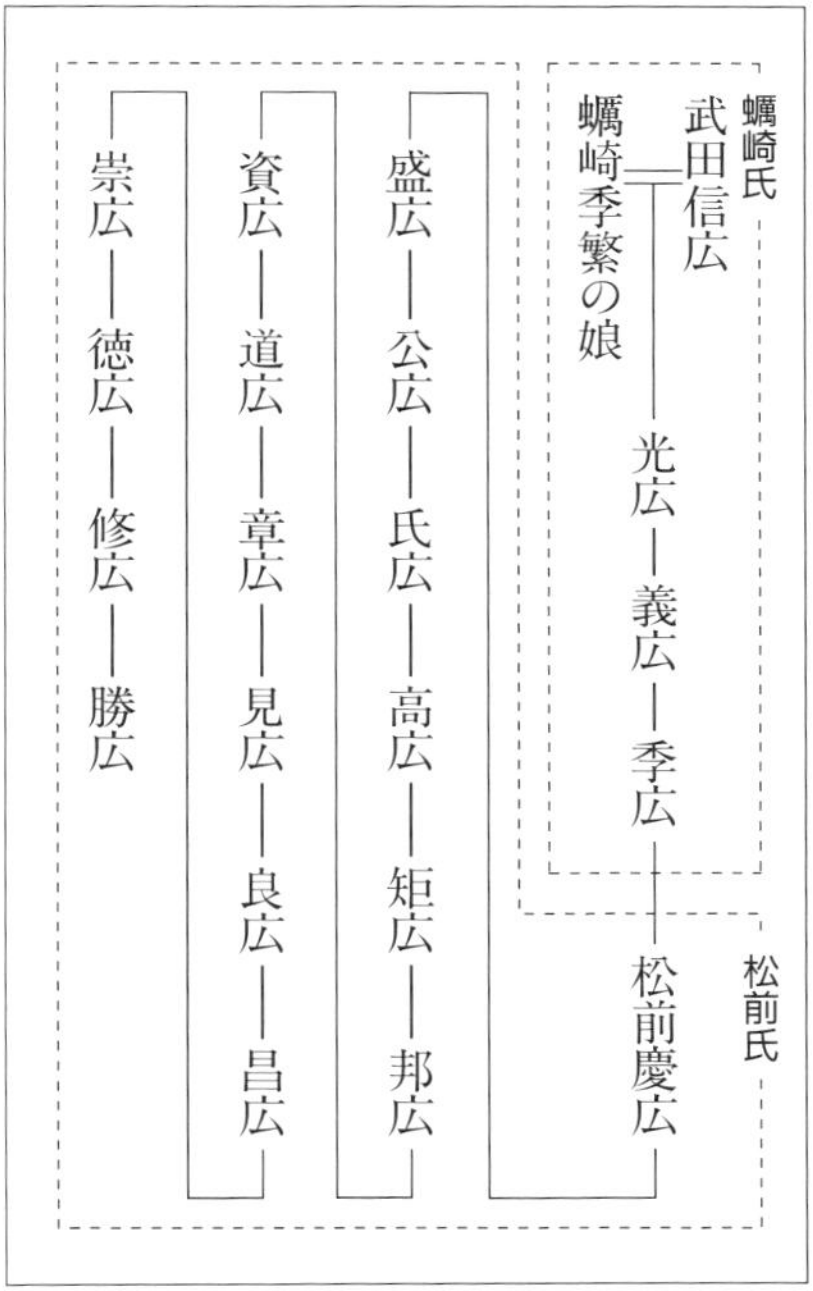

蠣崎・松前氏系図

前田利家　安土桃山時代の武将。豊臣政権で重臣の扱いを受けた。

狄之嶋主　蝦夷島（まつろわぬ者の島、夷狄の島）の主君の意。

民部大輔　民部省（財政・租税を管轄）の実務を担当した判官へ授けられた爵位。この頃は実務を行わない、名称のみの役職だった。

安堵　将軍や領主などが、土地の所有権や知行権などを承認すること。

康などの諸大名に出兵を促したところ、蠣崎慶広もすぐアイヌ軍を率いて参陣。この出兵は秀吉への初の軍役奉公であり、アイヌを率いたのは、自らが蝦夷島の支配者であることを天下に示す意味があった。

さらに、秀吉が朝鮮侵略を開始すると、慶広は1593（文禄2）年に**肥前名《ひぜんな》護屋《ごや》**へ馳せ参じる。この時、**蝦夷錦《えぞにしき》**と呼ばれる道中服を身につけて参陣した慶広は、当時貴重品だった**ラッコ毛皮**3枚を秀吉に献上した。ラッコ毛皮は、蝦夷地・千島でとれる産物で最も価値のある品であり、秀吉を喜ばせるに充分だった。松前藩の歴史を記録した『**新羅之記録**』には、この時の様子が次のように記されている。

高麗国を攻め随へんと欲し在陣せしむるの処、思ひも寄らず狄《てき》の千島《ちしま》の屋形、遼遠を路を凌ぎ来るの儀、誠に以て神妙なり。高麗を手裏に入れらるること更に疑ひ無し　（『新羅之記録』より、原漢文）

〔筆者意訳〕秀吉が高麗を攻め随《したが》（従）えようとしていたところに、思ってもいない蝦夷千島の領主が遠いところから参陣したのは、本当に不思議である。これで高麗を手に入れられるのは間違いない

朝鮮へ攻め入ろうとしていた秀吉は、朝鮮北方のオランカイ（現在の中国東

肥前名護屋　秀吉が築いた名護屋城のあった、現在の佐賀県唐津市のこと。

蝦夷錦　中国から樺太を経て蝦夷地に伝わった、満州風の錦の服。サンタン（山丹）服とも。

ラッコ毛皮　北太平洋沿岸に生息する哺乳類の毛皮。手触りがよく、保温力に優れ、最高級の毛皮として珍重された。

新羅之記録　60ページ参照。

北部）に住む**女真族**《じょしんぞく》の動きに神経を尖らせていた。そして、オランカイと蝦夷が地続きであると考えていた秀吉は、蠣崎慶広の到着を朝鮮入手の予兆と喜んだという。この参陣に対し、秀吉は慶広に近江国３０００石の領地を与えようとしたが、慶広はこれを辞退し、蝦夷島の安堵を強く要望。これに応えて秀吉は、慶広を**志摩守**《しまのかみ》に任じ、「蠣崎志摩守宛**朱印状**《しゅいんじょう》」を発給したのである。

この朱印状には、アイヌに対する非法行為禁止、船役徴収の公認などが記されていた。蠣崎氏にとってこの書状は、主君の安東氏から完全に独立し、秀吉直属の家臣となったことを意味し、自らの蝦夷島支配権を中央政府から初めて直接公認されたことを示す、非常に重要な文書だった。松前に帰った慶広が、この御朱印の**制札**《せいさつ》をたて、さらにアイヌを集めて内容を読み聞かせるなど、関白秀吉の威光を最大限誇示したのである。

◆家康の安堵で誕生した松前藩

慶広は、かつて名護屋《なごや》で秀吉に謁見した際、徳川家康にも会っており、１５９６（慶長元）年には大坂城で長子盛広《もりひろ》とともに家康に謁見している。秀吉の死後も、１５９９（慶長４）年に大坂城・西の丸で第２子忠広《ただひろ》を伴い家康に拝謁し、臣下として従うことを表明。この時、蠣崎姓を松前と改めたという。その後、関ヶ原の戦いを経て１６０３（慶長８）年、家康が征夷大将軍となり江戸に幕府を開くと、松前慶広も江戸に参

女真族　ロシア極東地域から朝鮮半島北部に居住していたツングース系民族。

志摩守　本来は志摩国（三重県東部）の長官を指したが、近世になると形骸化し、領地に関係なく使われた。

朱印状　朱色の印が押された公的文書で、これによって将軍や大名から所領の安堵などがなされた。

制札　制定された法令を板面に記し、掲示して民衆に知らしめる方法。

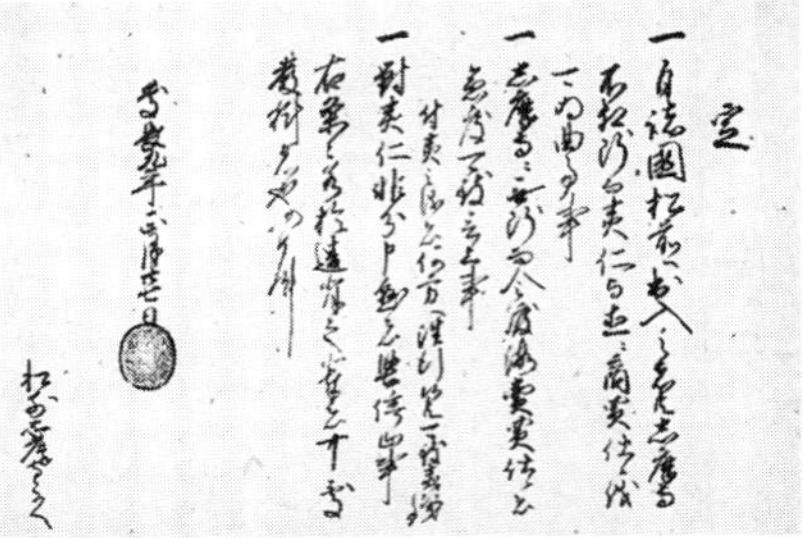
松前慶広宛「徳川家康黒印状」(北海道博物館所蔵)

勤し、家康の家臣となったのである。

続いて1604(慶長9)年には、家康より松前慶広宛「**徳川家康黒印状**《こくいんじょう》」が発給された。この黒印状の内容は、アイヌとの交易の権利を松前氏が独占すること、蝦夷地への出入りや商売は松前氏の統制下に置くこと、アイヌ自身の往行の自由を認めること、アイヌに対する非法禁止などが記されている。これにより、松前藩とアイヌの関係が規定され、幕府は松前藩がアイヌとの交易を独占することを公認。秀吉に次いで家康からも安堵を受けたことで、近世大名としての松前藩主松前慶広が誕生したのである。

他の大名の場合、何郡何村に何石を領地とするかを書いた、**石高**《こくだか》を示す「領地判物《はんもつ》」が幕府より発給されたが、松前藩については他藩とは異なる「定《さだめ》」という形式で発給されていた。これは、米がとれない松前藩にとって、アイヌとの交易による収益が、本州諸大名の石高管理と同様の扱いを受けることを意味し、交易の管理が蝦夷地支配の基盤となっていたことを物語っている。

このように、徳川家による幕藩制国家のなか、北辺の大名として第一歩を

徳川家康黒印状　この書状の実物は一時所在不明となったが、現在は北海道博物館に所蔵されている。なお黒印状は、朱印状より略式の文書に使われた。

石高　米の公定収穫高。検地によって定められ、年貢賦課の基準とされた。

踏み出した松前氏は、秀吉同様、家康にもラッコ毛皮を献上していた。1615(元和元)年にメナシ(蝦夷地東部)のアイヌ首長ニシラケアインが、ラッコ毛皮数十枚を松前に持参した。そのなかに、長さ7尺(2・7メートル)、幅2尺8寸(84センチメートル)という、前代未聞の巨大なラッコ毛皮が含まれていた。これを見た松前一族の者や家臣らは、真っ白な皮を見たことはあるが、こんなに大きなラッコ毛皮は初めてだと、みな一様に驚いたという。

慶広は**大坂の陣**に参陣していたので、留守を預かる松前公広《きんひろ》(慶広の孫)が上洛し、これを家康に献上することになった。『新羅之記録』には、「1615年の秋、松前慶広の迎えとして、人を使わしてこのラッコ毛皮を持って上洛し、慶広が帰る際に駿河《するが》(現在の静岡県)でラッコ毛皮を家康に献上した。家康は実に珍しいラッコであると、非常に喜んだ」とある。松前藩は家康の歓心を得るために、これまでにない巨大なラッコ毛皮をわざわざ献上したのである。

秀吉の時代から続いた、蝦夷島や千島で捕れる極上品を献上するこうした行為は、松前藩が蝦夷島の支配者としての存在感をアピールするとともに、将来にわたって蝦夷島支配を安堵してもらうための貢物でもあった。

大坂の陣　江戸幕府が全国の大名を動員し、豊臣家を滅ぼした戦い。大坂の役とも。

［参考文献］
『松前町史』通説編第1巻上(1984年)
榎森進『アイヌ民族の歴史』(草風館、2007年)

topic….12

蝦夷地にわたった最初のヨーロッパ人

イタリア人宣教師が見た17世紀の蝦夷地

時代MEMO

男子修道会のイエズス会は、１５３４年にスペインのロヨラがパリで創設。同40年にローマ教皇から認可を受ける。カトリックの海外布教に力をそそぎ、日本には１５４９年に宣教師が渡来して布教を開始した。

◆布教活動のために松前を訪れた宣教師

次ページの地図は、松前へキリスト教布教に訪れた**イエズス会**宣教師アンジェリスが、１６２１（元和7）年に作成した「日本および蝦夷図」である。この地図は蝦夷地（北海道）が描かれた初期の地図として、しばしば紹介される有名なもの。本州の北にある巨大な島が蝦夷地、その北側には川のような海峡を挟んで高麗《こうらい》が、さらに西には高麗と地続きのタターリア（韃靼《だったん》）、東にはノーヴァ・エスパーニア（アメリカ）も載っている。仙台付近から太平洋へ延びている1本の線は、１６１３（慶長18）年に**伊達政宗**《だてまさむね》がローマへ派遣した使節が、メキシコに向かった際の航路だ。

アンジェリスはこの地図を、松前で日本人やアイヌたちから伝聞した情報をもとに作図したと思われ、実際の姿とはかけ離れたものになっている。しかし、蝦夷地が島として描かれた地図としては『**海東諸国紀**《かいとうしょこくき》』に次ぐもので、

イエズス会　キリスト教、カトリック教会における最大の男子修道会。

伊達政宗　1567〜1636年。仙台藩初代藩主。家臣を遣欧使節団としてヨーロッパに派遣し、海外貿易を試みるが失敗に終わった。

海東諸国紀　1471年刊行の、日本国と琉球国について記述した朝鮮の書籍。日本各所の地図が載っている。

蝦夷地図の作製史上欠かせない、重要な1枚なのである。

イタリア人宣教師のアンジェリスは、1602(慶長7)年に来日。京都、静岡、仙台などで布教活動を続けたが、江戸幕府の**キリシタン禁教令**によって信者が東北地方へ流刑されたため、これを救おうと潜入を試みる。1618(元和4)年、アンジェリスはついに松前へ足を踏み入れた。目的は、蝦夷地での布教の可能性を調べることと、さらに新教（プロテスタント）国のイギリスやオランダに先駆けて、日本の北方へ至るルートを地理的に把握するためだった。アンジェリスの名は、蝦夷地に渡った最初のヨーロッパ人として記憶されるべきだろう。

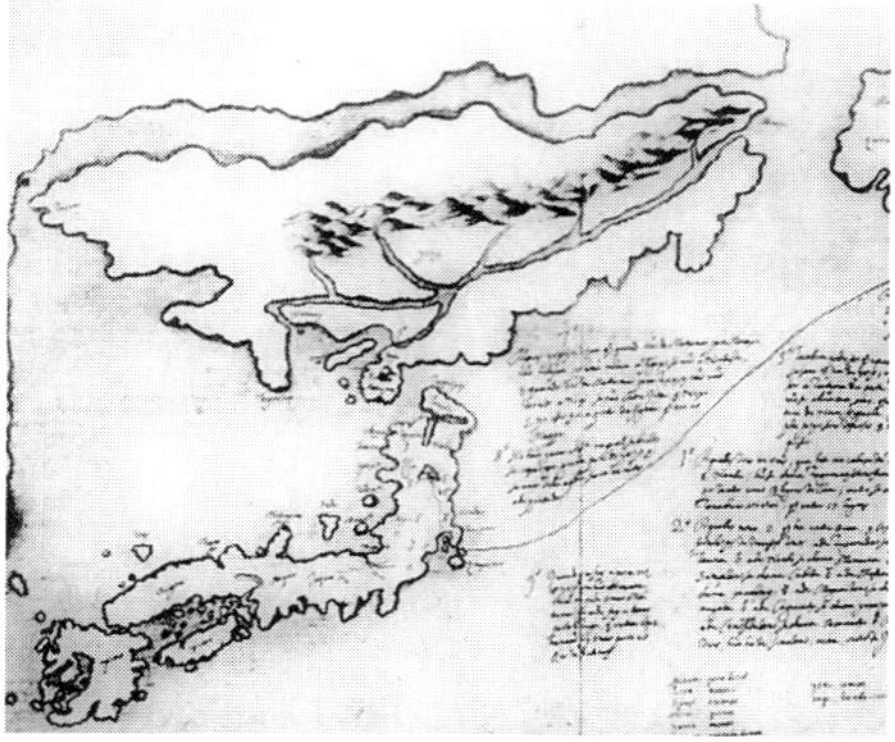
宣教師アンジェリスが作成した「日本および蝦夷図」

1620(元和6)年には、同じくイエズス会のカリワーリュ神父が、砂金採取者に変装して蝦夷地に潜入し、布教活動を行った。当時、松前の**千軒岳**《せんげんだけ》(大《だい》千軒岳)には金山があり、砂金採取者が本州から殺到していた。そこに、東北地方へ流刑されたキリシタンが、迫害を逃れるために砂金掘りの労働者と

キリシタン禁教令　江戸幕府は1612年、キリスト教を全面禁教とし、厳しい弾圧を加えた。

千軒岳　松前町・福島町・上ノ国町の境界にある山。

なって逃げ込んでいたのである。前出のアンジェリスは、翌年も松前を訪れており、2人の宣教師の蝦夷地での様子が、イエズス会本部に宛てた報告書「アンジェリスの第一報告」、「カリワーリュの旅行記」、「アンジェリスの第二報告」(以上、『北方探検記』所収)として残っている。

この時期は、江戸幕府が開かれてほどなく、松前藩も成立から間もなかったため、日本人によって書かれた松前・蝦夷地の記録は少ない。ましてアイヌやその交易品、さらには千島についてまで書かれたものは見あたらず、彼らの報告は、17世紀初頭の蝦夷地を知るうえで欠かせない史料となった。

◆欧州人が初めて記したアイヌの姿

「アンジェリスの第一報告」には、ヨーロッパ人による初めてのアイヌについての記述が見られる。「蝦夷人《イエゾ》の服装は**回教人《モーロス》のカバヤ**のようですが、われわれの長白衣《アルヴァ》に施される如く、アチコチに多くの種々の色の布で飾《カザリアードス》られています。(中略)家には、**高麗人《コウライ》**のように非常に広くて長く且《か》つ手芸を加えた筵《むしろ》を敷いています」と、蝦夷人(アイヌ)の服装や室内の敷物を紹介している。さらに注目すべきは、次の記述である。

毎年東部の方にあるミナシの国から松前《マツマイ》へ百艘の船《フネ》が、乾燥した鮭とエスパーニャ(筆者註:スペイン)のアレンカにあたる鰊《ニシン》という魚を積んで来

回教人のカバヤ　イスラム教徒が身につける、白いコットン製の軽い上着。

高麗人　朝鮮半島に住む人々のこと。

ます。多量の**貂**《てん》の皮をももって来ますが、彼等《ら》はそれを猟虎皮《ラッコノカワ》といい、わが〔ヨーロッパ〕の貂に似ています。頗《すこぶ》る高価に売ります。蝦夷《イエゾ》ではなくて、猟虎《ラッコ》と称する一島におるので、蝦夷《イエゾ》人はそこへ買いに行きます。その猟虎島は他の六つの島々の近くにあります。（中略）その島々の住人は余り色白くはなく、鬚《ひげ》がなく、未開であります。その二人が昨年松前《マツマイ》へ渡来しましたが、彼等の言語を解する蝦夷人がいませんでした。メナシからは小生が前述した百艘以外にも船《フネ》がまいります。東部地方の船《フネ》も亦《また》、松前《マツマイ》へ猟虎皮《ラッコノカワ》を載せて来ないだけで、同じ商品をもって来ます。蝦夷国の西《ニシ》の方に向かう一部である**天塩国**《テッシオのくに》からも松前へ蝦夷人《イエゾジン》の船《フネ》がまいりますが、それらの船は種々の物と共に中国品のようなドンキの幾反をも将来します。

※この章の引用文のふりがなは、カタカナが原文どおり、ひらがなは筆者による

この報告によれば、蝦夷人はラッコ毛皮を「猟虎」と称する島（ラッコ島）から買いつけていることがわかる。さらに、ラッコ島の近くには6つの島々があり、そこに住む人々は色白くなく、鬚も生えておらず、彼らの言葉がわかるアイヌはいないという。このラッコ毛皮が捕れる島とは、**ウルップ島**とその付近の島々を暗示すると考えられ、アイヌ語が解らない「彼ら」がどの民族だったかは不明だ。いずれにせよ、**千島列島**からラッコ毛皮が松前に持

貂　イタチ科の哺乳類。同じイタチ科のラッコ毛皮が、彼らには貂の毛皮に見えたようだ。

天塩国　現在の留萌地方北西部、天塩川河口域を指す。古くはテシヲ・テシホ・テシユと書いた。

ウルップ島　千島列島の中央に位置する島。

千島列島　34ページ参照。

ち込まれていた事実を記した重要な記録である。また、天塩からアイヌの船によって中国のドンキ（**緞子**《どんす》と思われる）が松前にもたらされるという部分も、**樺太**（サハリン）を通じて中国とアイヌの交易があったことを示唆している。
また、「カリワーリュの旅行記」には、アイヌについて次のように記されている。

> 彼等の服従する一人の王もいませんが、部落毎に酋長のような者が一人または数人いて、これに幾らか敬意を懐《いだ》いております。松前《マツマイ》の殿は日本人ですけれども、彼等の王であるともいえるでしょう。

この記述から、アイヌ社会に「酋長（部族のかしら）」のような存在はいるものの王は存在せず、松前藩主が彼らの王として振る舞っていたことがわかる。これは、17世紀初頭の松前藩とアイヌとの関係を知る、重要な記述だ。「アンジェリスの第二蝦夷報告」にも、アイヌの服装や風俗が詳細に示され、産物、交易品については次のような記述がある。

> 彼等（筆者註：アイヌ）の松前《マツマイ》へもって来て売る商品は、乾鮭《カラザケ》・鰊魚《ニシンノイヴォ》・白鳥《ファクチヨウ》・生きたままと乾かした鶴《ツル》・鷹《タカ》・鯨《クジラ》・海驢皮《トドノカワ》で、この海驢皮《トドノカワ》は安価

緞子　光沢のある絹織物。室町中期、中国から渡来した。

樺太　13ページ「サハリン」の項参照。

で、多いときにはその一枚ずつを五乃至《ないし》六マスで売ります。猟虎皮《ラッコノカワ》〔をも将来し〕、その一枚ずつを百匁《フィヤクメ》で売るから高価であります。海驢魚油《トドノヴォノアブラ》〔も来ます〕。その他にも些細な物がありますけれど小生は今想い出しません。それらの物を皆売っても銭を受けとらずに、米《コメ》か小袖《コソデ》、または紬《ツムギ》か木綿《モメン》の着物《キモノ》と〔代えます〕。

アイヌが松前に持ってくる産物が具体的に紹介されており、なかでもラッコ毛皮1枚の値段が100匁と高価であること、さらにその対価として、金銭ではなくコメや衣類と交換していることがわかる。その他、アンジェリスが聞き取ったアイヌ語が、100語以上記録されているのも興味深い。

厳しい禁教令下で、こうした貴重な報告を残した2人の宣教師であるが、アンジェリスは1623(元和9)年に、江戸で信徒ら50人と共に火刑に処せられ、その翌年に捕らえられたカリワーリュも、仙台で水責めの刑を受け殉教している。

〔参考文献〕
H・チースリク編『北方探検記』(吉川弘文館、1962年)
『松前町史』通説編第1巻上(1984年)
秋月俊幸『日本北辺の探検と地図の歴史』(北海道大学図書刊行会、1999年)

匁 もんめ。江戸時代、銀貨を量る際の単位。小判1両の60分の1に相当する。

topic....13 コメに代わる収入源だった商場知行制と場所請負制

アイヌとの軋轢生んだ蝦夷地特有の制度

時代MEMO

1582年から始まった豊臣秀吉の検地で、大名の生産高をコメの収穫量で表す石高制が導入される。江戸時代になると領主の軍役負担から換算される藩もあったが、石高のない大名・松前藩主は特殊な存在だった。

◆コメがとれない松前藩ゆえの制度

江戸時代の諸藩は、コメの生産量を示す**石高**《こくだか》を幕府によって割り振られ、数万石の大名として幕藩体制の一翼を担っていた。しかし、近世以前の北海道ではコメを栽培していなかったため、成立当初の松前藩は、蝦夷地のアイヌとの交易による利益で藩財政を支えた。それが、やがて交易から商人による漁業経営へと移行していく。この松前藩や蝦夷地だけに特有な交易や漁業経営の方法が、後述する商場《あきないば》知行《ちぎょう》制《せい》と場所請負制《ばしょうけおいせい》の2つの制度なのである。

当時の松前藩は、徳川家康の**黒印状**《こくいんじょう》によって、蝦夷地でのアイヌとの交易独占権を承認されていた。前項でも紹介したイエズス会宣教師の報告などによると、松前藩成立直後の元和年間(1615~1624年)には、アイヌが松前に交易品である蝦夷地産物を持参し、松前城下で交易が行われていた。ア

石高　78ページ参照。
黒印状　78ページ参照。

イヌの人々は交易のために、夏になると北は天塩国《てしおのくに》付近、東はメナシ（根室）付近から何日もかけて松前城下を訪れていたという。

この時代の交易は、朝貢交易と考えられている。つまり、アイヌ首長が松前藩主に「御目見え」する際に産物を藩主に差し上げ、その返礼・土産として、藩主は蝦夷地にはない品物を与えていた。また、松前城下付近では、アイヌと和人が雑居する状態だったと考えられており、松前藩の藩域もまだ明確にはなっていなかった。

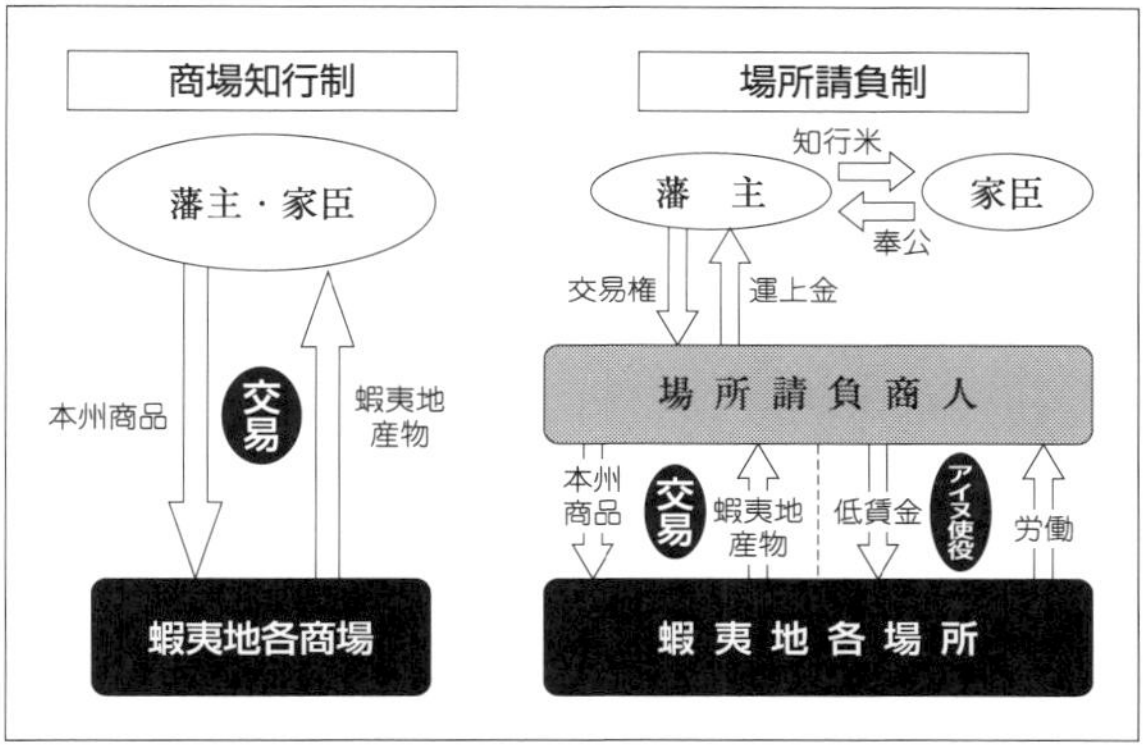

商場知行制と場所請負制の模式図

しかし、幕府**巡見使**《じゅんけんし》が1633（寛永10）年に松前を初めて監察し、松前藩は藩の領域を明確にする必要にせまられる。そこで、**和人地**《わじんち》と蝦夷地を分けることになり、和人地には和人を、蝦夷地にはアイヌを分離する政策に転じた。こうした過程でつくり出されたのが、「商場知行制」だと考えられている。

商場知行制とは、松前藩主が上級家

巡見使　全国の諸大名や旗本の領地を監察するために、幕府が派遣した公儀役人。

和人地　近世の北海道において、和人（日本人）が集住した渡島半島南端の福山（松前）・箱館・江差を含む地域。それ以外は蝦夷地（アイヌ地）と呼ばれ、和人の定住は原則的に禁止されていた。

臣に一定地域を知行《ちぎょう》(他藩では藩主から家臣へ与えられた所領などを言うが、松前藩では商場での交易権)として与え、そこで上がったアイヌ交易の収益を家臣の収入とする仕組みのことだ。上級家臣たちは、その交易のために各自の交易場所である商場に商船を派遣した。当初、商場は交易地点そのものを指していたが、次第に交易領域を指すように変化していったようだ。また、商船の派遣は、1商場につき夏船1艘が原則だった。

蝦夷地之内六十一ヶ所家中給分代に渡シ置場所有之候へ共、夷仁より収納無之、従銘々夷仁に向申候品を船積にて差越、雑物替いたし申候而其利金取申斗之よし　(「松前蝦夷記」〈『松前町史』史料編第1巻所収〉)

〔筆者意訳〕蝦夷地の中の61カ所は、家臣に対し給与の代わりに与えた場所であるが、アイヌからの税収はないため、アイヌが希望している品物を各自が船に積み込んで派遣し、その場所の生産物と交易を行うことで利益を得ている。

この史料は、幕府の巡見使が編纂したものであるが、この時、蝦夷地の61カ所に商場があり、夷仁すなわちアイヌとの交易権を家臣が藩主からもらい、そこで行った交易の利潤が、家臣の俸禄《ほうろく》(給料)となっていたことがわかる。

　また、商場では主に以下のような交易品が扱われていた。アイヌ側の交易品は、干しサケ、ニシン、コンブ、串貝、オットセイ、魚油《ぎょゆ》、クマ皮、シカ皮、タカ、蝦夷錦、ラッコ毛皮などで、対する松前側は、コメ、麹《こうじ》、酒、古着、布、糸、鍋、椀、塩、タバコ、キセルなどを用意していた。

◆場所請負制の発達が生んだアイヌとの軋轢

　元禄期（1688〜1703年）になると松前藩の財政は悪化、商場の経営に変化が現れる。享保期（1716〜1735年）には、商場を共同で経営する家臣や、運上金《うんじょうきん》（課税の一種）を取って商人に経営を委ねる者も現れるようになったのだ。このように商場の経営を商人に任せ、運上金を納めさせる方法を「場所請負制」と呼ぶ。同時に、場所を請け負った商人は、マス船、秋味《あきあじ》船、ナマコ引船などによる漁も請け負い、各場所で漁業を行うようになっていく。このように、蝦夷地で漁業が盛んになった背景には、本州で商品作物の生産が急増し、**魚肥《ぎょひ》**の需要が高まっていた事情があったのである。

　こうした場所請負制の発達により、各場所には支配人や通辞《つうじ》（通訳）、番人などの和人が派遣され、土地のアイヌを労働力として使役していた。しかし、請負商人側とアイヌ側は対等な関係ではなく、アイヌが一方的に低賃金で働かされたのが現実だった。こうした矛盾が、「**クナシリ・メナシアイヌの戦い**」

魚肥　乾燥させた魚や、その搾ったかすなどを肥料にしたもの。

クナシリ・メナシアイヌの戦い　104ページ参照。

和人に使役されるアイヌの人々
（『知床日誌』より）

へとつながったのである。

その実態を、幕末に松前藩や商人によるアイヌの扱いを批判した**松浦武四郎**《まつうらたけしろう》の紀行文『知床日誌』から見てみることにしよう。

舎利、アハシリ両所にては女は最早十六七にもなり、夫を持べき時に至れば**クナシリ島**へ遣られ、諸国より入来る漁者船方の為に身を自由に取扱はれ、男子は娶る比に成ば遣られて昼夜の差別なく責遣はれ、其年盛を百里外の離島にて過す事故終に生涯無妻にて暮す者多く、（中略）又夫婦にて彼地へ遣らるる時は、其夫は遠き漁場へ遣し、妻は会所また番屋等へ置て、番人稼人（皆和人也）の慰み者としられ……

〔筆者意訳〕斜里《しゃり》や網走《あばしり》場所では、女が年頃の16、17歳になると、クナシリ島に送られ、本州などから来る漁師達に身を弄《もてあそ》ばれ、男は妻を娶《めと》るころの年になると昼夜なく責め働かされ、働き盛りの時は遠く離れた離島で過ごすことになるため生涯独身で暮らす者が多く、（中略）夫婦でも夫

松浦武四郎　1818〜1888年。伊勢国（現三重県）出身の北方探検家、開拓判官。江戸末期、蝦夷地を巡り、『初航蝦夷日誌』『再航蝦夷日誌』『三航蝦夷日誌』（すべて1850年）などを著した。172ページ参照。

クナシリ（国後）島　千島列島の最西端に位置し、島の南端は根室海峡を隔てて北海道に面する。

は遠い漁場に送られ、妻は会所や番屋で出稼ぎ番人の慰み者にされ……

場所請負では、商人が数カ所の場所を請け負うこともあった。この実例は、**藤野喜兵衛**《ふじのきへえ》が斜里場所・網走場所・クナシリ場所などを請け負い、人手が足りないクナシリ場所へ斜里や網走のアイヌを送り込んだもので、その時に和人の番人などがアイヌ女性らを慰み者にしていたことを書き記している。

近年の研究では、松浦武四郎の描く前出のような蝦夷地像が、必ずしもすべての実態を捉えていないのではないか、と言う批判も出てきた。例えば、場所請負の労働だけでなく、「**自分稼**《じぶんかせぎ》」と称したアイヌの自力生産が、蝦夷地の各地で見られるという研究成果も表れてきたのである。

こうした研究状況の進展により、最近の北方史研究では場所請負制を再検討する動きが活発になってきた。その制度と実態の解明が今後さらに進むことで、蝦夷地の生産構造とそこに生きたアイヌの人々の具体的な暮らしの有様が、一層明らかになっていくはずだ。

藤野喜兵衛　藤野四郎兵衛の福山（松前）店での営業名。1800年に創業し、初代喜兵衛の名を代々引き継ぐ。場所請負人として松前有数の豪商となり、松前藩から苗字帯刀を許された。

自分稼　請負人らに雇用されない、アイヌによる自営業態のこと。

［参考文献］
北海道・東北史研究会編『場所請負制とアイヌ』（北海道出版企画センター、1998年）

topic....14

蝦夷地最大の壮絶な戦闘「シャクシャインの戦い」

島原の乱以来の幕藩体制揺るがす大事件

時代MEMO

17世紀に入り台頭したオランダは、商人国家として世界を制覇。しかし、17世紀半ばの英蘭戦争に敗れ、覇権はイギリスへ。中国の清は、1661年に即位した康熙帝の登場により、史上最大の中華帝国に発展する。

歴史上のアイヌ民族で最も有名な人物といえば、シャクシャインだろう。その名は中学校の教科書にも登場し、高校日本史ではほとんどの教科書に掲載されているほどだ。そのシャクシャインをリーダーにアイヌが蜂起したのが「シャクシャインの戦い」である。この戦いは、近世の蝦夷地における最大の戦いであり、当時の幕藩制国家にとっても、**島原《しまばら》の乱《らん》**以来となる大事件だった。

◆アイヌ対松前藩 雌雄を決する戦い

1669(寛文9)年6月、シベチャリ(新《しん》ひだか町《ちょう》静内《しずない》)のアイヌ首長シャクシャインは、東西蝦夷地の各地域で暮らすアイヌ集団に檄《げき》を飛ばし、松前藩に対して一斉蜂起する。東蝦夷地のホロベツ(登別市《のぼりべつし》)からシラヌカ(白糠町《しらぬかちょう》)にかけての8カ所、西蝦夷地のウタスツ(古平町《ふるびらちょう》)からマシケ(増毛町《ましけちょう》)にかけての7カ所で和人を襲撃。蜂起に参加した約2000人のアイヌが、和人

島原の乱 1637～1638年に起きた百姓一揆。島原藩と唐津藩の圧政に苦しむ民衆2万数千人が蜂起し、キリシタンが多かった。

３５５人（２７３人という記録もある）を殺害し、さらに松前に向け進撃した。

アイヌ蜂起の知らせを受けた松前藩は、金採取場や藩の関所があるクンヌイ（長万部町《おしゃまんべちょう》 国縫《くんぬい》）まで家臣を派遣して情報を収集し、幕府や弘前藩に報告した。すぐさま幕府は、松前氏の一族で旗本の松前八左衛門泰広《まつまえはちざえもんやすひろ》や弘前藩に出陣を命じ、盛岡藩・秋田藩には、要請があり次第出兵するように命じる。

「シャクシャインの戦い」の拠点となったシベチャリチャシ跡
（新ひだか町アイヌ民俗資料館提供）

一方、松前城下では、逃げ支度をする者や船で脱出をはかろうとする者が相次ぎ、松前藩は城下近辺に柵を巡らして警戒にあたった。同時に、東北の諸藩に鉄砲や大砲、弾薬の援助を要請し、多数の武器・弾薬が集められたのである。

同じ年の7月、松前藩は家老蠣崎《かきざき》蔵人《くらんど》を隊長にクンヌイへ兵を派遣し、柵を設けるなどして戦いに備えた。８月になって、５５０人の兵をクンヌイの北に位置するオシャマンベ（長万部町）に進めたところ、山中

シベチャリチャシ跡　国指定史跡「シベチャリ川流域チャシ跡群」のひとつ。静内川河畔の大平洋を望む丘上に位置する。「シャクシャインのチャシ」と呼ばれ、戦いの拠点となった。

伝統的な儀式にのっとり、真歌公園で毎年行われる「シャクシャイン法要祭」（北海道アイヌ協会提供）

に隠れたアイヌ軍が毒矢を放ってきたため、クンヌイまで退却せざるを得なくなる。しかし、程なくして前出の旗本松前泰広の軍がクンヌイで松前軍本体と合流。総勢628人となった幕府・松前軍は、クンヌイから東蝦夷地へ向けて兵を進め、9月には弘前軍も松前城下に到着している。

その後、幕府・松前軍は鉄砲中心の戦術から、アイヌ軍を分断する作戦に転じる。松前藩と関係の深いアイヌを脅迫し、降伏するよう命じるこの作戦は的中し、降伏するアイヌが続出。アイヌ軍の統制は乱れ、シャクシャイン軍は次第に追い詰められるが、徹底抗戦の構えは崩さなかった。

事態の長期化を恐れた松前藩は、幕府・松前軍の陣をピポク（新冠町《にいかっぷちょう》）へ進め、10月、シャクシャインに偽りの和睦《わぼく》を申し入れる。いったんは拒否したシャクシャインだったが、アイヌ軍の劣勢を考えてこれに応じてしまう。その和睦の宴にシャクシャインらを招いた幕府・松前軍は、酔ったところを見計らって殺害する。この時の様子が、次のように史料に記されている。

シャグセンは起直り四方を見廻して、権左衛門能くも我をたばかりきたなき仕業なり。と大音に呼ばはり、大地にどうと居て手を不動して討れ候。（略）其後シャグセンが居城へ押寄候へば、多くは城の後より逃げ落候。

（『蝦夷談筆記』）

〔筆者意訳〕シャクシャインが起き上がりまわりを見渡すと、「権左衛門（現地の指揮者）、よくも私を騙《だま》したな、汚い仕業だ」と大声を上げ、（毒のせいで）大地に倒れて手を動かせないでいたところを殺害された。その後、シャクシャインの城（シベチャリのチャシ）を幕府・松前軍が攻撃すると、多くのアイヌ軍が城の後側から逃げ落ちた。

結局、騙し討ちで指導者を失ったアイヌは、松前藩に鎮圧されてしまう。

◆松前藩・幕府軍に抗したアイヌ社会の政治的発展

ところで、幕府・松前軍と戦いが起こる前の1648（慶安元）年、東蝦夷地シベチャリの大将カモクタインと脇《わき》（副）大将シャクシャインが、ハエ（日高町門別《もんべつ》本町）の大将オニビシと漁労・狩猟の場所の権利を巡り、約5年にわたり争っていた。そのため松前藩は、アイヌ民族との交易ができなくなることや、蝦夷地全体のアイヌが騒乱状態になることを恐れ、双方を松前に呼んで停戦を誓わせた。

その後、1662（寛文2）年になって両集団の争いは再燃。6年後、シャクシャイン勢がオニビシを殺害するに至り、オニビシの娘婿ウタフ（ウトマサともウトフともいう）は松前藩に武器と兵糧の援助を求める。しかし、「アイヌは百姓身分であるので、武士の兵具を貸すことはできない」と拒否されたウタフはその帰路、ノダオイ（八雲町《やくもちょう》野田追《のだおい》）で疱瘡《ほうそう》にかかり死んでしまった。ところが、ウタフの死は松前藩による毒殺であるという噂がたち、アイヌの間に動揺と不安が広がっていく。シャクシャインはこの事態を巧みに利用した。

各一味仕、松前より参り候商船を先打殺申すべし（中略）使の狄迄毒にて殺候上は、松前は其方の敵にて候間、我等迄一味いたし、松前より参り候船を打取、其後松前えあだをなし候様

（『津軽一統志』）

〔筆者意訳〕アイヌ同士が皆それぞれ手を結び、松前からの商船を襲撃すべし（中略）ウタフが毒殺されたので、松前藩はお互いの敵である。一致団結して、松前から来る船を襲撃し、その後は松前を攻撃して（ウタフの）仇を討とう

このようにシャクシャインは、全蝦夷地はおろか敵方であったアイヌに対しても檄を飛ばし、アイヌ民族をひとつにまとめ上げ、松前藩・幕府軍との

全面戦争に突入したのである。

この戦いの背景には、**商場知行制**《あきないばちぎょうせい》によって松前藩主とその家臣としか交易ができなくなったアイヌが、独占的な交易の仕組みを作った松前藩に、交易の主導権を握られてしまったこと、和人の**砂金採取場や鷹場**《たかば》**の設置**によって、アイヌの狩猟・漁労の場所が狭められたことなどがある。

さらに、アイヌ社会の政治的発展も見逃せない。鉄砲を持った松前藩・幕府軍と対等以上に戦えた理由は、シャクシャイン自身がアイヌ軍を統率する指導力とカリスマ性を備えていたことに加え、アイヌ社会がそれだけの政治的統一性を持っていたからだろう。

とはいえ、松前藩の騙し討ちにあったのは、戦略上の未熟さゆえであり、また、これ以上戦ったとしても、次々に派遣される東北諸藩の鉄砲軍の前に敗れるしかなかったことも、シャクシャインは見抜いていたのかもしれない。「シャクシャインの戦い」は、戦わずして幕藩制国家に服従することを拒んだアイヌたちにとって、避けて通れぬ道だった。

商場知行制　87ページ参照。

砂金採取場や鷹場の設置　砂金は江差〜清部(松前町)付近、知内、シマコマキ(島牧)、サル(沙流川)、シベチャリ(静内)などで採取。幕府への重要な献上物である鷹は、しらかみ崎・吉岡峠・のしの下山・きよべ山(以上松前町)などで捕獲された。

［参考文献］
海保嶺夫編『北方史史料集成』第4巻(北海道出版企画センター、1998年)
榎森進編『アイヌの歴史と文化』(創童社、2003年)

topic....15 ロシアへの対抗策だった幕府による蝦夷地直轄化

次々と来航する異国船に幕府が抱いた危機感

時代MEMO

田沼意次が老中となった18世紀後半の幕府は、意次を中心に幕政改革が進められ、「田沼時代」と呼ばれた。対するロシアは、近代化によって北欧や東欧での戦いに次々と勝利し、欧州での影響力を強めていく。

◆日本の領域外にあった東西蝦夷地

江戸幕府成立後、松前藩の藩域は「**和人地**《わじんち》」「松前地」と呼ばれるエリアに限定されていた。１６３３年頃までは石崎《いしざき》（函館市南東端）から乙部《おとべ》（檜山《ひやま》管内乙部町《おとべちょう》）、１６７０年頃は石崎から熊《くま》石《いし》（旧檜山管内熊石町《くまいしちょう》、現渡島《おしま》管内八雲町《やくもちょう》）、そして江戸期後期の１８００年頃になると野田追《のだおい》（渡島管内八雲町）から熊石へと拡大していく。

そうした和人地を除く蝦夷島《えぞがしま》は、知床《しれとこ》岬を境に太平洋岸を東蝦夷地（エトロフ島以南も含む）、オホーツク海側から日本海にかけてを西蝦夷地と呼んでいた。つまり、蝦夷地イコール北海道ではなく、蝦夷地と和人地をあわせた地域が、北海道と認識されていたのだ。少なくとも近世前期までは、日本（幕藩制国家）の領域は和人地までしか含まれていなかったのである。その後、近世後期から幕末にかけて、蝦夷地が幕府の**直轄地**《ちょっかつち》となった時期があり、この時

和人地　87ページ参照。

直轄地　大名などを介さず、幕府が直接支配する地域のこと。

以降、蝦夷地は日本の国家領域に含まれたと考えられる。

近世前期の江戸幕府にとって、蝦夷地は特別な意味を持っていた。それは、日本型華夷秩序《かいちつじょ》という枠組みのなかに、蝦夷地が組み込まれていたからだ。これにより、アイヌは野蛮人・化外《けがい》の民として征服すべき対象となり、幕藩制国家に従属する存在と見なされた。それと同じように、松前藩も蝦夷地を、アイヌとの交易によって藩財政を維持するための、単なる交易場所と考えていたのである。

しかもその交易自体、藩側が一方的に主導権を握っており、交易の相手であるアイヌからすれば、対等ではない関係を押しつけられていたこと

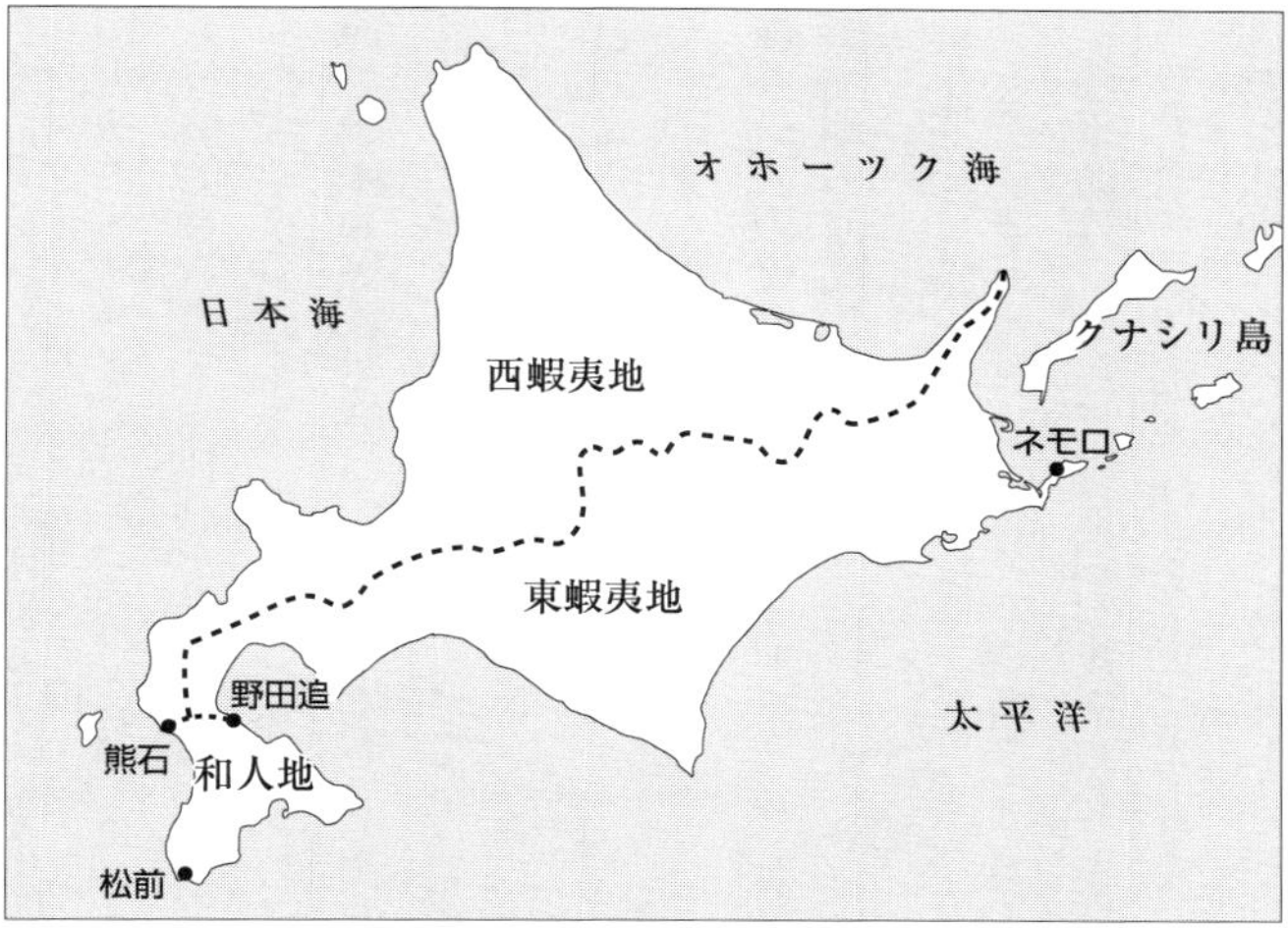

近世後期の蝦夷地（1800 年以降）

華夷秩序　文明を持つ「中華」と野蛮な「夷狄（いてき）」を区別し、中華に夷狄が服従する関係性を正しいとする考え方。

になる。つまり、幕藩制国家に組み込まれた松前藩が、その外部に位置する蝦夷地のアイヌとの交易（商場知行制・場所請負制など）により、アイヌたちから経済的に収奪する体制を築いていったのだ。

さらに軍事面でも、「シャクシャインの戦い」の際に見られたように、蝦夷地でアイヌ民族が蜂起するとすぐさま幕府に報告が届き、東北諸藩に出兵を命令する体制が築かれている。ここで重要なのは、幕藩制国家にとって異域である蝦夷地にも軍隊を派遣していたことだ。このように、蝦夷地における江戸幕府の影響力は、次第に強まっていく。

◆ロシアの接近と蝦夷地の直轄化

一方、ロシアは18世紀以降、**カムチャツカ**を経て千島列島へ進出。1778（安永7）年にロシア人商人が、ネモロ（根室）に近いノッカマップに初めて渡来。翌年にはアッケシ（厚岸）を訪れ、松前藩士に対し交易を申し出る。こうした状況を憂慮した仙台藩藩医の**工藤平助**《くどうへいすけ》は、ロシアの情報をまとめた『**赤蝦夷**風説考《あかえぞふうせつこう》』（『加模西葛杜加《かむさすか》国風説考』）を幕府に提出。これを**老中**の**田沼意次**《たぬまおきつぐ》が取り入れ、1785（天明5）年に総勢37人の調査隊を松前と蝦夷地に派遣したのである。

調査隊はふた手にわかれ、西と東の両蝦夷地を踏査。西蝦夷地隊は樺太のシラヌシからタラントマリまで、東蝦夷地隊は**クナシリ島**へ渡る。なかでも

カムチャツカ　ロシアのシベリア東端から太平洋に突出した半島。

工藤平助　1734～1800年。仙台藩藩医。1783年に著した『赤蝦夷風説考』でロシアの南下を警告、蝦夷地開発を主張した。

赤蝦夷　ロシア人のこと。アイヌが、赤い服を着た外国人を「赤い隣人」と呼んだことにちなむといわれる。

老中　江戸幕府の職名。将軍に直属し、全国統治上の諸政務を統轄した。

田沼意次　1719～1788年。江戸幕府10代将軍・家治の側用人となり、後に老中を兼任。「田沼時代」と呼ばれるほどの権勢を振るった。

クナシリ島　90ページ参照。

東蝦夷地隊の**最上徳内**《もがみとくない》は、**エトロフ島**でロシア人と接触し、さらに単身**ウルップ島**にも渡っている。また、エトロフ島ではアイヌがロシア人からロシア語を習ったり、ロシア名に改名するアイヌもいる状況を報告。同時に、蝦夷地での「御試交易《おためしこうえき》」（試験的な交易）を行うなど、幕府として初めて蝦夷地の実態を把握するが、田沼意次の失脚によって調査は中止されてしまう。

その後、新たに老中となった**松平定信**《まつだいらさだのぶ》は当初、蝦夷地開発に消極的だった。しかし、1789（寛政元）年に「クナシリ・メナシアイヌの戦い」（次項参照）が発生すると、津軽・南部藩に援軍を準備するよう命じるなど、蝦夷地に強い関心を示すようになる。この戦いの後、定信は松前藩に警備を強化するよう指示し、1791（寛政3）年には蝦夷地開発論者の意見を取り入れて、幕府による「**御救交易**《おすくいこうえき》」を実施した。

さらに、1792（寛政4）年には、ロシアの第1回遣日使節である**ラクスマン**がネモ（ム）ロに来航する。その際、次の史料にもあるように、ネモロは日本の領土ではないと定信は考えていた。

ネムロに御下知をまつといふは、日本地にあらざれば追ひ払ふべき事もなきをしり……

（『魯西亜取扱手留』）

〔筆者意訳〕（ラクスマンが）根室で幕府からの返事を待つというのは、そ

最上徳内　1755〜1836年。江戸時代後期の北方探検家。154ページ参照。

エトロフ島　133ページ参照。

ウルップ島　135ページ参照。

松平定信　1758〜1829年。江戸時代後期、寛政の改革を断行した老中。海防体制の構築など、対外関係の枠組みをつくった。

御救交易　公正な交易を行うことでアイヌを救済しようと、奥蝦夷地などで実施されたが、不評に終わった。

ラクスマン　124ページ参照。

こが日本ではないために追い返せないことを知っているからで……

この時点での蝦夷地は、まだ日本の領土と意識されていなかったのである。１７９６(寛政8)年にはイギリス船が蝦夷地に初来航し、その翌年、エトモ（室蘭《むろらん》）へ入港。その船に乗り込んだ松前藩士は、イギリス側がつくった日本近海の測量図を見せられている。

レザノフ肖像

次々に来航する異国船の存在やアイヌの蜂起に危機感を募らせる幕府は、１７９８(寛政10)年、総勢１８０人にのぼる大規模な蝦夷地調査隊を再び派遣する。その結果、特に奥蝦夷地(根室地方から千島列島)でロシアの進出が著しいことがわかり、アイヌがロシア側に取り込まれる恐れがあると判断。翌年から7年間、東蝦夷地のウラカワ（浦河）とシレトコ（知床）の間を幕府の直轄地とし、さらに知内《しりうち》〜箱館《はこだて》〜ウラカワも松前藩から没収してしまう。

１８０４(文化元)年には、ロシア第2回遣日使節の**レザノフ**一行が長崎に来航する(ｔｏｐｉｃ22参照)。しかし、国を閉じた日本側の頑《かたく》なな対応のため、目的とした通交・通商関係が結べず、レザノフは憤慨して帰国していく。そうしたロシア側の雰囲気を察した幕府は、蝦夷地の警備を強化するために、

レザノフ　1764〜1807年。ロシアの外交官。露米会社の総支配人として、極東及びアメリカ大陸へのロシア進出にかかわった。

これまでの松前藩の藩域と西蝦夷地を没収したうえで直轄化し、松前藩の領地を陸奥国《むつこく》伊達郡梁川《やながわ》（現在の福島県伊達市梁川）に移し変えたのである。

この時、レザノフの部下によって前年、樺太《からふと》が襲撃された事実が発覚し、加えて幕府の役人や南部・津軽藩が厳重に警備するエトロフ島が、ロシア艦に襲撃される事件が起きた。幕府は1802(享和2)年、箱館に**箱館奉行**を設置。その後、松前を含む全蝦夷地を直轄化すると、幕府は松前に松前奉行を置いて蝦夷地の経営に直接当たるようになる。こうした緊張状態は、ロシアとの紛争が鎮まる1821(文政4)年まで続いた。この時期を、第1次蝦夷地幕領期《ばくりょうき》と呼び、さらに1855(安政2)年にも再度、蝦夷地を没収(第2次蝦夷地幕領期)している。

江戸幕府による2度の蝦夷地直轄化は、ロシアの攻撃や異国との争いに際して、松前藩には任せられないという判断があった。同時に、蝦夷地に住むアイヌ民族の日本人化策も打ち出すなど、ロシアへの対抗策を念頭におきながらの蝦夷地経営に、幕府は腐心していくことになる。

箱館奉行　幕府老中のもとに属し、箱館に駐在して蝦夷地行政を統轄した。1807年、松前・蝦夷地全域の直轄化に伴い、名称を松前奉行に変更。

［参考文献］
菊池勇夫『幕藩体制と蝦夷地』(雄山閣、1984年)
菊池勇夫編『日本の時代史19　蝦夷島と北方世界』(吉川弘文館、2003年)

topic.... 16

アイヌVS松前藩・和人商人〝最後の戦い〟の結末とは

「クナシリ・メナシアイヌの戦い」の背景とは

時代MEMO

1789年のフランス革命は、人民が封建的な旧制度と絶対王政を倒し、人権宣言を公布した。同じ年に起きたクナシリ・メナシアイヌの戦いも、こうした世界史の潮流と無関係ではない、と捉える研究者もいる。

◆アイヌ最後の武装蜂起

日本の年号で寛政元年にあたる1789年5月初め、現在「北方領土」と日本で呼ばれている**クナシリ**(国後)**島**のアイヌ41人が次々と蜂起。松前藩藩士を始め、場所請負《ばしょうけおい》をする**飛騨屋**《ひだや》の支配人や通辞《つうじ》(通訳)、番人らを次々と殺害した。さらに、対岸のメナシ地方(東方の意味、現在の根室管内)シベツ(標津《しべつ》)付近に住む89人のアイヌもそれに呼応し、チウルイ(忠類《ちゅうるい》)沖に停泊中の飛騨屋所有・大通丸《だいつうまる》を襲撃し、海岸にいた支配人らとともに乗組員も殺害。結局、71人もの和人がアイヌによって殺される事態となったのである。

この時、生き残った和人が4人いた。その内の2人、クナシリ島にいた伝七と吉兵衛は、アッケシ(厚岸《あっけし》)の首長イコトイと懇意にしていたため、たまたまラッコ猟でエトロフ島に来ていた彼に救われている。また、吉太郎とい

クナシリ島　90ページ参照。

飛騨屋　江戸時代の飛騨(岐阜県)の材木商、蝦夷地の場所請負商人。初めは下北半島を拠点としたが、松前藩から蝦夷檜伐採の許可を得たことで、松前藩に金を貸すほどの利益を上げた。

う者はシャリ（斜里《しゃり》）に出かけていて不在だった。実際にアイヌの襲撃を受けて生き残ったのは、大通丸に乗っていた庄蔵だけで、重傷を負ったがチウルイのセントキというアイヌに助けられ、一命をとりとめている。このように襲撃は徹底して行われ、襲われた和人はほぼ全員が殺害されており、彼らの怒りは激しかった。

クナシリ・メナシアイヌの戦い関係地図

この蜂起の知らせは1カ月後、松前城下にも伝わる。松前藩はすぐさま、新井田《にいだ》孫三郎を隊長に武装兵260人からなる討伐隊を、根室半島の中心地**ノッカマップ**（根室市）へ送り込む。この事態に江戸幕府も大きな衝撃を受け、直ちに東北の津軽藩や南部藩などへ出兵の指令を下している。実はこの時、幕府はアイヌの蜂起を、ロシア人の指示によるものではと危惧し

ノッカマップ　根室半島北岸にある小さな岬にあり、当時の道東ではアッケシ（厚岸町）に次ぐ拠点地だった。

ていたのだ（後にロシアは蜂起に関係していないことがわかった）。
新井田率いる松前藩討伐隊は、出発から2カ月後にノッカマップに到着。現地では首長ションコらが松前藩に協力したため、戦闘には至らなかった。しかし、蜂起に参加したアイヌが集められ、蜂起に関係していないションコ、クナシリ島首長ツキノエ、アッケシ首長イコトイらを通じて、取り調べが行われる。そこで明らかとなったのは、飛騨屋による脅しや暴力による強制的な漁場労働、女性アイヌへの暴行など、アイヌに対する迫害の実態だった。結局、和人に直接手を下した加害者37人が、牢に入れられることとなる。
討伐隊長である新井田が残した『寛政《かんせい》蝦夷乱《えぞのらん》取調《とりしらべ》日記《にっき》』には、37人への申し渡しが次のように記されている。

今度くなしり、めなし騒動の儀は同所支配人始《はじめ》稼方《かせぎかた》の者とも心得違《こころえちがい》にて非分《ひぶん》の申懸《もうしかかり》いたし候処、無訴《うったえもなく》も致殺害《さつがいいたし》候儀、毎々被仰出《おおせいだされ》候御法度《ごはっと》、其後《そのご》別《わけ》て寛文年中より年々被仰出候御書附《おかきつけ》の趣《おもむき》を相背《あいそむき》、徒党いたし数多《あまた》人《ひと》を討殺《うちころし》候段甚不届《はなはだふとどき》の仕方に有之《これあり》候間《あいだ》死罪申付候。

このように、「飛騨屋の者たちが道理のない行動をとったが、それを松前藩に訴えもせず殺害におよんだことは、許し難い」という理由で、37人全員に死罪が申し渡された。

処刑は1人ずつ首を刎《は》ねていく形で行われたが、6人目の時、大勢のアイヌが牢の内外から**ペウタンケ**という呪いの声を上げて騒ぎ出し、牢を壊そうとした。そこで、牢のなかへ向けて鉄砲を撃ち、逃げる者は鑓《やり》で突き刺してその大半を殺害してから、残りの者たちを処刑したという。その後、ションコ、ツキノエ、イコトイら首長に、今後このようなことがないよう申しつけ、39人のアイヌを人質として松前へ連行したのである。

◆過酷な労働に反発したアイヌ

この戦いに至ったそもそもの原因は、当時の和人によるアイヌ酷使にあった。クナシリ島やメナシ地方は、もともと松前藩の交易地だったが、1774(安永3)年から飛驒屋が交易を請け負うようになる。その背景には、飛驒屋からの多額の借財を返済できない松前藩が、借金の形《かた》にこの地のアイヌとの交易権を飛驒屋に与えた実情があった。

しかし、飛驒屋の交易は赤字が続いたため、交易に加えて現地のアイヌを労働力にサケやマスを使った**〆粕**《しめかす》を生産するようになる。〆粕は当時、本州で畑の肥料として広く使われるようになり、需要が高まっていた。

飛驒屋による現地経営の方法は、支配人・通辞・番人などが中心となって、アイヌを使い大網でサケ・マスを捕獲、それを大釜でゆでて絞り〆粕を製造

ペウタンケ　危急時、悪魔払いのために、神々に向けて発する叫びのこと。

〆粕　煮た魚に圧搾機で圧力をかけ、煮汁と油を絞ったあとのかす。

ノッカマップでは今も、アイヌ語でイチャルパという供養祭が毎年営まれている

するというものだった。しかし、飛騨屋のアイヌたちの使い方には、大きな問題があった。支配人らは、アイヌを暴力と脅迫によって半ば強制的に働かせ、わずかな報酬で、自分たちの食糧を確保する暇も与えないほど、酷使していたのである。また、女性アイヌに性的暴行を加えたり、夫がいる女性アイヌを妾《めかけ》同様に扱う支配人もいたことから、クナシリ島やメナシ地方のアイヌたちの我慢は、限界に達していた。

1789(寛政元)年春、病気療養中のクナシリ島**惣長人**《そうおとな》サンキチのもとに、メナシ領ウェンベツ支配人である勘兵衛が暇乞《いとまご》い(別れのあいさつ)に訪れる。勘兵衛が持参した酒をサンキチが飲んだところ、そのまま死んでしまった。同じ頃、マメキリの妻が**運上屋**《うんじょうや》からもらった飯を食べ、まもなく死亡。そのため、アイヌの間では、運上屋で毒の入った餅が配られるという噂が流れ始める。サンキチとマメキリの妻の死を不審に思ったアイヌの人々は、普段から「働かなければ毒殺する」と彼ら

イチャルパ アイヌ民族の伝統的な先祖供養の儀式。最初にカムイノミ(神への祈り)を行ってから、イナウ(木幣)を祭壇に立て、様々な食べ物を捧げて先祖を供養する。

惣長人 「惣乙名」とも書き、特定地域の首長たちを束ねる、リーダー格の役職を指す。

運上屋 場所請負人の交易所。支配人や通辞、番人が詰め、アイヌ介抱の拠点でもあった。

を脅してきた、飛騨屋の支配人や番人らの仕業に違いないと考えたのだった。

こうして、マメキリやサンキチの息子ホニシアイヌなどを中心に、アイヌが蜂起。飛騨屋の者たちを、次々に殺害していった。実際に和人が毒殺したのかどうかは、今となっては確認のしようがない。しかし、たとえそれが偶然だとしても、アイヌが蜂起に至るのはもはや時間の問題だった。小さなきっかけでも、大きな騒動に発展しかねない、非常に危険な状況となっていたのである。

以上が、アイヌ三大武装蜂起の〝最後の戦い〟とされる「クナシリ・メナシアイヌの戦い」の顚末《てんまつ》である。この戦いの後、クナシリやメナシのアイヌ社会は、完全に松前藩に屈服することになっていく。そして、10年後の1799(寛政11)年には、ロシア南下への対策とアイヌ支配を大きな柱とした、幕府の**東蝦夷地仮直轄政策**《かりちょっかつせいさく》がスタート。アイヌの地位低下は、決定的になってしまう。

東蝦夷地仮直轄政策　外敵への警備を固め、場所請負人を廃して幕府がアイヌと直接交易を行うというもの。同時にアイヌの和風化も図った。

[参考文献]
『松前町史』通説編第1巻上(1984年)
根室シンポジウム実行委員会編『三十七本のイナウ』(北海道出版企画センター、1990年)
根室市博物館開設準備室編『クナシリ・メナシの戦い』(根室市教育委員会、1994年)

topic.... 17

戦いの結果生まれた絵画「夷酋列像」の謎

幻の名作に込められた意味や思惑とは何か

時代MEMO

「夷酋列像」が完成する前年の1789年、フランス革命が始まる。同年、独立戦争に勝ったアメリカでは、初代大統領を選出。日本では1790年、幕府が「寛政異学の禁」を発し、朱子学のみを正学とした。

◆波響の絵に隠された謎

1984（昭和59）年10月26日、道内の郷土史家や歴史研究者、美術研究者の目は、『北海道新聞』朝刊の1面に釘づけとなった。「**蠣崎《かきざき》波響《はきょう》**『夷酋列像《いしゅうれつぞう》』フランスで11点発見／日本には下絵張だけ、幻の名作」の大きな見出しに、発見された絵の写真2枚や関係者の顔写真が掲載されたのだ。この発見を契機に、専門家や研究者らによる「夷酋列像」（以下、「列像」）研究がスタートする。

この「列像」には、12人のアイヌが描かれている。彼らは、1789（寛政元）年に起きた「クナシリ・メナシアイヌの戦い」（前項参照）の際、松前藩との仲立ちをつとめて鎮圧に功績をあげた、**クナシリ**（国後）**島**やメナシ（根室）地域のアイヌの指導者たちだった。松前藩は藩に忠誠を誓わせるために、彼らアイヌを松前に招き、その肖像を松前藩家老で画人でもある蠣崎波響に描

蠣崎波響　1764～1826年。松前藩主の5男として生まれるが、生後間もなく家老蠣崎家の養子となる。江戸の藩邸で画家から絵の手ほどきを受け、20歳で松前に戻り藩務についた。

クナシリ島　90ページ参照。

かせる。それこそが、画人波響の代表作ともなった「列像」なのである。

その肖像画の発見から22年後の２００６(平成18)年2月、大阪の**国立民族学博物館**では前年の公開フォーラム「『夷酋列像』を読み解く」を受けて、「『夷酋列像』の文化人類学的研究」と題した共同研究会が開催された。さらに同年3月には、北海道の札幌テレビ放送が「謎のアイヌ絵　夷酋列像　秘められた悲劇」を制作・放送。今なお、注目を集めている作品なのだ。

夷酋列像——イコトイ

絵の発見以来、盛んに行われてきた「列像」研究だが、この絵を巡る謎の多くは未だ解き明かされていない。主な謎を挙げてみる。

①なぜこの絵がフランスにあったのか？

②作者の蠣崎波響は「列像」を何セット描いたのか？

国立民族学博物館　大阪府吹田市の万博公園内にある、博物館併設の民族学研究所。

③この絵の制作目的は?
④描かれた人物全員に蠣崎波響は会っているのか?
⑤描かれた人物は、なぜ異国の衣類を身につけているのか?

疑問点はこのほかにも多数残っており、この絵に隠された謎は多い。

◆絵が持つ意味とは?

では、前述の謎についてここで検証してみよう。

謎①「なぜフランスにあるのか」。フランス・**ブザンソン**美術館にある「列像」は、1930年以前から同美術館に所蔵されていたことは確実だが、その事情は不明だ。同館では、1859(安政6)年に箱館に赴任したフランス人神父メルメが持ち帰った可能性を示唆するが、確証はない。

謎②「蠣崎波響は何セット描いたのか?」については、ブザンソン本の他に函館市中央図書館にある2枚(ションコ像、イコトイ像)が波響真筆《しんぴつ》とされている。ほかにもう1セット描いたとの見方もあるが(永田富智『松前絵師　蠣崎波響伝』)、これも現物がないだけに何とも判断しかねる。模写本としては札幌市の北尾《きたお》家《け》本、長崎県の松浦史料博物館本などがよく知られており、江戸時代には多くの大名がこの絵を模写するために借用した記録も残っている。

謎③「絵の制作目的」については、絵の説明書き「夷酋列像序」(ブザンソン

ブザンソン　フランス東部に位置する文化都市。

美術館蔵）に、波響の叔父**松前広長**《まつまえひろなが》が書いた次のような記述がある。

即命臣広年図彼有功者一十二人以置左右俾夷人見之者勧懲云

〔筆者意訳〕この功があった者12人の像を常に藩主の近くに置き、夷人（アイヌ）たちへこれを見せ、勧善懲悪を説く

このようにして「列像」を利用した藩主の意図は、アイヌ支配と教化が目的だった。また波響は、1791（寛政3）年頃にこの絵を持って京都に上がり、天皇や貴族らに披露。さらには、幕府へ献上したという。これら一連の動きは、松前藩の力を誇示するためのものだったといえる。

夷酋列像――ツキノエ

謎④「波響は12人全員に会ったのか」。根室の**ノッカマップ**での取り調べと処刑を終えた後、松前藩は39人のアイヌを人質として松前に連れ帰った。そして、彼らに忠誠を誓わせるため、藩主が直々に面会している。この人質のなかで「列像」に描かれたのは、シ

松前広長　1737〜没年不詳。松前藩家老で著名な学者政治家。波響の叔父にあたり、その才を見出した。

ノッカマップ　105ページ参照。

モチ・イニンカリ・イコリカヤニ・ニシコマツケ・チキリアシカイの5人だけである。列像に描かれた残る7人は、翌年松前に連れて行かれたともいわれているが、確証はない。このため、波響はモデルとなったアイヌ全員とは、実際に会っていない可能性が高い。

謎⑤「なぜ異国の衣類を身につけていたのか」。描かれたアイヌたちは、龍模様の**蝦夷錦**《えぞにしき》と呼ばれた中国の官人服や、ロシア伝来と思われる赤い外套などを着ているが、彼らはそうした衣服を普段から身に着けていたのだろうか。討伐隊がノッカマップから松前城下に凱旋した際の記録が残っている。

蝦夷錦　76ページ参照。

同（寛政元年九月）五日　天気宜

一、藤倉右源太御内々被仰付の儀有之来る。御目見得罷登候夷とも着類不宜候に付十徳類持参内にて借為候様申談す。

（『寛政蝦夷乱取調日記』）

これによれば、アイヌらの藩主謁見に際して、着ているものが良くないので十徳《じっとく》（蝦夷錦）を貸し与え、着させたという。当時、交易品である蝦夷錦が蝦夷地へ持ち込まれていたことは、史料でも確認できる。しかし、ノッカマップからの長旅ということもあり、アイヌたちはそのような服を着ていなかったようなのだ。

この絵を研究している井上研一郎氏によれば、同時代のアイヌ人物図には、華美な服装を描いたものはまったく見当たらず、「列像」以外に波響が唯一アイヌを描いた「**東武画像**《とうぶ》」を見ても、服装は質素だと指摘している（「《夷酋列像》と現代」）。つまりこの絵は、事実に即していない可能性が高いのだ。こうした〝演出〟については、幕府に対し、アイヌが中国やロシアの影響下にあるかのように見せることを目的にしていた、という説もある。

まだまだ疑問点は残るが、構図・表情・色づかい・細密さなど、どこをとってもこの時代に同様な絵が見当たらない肖像画「夷酋列像」は、今も異彩を放つ。その謎解きには、さらなる研究が必要だ。同時に「クナシリ・メナシアイヌの戦い」において、ツキノエやションコら首長が、なぜ松前藩に協力したのかという疑問も、今後は掘り下げていく必要があるだろう。

東武画像　1783年作の紋別アイヌ首長の肖像画。東京国立博物館所蔵。

［参考文献］
永田富智『松前絵師　蠣崎波響伝』（北海道新聞社、1988年）
中村真一郎『蠣崎波響の生涯』（新潮社、1989年）
井上研一郎「《夷酋列像》と現代」〈北海道・東北史研究会編『メナシの世界』〉（北海道出版企画センター、1996年）

PART.3

近世Ⅱ

ロシアとの接触〜松前藩・蝦夷地の終焉

「鎖国」していたとされる江戸時代、
松前藩はアイヌとの交易でロシアや中国の品物を入手していた。
サハリンや千島列島で交易を仲介していたアイヌたちの、
交易民としての顔が、ここでは浮かび上がってくる。
その頃、ロシアは日本との通商・通航関係を築こうと画策。
高まる日露関係の緊張に、対応を迫られた幕府や松前藩にとって、
北方に暮らすアイヌたちの存在は無視できなくなっていた。
こうした対外関係を視野に、幕末にかけての北海道を見つめる。

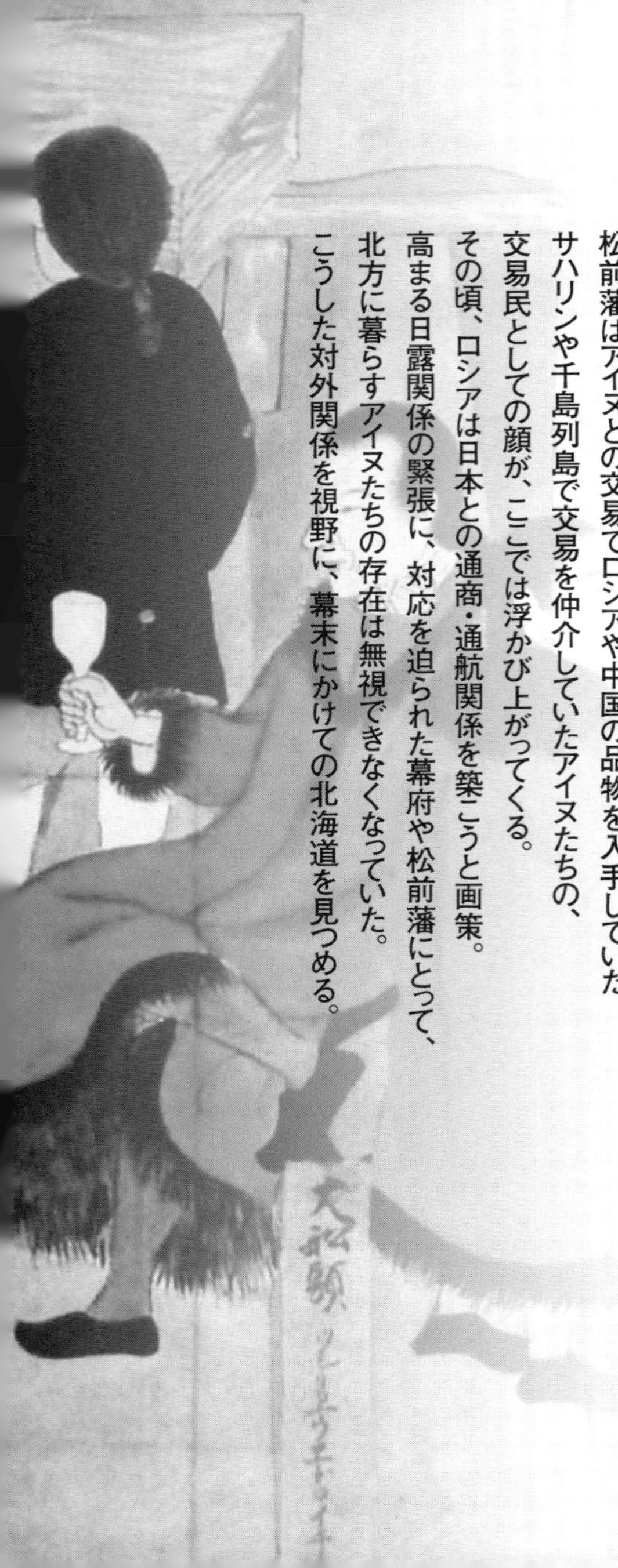

ヲロシヤ人物并小屋内図(天理大学附属天理図書館所蔵)

topic....18

鎖国状態だった江戸時代、蝦夷地も鎖国していた?

アイヌを通して外国と繋がっていた松前藩

時代MEMO

19世紀のヨーロッパ諸国は、自由貿易主義の原則を掲げて世界各地に進出。アジアでも、インドを植民地化し、アヘン戦争の勝利で中国の清朝に貿易の自由化を認めさせるなど、権益を拡大し、その経済を支配した。

◆鎖国する日本に開かれた4つの口《くち》

「鎖国」という言葉は、ドイツ人**ケンペル**が著した『日本誌』の付録部分を、1801(享和元)年に長崎**オランダ通詞**《つうじ》の志筑《しづき》忠雄が全訳し、それに『鎖国論』の題をつけたことに始まる。一般的には、1639(寛永16)年に幕府がポルトガル船の来航を禁止した時点から鎖国状態になったとされるが、当時はまだ「鎖国」という言葉は存在しなかった。また、後述するように、実際は完全に閉じた状態にはなく、「鎖国」という言葉や概念そのものが、今も歴史研究者の間で議論となっている。

まず、日本が鎖国状態になるまでの経緯をふり返ってみよう。江戸時代の初期には活発だった海外貿易だが、幕府が**禁教令**《きんきょうれい》を出したり、貿易を幕府の統制下に置こうとした(海外貿易で**西国大名**《さいごくだいみょう》が利益を得て力を持つことを恐れた)ため、次第に制限されるようになっていく。

ケンペル　1651〜1716年。オランダ東インド会社の医師として長崎に渡来した。

オランダ通詞　江戸幕府の公式通訳。ポルトガルやオランダ貿易の通訳を務めた。

禁教令　スペインやポルトガルなど、キリスト教国による日本侵略や信者の団結を防ぐ目的で発令された。

西国大名　畿内・近国（大阪周辺）や九州の外様大名。

さらに、1637(寛永14)年のキリシタンがかかわった「**島原《しまばら》の乱《らん》**」を受けて、幕府はポルトガル船の来航を禁じ、その4年後にはオランダ商館を長崎の**出島《でじま》**に移設。一般的には、これによって鎖国が完成したとされているが、これはあくまでもポルトガル1国だけに対する処置だった。

幕府が真に鎖国体制を完成させたのは、ロシアの第2回遣日使節**レザノフ**が1804(文化元)年に長崎へ来航した際、「オランダ以外のヨーロッパの国とは通交しない」という方針を初めて示した時点であると、筆者は考えている。

しかし、江戸時代にも外国に開かれた「4つの口《くち》」があった。最大の口は、オランダや中国に対して開かれていた「長崎」。2つめは、**対馬島《つしまとう》**の**宗氏《そうし》**が日本と

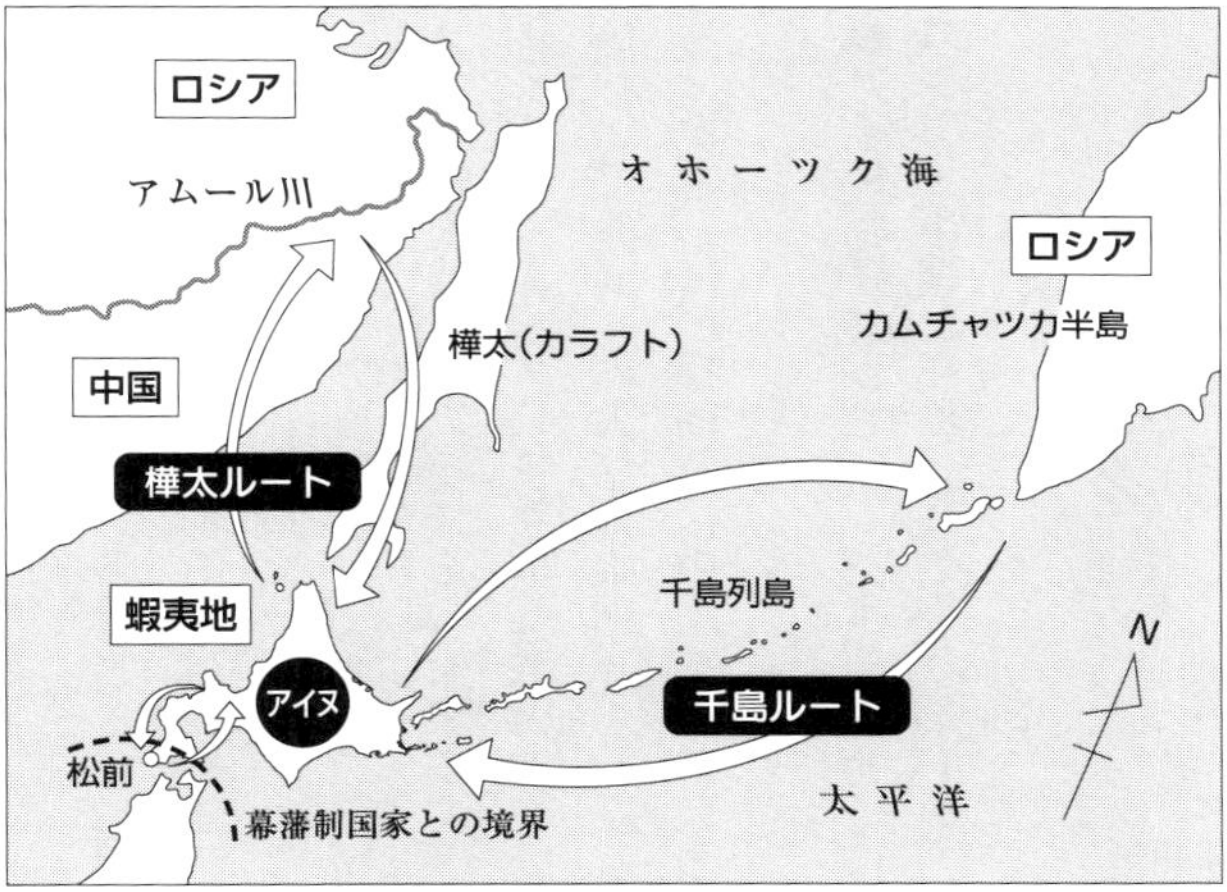

近世の蝦夷地での交易ルート

レザノフ　102ページ参照。

島原の乱　92ページ参照。

出島　ポルトガル商人をおくために造成した島で、鎖国後はオランダ人を移住させ貿易地とした。

対馬島　九州の北部に位置する、日本で最も朝鮮半島に近い国境の島。

宗氏　対馬島を支配した守護・戦国大名。江戸時代に対馬藩主となった。

朝鮮の間で両国を繋いだ「対馬口《つしまぐち》」。3つめは、中国や東南アジアと交易する琉球《りゅうきゅう》を支配下に、そこを通して外に開かれていた**薩摩藩**《さつまはん》の「薩摩口《さつまぐち》」である。ただし、正式に国交のある国は朝鮮と琉球だけで、オランダや中国とは貿易関係しかなく、正式な国交を結んでいなかった。

そして、残るひとつが「松前口《まつまえぐち》」である。松前藩は、江戸時代の半ば過ぎまで、蝦夷地でのアイヌとの交易によって藩の財政を賄っていた。その交易相手であるアイヌの世界は、蝦夷地本島にとどまらず、**樺太**《からふと》や**千島列島**へも広がっており、樺太では中国、千島ではロシアと交易。こうした蝦夷地のアイヌを通して、松前藩は中国やロシアと繋がっていたのである。

◆アイヌを経由してロシア・中国と交易

18世紀の初めに千島列島へ達したロシア人は、当時の交易の様子を次のように記している。

一番**カムチャツカ**に近いシュムシュ島には、南方のクリル人(アイヌ)がやってきて、ラッコなどを持ち帰っていた。二番目の島パラムシル島も同様でこの島の住民は南方のクリル人との交易によって、絹織物・綿織物・鍋・刀・陶器を入手していた。三番目の島**オンネコタン島**の人々はカムチャツカに行き、ビーバー・狐などを入手し、カムチャヤダールと

琉球　沖縄の別称。15～16世紀にかけて、東南アジア諸国と中国や日本、朝鮮などを結ぶ中継貿易で、琉球王国として繁栄。17世紀に薩摩藩に支配されると同時に、中国にも朝貢していた。

薩摩藩　九州・鹿児島に置かれた藩。島津氏を藩主とする。

樺太　178ページ参照。

千島列島　34ページ参照。

カムチャツカ　100ページ参照。

オンネコタン島　千島列島北部に位置する、長さ約43キロメートル、幅約11～17キロメートルの島。

婚姻を結んでいた。次のシャシコタン島は千島の人々が交易のために集まる集合場所であった。**エトロフ島**では**蕁麻**《いらくさ》の布は織っているが、木綿・絹布は**クナシリ島**で購入し、これをシュムシュ島・パラムシル島に持参して、ラッコ・狐・鷲羽《わしば》と交易している。

（秋月俊幸「コズイレフスキーの探検と千島地図」〈『北方文化研究』第3号〉）

この史料に登場する、南方のアイヌが北方にもたらした「絹織物・綿織物・鍋・刀・陶器」などの交易品は、クナシリ島やエトロフ島のアイヌが、松前藩との交易で入手した品々である。

その後、ロシア人が高価な毛皮である**ラッコ毛皮**を求めて、千島列島伝いに南下していることを知った幕府は、蝦夷地・千島・樺太を調査。1785（天明5）年に千島などを調査した佐藤玄六郎は、「異国交易の風説」について次のように記している。

当時交易と申程の儀にてはこれ無し、西は、真羽　青玉　錦類　東は**羅**《ら》**紗**《しゃ》　**緞子**《どんす》　**さらさ**様のもの、蝦夷人とも此方の商人より買い取り候米多葉粉《たばこ》等を以て、取り替え持参候を……

（「蝦夷地一件」〈『新北海道史』第7巻〉）

エトロフ島　133ページ参照。

蕁麻　イラクサ科の多年草。茎から繊維をとる。

クナシリ島　90ページ参照。

ラッコ毛皮　76ページ参照。

羅紗　ポルトガル語のラシャのこと。紡毛を原料とし、起毛させた厚地の毛織物。

緞子　84ページ参照。

さらさ　更紗とも。さまざまな模様を染めた綿布。南アジア諸国から輸入され、日本でも作られた。

ガラス玉を使ったアイヌの首飾り
（ともに北海道博物館所蔵）

〔筆者意訳〕この頃、交易という程のものはないが、西蝦夷地ではワシの尾羽《おばね》、ガラス玉、錦類、東蝦夷地ではラシャ織物、緞子、サラサ織物などを、日本の商人が持ち込んだコメやタバコなどと取り替えようと、アイヌが持参している。

西蝦夷地のアイヌが樺太方面での交易で得た「ワシの尾羽、ガラス玉、錦類」は、中国との交易品であり、東蝦夷地のアイヌが千島方面で入手した「ラシャ織物、緞子、サラサ織物」は、ロシアとの交易品だろう。

また、アッケシのアイヌ首長イコトイから、「ロシア人は毎年ウルップ島に来て（中略）商いしている」と聴き取っているほか、ネモロの**ノッカマップ**首長ションコも、「常々、ロシア人から交易で得た絹、錦、木綿、小袖をノッカマップの運上屋に持って行き、商いをしている」と語っている。これらの証言からも、アイヌとロシア人が交易をしていたことは明らかだ。

樺太での交易については、1786（天明6）年に樺太の調査を行った大石逸平の話が、**最上徳内**《もがみとくない》の著した『**蝦夷草紙**《えぞぞうし》』に残っている。それによると、

ノッカマップ　105ページ参照。

最上徳内　154ページ参照。

蝦夷草紙　幕府の蝦夷地調査に参加した最上徳内が、松前藩の蝦夷地政策やアイヌの風俗、蝦夷地の地理など克明に記述したもの。

樺太のナヨロにいた首長ヤエンコロアイノは、黒竜江《こくりゅうこう》（**アムール川**）下流付近の**サンタン**（山丹）から西蝦夷地のソウヤ（宗谷）まで移動して交易するアイヌ人で、サンタンに行った際、中国風の名前を**満洲**の役人よりもらった。この役人は、三爪《みつづめ》の竜の模様の入った役人服（蝦夷錦《えぞにしき》）を着ていたという。

このように、当時の北日本では、ロシアや中国との交易はアイヌが担い、そのアイヌと松前藩が交易することでロシアや中国の製品がもたらされていたのである。その逆に、日本のコメ・酒・タバコ・鉄鍋・陶磁器・木綿類が、松前から蝦夷地のアイヌに交易品として流入し、さらにこれらの一部がロシアや中国へと渡っていたのだ。

アイヌを仲介者に、松前の和人と中国・ロシア人との商品の移出入が行われた「松前口」。実質的には、ロシア・中国―千島・樺太―蝦夷地―松前という交易ルートが存在したわけで、間接的に外国に開かれた〝口〟が松前口だった。その存在は、蝦夷地が鎖国していなかった証しともいえる。

アムール川　32ページ参照。

サンタン　アムール川（黒竜江）下流域の地名。サンタン（山丹）人とは、ここに住む先住民族ウリチ族のことを指す。

満洲　中国東北部およびロシア沿海州を含む北東アジアを指す。

［参考文献］
永積洋子編『「鎖国」を見直す』（山川出版社、１９９９年）
北海道新聞社編『蝦夷錦の来た道』（北海道新聞社、１９９１年）
川上淳「18世紀～19世紀初頭の千島アイヌと千島交易ルート」〈北海道・東北史研究会編『メナシの世界』〉（北海道出版企画センター、１９９６年）

topic….19 ロシア使節が披露した日本で初めてのスケート

最初の遣日使節ラクスマンがもたらしたもの

時代MEMO

ラクスマン来日中の本国ロシアは、ヨーロッパでの領土拡大を積極的に進めていた。1792年にはオスマン帝国との戦争に勝利し、クリミア半島を併合。同じ頃、国力の衰えたポーランドを、他国と分割占領した。

◆根室で越冬したロシアの使節一行

1792（寛政4）年旧暦9月3日（以下、日本の旧暦で表記）、蝦夷地のネモロ（根室）とシベツ（標津）の中ほどにあるパラサン（別海町茨散《べつかいちょうばらさん》）沖7・5キロメートルの海上に、1艘の異国船が姿を現す。当時のロシア女帝と同じ名を戴くその船・**エカテリーナ**号には、ロシア初の遣日使節**ラクスマン**一行と、日本人漂流民である**大黒屋光太夫**《だいこくやこうだゆう》ら42人が乗船していた。一行はいったん上陸し、アイヌや日本人と接触するが、越冬することを目的にネモロ港へ向かい、そこで錨を下ろしたのである。

ネモロでは松前藩から派遣されていた熊谷富太郎《くまがいとみたろう》が、ラクスマン一行の対応にあたった。ラクスマンは上陸後、漂流民の送還が渡来の目的であることをしたためた「松前藩主宛文書」を提出する。しかし、それはあくまで建前上のこと。彼らの本当の目的は、日本と通交・通商関係を結ぶことだった。

エカテリーナ　1729〜1796年。正式にはエカテリーナ2世。ロマノフ朝の第8代ロシア皇帝。

ラクスマン　1766〜1803年頃。帝政ロシアの軍人。

大黒屋光太夫　1751〜1828年。伊勢国白子（現三重県鈴鹿市）の荷船船頭。1783年、江戸へ向かう途中、嵐のため遭難し、アリューシャン列島に漂着。その後、ロシア皇帝と謁見し、日本へ帰国する。

彼らはネモロで越冬するために、ロシアから持参したガラスを使って窓のある家を建て、ロシア風の蒸し風呂も設置。自然科学的・地理学的調査として、現地の海産物や動植物、鉱物などを採集し、ネモロ港の測量も行った。また、日本人とアイヌの関係を詳細に調べようと試みたが、これは日本人側の妨害もあってスムーズに進まなかったという。

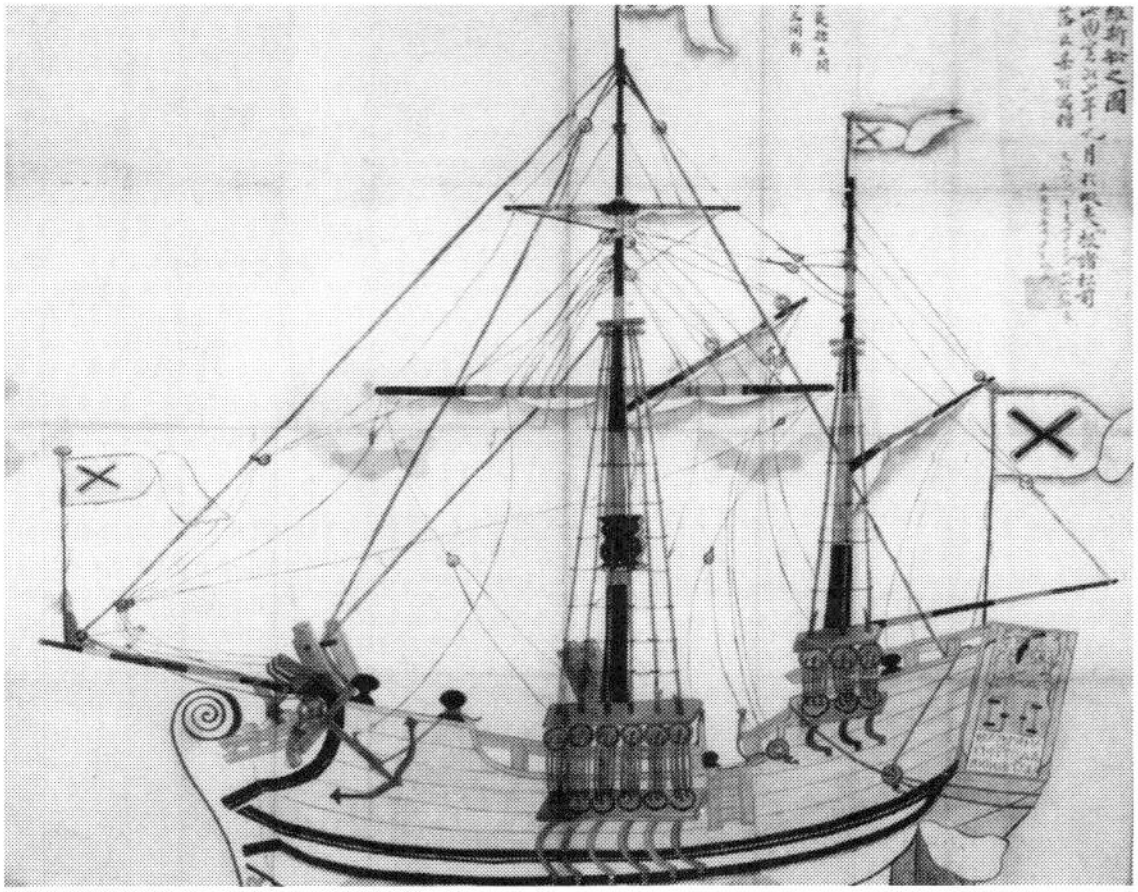

エカテリーナ号図（根室市歴史と自然の資料館所蔵）

　9月22日になると、千島を調査中の松前藩士工藤《くどう》庄右衛門《しょうえもん》らがネモロに立ち寄り、さらに松前からも目付鈴木《すずき》熊蔵《くまぞう》などが到着。ここで松前藩士たちは、ラクスマンらと種々の文化的な情報を交換する。

　その具体的な内容は、ロシア人が持っている世界地図を写し取ったり、ロシア語から日本語への翻訳や、ロシア船の模型をつくるのをロシア人に手伝ってもらったりと、共同で作業を進めたものも少なくなかった。さらに、鈴木が持っていた蝦夷地や**樺太**《からふと》の地図をロシア人が筆写し、日本側も珍しいロシア船の器具類を写生するなど、〃文化交流〃が行われたのである。

　そして11月27日には、前年から蝦夷地に来ていた幕府普請役田辺安蔵《たなべやすぞう》らがネモロにやってきた。田辺らは、ロシア人から地図・物産・工業・軍備などのロシア事情のほか、ロシア語についても前出の光太夫などから詳しく聞き取り調査を行い、日本初の日露辞典『魯西亜語類《ろしあごるい》』を作成している。

ラクスマン像
（函館市中央図書館所蔵）

　話は変わるが、日本で最初にスケートを披露したのは、氷結したネモロ港を滑ったラクスマンであることをご存知だろうか。氷の上を颯爽《さっそう》と滑るラクスマンの姿を見た日本人は、さぞ驚いたに違いない。

◆松前で開催された日露初の正式会談

　当初ラクスマンは、江戸へ行き幕府と直接交渉することを希望していた。しかし、幕府は**宣諭使**《せんゆし》を松前に派遣し、現地で交渉することにする。年が明けた1793（寛政5）年6月21

樺太　178ページ参照。
宣諭使　幕府の命を受けた対外交渉の応接役のこと。

越冬小屋の様子が描かれた「ヲロシヤ人物并小屋内図」（天理大学附属天理図書館所蔵）

日、幕府の宣諭使《せんゆし》である石川将監《いしかわしょうげん》、村上大学《むらかみだいがく》とラクスマンとの最初の会談が松前で行われ、これが史上初の日露による正規会談となった。

幕府からは、「ロシア使節に対して漂流民送還の労をねぎらい、今回に限り松前において漂流民受領の用意がある。なお、望むところがあれば長崎に至るべし」という内容の「**国《こく》法書《ほうしょ》**」がラクスマンに渡される。同時に、ラクスマンも初めて公的に、「漂流民送還を機に、対日通交・通商関係樹立が訪日目的」であると話した。

6月24日の第2回会談では、ラクスマンがイルクーツク総督ピーリの公文書を渡そうとするが、日本側は受け取りを拒否。そこで、ラクスマンが口頭で読み上げるという一幕もあった。その会談で、日本側は長崎で通交交渉を行うように伝え、漂流民の受領を承諾す

国法書　正確には「異国人に被諭（さとさる）御国法」といい、以前から通信のない国とは通交しないという幕府の姿勢を示したもの。

る。最後となった3回目の会談では、長崎への通行許可証である**信牌**《しんぱい》がラクスマンに渡されている。

　これと前後して、ピーリ総督から松前藩主にラシャ・キャラ綿・ペルシャ革が、ラクスマンからは宣諭使に大鏡・短銃・ガラス器・寒暖計、松前藩主に対しては鏡などが贈呈された。日本側も、将軍から日本刀3振《ふり》、松前藩主からはタバコ・茶碗・漆塗り盆と、帰国に必要な食糧などが贈られた。

　結局ラクスマンは、幕府側から通交・通商の許可を取り付けることこそできなかったものの、長崎への通行証だけは得ることができたのである。一方の幕府は、ロシアとの紛争を避けるために、この時点では交易もやむを得ないと考えていたようだ。

　日本から帰国したラクスマンは、その交渉の成果が評価されて軍隊での位が上がり、使節派遣を提案した父親のキリルにも勲章が授与された。また、ラクスマン家の紋章に、3本の日本刀を描き加えることも許可するなど、長崎に行けば通交・通商が可能と理解していたロシア側にとっては、満足できる結果だった。

　しかし、エカテリーナ2世が死去し、次の皇帝**パーヴェル1世**の内政外交が混乱したため、ロシアから日本への使節派遣はしばらく見送られることになる。その間、日本国内の情勢も変わり、第2回の遣日使節**レザノフ**が訪れ

信牌　江戸時代、貿易制限徹底のため、外国船に発行された貿易許可の証票。

パーヴェル1世　1754〜1801年。ロマノフ朝の第9代ロシア皇帝。エカテリーナ2世の長男。

レザノフ　102ページ参照。

た1804（文化元）年には、オランダを除く欧州の国とは、新たな交易関係を結ばない方針が、幕府から打ち出されていた。

ラクスマンが日本にもたらしたのは、第1に幕府の対外関係政策の見直しと、海防の強化があげられる。また、オランダ以外からの西洋文化がラクスマンや大黒屋光太夫から伝えられたことで、日本での洋学（西洋の学問）の発展に少なからず影響を与えた功績も見逃せないだろう。

また、江戸時代の民衆にとっても、ラクスマン来航の3年前に起きた「クナシリ・メナシアイヌの戦い」（topic16参照）同様、北から訪れた衝撃は想像以上に大きいものだった。そして、後にロシアが送り込んだ第2回遣日使節レザノフとの通交交渉決裂により、樺太や幕府警備下のエトロフ島がロシアに襲撃されたことは、幕府だけでなく民衆にも、異国の存在を意識させる大きな契機になったのである（詳しくはtopic22参照）。

［参考文献］
桂川甫周、亀井高孝校訂『北槎聞略』（岩波文庫、1990年）
木崎良平『光太夫とラクスマン』（刀水書房、1992年）
根室市博物館開設準備室編『ラクスマンの根室来航』（根室歴史研究会、2003年）

topic....20

大国の思惑に翻弄されたロシアへの漂流民たち

歴史に埋もれた、漂流民たちの壮絶な体験

時代MEMO

１７３５年、ロシアに漂着したソウザとゴンザが教師となり、当時の首都ペテルブルグに初の日本語学校が誕生。１７５３年にイルクーツクに移されるが、経費不足のため、１８１６年に閉校を余儀なくされた。

◆意外なほど多いロシアへの漂流民

江戸時代に北方へ漂流した日本人としては、**大黒屋光《だいこくやこう》太夫《だゆう》**の名がよく知られている。しかし、その他にも多くの漂流民たちが存在した。１３２ページの「近世の蝦夷地・千島・北方への漂流一覧」にもあるように、江戸時代を通して40回程度の記録が残されており、そのなかには日本側の記録にまったく出てこない漂流民も含まれている。

また、北方へ漂着したものの、その後の足取りが記録されず、歴史に名を残さなかった者も数多かったはずだ。

ロシアへの漂流民としては、１６９６（元禄9）年に**カムチャツカ**に漂着した大坂のデンベエ（伝兵衛）が、最も古い例である。現地人の村で1年近く過ごした後、**コサック**のアトラソフに見出され、モスクワやペテルブルグでロシア人に日本語を教えている。１７１０（宝永7）年にも、東北出身と思われる

大黒屋光太夫　１２４ページ参照。

カムチャツカ　１００ページ参照。

コサック　ロシアで領主の収奪から逃れ、南方に移住した農民のこと。後に半独立の軍事共同体をつくり、政府に奉仕し、シベリア征服に重要な役割を果たした。

サニマ(三右衛門)がカムチャツカに漂着する。彼もペテルブルグに送られ、デンベエの助手として日本語を教えたという。

さらに1729(享保14)年には、カムチャツカに薩摩のソウザ(宗蔵)とゴンザ(権蔵)が漂着。やはりペテルブルグに送られ、**科学アカデミー**付設日本語学校(記録に残る正規のものとしては最初の日本語学校)の教師となった。ゴンザはロシア人ボクダノフの指導と協力により、世界初の露日辞典となった『露日新辞典』など6冊の本をまとめている。ロシア帝国の首都だったサンクトペテルブルグにある人類学民族学博物館には、ソウザとゴンザのデスマスクが今も保存されている。ロシアにその名を残したデンベエ、サニマ、ソウザ、ゴンザだが、その存在は日本で知られることはなかった。

その後、千島列島の**オンネコタン島**《とう》に漂着し、ロシアへ連行された南部《なんぶ》藩領佐井《さい》の多賀丸《たがまる》乗組員は、ソウザやゴンザの跡を継いで日本語学校教師となっている。1753(宝暦3)年には日本語学校がイルクーツクに移され、ここで日本語を習得したロシア人が、後に千島から蝦夷地に渡来。彼らこそが、1778〜1779(安永7〜8)年にかけてネモロ(根室)のノッカマップやアッケシ(厚岸)にやってきたロシア人だったのである(100ページ参照)。また、最初の遣日使節**ラクスマン**の船には、イルクーツクで学んだ通訳に加え、日本人2世のタラペズニコフも乗船していた。

科学アカデミー　ロシア国立の最高学術機関。全土の学術研究機関を包括する。

オンネコタン島　120ページ参照。

ラクスマン　124ページ参照。

漂着年	船名・漂民名	漂着地
1661(寛文元)年	伊勢国松坂の七郎兵衛船	エトロフ島付近の小島
1673(延宝元)年	勢州の商船	エトロフ島・トウシルル
1681(天和元)年	伊勢領の船	蝦夷地
1682(天和2)年	仙台藩城米積載の船	蝦夷地
1684(貞享元)年	仙台米積載の船	蝦夷地
1685(貞享2)年	秋田藩船	松前
	津軽藩江戸廻船	蝦夷地福島村
1686(貞享3)年	南部八戸の材木船	蝦夷地大森
1687(貞享4)年	相馬の船	蝦夷地イフツ
	仙台藩の材木船	蝦夷地ヒウラ
	本庄市兵衛船	蝦夷地大島
	津軽の船	蝦夷地吉岡
	越後の船	蝦夷地泊リ川
1690(元禄3)年	仙台領の船	蝦夷地
1692(元禄5)年	伊勢国若松の船	蝦夷地白老シマタ
1693(元禄6)年	摂津国の船	蝦夷地
1694(元禄7)年	仙台領石巻	蝦夷地シコタン
1696(元禄9)年	大坂のデンベエら	カムチャツカ南部オパラ川口
1697(元禄10)年頃	不明	蝦夷地アッケシ
1702(元禄15)年	大坂の船	蝦夷地
1705(宝永2)年	酒田漁師町の船	蝦夷地ヲクシリ島
1710(宝永7)年	南部のサニマら	カムチャツカ半島東海岸ボロブロヴォエ
1712(正徳2)年	薩摩国浜之市村の船	エトロフ島
1713(正徳3)年		蝦夷地昆布の浜
1718(享保3)年	南部および江戸霊巌島の船	蝦夷地クスリ
1727(享保12)年	大坂の船	蝦夷地シャコタン内レホト
1729(享保14)年	薩摩若潮丸のゴンザ、ソウザら	カムチャツカ東海岸
1731(享保16)年	大坂の船	蝦夷地シコツ
1744(延享元)年	南部多賀丸	千島・オンネコタン島
1756(宝暦6)年	紀伊国薗村の船	エトロフ島モヨロ
1761(宝暦11)年	勢州今一色の今富丸	シコタン島
1762(宝暦12)年	摂津国西ノ宮の船	カラフト
1763(宝暦13)年	仙台領石巻の船	蝦夷地サマニ
	名古屋の船	蝦夷地トカチ
1783(天明3)年	伊勢国白子村神昌丸	アリューシャン列島・アムチトカ島
1794(寛政6)年	石巻の若宮丸	アリューシャン列島
1804(享和4)年	陸奥国牛滝村の慶祥丸	千島・パラムシル島
1811(文化8)年	摂津歓喜丸	カムチャツカ半島
1813(文化10)年	薩摩藩主の手船永寿丸	千島・ハルムコタン島
1815(文化12)年	尾張国督乗丸	北米カリフォルニアのサンタ・バーバラ沖
1832(天保3)年	越後早川村の船	ハワイ・オワフ島
1833(天保4)年	尾張国小野浦の宝順丸	北米ワシントン植民地フラッタリ岬付近
1838(天保9)年	越中長者丸	米マサチューセッツ州・ナンタケット島
1850(嘉永3)年	紀伊国天寿丸	北緯50度のロシア沖
1862(文久2)年	尾張国伊勢丸	アリューシャン列島・アッツ島

近世の蝦夷地・千島・北方への漂流一覧

ロシアへの漂流民で初めて日本に帰還したのは、大黒屋光太夫らである。さらに、1804(文化元)年に第2回遣日使節**レザノフ**に連れられ、長崎に帰還した石巻《いしのまき》漂流民たちは、初めて世界一周を果した日本人となった。こうした事実からも、北海道や千島の歴史は、日露の関係を抜きにして語ることはできないことがわかる。そこには、漂流民たちが果たした大きな役割があったのである。

◆ロシアに利用された漂流民

1816(文化13)年、薩摩《さつま》(鹿児島県)の永寿丸《えいじゅまる》漂流民3人と尾張《おわり》(愛知県)督乗丸《とくじょうまる》漂流民2人が、ロシアの聖パヴェル号に乗せられて**エトロフ島**《とう》シベトロ番屋に帰還する。乗組員25人を乗せた永寿丸は、1812(文化9)年に薩摩川内《せんだい》を出港し、江戸に向かう途中で漂流、千島列島の**ハルムコタン島**《とう》に漂着した。生き残った3名は、出稼ぎに来ていたオンネコタン島のアイヌに助けられ、カムチャツカのロシア人のもとへ連れて行かれる。

オンネコタン島のアイヌはいくつかの日本語を知っており、日本でつくられた鍋を使っていた。以前に南千島との交易で日本語を覚え、品物を入手していたのだが、江戸幕府によって**千島交易**《ちしまこうえき》**ルートが遮断**《しゃだん》されてからは、日本製品が手に入らなくなり不便な生活を強いられていたという。

レザノフ　102ページ参照。

エトロフ(択捉)島　千島列島南部に位置する、長さ約200キロメートル、幅約20〜30キロメートルの細長い島。国後水道を隔ててクナシリ島の北東に続く。

ハルムコタン島　千島列島中部に位置する、長さ約13キロメートル、幅約8キロメートルの島。

千島交易ルートが遮断　1803年にロシアの南下を警戒した幕府が、ウルップ島の南と北に住むアイヌの往来を禁止したことを指す。

離島する少し前、ゴローニンらと一緒に松前に幽閉されていた**ラショワ島**《とう》アイヌのオロキセが帰ったので、彼を通訳にアイヌとも話がよく通じるようになった。漂流民たちは、聖パヴェル号でロシアのオホーツク港からエトロフ島に送還してもらうことになるが、エトロフ島沖に着いたところ、強風と濃霧で接岸できず、再びペテロパウロフスクに戻ることになってしまう。

一方、尾張の督乗丸14名は、1813(文化10)年に熱田《あつた》港から江戸に着き、帰途、伊豆子浦《こうら》を出港後に遭難。赤道近くまで流されてから、さらに東へ東へと漂流すること1年5カ月、ようやくメキシコ沖で英国船に救助された。この時、生き残っていた乗組員はたった3人。そしてこれは、記録に残る漂流の期間としては、最長記録となっている。

3人はまず**露米会社**《ろべいかいしゃ》のあるアラスカへ連れて行かれ、その後、オホーツク港まで運んでもらえることになった。しかし、濃霧のため計画通り進めず、カムチャツカのペテロパウロフスクに寄港。ここで、永寿丸の3人と督乗丸の3人が合流し、計6人が同居しながらロシア人のもとで越冬する。

1816(文化13)年6月、再び6人は聖パヴェル号で出港する。航海中の船上では、督乗丸漂流民1人が死亡。船はそのままエトロフ島沖に到達するが、またもや濃霧で接岸できなかった。その後、さらに蝦夷地の内浦湾付近まで進んだが、結局、命令されていたエトロフ島付近に引き返し、彼らはボート

ラショワ島　千島列島中部に位置する、長径約16キロメートル、幅約7キロメートルの島。

露米会社　極東および北米での植民地経営と交易を目的に設立された、ロシア帝国の国策会社。

で放還された。5人はいったん**ウルップ島**《とう》に上陸、なんとかエトロフ島北端に辿り着き、現地のアイヌの案内でシベトロ番屋に帰着した。

一見、美談に思えるエピソードだが、ロシアによる5人の送還は、単なる人道的配慮が理由ではなかった。ロシアは**ゴローニン事件**の解決後、国境交渉などを予定していたにもかかわらず、実施できないままだったため、その手立てを探る目的もあったのである。

鎖国体制下にあった江戸時代、ロシアは漂流民を通じて盛んに通商や国境交渉を日本側に試みていた。大国の思惑に翻弄され、歴史に埋もれていった漂流民たちの壮絶な体験には、もっと光が当てられるべきだろう。

ウルップ（得撫）島　千島列島の中央部に位置する、長さ約120キロメートル、幅約20キロメートルの島。択捉水道を隔てて択捉島と向かいあう。

ゴローニン事件　148ページ参照。

［参考文献］
加藤貴校訂『漂流奇談集成』（国書刊行会、1990年）
木崎良平『漂流民とロシア』（中公新書、1991年）
川上淳「18世紀〜19世紀初頭の千島アイヌと千島交易ルート」〈北海道・東北史研究会編『メナシの世界』〉（北海道出版企画センター、1996年）

topic.... 21

「大日本恵登呂府」の標柱と近藤重蔵の対ロシア政策

エトロフ島初の日本領土宣言が行われた事情

時代 MEMO

重蔵が標柱を立てた頃、フランスにナポレオンが登場。様々な戦功で人気を得、1804年に皇帝となる。一方、独立を果たしたアメリカは、そのフランスから1803年にルイジアナを購入し、領土を倍増させた。

近藤重蔵《こんどうじゅうぞう》がエトロフ島に立てた「大日本恵登呂府《だいにほんえとろふ》」の標柱は、エトロフ島で初めて行われた日本による領土宣言である。ところがこれには、同島のタンネモイに設置したとする説と、カムイワッカオイに設置したとする説があるほか、**函館市北洋**《ほくよう》**資料館**には「大日本地名アトイヤ」と書かれた木柱もあり、これまで混乱が生じてきた。そこで、これらの標柱が立てられた経緯を整理してみよう。

◆エトロフ島で日本の領土宣言が行われるまで

〔1798(寛政10)年〕近藤重蔵が、エトロフ島タンネモイ近くのリコツフに「大日本恵登呂府」の標柱を立てる。

〔1800(寛政12)年〕重蔵はロシア人が設置した「十字」を倒し、エトロフ島カムイワッカオイに木柱を立てる。木柱に書かれた内容は不明。

エトロフ島　133ページ参照。

近藤重蔵　1771〜1829年。幕臣、探検家。松前蝦夷地御用取扱となり、蝦夷地調査と開拓に従事。松前奉行の設置にも貢献した。

函館市北洋資料館　函館の重要産業だった北洋漁業についての資料を展示。

〔1859(安政6)年〕仙台藩士がカムイワッカオイに赴き、標柱を新しいものに取りかえる。

〔1876(明治9)年〕開拓使書記の**時任為基**《ときとうためもと》が、カムイワッカオイの「大日本アトイヤ」の標柱を、函館に持ち帰る。

〔1930(昭和5)年〕カムイワッカオイに、花崗岩製の「大日本恵登呂府」の標柱が再建される。

大日本恵登呂府の石碑（1930年建立）

1798年、エトロフ島に渡った幕府支配勘定の近藤重蔵一行は、7月28日、同島タンネモイ近くのリコツフに「大日本恵登呂府」と書かれた標柱を立てる。これが、そもそもの始まりだった。
　この時、**最上徳内**《もがみとくない》や水戸藩の木村謙次《きむらけんじ》などと一緒に、アイヌ20余名もエトロフ島に渡っている。このうち12名は、名前を和名に改名したアイヌたちだった。**クナシリ島**からエトロフ島

時任為基　227ページ参照。
最上徳内　154ページ参照。
クナシリ島　90ページ参照。

へは、潮の流れが激しい海峡を渡らなければならず、危険を伴う。そのため、案内のアイヌを説得し、やっとのことで渡海。エトロフ島には2泊しただけで、すぐにクナシリ島へ戻っており、この時は標柱を立てることだけが目的だったと思われる。

その帰途、クナシリ島トマリに滞在中の8月17日、エトロフ島からアイヌが渡ってきた。そこで、彼らに「大日本恵登呂府　江戸近藤重蔵」と書いた標柱を渡し、エトロフ島からウルップ島への渡り口に立てるよう指示した。ただし、この標柱が実際に立てられたかどうかの記録は残っていない。また、重蔵は自著『**辺要分界図考**《へんようぶんかいずこう》』に、ロシア人の立てた十字（ロシア人の墓と考えられる）を自ら倒し、そこに標柱を立てたと記した。

次に、函館市北洋資料館に展示中の「大日本アトイヤ」だが、これには収集までの経緯が書き添えられている。それによると、「寛政12年に近藤重蔵がエトロフ島カムイワッカオイに立てた標柱を、安政6年にこの地を警備した仙台藩士が新しく取りかえ、開拓使書記時任為基が明治9年に函館へ持ち帰った」ことがわかる。また、「アトイヤ」はクナシリ島の先端にある地名で知られているが、エトロフ島にも地図には載っていないアトイヤという地名があるため、なおさら混乱を招いたわけだ。

その後、1930年になって、カムイワッカオイのあるエトロフ島蘂取村《しべとろむら》

辺要分界図考　蝦夷地や千島列島、ロシアなどについての研究書。各国の文献や資料などを調査して執筆。北方地域の地図も収録する。

では、新たに花崗岩を使った高さ約2メートルの標柱「大日本恵登呂府」を再建する。この標柱は、1945（昭和20）年までカムイワッカオイに立っていたが、それ以後、存在は確認されていない。

◆近藤重蔵の対ロシア政策

近藤重蔵がエトロフ島へ渡り、「大日本恵登呂府」の標柱を建てたのは、幕府による蝦夷地調査の一環だった。この調査により、幕府はロシアの南下を目の当たりにし、異国との国境の地を、松前藩に任せられないと判断。翌年、エトロフ島までの東蝦夷地を幕府の直轄地とした。同時に重蔵は、「**エトロフ島掛**《とうがかり》」を命じられ、1800（寛政12）年にエトロフ島へ渡る。重蔵はまず、幕府の出先機関である会所をオイトに置き、島内のアイヌの戸籍を調べて**人別帳**《にんべつちょう》を作成。その翌年と翌々年も、重蔵はそのままエトロフ島に在勤している。

重蔵が考えた対ロシア政策は、現地のアイヌがロシア人の支配に組み込まれないよう、エトロフ島のアイヌを手厚く保護することを柱に、アイヌへ幕府の威光を示すことで、最終的に日本人化することを目指していた。そのため、「下され物」と称して、ことあるごとにアイヌへ酒・タバコ・コメなどを与え、病気の者には薬まで用意したのである。

また、「シャム振り」と称して、アイヌ固有の名前を日本人風の名前に改名

エトロフ島掛　幕府の蝦夷地御用掛に属する、エトロフ担当者の役職名。

人別帳　江戸時代、戸籍調査のために使われた台帳。

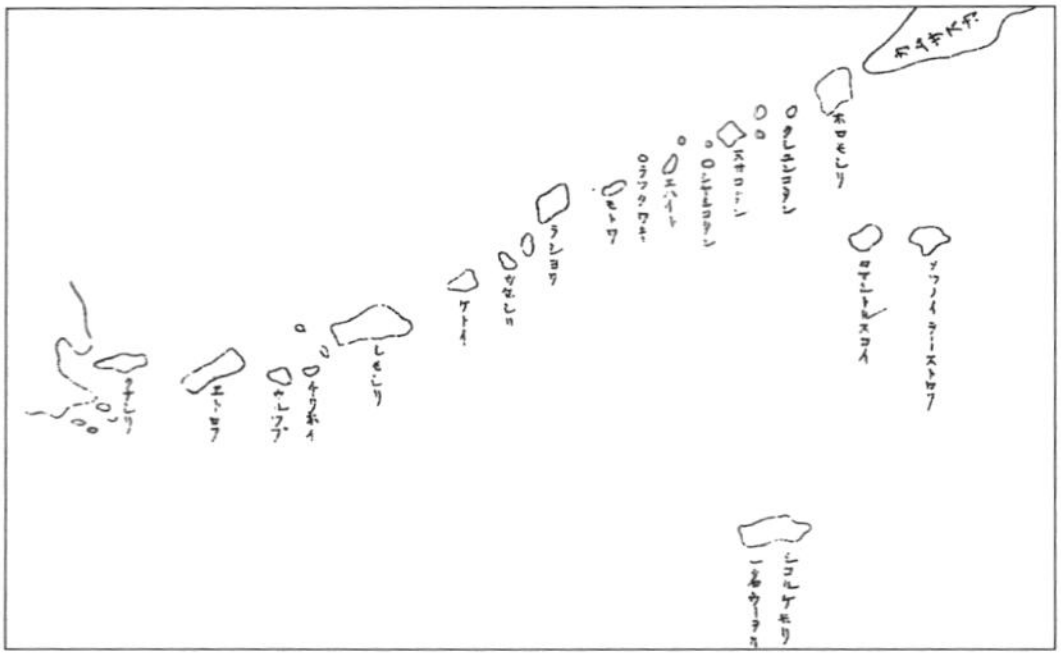

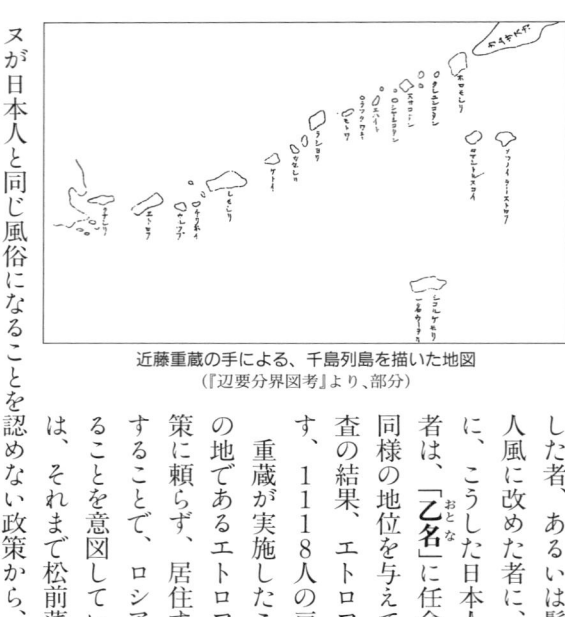

近藤重蔵の手による、千島列島を描いた地図
(『辺要分界図考』より、部分)

した者、あるいは髪型や服装などを日本人風に改めた者に、褒美を与えた。さらに、こうした日本人化を積極的に行った者は、「**乙名**《おとな》」に任命し、本州の村役人と同様の地位を与えている。また、戸籍調査の結果、エトロフ島の24の村々に暮らす、1118人の戸籍が記録された。

重蔵が実施したこれらの政策は、国境の地であるエトロフ島を、軍事的な防衛策に頼らず、居住するアイヌを日本人化することで、ロシアの南下から日本を守ることを意図していた。同時にこの政策は、それまで松前藩が行ってきた、アイヌが日本人と同じ風俗になることを認めない政策から、大きな方向転換を図るものだった(ただし、日本人化政策は一時的に成功したものの、その後、大部分のアイヌは名前も風俗も元に戻している)。

なお、明治時代になって新政府は、北海道のアイヌに「**撫育政策**《ぶいくせいさく》」と称して、他の日本人と同様に**皇民**《こうみん》として生きることを強要した。重蔵の政策は、

乙名　有力アイヌで首長格の者。「長人」とも書く。

撫育政策　アイヌに生活のための援助を行う見返りとして、古い慣習を棄てさせようとする政策。

皇民　天皇が統治する国の人民。

この先駆と位置づけることができるだろう。

一方、探検家としての重蔵の業績は、千島列島の各島の様子を記録し、それまで存在しなかった列島の地図を作成したことがあげられる。日本人には未知だった千島列島の情報を重蔵に教えたのは、千島中部のラショワ島に住んでいたイチャンケムシというアイヌだった。重蔵はイチャンケムシから千島列島の島々の名前や位置関係を詳しく聞き取り、これを元に『辺要分界図考』や『**蝦夷地図式**《えぞちずしき》　**乾坤**《けんこん》』などの著作や地図を完成させている。

重蔵は単なる〝蝦夷地探検家〟としてではなく、幕府役人としてエトロフ島の開発に当った。そして、彼が自ら考え実行したその政策は、後の明治政府にも大きな影響を与えるものだったのである。

蝦夷地図式　乾坤　1800年、近藤重蔵が描いたカムチャツカ・千島・カラフト・蝦夷地の詳細な地図。

〔参考文献〕
『大日本近世史料　近藤重蔵蝦夷地関係史料』全3巻及び付図（東京大学出版会、1984〜1993年）
鶴田啓「近藤重蔵における『異国』と『異国境取締』」〈『東京大学史料編纂所報』第24号〉（東京大学史料編纂所、1989年）
川上淳「近藤重蔵のアイヌ政策」〈『根室市博物館開設準備室紀要』第13号〉（根室市博物館開設準備室、1999年）

topic....22

ロシア帝国が樺太を襲撃！対露危機を生んだ文化露寇

通商樹立に失敗し、武力行使で開国を迫る

時代MEMO

1806年、フランス皇帝ナポレオン一世の圧力でライン同盟が成立し、神聖ローマ帝国が消滅。1808年、ナポレオンの侵略に抗し、民衆蜂起によるスペイン独立戦争が発生、結果、フランス帝国軍が敗れた。

◆ロシアで見つかった樺太から奪われた帳簿

2009(平成21)年、ロシア西部の旧都サンクトペテルブルクにあるロシア科学アカデミー**東洋学研究所**で、「大福帳《だいふくちょう》」(江戸～明治期の商家で使われた帳簿の一種)並びに「簾貸帳《すだれかしちょう》」(魚の加工に使う簾の取引の記録とされる)と書かれた2冊の帳簿が発見された。

この内容を調査した北海道大学の**谷本晃久**《たにもとあきひさ》教授によれば、これらの帳簿は樺太(サハリン)の**クシュンコタン**番屋《ばんや》(漁場に近い浜に設けた作業場兼宿泊施設)で1805(文化2)年前後に使われたものだった。そして、ロシア帝国の**フヴォストフ**大尉らが1806(文化3)年旧暦9月11～18日(以下、日本旧暦)、クシュンコタン番屋を襲撃した際に掠奪《りゃくだつ》したものに違いないという。

さらに、サンクトペテルブルクの複数の博物館には、この時期に略取したと思われる日本製武具や大砲が所蔵されている。その武具には南部《なんぶ》家(盛岡

東洋学研究所　旧ロシア帝国アジア博物館を前身とする、東洋学の世界的拠点。

谷本晃久　1970年～。北海道出身の歴史家。近世蝦夷地におけるアイヌ社会と和人社会を研究。

クシュンコタン　江戸期～明治初期に用いられた樺太の地名。現コルサコフ。

フヴォストフ　1776～1809年。ロシア海軍大尉から露米会社付武官に転任。ロシア使節レザノフ(102ページ参照)の部下。

藩）の鶴丸紋が施され、大砲は豊後《ぶんご》（大分）の**大友宗麟**《おおともそうりん》が旧蔵した**フランキ砲**であることから、先のフヴォストフらが利尻島沖で掠奪した**御用船**《ごようせん》に積載されたもののようだ。戦国時代の大砲が蝦夷地の警備にも使われたわけで、シャナでの戦い（146ページ参照）の様子からは、日本において武具の発達が大幅に遅れていたことがわかる。

◆ロシアの進出で生じた対露危機

このように近年、ロシアで日本史料の発見が増えたことから再び注目されているのが「文化露寇《ろこう》事件」である。これは1806（文化3）年から翌年にかけて、ロシア人が樺太や千島《ちしま》列島のエトロフ島にあった**会所**を襲撃した事件で、**元寇**同様に外国から攻撃を受けたものだ。

近年の日本史研究では、近世期のロシア帝国に対する幕府の対外政策の重要性が指摘されている。例えば**宮地正人**《みやちまさと》氏は『幕末維新変革史（上）』（岩波書店、2012年）の中で、ロシアの東アジア進出で生じた対露危機を「日本の近世を前期と後

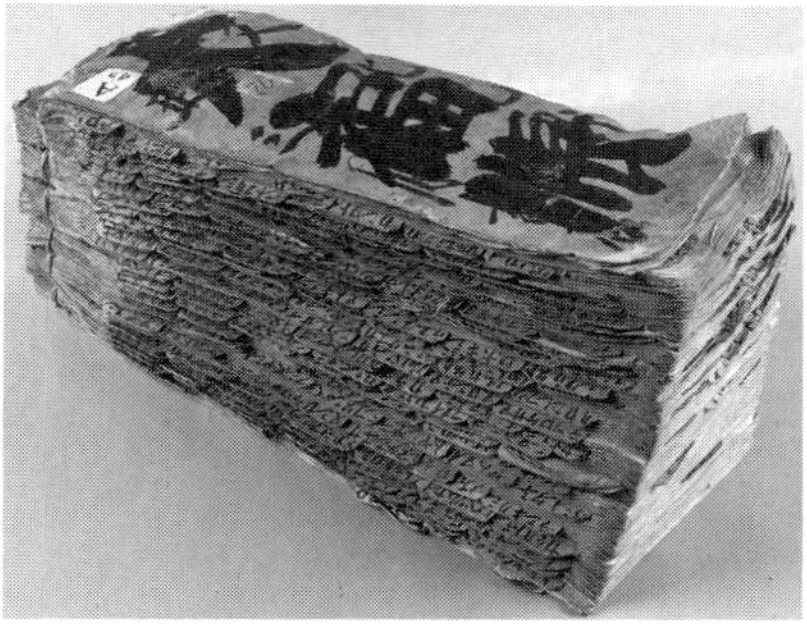

東洋学研究所に保管されていた大福帳
（ロシア科学アカデミー東洋古籍文献研究所所蔵、東京大学史料編纂所提供）

大友宗麟 1530〜1587年。戦国時代の武将、大名で、キリシタン大名としても知られる。

フランキ砲 西洋人がもたらした、原始的な後装式大砲の一種。日本に最初に伝わった大砲とされる。

御用船 江戸時代、幕府や諸藩が運送を委託した船。

会所 松前藩が設けた交易拠点「場所」を、幕府が蝦夷地を直轄領とした際に「会所」と名を改めたもの。

元寇 鎌倉時代中期、元（モンゴル帝国）が二度にわたり日本に来攻した事件。寇とは「外から侵入して害を加える賊」の意。

宮地正人 1944年〜。福岡県出身の歴史家。東京大学名誉教授。前国立歴史民俗博物館館長。専門は幕末維新史。

大友宗麟のフランキ砲（ロシア軍事史博物館所蔵、東京大学史料編纂所保谷徹教授提供）

期に区分する旋回軸の機能を果たすことになった」（同書26ページ）とする。そうした中、日本人を恐怖に陥れたのが前出の文化露寇事件だったのである。

◆日本との通商を目指し幕府と交渉するレザノフ

第1回遣日使節**ラクスマン**が日本からロシア帝国に持ち帰った「**信牌**《しんぱい》」を持って、1804（文化元）年に長崎に来航したのが、第2回遣日使節**レザノフ**である。来航の目的は日本との通商関係樹立であり、ロシア皇帝アレクサンドル1世が徳川将軍へ宛てた「国書」を持参していた。レザノフ自身も政府代表として、日本との通商関係樹立への意気込みは非常に強かった。

ロシア帝国からの**国書**《こくしょ》は、レザノフ到着直後の1804年9月8日に日本側へ渡されたが、幕府が交渉役の**宣諭使**《せんゆし》・**遠山金四郎景晋**《とうやまきんしろうかげみち》を長崎に派遣したのは翌年の2月のことで、3月7日になってようやく、遠山はレザノフに幕府の方針を示した「教諭書《きょうゆしょ》」を渡したのである。

これにより「日本は中国・朝鮮・琉球（沖縄）・オランダ以外とは通信通商を

ラクスマン　124ページ参照。

信牌　128ページ参照。

レザノフ　102ページ参照。

国書　元首が国名をもって出す外交文書。

宣諭使　幕府の全権代表にあたる役職。

遠山金四郎景晋　江戸時代後期の幕臣。幕府の対外政策の最前線を担った。「遠山の金さん」で知られる町奉行・遠山景元の父親としても知られる。

行わない」という方針を示し、それが「歴世《れきせい》（代々）の法」であるとして、ロシア帝国との通信通商関係を全面的に拒絶した。4カ国以外と通信通商を行わない方針は、この時初めて幕府が打ち出したもので、「歴世の法」のくだりもラクスマン来航時に老中**松平定信**《まつだいらさだのぶ》が創出したものという。結局、レザノフは目的を達することなく、1805（文化2）年3月19日に長崎を去った。

◆レザノフのその後とロシア襲撃の実態

その後のレザノフは、同1805年5月9日にカムチャツカ半島の**ペテロパブロフスク**に到着。**露米会社**《ろべいがいしゃ》の支配人でもあった彼は別の船でアメリカ植民地の視察に向かい、アラスカのシトカで越冬した。武力による日本開国を企てたレザノフは、シトカでフヴォストフ大尉とダヴィドフ士官候補生を指揮官とする日本基地攻撃隊を組織し、樺太南部の**アニワ湾**と千島列島南部を襲撃するよう命じた。

レザノフ自身はオホーツクに至ってから、フヴォストフに命令撤回を匂わせる文書を送っている。その文面は、日本襲撃を取りやめるのか一時中止なのか、はっきりしない曖昧な言い回しだった。そのためフヴォストフは、最初の命令を実行に移した。一方、レザノフはこの指令を出したあと、陸路本国の首都に向かうが、途中で健康を害し**クラスノヤルスク**で病没している。

フヴォストフらロシア人30余名は、1806（文化3）年9月11日に樺太ア

松平定信　1758〜1829年。江戸時代後期の大名。8代将軍徳川吉宗の孫。天明7年、老中首座となり、幕政建て直しのため「寛政の改革」を断行した。

ペテロパブロフスク　正式名はペトロパブロフスク・カムチャツキー。カムチャツカ半島南東部にあり、太平洋に面した不凍港。

露米会社　134ページ参照。

アニワ湾　サハリン（樺太）南端に位置する、宗谷海峡に面した湾。湾内奥の海岸にクシュンコタン（大泊）の町がある。亜庭湾とも。

クラスノヤルスク　ロシア連邦中東部、シベリア中部の都市。エニセイ川河畔に位置する交通の要地。

ニワ湾のオフイトマリ、翌12日にはクシュンコタンで掠奪放火をした上、同地の占領を宣言した真鍮《しんちゅう》版を**弁天社**《べんてんしゃ》の鳥居に打ち付け、番屋にいた4人を捕らえてペテロパブロフスクに連行した。この時に前出の大福帳や簾貸張が奪われたのである。翌年、フヴォストフとダヴィドフはペテロパブロフスクを出帆。1807（文化4）年4月25日、10人がエトロフ島ナイボに上陸し、番人の五郎次（治）ら5人を捕らえ、番屋や倉庫に放火して去った。

◆日本側が敗走した択捉島シャナの戦い

さらに、同年4月29日にはエトロフ島シャナに移動し、3艘のボートで20数人が上陸。偵察に行った支配人の陽助が鉄砲で股を撃たれ負傷し、同行したアイヌの珍平も撃たれて即死した。ロシア人は会所に向けて大砲や鉄砲を撃ち込み、夕刻に船へ戻った。

シャナ会所には、幕府**箱館奉行**《はこだてぶぎょう》支配調役下役元締の**戸田亦**《とだまた》**（又）太夫**《だゆう》ら幕府役人のほか、弘前・盛岡の各藩士など約300人がいた。討議の結果、戸田らが主張した退却を決め、敗走途中に戸田は自害した。シャナに居合わせた**間宮林蔵**《まみやりんぞう》は、戦うことを主張したものの敗走している（157ページ参照）。

ダヴィドフの日誌によれば、翌5月1日もシャナで応戦する者がいたとあり、退去命令が行き渡っていなかったようだ。そのためロシア人36人が再上陸し、大砲3挺で会所方面に激しい砲撃を加えた。翌2日には、怪我をして

弁天社　ヒンドゥー教の女神が仏教に取り込まれた弁才天（弁財天）をまつる社。水神や海上神と神仏習合し、泉や島、港湾などに、弁天社や弁天堂として数多くまつられた。

箱館奉行　103ページ参照。

戸田亦（又）太夫　1773～1807年。江戸後期の幕府役人。寛政11年に普請役となり蝦夷地へ出張。のちに箱館奉行所勤務となる。

間宮林蔵　1775～1844年。江戸後期の幕府役人、探検家。北方探検の後、密貿易調査の隠密活動に従事した。154ページ、320ページ参照。

残されていた盛岡藩砲術《ほうじゅつ》師大村治五平《おおむらじごへい》を捕縛するとともに、穀物倉庫や弁天社、数軒の納屋を焼き払い、175種類の品を掠奪した。
5月3日にロシア船はシャナ沖を出帆。その後も**ウルップ島**や樺太アニワ湾に寄り、樺太ルウタカで番屋・倉庫に放火し、利尻島に向かう途中、幕府船や商船4艘を襲い、さらに利尻島に上陸して番屋・倉庫を焼き払った。またこの時に掠奪されたのが、前述の大友宗麟旧蔵のフランキ砲などだった。
最初の樺太襲撃については、1806(文化4)年になって松前に知らされ、5月14日にはエトロフ島襲撃が箱館奉行所に報告された。幕府はフヴォストフの残した文書の解読を試み、ロシア帝国の真意を検討しながら、目付遠山金四郎景晋を箱館に派遣して、南部・津軽・仙台・会津各藩に蝦夷地出兵を命じ、12月9日に**魯船打払令**《ろせんうちはらいれい》を出したのである。
その後も、ゴローニン事件や高田屋事件(次項参照)など日露紛争が相次ぐが、その端緒となったのがレザノフの長崎交渉と文化露寇事件だったのである。

大村治五平　1751～1813年。江戸時代中期～後期の武士。ロシアの捕虜となったのち解放され、宗谷に帰着した。

ウルップ島　千島列島に位置し、海峡を隔ててエトロフ島と対峙する。千島列島で4番目の面積を持つ。

魯船打払令　江戸幕府が1825(文政8)年に発した「外国船追放令」に先立ち出されたもの。接近するロシア船は、見つけ次第に砲撃し、追い返すという内用だった。

［参考文献］
川上淳「文化4(1817)年ロシアのエトロフ島襲撃事件と巡る諸問題」〈札幌大学文化学部編『比較文化論叢22号』札幌大学文化学部紀要〉(札幌大学文化学部、2008年)
谷本晃久「文化露寇事件と失われた帳簿」〈北海道史研究協議会編『北海道史事典』〉(北海道出版企画センター、2016年)

topic....23 ゴローニン事件の陰で尽力した高田屋嘉兵衛

ロシア人との信頼関係で紛争の危機を回避

時代MEMO

この頃、植民地化されていたラテンアメリカでは、独立運動が盛んとなる。1811年にはベネズエラやパラグアイ、1821年にはグアテマラ、コスタリカ、エルサルバドル、ニカラグアなどが次々に独立した。

◆ゴローニン捕縛で悪化した日露の関係

日本人が「根室海峡」と呼ぶ、北海道と**クナシリ島**を隔てる海峡は、現在、ロシアでは「イズメヌィ海峡」と呼ばれている。また、クナシリ島南端のケラムイ岬とノツエト岬の間の湾を、ロシア地図では「イズメヌィ湾」とし、かつて「泊《とまり》」と呼ばれた場所には、「ゴロブニノ」という名がついている。実はこれらのロシア名は、すべて「**ゴローニン事件**」にかかわる地名なのだ。

「イズメヌィ」とは、ロシア語で「裏切り」の意。そして「ゴロブニノ」は、1811(文化8)年にクナシリ島泊に上陸し、日本人の〝裏切り〟によって捕《ほ》縛《ばく》された、ディアナ号艦長ゴローニン少佐の名にちなむ。ゴローニンは自著『日本俘虜《ふりょ》実記』(『日本幽囚記』)に、捕縛時の様子を次のように記している。

クナシリ島　90ページ参照。

ゴローニン　1776〜1831年。ロシア海軍の軍人。ディアナ号艦長。松前での幽閉生活を記した『日本俘虜実記』(『日本幽囚記』)は、世界中で読まれた。

その瞬間に我々は要塞から駆け出した。日本人たちは大変な叫び声を上げて一斉に席を立ったがあえて襲いかかろうとはせず、我々の足もとに橈《かい》や木片などを投げつけて倒そうとした。門に駆け寄ったとき、後方から数発鉄炮を発射してきて、弾丸はフレブニコフ君の頭をかすめたが、死んだり負傷した者はなかった。（中略）抜身の太刀《たち》を持った者や鉄炮や槍を持った者が馳せ寄ってきて、ボートのそばで我々を取り囲んだ。（中略）日本人たちは私の腕を捕らえて要塞に連れて行った。

また、ゴローニンの部下でディアナ号副艦長の**リコルド**は、沖で停泊中のディアナ号から、望遠鏡でその様子を目撃した。

ボートの方へ大勢の人々が喊声《かんせい》をあげて駆け出すのが望見された。望遠鏡をのぞくと、群衆がばらばらになってボートに駆け寄り、マストや帆やオールその他の備品をもぎ取っている様子がはっきり見えた。そのうちにもこちらの水兵の一人がアイヌたちに捕らえられ、城門の中に引っ張られていくのが見えた。群衆も全部城門へ駆け込むと門はぴったりと閉ざされた。

（『ロシア士官の見た徳川日本』）

リコルド　1776〜1855年。ロシア海軍の軍人。捕虜にした高田屋嘉兵衛と同じ部屋で寝起きし、2人だけに通じる言葉を作り上げることで信頼関係を築いた。

ゴローニン肖像

ゴローニン捕縛の顛末《てんまつ》はこうだ。千島列島測量のために航行していたディアナ号はクナシリ島に近づき、ゴローニンら7人と、エトロフ沖で乗船したラショワ島アイヌのアレクセイ（日本側の記録ではオロセキ）ら8人が泊に上陸したところ、幕府の警備隊に捕まる。ゴローニンは松前に連行され、その後、2年3カ月という長期間にわたり幽閉されてしまう。そして、このゴローニンの解放に尽力したのが、**高田屋嘉兵衛**《たかたやかへえ》と副艦長のリコルドだった。

淡路島出身の高田屋嘉兵衛は、船を持つ**海商**《かいしょう》として幕府の信任を得、箱館を拠点に蝦夷地の場所請負人となる。1810（文化7）年にはエトロフ島を請け負うが、その2年後、エトロフ島からの帰途に、クナシリ沖でリコルド率いるディアナ号に捕まり、**カムチャツカ**に連行されてしまう。

リコルドは嘉兵衛を捕らえる前、ロシアの捕虜だった五郎次《ごろうじ》をクナシリ島に上陸させ、ゴローニンの安否を確認しようと試みた。その結果、五郎次は「ゴローニンは殺された」という答えを持って帰艦するが、リコルドはそれを信用せず、偶然通りかかった高田屋嘉兵衛らを捕まえ、再び安否の確認を行う。すると、「ゴローニンは無事」という回答を嘉兵衛から得られたため、その事実を確認しようと、彼らをカムチャツカへ連行したのである。

高田屋嘉兵衛　1769～1827年。江戸時代の廻船業者で海商。自らの私財を投じて、箱館の発展に尽力した。

海商　船を使った海上貿易や海上輸送などを手がける商人のこと。

カムチャツカ　100ページ参照。

その後、嘉兵衛とリコルドは、2人だけで会話ができるまでになり、徐々に信頼関係を築いていく。そして、嘉兵衛がゴローニン釈放のために示した解決方法にリコルドが同意し、事件は解決に至るのである。

◆レザノフ部下の襲撃が事件の発端に

ロシアの日本に対する通好交渉は、1792(寛政4)年の**ラクスマン**来航に始まる。その翌年、ラクスマンは松前で、長崎への通行許可証である「信牌《しんぱい》」を幕府から受け取り帰国。

1804(文化元)年、その「信牌」を持って**レザノフ**が長崎へ来航し、日本との通商交渉に臨むが、拒絶されてしまう。幕府から「中国・朝鮮・琉球・オランダ以外とは通信・通商しない」という対外関係の原則を示されたレザノフは、その場から退去するしかなかった（詳しくはtopic22参照）。

しかし、あきらめきれないレザノフは、武力による日本開国を企てる。帰路に立ち寄ったロシア領ノヴォアルハンゲリスク（現在の米国アラスカ州シトカ市）で、部下の**フヴォストフ**大尉に「もし風の都合が良ければ**樺太**《からふと》のアニワ湾に赴き、日本基地の様子を

高田屋嘉兵衛肖像

リコルド肖像

ラクスマン　124ページ参照。
レザノフ　102ページ参照。
フヴォストフ　142ページ参照。
樺太　178ページ参照。

調べること、常に**露米**《ろべい》**会社**の利益を念頭において行動せよ」という曖昧な指令を出したのである。レザノフの命を受けたフヴォストフらは、1806（文化3）年に樺太の番屋を襲撃、その翌年にはエトロフ島ナイボ番屋、同島シャナ**会所**《かいしょ》を攻撃した。シャナ会所には、幕府の調役下役《しらべやくしたやく》戸田亦《とだまた》（又）太夫《だゆう》以下、南部・津軽の各藩兵300名ほどが警備にあたっていたが、ロシア兵の火器に太刀打ちできず、ほとんど戦わずして敗走している。

この知らせを受けた幕府は、さらなるロシアの襲撃に備えて東北諸藩に出兵を命じ、同年12月には**魯船打払令**《ろせんうちはらいれい》を出して北方の沿岸警備をより強化した。事件は江戸の町民も知るところとなり、人々は不安に陥ったという。

日本側がこうした厳しい警備体制をとる最中、うかつにもゴローニンらはクナシリ島へ上陸してしまった。つまり、フヴォストフの襲撃を軽視したロシア側の認識の甘さが、この事件を引き起こしたとも言えるのだ。

さて、話をゴローニンの解放前に戻そう。カムチャツカに拘留された高田屋嘉兵衛は、リコルドに対して「事件を解決したいのなら、〝フヴォストフの一連の行動に、ロシア政府は関与していない〟と明記した正式文書が必要である」と伝える。こうした嘉兵衛の主張は幕府の方針とも一致していた。

この提案に同意したリコルドは、**イルクーツク**民政長官の手による松前奉

露米会社　134ページ参照。

会所　143ページ参照。

魯船打払令　147ページ参照。

イルクーツク　ロシア連邦中東部、東シベリア南部に位置する都市。交通の要衝であり、東シベリアの中心地となっている。

行宛の書簡を受け取るべく、すぐにでも**オホーツク**の町に赴く考えだった。しかし、嘉兵衛とともに捕虜となっていた彼の部下2名が相次いで病死し、嘉兵衛自身の健康状態にも不安があったことから、全幅の信頼を寄せるリコルドは、嘉兵衛をエトロフ島で解放して一旦帰国する。

その後、イルクーツク民政長官の「書簡」、すなわちフヴォストフ事件の釈明と親善について書かれた公式文書を携え、リコルドは再び蝦夷地へと赴く。そして、文書を松前奉行に提出すると、帰国後の嘉兵衛による工作の甲斐もあり、囚われの身だったゴローニンは無事リコルドに引き渡された。

日露両雄の協力でここにゴローニン事件は解決し、数年間にわたり続いた日露関係の悪化にも、ようやく歯止めがかかったのである。

ちなみに2007(平成19)年、ゴローニンの子孫によるカムチャツカ地方政府の働きかけにより、カムチャツカ半島の無名峰に、嘉兵衛、ゴローニン、リコルドとそれぞれの名がつけられたという。

オホーツク　ロシア連邦東部、オホーツク海北岸に位置する港町。この地方で最も古い集落のひとつ。

[参考文献]
ゴロウニン『日本俘虜実記』上・下〈徳力真太郎訳〉(講談社学術文庫、1984年)
ゴロウニン『ロシア士官の見た徳川日本』〈徳力真太郎訳〉(講談社学術文庫、1985年)
秋月俊幸翻刻・解説『北方史史料集成』第5巻(北海道出版企画センター、1994年)

topic....24

幕府役人として生きた北方探検家たちの素顔

最上徳内と間宮林蔵の職務としての偉大な業績

時代MEMO

18世紀末、樺太が半島か離島かについては、世界地理学上の謎とされていた。しかし、1809年に間宮林蔵が離島であることを確認。その功績をシーボルトがヨーロッパに紹介したが、松田伝十郎による発見説も。

◆蝦夷地通の徳内に師事したシーボルト

江戸時代の北方探検家として知られる**最上徳内**《もがみとくない》と**間**《ま》**宮林蔵**《みやりんぞう》は、年こそ20歳ほど離れているが、同じ時代に蝦夷地や日本北方と深く関わった。その業績の偉大さは、今も高等学校で使われる日本史の教科書に、彼らの探検ルートが「北方探検要図」として掲載されていることからもわかる。では、なぜ彼らは自然条件の厳しい北方で、あえて困難を伴う危険な探検を行ったのだろうか。

最上徳内は、長崎のオランダ商館医員として日本に滞在したドイツ人**シーボルト**の著書『日本』のなかで、「著名な日本の地理学者最上徳内」として肖像画とともに紹介されている。1826(文政9)年、江戸へ赴いたシーボルトは、この時73歳だった徳内と会い、彼が蝦夷地で得た豊富な経験と学識を信頼して、毎朝、アイヌ語を徳内から聞き取るようになったという。

最上徳内　1755〜1836年。江戸後期の幕臣、探検家。アイヌの生活や言語、蝦夷地の地理に精通した。著書に『蝦夷草紙』『渡島筆記』など。

間宮林蔵　146ページ、320ページ参照。

シーボルト　1796〜1866年。医師で博物学者。長崎の出島で診療の傍ら、門下生に医学などを教え、洋学の発展に貢献した。

さらに、他言しない約束で、徳内から蝦夷地や樺太の地図を借用。こうした行為が、後に「シーボルト事件」を引き起こす(これについては間宮林蔵も関係するため、後で改めて触れる)。それはともかく、シーボルトの熱の入れようを見ても、徳内が当代随一の蝦夷地通であったことは間違いないだろう。

徳内は、現在の山形県村山市に百姓の子として誕生。26歳で父を失ったことをきっかけに、江戸に上って学者**本多利明**《ほんだとしあき》の弟子となる。1785(天明5)年、老中の**田沼意次**《たぬまおきつぐ》は、ロシアの南下と蝦夷地の実態を探るため、初の幕府調査隊を蝦夷地へ派遣することを決めた。この時、本多利明も調査に同行するはずだったが、病を患ったため、門人である徳内が代わりに蝦夷地へ赴くことになったのである(とはいえ、「竿取《さおとり》」という人夫《にんぷ》身分の扱いであった)。

最上徳内肖像

徳内はアイヌの助けを得ながら、幕府役人の大石逸平《おおいしいっぺい》と**クナシリ島**北端に到達。一度松前に戻り、翌年の正月早々、単身で松前を出発する。そして、再びアイヌの助力でクナシリ島から**エトロフ島**に渡り、そこに滞在するロシア人と会うことができた。

その時、徳内は誰の指示で何を目的にエトロフ島まで来たのかを、アイヌの通訳を通じてロシア人に尋ねている。その場にいた日本

本多利明 1743〜1820年。江戸時代の数学者で経世家(政治・経済学者)。富国策として蝦夷地開発を主張した。

田沼意次 100ページ参照。

クナシリ島 90ページ参照。

エトロフ島 133ページ参照。

人は徳内だけで、他にはロシア人とアイヌしかいなかったため、気後れして相手に弱みを見せないよう努めたと、自著『**蝦夷草紙**《えぞそうし》』に書き残している。

後年、**近藤重蔵**《こんどうじゅうぞう》の従者として**木村謙次**《きむらけんじ》らと再びエトロフ島に渡った際、徳内が木村に語った打ち明け話が、木村の著書『**蝦夷日記**』に記されている。それによると、ロシア人を前にした徳内は、緊張の余り顔色が変わり、歯を噛みしめた跡が残っていたことをアイヌに指摘された、と語ったという。

この後、徳内はロシア人イジュヨを連れてクナシリ島に戻り、**青島俊蔵**《あおしましゅんぞう》に引き渡すと、再びエトロフ島に渡る。そして、ロシア人の動向を探るため、日本人としては前人未踏の**ウルップ島**へ渡るという快挙をなし遂げた。こうした調査結果は、幕府の蝦夷地政策、対外政策にとって大きな収穫となるはずだったが、田沼意次が失脚したことで蝦夷地調査は中止されてしまう。

しかし、その後も徳内は蝦夷地と関わり続ける。幕府の正規役人である普請役下役、普請役となり、1790(寛政2)年には、クナシリ島からウルップ島までを再調査。翌年には、**サンタン(山丹)交易**の実態を把握しようと樺太に渡った。また本書137ページにも書いたように、近藤重蔵のエトロフ島行きにも随行し、1805(文化2)年には目付遠山景晋《とおやまかげみち》の蝦夷地調査を案内。さらに出世して、普請役元締格、箱館奉行支配調役《しはいしらべやく》並、支配調役となっている。

徳内は、最初の蝦夷地調査でその行動力を買われ、百姓身分から武士に昇

蝦夷草紙　122ページ参照。

近藤重蔵　136ページ参照。

木村謙次　1752〜1811年。水戸藩郷士。江戸後期の探検家。

蝦夷日記　近藤重蔵の従者として、蝦夷地調査に同行した際に記した詳細な日記。

青島俊蔵　1751〜1790年。幕吏。最上徳内の上司として北方の探査に当たった。

ウルップ島　135ページ参照。

サンタン(山丹)交易　近世、アムール川(黒竜江)下流域のサンタン人(ウリチ民族)と、樺太(サハリン)のアイヌの間で行われた交易。

進を果たした。蝦夷地探検に精力を注ぎ、歴史に残る成果を挙げたが、それはあくまでも、幕府の仕事として行った調査の一環だった。

◆樺太を島と確認した林蔵

一方、間宮林蔵は現在の茨城県筑波《つくば》郡《ぐん》伊《い》奈町《なまち》に、職人を兼ねた百姓の子として生まれた。数学に才のあることを幕府役人に認められ、16歳で江戸に上がって**村上島之丞**《むらかみしまのじょう》に師事する。1799（寛政11）年、幕府の蝦夷地調査に同行し、初めて蝦夷地に渡った。翌年には蝦夷地御用雇となり、箱館で**伊能忠敬**《いのうただたか》に会って測量技術を学ぶ。この辺りの経緯は、最上徳内と似通っており、身分制度に縛られた時代にあって、自らの才覚だけで百姓身分から幕府役人に取り立てられた点も同じである。

1803（享和3）年からは蝦夷地の測量に従事するが、1807（文化4）年、エトロフ島シャナに在勤中、ロシアの襲撃に遭遇した。これは長崎に来航したレザノフが、帰国途中、部下のフヴォストフらに日本北方の攻撃を指示したためだった。エトロフ島詰医師の久保《くぼ》田見達《たけんたつ》が著した『北地《ほくち》日記』には、この時の林蔵の姿が記されている。鉄砲を持ったロシア人が上陸すると、総責

間宮林蔵肖像（松岡映丘画、1910年）

村上島之丞　1760～1808年。幕吏。蝦夷地を踏査した後、『蝦夷島奇観』を著し、蝦夷地・千島の様子を克明に記録した。

伊能忠敬　1745～1818年。江戸時代の商人、測量家。奥州街道と蝦夷地東南海岸を皮切りに、17年かけて全国測量を行った。

任者戸田亦太夫《とだまただゆう》以下、幕府や南部藩の警備隊はほとんど戦わずして敗走したという。しかし、退却に反対する林蔵は、「自分は敗走の相談にのって逃げたわけでは決してない。自分が同意して逃げたのではないことを、証文（証拠となる文書）に取ってくれ」と声高に言ったという。この林蔵の発言に対し、久保田は「この場に及んで誰が証文を書くというのだ」とあきれかえっている。

一風変わった面を持つ林蔵だが、その最大の業績は、なんといっても樺太が島であることを確認したことにある。しかも、大陸に渡って黒竜江《こくりゅうこう》下流の**満洲仮府**《まんしゅうかふ》のある**デレン**まで行き、清朝官吏《かんり》と応接して帰国しているのだから驚く。この旅も、身の危険を感じながらの調査だったという。

さて、話をシーボルト事件に戻す。1828（文政11）年、帰国直前のシーボルトの所持品から、国外持ち出し禁止の日本地図などが発見され、それを贈った十数名が処分された。この事件で、シーボルト自身も国外追放処分を受けたが、最上徳内は追及を逃れている。しかも、当時この事件は、林蔵の密告によるものと信じられ、彼は人望を失う。一方、シーボルトは林蔵が確認したアジア大陸とサハリン（樺太）の間にある海峡を、**間宮海峡**としてヨーロッパに紹介。皮肉にも林蔵の名は、世界に知られるようになったのである。

ところで、北方の調査に関わった者は、近藤重蔵（晩年、長男が殺人の罪で流

満洲仮府　黒竜江下流域やサハリンに住む諸民族が、清朝へ服属する証として朝貢を行った場所。

デレン　アムール川下流にあったとされる交易都市。

間宮海峡　タタール海峡の日本名。シーボルトは自著で、海峡自体を「タタール海峡」とし、最も狭い部分に「間宮の瀬戸」と名づけた。

罪となり、連座して入牢）や青島俊蔵（松前藩と通じた罪で捕らえられ牢死）など、不幸な死に方をしたものが多い。最上徳内や間宮林蔵も度々、幕府から取り調べられ、罪を着せられそうになることも一度や二度ではなかったが、なんとか罰せられずに済んでいる。それは、下級役人に取り立てられた彼らが、幕府の意志に忠実に従い、仕事に励んでいたからかもしれない。平和な時代といわれた江戸時代ではあるが、北方の調査は命がけであり、加えて幕府の意にそぐわない行動が露見すると、大罪を負わされる時代でもあったのだ。

結果的に後世に残る成果を挙げた彼らだが、その素顔は普通の人間と変わりない。「北方探検家」として彼らを祭り上げるよりも、幕府の役人として蝦夷地調査に尽力した人々と位置づけるのが、正しい見方だろう。

［参考文献］
洞富雄『間宮林蔵』〈人物叢書〉（吉川弘文館、１９６０年）
板沢武雄『シーボルト』〈人物叢書〉（吉川弘文館、１９６０年）
島谷良吉『最上徳内』〈人物叢書〉（吉川弘文館、１９７７年）

topic....25

北方への危機感が生んだ幕府直営の「蝦夷三官寺」

宗教を通じて威光を示そうとした幕府

時代MEMO

三官寺には各寺に貴重な史料が残る。国泰寺には、国指定重要文化財の「蝦夷三官寺国泰寺関係資料」があるほか、等澍院には「等澍院文書」、善光寺にも円空仏など貴重な文化財が残り、歴史の古さを偲ばせる。

◆幕府が蝦夷地に建てた3つの寺院

春になると、境内に美しい桜が咲き乱れることで知られる、道東・厚岸町《あっけしちょう》の**国泰寺《こくたいじ》**。現存する建物のほとんどは後に改修されたものだが、その山門の門扉《もんぴ》には、テレビドラマ「水戸黄門」でもおなじみの徳川家の家紋「葵《あおい》の紋」が掲げられている。臨済宗《りんざいしゅう》の禅寺に将軍家の家紋、という不思議な組み合わせには、建立当時の蝦夷地が置かれていた特殊な事情が、その背景に隠されているのだ。

幕府の宗教統制により、江戸時代はキリスト教禁令とともに、新しい寺の建立《こんりゅう》も禁止されていた。その幕府の手により1804(文化元)年、蝦夷地に設置されたのが、前出の厚岸町「国泰寺」と、様似町《さまにちょう》「**等澍院《とうじゅいん》**」、伊達市有珠《うす》「**善《ぜん》光寺《こうじ》**」の3寺院である。檀家《だんか》のいない、幕府より提供されるコメや資金などで運営する寺(幕府の監督下におかれ、経済的な保障を受けた寺院)だったことから、

国泰寺　厚岸町湾月町1にある臨済宗南禅寺派の寺院。当時は鎌倉五山派。

等澍院　様似町本町2丁目にある天台宗の寺院。蝦夷三官寺の筆頭寺院でもある。

善光寺　伊達市有珠町124にある浄土宗の寺院。有珠善光寺と通称される。

「**蝦夷三官寺**《えぞさんかんじ》」と総称された。しかし、和人がほとんど住んでいない蝦夷地に、自ら発した禁令を破ってまでして、幕府はなぜ寺院を建立したのだろうか。「ロシアへの対抗策だった幕府による蝦夷地直轄化」（98ページ参照）でも述べたように、当時の幕府は蝦夷地におけるロシアの接近やアイヌの蜂起に危機感を持っていた。北千島にはロシアによってキリスト教が広められていたため、幕府は蝦夷地に仏教を浸透させようと考えたのだ。1802（享和2）年、東蝦夷地が幕府の永久直轄地になると、**箱館奉行**は江戸の**寺社**《じしゃ》**奉行**に対し、「蝦夷地で死んだ者を弔《とむら》う墓所をつくり、僧侶を置きたい」と申請する。

厚岸町 国泰寺山門

　これに対し寺社奉行側は、「蝦夷地は外国と国境であり、直轄になったのだから面倒を見なければならない、墓所や僧侶を置くだけでなく、特別に何カ寺か建立し、以後は認めない」と回答。その目的は、蝦夷地に赴く役人や出稼人の供養が第1だったが、第2の目的はキリスト教の排除にあった。この時、寺社奉行はアイヌの埋葬方法について、古くからのしきたりをそのまま認めている。

　しかし、実際にはアイヌの教化（同化）も目的にしていたと思われる文書が残っていた。国泰寺に現存

蝦夷三官寺　最近の研究によると、江戸時代には「三官寺」と称されていなかったことから、「三か寺」が適当とされる。しかし、まだこの説が一般に定着していないため、本書では従来から使われる「三官寺」のままとした。

箱館奉行　1802年、幕府による東蝦夷地の永久直轄にあわせて設置。最初は蝦夷奉行、後に松前奉行と改称された。

寺社奉行　全国の寺社および僧侶・神職の統制を主な任とする宗教行政機関。

する次の掟書《おきてがき》（等澍院、善光寺にも同時に同じ文書が手渡されていた思われる）は、初代住職の文翁《ぶんおう》が国泰寺へ赴任する前に、寺社奉行から下されたものである。

掟

一、天下泰平国家安全之勤行怠慢あるへからさること
一、蝦夷をして本邦之姿に帰化せしむること
一、毎々より死亡之民をして未来とくたつせしむる事
一、隣邦之外夷渡来したるとも国のあさけりなからしむる事
右之條々堅守へきもの也
文化元甲子年四月　（国泰寺蔵）

〔筆者意訳〕
一、日本国の安泰・安全のために仏道修行を怠らないこと
一、アイヌを日本人同様に風俗・習俗を改めさせること
一、死亡した民は未来に解脱《げだつ》させること
一、異国の人が渡来しても、あざけることのないようにすること
　これらを堅く守ること
文化元（1804）年4月

掟書　法令を通達するために書かれた文書。

この掟書では、アイヌへの教化・布教と死亡時の供養を行うことが指示され、先の方針とはかなり異なっている。これは、当時の幕閣《ばっかく》（幕府の最高首脳部）内で、蝦夷地に対する政策の対立があり、寺社奉行内の蝦夷地に対する考え方が一本化されていなかったからだろう。

◆三官寺の任務とアイヌ教化の実態

こうして建立された三官寺にかせられた最大の任務は、死者供養とキリスト教排除だった。国泰寺に残された史料では、1817（文化14）〜1863（文久3）年の46年間、国泰寺の管轄であるトカチ（十勝）〜エトロフ島の地域内で死者を供養した人数は181人で、そのうち38人がアイヌである。アイヌの死者供養数については、国泰寺の設置当時が最も人数が多く、幕末にかけて徐々に減少していく。

アイヌを除いた死者の多くは、幕府の役人や場所の番人、稼方、船員などだった。供養は死亡した際にとどまらず、一般の寺院と同じく年忌法要《ねんきほうよう》なども実施し、年中行事として盂蘭盆《うらぼん》など本州同様の法事や法要も行われている。ただし、江戸時代特有の「**宗旨証文**《しゅうししょうもん》」は、本国と二重に発行する事態を避けるため、三官寺では作成しなかった。

もうひとつの役割としては、「**異国船退散祈祷**《いこくせんたいさんきとう》」があげられる。道東に位置した国泰寺周辺には、過去に何度も異国船が接近していた。1831（天保2）

宗旨証文　仏教徒であることを証明する文書。後に身分証明書としても使われた。寺請状とも。

異国船退散祈祷　外国の船が近づかないように、または退散するように念じて、仏に祈る儀礼。

念仏上人子引歌 版木(善光寺所蔵)

年には、厚岸町の隣町、現在の浜中町《はまなかちょう》ウライネコタンに異国船(オーストラリア船)が来航。空き家などに放火したため、双方が鉄砲を撃ち合う戦闘に発展したこともあり、住民には異国船に対する恐怖感があった。

　また、アイヌに対しては、**アッケシ会所《かいしょ》**でオムシャ(松前藩家臣、後に幕府**詰合《つめあい》**などがアイヌを集めて行う面会儀礼で、決まりごとなどが申し渡され、酒・タバコなどが与えられた)が実施され、新しい住職が着任した場合にも同様の儀礼が行われた。さらに、徳川家康の命日である4月1日の「東照《とうしょう》宮《ぐう》祥月《しょうつき》」を重要な儀式とし、赤飯や酒などを供え、残りを会所の支配人など役付きの者に配布。**役付《やくづき》アイヌ**にも清酒や濁酒を与え、毎年の定例行事としたほか、他の2寺でも同様の儀式が行われていた。

　一方、有珠の善光寺に残された北海道最古の版木《はんぎ》(木版印刷用の文字が彫られた木の原版)「念仏上人子引歌《ねんぶつしょうにんこびきうた》」には、アイヌ教化の痕跡が残されている。アイヌへの念仏布教を目的に、その信仰をわかりやすく説いたこの文書には、日本語の横にアイヌ語訳のカタカナがルビのように添えられていた。この版

アッケシ会所　国泰寺に隣接してあった、幕府役人や場所支配人の詰所。

詰合　各場所に常駐した幕府役人のこと。場所請負を管理・監督するとともに、場所内の治安・司法も担った。

役付アイヌ　乙名・小使・土産取など、幕府が任命した村役人を模したアイヌの役職。

を使って印刷し、広く配布したものと思われる。厚岸の国泰寺でも、仏教の五戒《ごかい》をアイヌ語に翻訳したものをしおりにし、配布していたという。

また、善光寺の2世住職鸞洲《らんしゅう》は、1807（文化4）年にロシアがエトロフ島を襲撃した際、ロシア船が津軽海峡まで来襲したなら、**仏幟《ぶっし》**を立てて戦うように教え、アイヌ語を併記した「**一枚起請文**《いちまいきしょうもん》」を印刷して配ったという。

これまでの研究では、三官寺は祈祷と葬送の寺とされている。そのため、アイヌ教化を進め、アイヌの改宗を積極的に行ったとする考え方には、否定的な見解が多い。筆者自身も、「アイヌに対して真に仏教を普及したという積極的な記録を見つけることができな」く、国泰寺の役割は「幕府の威光を、宗教的な権威から蝦夷地に浸透させ」たことだと、以前書き記している。その一方で、三官寺のアイヌ教化を積極的に評価する研究者もおり、三官寺とアイヌの関係については、いまも評価のわかれるところだ。

五戒　不殺生、不飲酒など仏教者が守るべき5つの戒律。

仏幟　念仏などを書いた幟。

一枚起請文　念仏の教えなどを1枚の紙に記した誓いの文書。

［参考文献］
眞壁智誠『厚岸・国泰寺と開祖文翁和尚　文化元年・蝦夷三官寺成立事情』（北海道出版企画センター、1997年）
川上淳「厚岸国泰寺とアイヌ」〈『駒沢史学』58号〉（駒沢大学、2002年）
佐々木馨『北海道仏教史の研究』（北海道大学図書刊行会、2004年）

topic....26

松前藩復領までの苦難と場所請負制確立の影響

和人の活動拡大でアイヌからの搾取が横行

時代MEMO

18世紀末、相次ぐ外国船の来航やロシア帝国からの通商要求を契機に、幕府は蝦夷地の内国化を進める。1800年に伊能忠敬が測量を行い、1808年には間宮林蔵が樺太を探検するなど情報収集に努めた。

◆蝦夷地の直轄化で転封された松前藩

「夷酋列像《いしゅうれつぞう》」を描いた画人・**蠣崎波響**《かきざきはきょう》の名は、絵の特異性とこの絵にまつわる数々の謎によって、現代人にもよく知られている。しかし波響の名は**雅号**《がごう》であり、実名を広年《ひろとし》といった。彼は松前藩主**若狭守資広**《わかさのかみすけひろ》の5男で、8代藩主・志摩守**道広**の弟にあたり、拝命した時期は不明だが松前藩の家老でもあった。

ロシア危機に対応すべく幕府が全蝦夷地を直轄化したため、松前藩は1807(文化4)年、陸奥《むつ》国伊達郡梁川《やながわ》(現在の福島県伊達市梁川)に**転封**《てんぽう》となる。これにより収入が減少し梁川の地にもなじめないことから、主席家老となっていた蠣崎広年(波響)は、父祖の地である松前に戻るための復領運動を先頭に立って展開した。幕府へ復領を願う場合、多額の資金が必要となるが、広年は絵師波響として自ら描いた絵を売ってその資金の一部にしたという。

蠣崎波響　110ページ参照。

雅号　画家や作家などが本名のほかにつける別名。

若狭守資広　1726〜1765年。松前藩7代藩主松前資広のこと。若狭守は、江戸時代に大名家の格式をあらわした官位。

道広　1754〜1765年。松前資広の長男・松前道広のこと。

転封　幕府の命令で大名の領地を他に移すこと。移封。

ゴローニン事件（148ページ参照）が解決したことでロシア危機が緩和したことから、莫大な蝦夷地警備費の負担を嫌った幕府は、松前家の生き残りをかけた復領嘆願を受け入れる。そして1821（文政4）年12月、旧領返還が申し渡され、松前家は15年の時を経て悲願の復領を果たしたのである。

◆復領した松前藩が場所請負制へ転換

直轄化により、幕府はそれまで異域であった蝦夷地を内国化しつつあった。ゴローニンの釈放にあたり、ロシアから国境に関する協議の打診があったことから、幕府は**ウルップ島**を緩衝地帯とし、その北の**シムシル島**以北をロシア領、南の**エトロフ島**以南を日本領にする回答を用意したが、ロシア側に伝えられることはなかった。

松前家の復領により蝦夷地全域が藩主直轄となったため、場所請負は継続しながらも商人の入札で請負人を決める方式に変え、蝦夷地全域で**場所請負《ばしょうけおい》制《せい》**を採用することで、**商場知行制《あきないばちぎょうせい》**から場所請負制への転換を図った。

同時に藩政の改革も行い、場所請負商人からの**運上金《うんじょうきん》**により、藩主が藩士に**俸禄《ほうろく》**を支給する**石高制《こくだかせい》**を導入。家老級の700石から侍の末席110石まで支給額を定め、屋敷や住居も家格・身分に応じたものとした。こうした改革により家臣の官僚化が進み、藩主の権限は大幅に強化されていく。

また、幕府直轄期には、異国船に備えて蝦夷地警備体制が敷かれていたが、

ウルップ島　135ページ参照。

シムシル島　千島列島中部に位置する、長さ約60キロメートル、幅約7～10キロメートルの島。

エトロフ島　133ページ参照。

場所請負制　86ページ参照。

商場知行制　86ページ参照。

運上金　江戸時代に商業・運送業者などに課された、金銭で納付する雑税。

俸禄　職務に対する報酬として与えられる米や金銭。

石高制　近世封建社会で、土地の生産力を米の収穫量に換算した「石高」を基礎とした経済的・政治的制度。

19世紀中頃に描かれたと思われる「日高アイヌ・オムシャ之図」
（函館市中央図書館所蔵）

復領後も松前藩は城下に6カ所、箱館に6カ所、江差に2カ所の砲台を新たに設置。さらに東蝦夷地に8カ所、西蝦夷地に3カ所の勤番所《きんばんしょ》を設け、異国船の往来に備えた。こうした警備体制をとるために多くの家臣が必要となったことから、梁川から帰着した時には200人ほどしかいなかった家臣が、1824（文政7）年には556人に倍増している。

勤番所　江戸時代、大名の家臣が交代で遠方要地に詰めた際、政務を行った役所。

◆場所請負制の確立で搾取されたアイヌ民族

復領後の松前藩は、転封前と同等かそれ以上の体制に戻ることができた。しかし、転封前の1万石格という格式はお預けのままで、幕府からは「万石以上並」の格しか与えられなかった。

　そこで1826（文政9）年12月、復領の時に頼った老中**水野**《みずの》**忠成**《ただあきら》に対し、参勤交代中の**松前章広**《あきひろ》は「万石以上」に戻して欲しいと願い出る。しかし、その後音沙汰がなかったことから、4年後の1830（天保元）年、章広は幕府に対し願書に加えて金1万両を献金することにした。そのため、商人らから強引に資金を借り上げやっとのこと幕府に納めたことで、ようやく松前藩は1万石格に戻されたのである。

　復領後の松前藩の藩財政は、「商場知行制」から「場所請負制」へ移行した。ただし、**飛驒屋**《ひだや》の請け負いによって場所請負が始まった東蝦夷地では、1799（寛政11）年の幕領化により、最初は幕府による**直捌**《じきさばき》**制**が採用されたが、1812（文化9）年以降は場所請負制が復活した。一方、西蝦夷地では、梁川転封後も幕府によって場所請負制が維持され、1807（文化4）年以降に制度が確立されたとされる。

　場所請負制への移行によって、和人の蝦夷地での活動が大幅に拡大したことから、アイヌ民族は漁場労働や強制的な使役、過酷な搾取を受けるようになった。各場所では藩士がアイヌと会し、掟などを申し渡して酒やタバコなどを施《ほどこ》す「オムシャ」の年中行事化が進み、政治的支配儀礼として定着していくことになる。一方、アイヌが場所請負商人の雇用労働によらない、自立的な「**自分稼**《じぶんかせぎ》」や、ヨイチアイヌの「イケシュ（逃散）」などの抵抗活動があったことにも注目したい。

水野忠成　1762～1834年。江戸時代後期の老中、駿河国沼津藩2代藩主。11代将軍徳川家斉のもと幕政を担い、財政立て直しや治安対策などに成果を上げた。その一方で賄賂を横行させ、金権腐敗政治の代表とも言われている。

松前章広　1775～1833年。松前藩9代藩主。

飛驒屋　104ページ参照。

直捌制　江戸時代の蝦夷地で、幕府が直接交易や経営を行う制度。場所請負制がアイヌの疲弊を招いたことから商人への請負をやめ、幕吏を派遣して直営した。

自分稼　91ページ参照。

1961年に再建された福山〈松前〉城（筆者撮影）

◆新興商人の台頭と危機が続く松前藩

松前藩転封前から没落し始めた**近江商人**《おうみしょうにん》団に代わり、復領後に有力商人として活躍したのが**栖原**《すはら》**角兵衛**《かくべえ》や**伊達林右衛門**《だてりんえもん》らである。栖原角兵衛は紀州の出身で、1786（天明6）年から天塩・手売（天売）・焼尻、留萌などを請け負った。伊達林右衛門は奥州伊達郡の出身で、1796（寛政8）年に増毛を請け負い、東蝦夷地の**上知**《あげち》に際しては幕府蝦夷地御用取扱箱館在勤を任じられるようになり、1809（文化6）年には栖原と共同で北蝦夷地（カラフト）に進出した。

栖原や伊達ら新興商人グループは、内地に拠点を持ち経営規模が大きかった。そこで競合のない**奥場所**《おくばしょ》を請け負い、**大網**《おおあみ》を使った漁による大量の水揚げを大型の持ち船で本州へ直接運び、本支店で販売を行ったのである。

そうした中、近江商人でありながら大規模な場所請負人に成長したのが、柏屋《かしわや》**藤野喜兵衛**《ふじのきへえ》だった。藤野はヨイチ場所に始まり、文化年間には宗谷・利尻・国後・礼文、天保年間には根室・択捉場所を請け負うまでになった。こうした大請負商人は、明治期までに漁業会社などを設立し、さらに成長・発展していく。

近江商人　近江国（現在の滋賀県）出身の商人。特に江戸時代、全国的な流通販売網を築いた。

栖原角兵衛　江戸時代中期～明治時代に活躍した商家。角兵衛は世襲名で、5代目から蝦夷地に進出した。

伊達林右衛門　江戸時代後期～明治時代に活躍した商家。林右衛門は世襲名。

上知　江戸時代、幕府が大名などから知行地（領地）を没収すること。

奥場所　奥蝦夷地（主に蝦夷地の北部・東部と樺太・千島）に設けられた場所（商場）のこと。

大網　大型の漁網を使う大がかりな網漁のこと。

藤野喜兵衛　91ページ参照。

天保年間になると、蝦夷地近海に英・仏・米などの捕鯨船が度々姿を現すようになる。1831（天保2）年には、オーストラリアの捕鯨船レディー・ロウィーナ号が厚岸場所のウライヤコタン（浜中町《はまなかちょう》羨古丹《うらや》付近）に投錨し、警備にあたっていた松前藩士と銃撃戦になっている。

幕府がこの事件を重大視する中、1833（天保4）年7月25日、第9代藩主松前章広が病死する。章広の長男**見広**《ちかひろ》はすでに亡くなっていたことから、その息子で数え年9歳の**良広**《よしひろ》が後を継ぐことになった。オーストラリア船銃撃の件で転封も取りざたされていた松前藩は、章広の死を一時的に幕府に隠すことによってこの危機を乗り越えた。

その後も松前藩は、11代藩主**昌広**《まさひろ》が病弱な上、精神病により乱心するなど多くの問題を抱えたが、1854（嘉永7）年に天守閣を持つ**福山**《ふくやま》**（松前）城**《じょう》を完成させ、永年の念願を果たしたのである。

松前見広　1805～1827年。松前藩の9代藩主・松前章広の嫡子。

松前良広　1823～1839年。松前藩の10代藩主。父見広の死去後、祖父章広の嫡孫となり家督を継いだ。

松前昌広　1825～1853年。兄良広の養嗣子となり、養父良広の死去後に家督を継いだ。

福山（松前）城　1849年、幕府から北辺警固を命じられた松前藩が、福山館を大改修して築城。1949年に天守を焼失するが、1961年に再建された。

［参考文献］
『松前町史』通説編第1巻下（1988年）
長澤政之「松前藩の復領と場所請負制の進展」〈北海道史研究協議会編『北海道史事典』〉（北海道出版企画センター、2016年）
濱口裕介・横島公司『シリーズ藩物語　松前藩』（現代書館、2016年）

topic….27 松浦武四郎が蝦夷地に残した大きな足跡

今なお影響力を持つ偉大な業績と記録

時代MEMO

松浦武四郎が「日誌」の刊行を始めた1860年前後は、イギリスによるアジアの植民地化が進んだ。アロー戦争に破れた清国は香港を割譲。イギリス東インド会社は、インドの植民地化を着々と推し進めていく。

◆北海道人にとって身近な存在の武四郎

北海道の銘菓に、「十勝日誌《とかちにっし》」という菓子の詰め合わせがある。これは、**松浦武四郎**が書き、木版で刷られた和綴じの『十勝日誌』を菓子箱に見立てたもの。著作が菓子のパッケージとして親しまれ、さらに「北海道」や「石狩」「十勝」といった現在の地名をつけたことでも知られる武四郎は、北海道人にとって身近な存在だ。

筆者と武四郎のつき合いは、根室市教育委員会の学芸員になったばかりの頃にさかのぼる。**根室半島チャシ跡群**を史跡指定する仕事に携わった際、各チャシ跡にチャシの作られた当時の地名をつけることになった。この時、松浦武四郎の日誌や地図を参考に命名したのが、つき合いの始まりである。

北海道のあちこちを何度もくまなく歩いた武四郎の日誌類には、その場所の様子や動・植物などの名が克明に記されているだけでなく、過去の歴史を

松浦武四郎　90ページ参照。
根室半島チャシ跡群　54ページ参照。

遡った記述も豊富に盛り込まれている。紀行文にとどまらない、百科事典といっても過言ではないほどの充実した内容は、資料的価値も高い。そのため、北海道の歴史や地名に関心を持つ者は、必ず武四郎の日誌と地図に目を通すことになるのである。

また、『東西蝦夷山川地理取調図』など武四郎が作成した地図は、いずれも北海道の地名研究に欠かせないものとなっている。なにせ彼の地図には、現在の国土地理院の地図よりも多く地名が、詳細に書き込まれているのだ。主要な日誌や地図は活字化され、誰でも利用できるようになっている。

松浦武四郎が作成した地図（『北海道国郡全図』より）

このように、松浦武四郎の業績は多彩で、記録した内容も膨大だ。高木《たかぎ》崇世芝《たかよし》氏がまとめた『松浦武四郎「刊行本」書誌』と『松浦武四郎関係文献

松浦武四郎肖像
（松浦武四郎記念館所蔵）

目録』を見ると、その著作の多さとともに、彼の著作に関する研究の多さにも驚かされる。北海道には「松浦武四郎研究会」という研究組織もあり、1984（昭和59）年に創刊した『松浦武四郎研究会会誌』は、2017（平成29）年までに74号を数え、今も地道な活動が続けられている。

では、武四郎の足跡を辿ってみよう。1818（文化15）年、現在の三重県松阪市で**郷士**《ごうし》の家に4男として生まれた武四郎は、幼小期に漢学などを習い、17歳で家を出て全国を行脚。その間、僧となって詩歌や画を学ぶ。初めて蝦夷地に渡ったのは27歳の時で、知床岬まで赴いた。2回目は松前藩医の従者として樺太まで渡り、3回目はクナシリ島・エトロフ島・シコタン島へ渡る。

その後、江戸に戻り『初航・再航・三航蝦夷日誌』を書き上げ、1853（嘉永6）年に幕府へ献上。4回目は幕府の蝦夷地御用雇という身分で西蝦夷地・樺太・釧路などを回り、5回目も幕府の仕事として石狩を調査、6回目は後志・釧路など回っている。1859（安政6）年には、42歳にして『東西蝦夷山川地理取調図』28冊と『東西蝦夷山川地理取調日誌』62巻を完成。翌年から『石狩日誌』『天塩日誌』『夕張日誌』などを次々と刊行する。1869（明

郷士　江戸時代、農村で暮らした武士。旧家や名字帯刀を許された有力農民を指すこともある。

治2）年には開拓大主典から開拓判官（開拓長官、同次官に次ぐ地位）に昇進するも翌年辞し、1888年（明治21）年、東京神田の自宅で死去した。

蝦夷地のみならず樺太や南千島を含めて、武四郎は実に6回も踏破している。江戸時代の蝦夷地は整備された道などなく、探査中は野宿することも多かった。今から見れば、想像を絶する困難な旅だったはずで、そうした状況下にありながら、彼は野帳と呼ばれるメモ帳に、土地の様子やそこに住むアイヌからの聞き取りなどを克明に記録していったのである。しかも、蝦夷地で見聞した内容を、古くからの文献を参照した上で詳細に書き記し、さらにそれを著作として刊行しているのだから凄い。では、武四郎をそこまで蝦夷地探査に駆り立てた理由とは、一体何だったのだろうか。

◆武四郎が蝦夷地にこだわる理由とは

筆者の好きな歴史上の人物に、**松本十郎**《まつもとじゅうろう》という人物がいる。十郎も武四郎と同じく開拓判官となったが、**樺太アイヌの処遇**を巡り**黒田清隆**《くろだきよたか》と対立。開拓使を辞し、故郷に戻って晴耕雨読の生活をした反骨の人である。根室在勤時にはアイヌの**アットゥシ**を着こなし、アイヌの生活向上にも尽力したことから、「アッツシ判官」とも呼ばれ、武四郎とは開拓使の東京本庁で何度も意見を交わした仲でもあった。

その松本十郎の著書『石狩十勝両河紀行』のなかに、「武四郎の『石狩日誌』

松本十郎　1840〜1916年。庄内藩出身の官僚。開拓使で北海道開拓事業にあたった。

樺太アイヌの処遇　1875年、樺太・千島交換条約の締結で、樺太のロシア帝国領編入が決定。黒田は樺太のアイヌを、北海道に強制移住させ、農業開拓に利用しようとした。計画は実施され、移住した多くの樺太アイヌが、慣れぬ生活と疫病の流行で死亡した。

黒田清隆　1840〜1900年。薩摩藩出身の明治期の政治家。221ページ参照。

アットゥシ　アッツシとも。木の内皮の繊維からつくった糸で織る布、またはその布を使った着物のこと。

の内容は、役付アイヌに聞いたらまったく嘘で、武四郎の地図も実際と違っている。松前藩や伊能忠敬の測量図に基づいているだけである」という記述がある。生真面目だった十郎だけに、その意見は手厳しい。これを読んで筆者の武四郎観が変わったわけではないが、武四郎の著作を絶対視することは避けたいと思うようになったのは事実だ。

多才ゆえに人物像を捉えるのが難しい武四郎だが、その像は大きくふたつに分けられる。ひとつは蝦夷地を北海道と名づけた偉大な地理学者・探検家として、もうひとつは、アイヌの置かれた状態を告発するルポルタージュ作家としての像だ。いずれも、武四郎に対する評価は高い（ただし、武四郎の探検は国土防衛が目的で彼の本質は国家主義者である、という評価があることも書き添えておく）。

蝦夷地の歴史研究において、**場所請負《うけおい》制**下の蝦夷地で和人が行った不当交易や経済的収奪、アイヌ女性への性的暴力などの「実態」を検証する場合、武四郎の書いた著作を引用することが多い。例えば『**竹四郎廻浦日記**《たけしろうかいほにっき》』のなかで、武四郎はモンベツ（紋別）の状況を、「働けるアイヌは宗谷に連行し、利尻へ連れて行って2、3年帰さないので、人口が減り、結婚もできない」状態であったと書いている。このため、遠隔地への連行は「悲惨」かつ「強制労働」であり、村に残されたのは老人や子供、障害者、病人ばかりで、アイヌの共同体は根底から破壊されていった――というのが一般的な見方だ。

場所請負制　89ページ参照。

竹四郎廻浦日記　1856年、箱館奉行支配組頭向山源太夫に従い、東西蝦夷地とカラフト南部を踏査した際の道中日記。

しかし、北海道近世史研究者の**谷本晃久**氏が別の史料を分析したところ、当時の紋別には青壮年のアイヌが半数残り、「**自分稼**《じぶんかせぎ》」という請負人に雇われない労働形態があったことが明らかとなった。近世蝦夷地のひとつの側面を、確かに武四郎は正しく表していたが、それだけではないアイヌ社会の多面性を、谷本氏は「自分稼」の分析から指摘している。

武四郎の著作における真実性については、さらに検討が必要だろう。しかし、なぜ何度も蝦夷地を歩き、アイヌや請負商人の実態を膨大な著作として著したか、そしてなぜ開拓使高官の座をあっさり捨てたのかを考えた時、その理由は、武四郎がアイヌと和人の対等な関係を切望していたからに他ならないと筆者には思えるのだ。

彼の著作の多くは活字化され、一部ではあるが現代語訳もある。一読した上で、あなたなりの武四郎像を見つけてみてはいかがだろう。

谷本晃久　142ページ参照。
自分稼　91ページ参照。

［参考文献］
花崎皋平『静かな大地　松浦武四郎とアイヌ民族』（岩波現代文庫、2008年）
高木崇世芝編『松浦武四郎「刊行本」書誌』（北海道出版企画センター、2001年）
高木崇世芝編『松浦武四郎関係文献目録』（北海道出版企画センター、2003年）
谷本晃久「アイヌの『自分稼』」〈菊池勇夫編『日本の時代史19　蝦夷島と北方世界』〉（吉川弘文館、2003年）

topic....28

樺太の領有権を巡り激化した幕末の日露紛争

アイヌの囲い込みで対立した両国の思惑

時代MEMO

1862年の日本では、開国派と尊王攘夷派の闘争が激しさを増す。老中安藤信正が水戸藩士に襲撃された坂下門外の変や、松本藩士によるイギリス仮公使館襲撃、池田屋事件などが次々に起こり、世情は揺れた。

◆厳寒の樺太で発生した脱走劇

事件は厳寒の**樺太島**《からふととう》・ウツシュで起きた。1862（文久2）年1月、大野藩ウショロ場所番人の横暴に耐えかねたアイヌのトコンベが逃亡。ロシア人居住地シルトッタンナイの現地隊長ジャチコーフのもとに駆け込む事態となった。このトコンベの身柄を巡り、幕吏《ばくり》（幕府役人）とジャチコーフの間で、争奪戦が繰り広げられることになったのだ。

ジャチコーフは、ウショロ場所のアイヌを雇用しようと考えたため、日本側の再三にわたる引き渡し要求にも応じなかった。ところが、その翌年の正月、両親に会うためウショロに帰ったトコンベが、幕府足軽高橋峯三郎《たかはしみねさぶろう》に捕まってしまう。そこでジャチコーフは、3月9日に13人の武装兵を率いて日本側に乗り込み、トコンベを奪還してクシュンナイに連れ去っていく。

すぐさま、クシュンナイ詰幕吏の藪内於兎太郎《やぶうちおとたろう》と山梨佐輔《やまなしさすけ》は、ロシア側に

樺太島　宗谷海峡を挟んで北海道の北に位置する島で、樺太とも言う。西のユーラシア大陸とは間宮海峡で隔てられている。面積は北海道よりやや小さい。ロシア名はサハリン。

対しトコンベを返すよう強く要請するが、「この地（樺太）は日本でもロシアでもないので、日本側で使われたいと望むアイヌは使ってもいいが、ロシア人のもとで働きたいというアイヌはロシア側で雇用したい」という返答しか得られなかった。ジャチコーフはさらに武装兵をウショロへ送り込み、トコンベの両親や妻子など3家族18人のアイヌも連れ去ってしまう。

藪内ら幕吏は、クシュンナイに赴きロシア側に抗議。対応した役人は、近々**ニコラエフスク**に帰るので、その時に18人を返すよう上役に取りはからうと約束するが、これは果たされなかった。10月5日、ジャチコーフらが再びウショロにやってくる。残されたままだったトコンベの仲間を連れ去ろうとしたが、これは日本側に阻止された——。

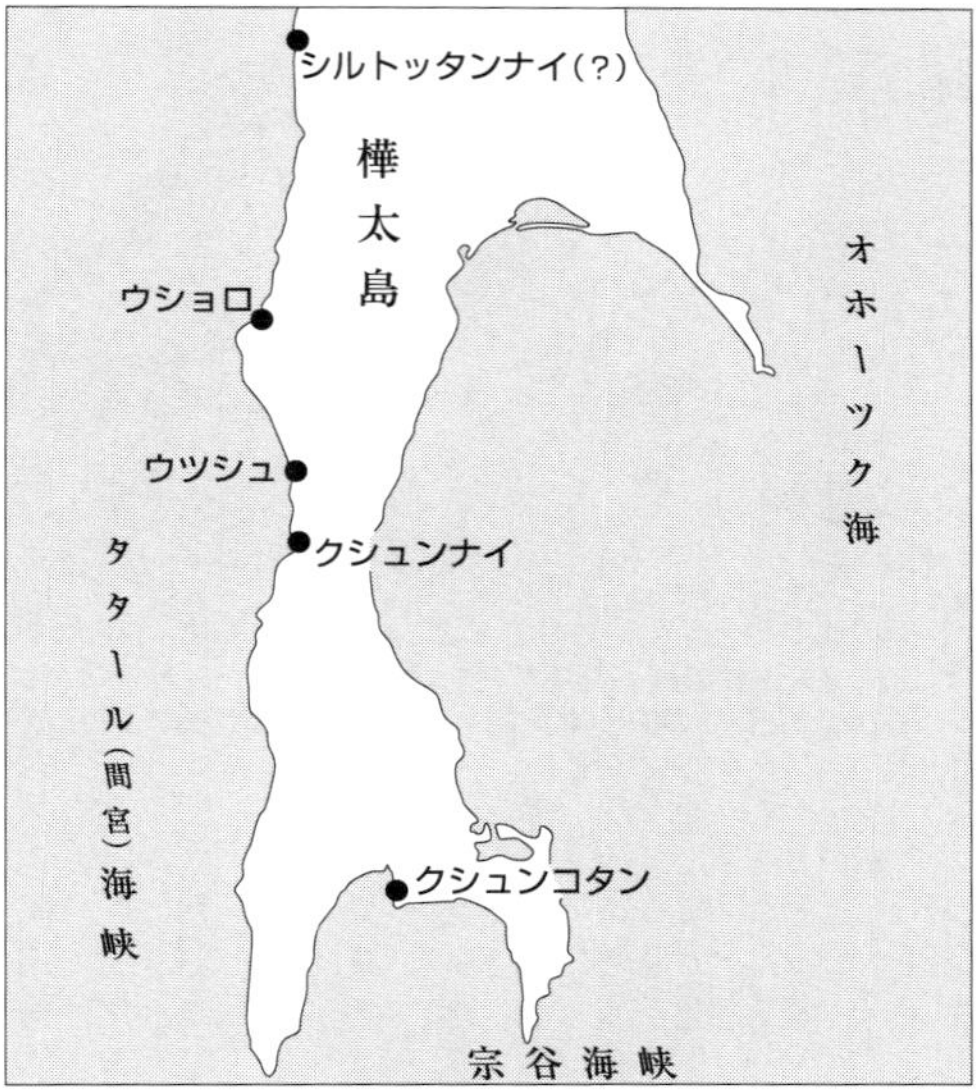

樺太の関係要図

ニコラエフスク　アムール川河口近くに位置する、沿海州の中心都市。かつて、多くの探検の出発地点に利用された港町だった。

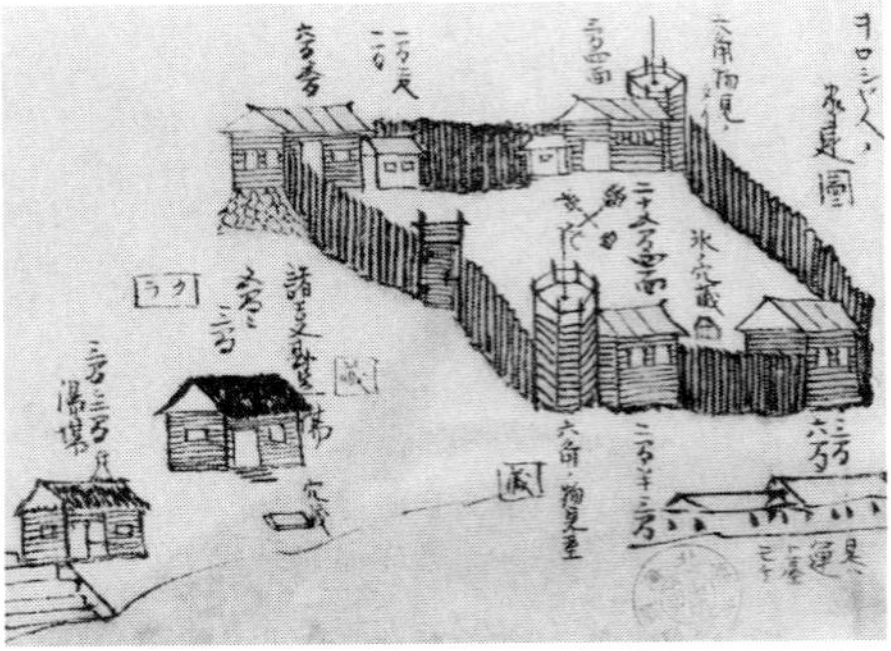
ロシア占拠の様子を描く『唐太嶋日記』の「クシュンコタンのムラビヨフ哨所」(北海道大学附属図書館北方資料室所蔵)

この事件の発端となったトコンベの逃亡は、ウショロ場所番人定吉による酷使が原因だった。後に取り調べを受けた定吉は、次のように述べている。

トコンベは1861(文久元)年の秋から定吉の配下として、ウツシュで伐採作業に従事していた。翌年1月、トコンベが運んだ清酒を定吉らが飲んだところ、酒の量が足りないことに気づき、トコンベが盗み飲みしたものと疑いをかける。翌日、仕事があるにもかかわらず、すぐに帰ろうとしたトコンベの足を、怒った定吉は杖で叩きつけた。夕方、定吉が番屋に帰ると、すでにトコンベはいなくなっていた――。以上は定吉の言い分なので、定吉側に都合の良い内容となっていると思われる。

一方、ジャチコーフらの発言から事実関係を推測すると、トコンベは持っている品物を定吉に取り上げられるなど、度々の嫌がらせを受け、火箸が曲がるほどの強さで殴られるなど激しい折檻《せっかん》も受けていたようだ(トコンベらロシア側に引き取られたアイヌたちが、その後どうなったかは残念ながら不明)。

こうしたトコンベの逃亡は、横暴な番人に対するアイヌの抵抗と見ることもできる。ただし、注意しなければならないのは、番人の横暴から逃れようとしたトコンベが、ロシア側に駆け込む方法を選んだことにある。それを可能にしたのが、幕末における日露の特殊な関係だった。

◆樺太を巡り幕府とロシアの争いが激化

トコンベ事件が起こる9年前の1853（嘉永6）年、アメリカのペリーが浦賀《うらが》に、ロシアの**プチャーチン**が長崎にそれぞれ来航する。両国は日本との国交を求め、ロシアは樺太（北蝦夷地）・千島列島の日露国境確定を求めてきた。同時に、ロシア軍は樺太のクシュンコタンに上陸し、兵営を建設するなど攻勢をかける。その翌年、箱館が開港し、幕府はまずアメリカとの和親条約を締結した。

外圧をかけられた幕府は、松前蝦夷地御用掛の堀利熙《ほりとしひろ》と村垣範正《むらがきのりまさ》を松前や蝦夷地、樺太に派遣し、現地調査を行う。その結果、外敵への警備体制の不備が判明し、場所請負《ばしょうけおい》商人の使用人らがアイヌを酷使し、賃金として渡すコメなどを騙し取ったうえ、女性アイヌを妾にするなど、非情な行いが発覚。堀らは、このままではアイヌが外国の「**撫育**《ぶいく》」に誘惑されかねないため、アイヌの「教育」を推し進めるべきと提言した。さらに、ロシア人がクシュンコタンに来襲するなど、ロシアとの摩擦が樺太で現実化したことで、幕末の

プチャーチン　1803～1883年。ロシア帝国の海軍軍人で政治家。日露和親条約と日露修好通商条約の締結に尽力した。

撫育　上位のものが、下位のものをいつくしみ育てること。民衆を統治するという意味合いが強い。

この時期から、幕府による実質的なアイヌ撫育政策が実施されていく。

1855年2月(安政元年12月)には、「**日露通好《にちろつうこう》**(**和親《わしん》**)**条約《じょうやく》**」が結ばれ、千島のウルップ島とエトロフ島の間を国境とし、樺太(島)には境界を設けず従来通りとした。さらに、1855年4月(安政2年2月)になって松前周辺を除く蝦夷地が再幕領化された。幕府の直轄地となった樺太では、アイヌの使役やその給与、撫育品の支給は幕吏の監督下に置かれ、幕吏や番人に従うようアイヌに指示した。また、アイヌの病気などに対する手当てを厚くしたほか、有力アイヌを惣乙名《そうおとな》・脇乙名《わきおとな》・惣小使《そうこづかい》・乙名《おとな》・小使《こづかい》・土産取《みやげとり》に任命し、役に応じた下され物を与えるようにしている。

さらに1857(安政4)年には、アイヌに対して庄屋《しょうや》・惣名主《そうなぬし》・惣年寄《そうとしより》・名主《なぬし》といった本州と同様の役職を与えることにしたが、帰俗(日本人化)したのは役付アイヌだけで、一般のアイヌは数名しか応じなかった。こうしたアイヌへの撫育政策は当初、クシュンコタン周辺の樺太南部に限られていた。

一方、ロシアは1858年に清国と「**瑷琿《あいぐん》条約《じょうやく》**」を結び、アムール川左岸を獲得、樺太へ本格的に進出を始める。こうした状況下でトコンベ事件は起きており、アイヌ人の取り込みを意味するトコンベの獲得は、樺太における日本とロシアの諸権利や領地の奪い合いと密接にかかわっていたのだ。

両国の間で紛争が相次いだ結果、1867(慶応3)年に日露間で「樺太島仮

日露通好(和親)条約　伊豆下田において締結され、国境の確認のほか、箱館・下田・長崎の開港などが決められた。

瑷琿条約　清国が列強と結ばされた不平等条約のひとつ。

規則」が調印された。これによって、両国人の往来が全島自由化され、アイヌなど島内の先住民は人格上も財産上も両国から完全に独立しているとしたうえで、両国とも先住民を雇用できると規定。これにより、アイヌ従属を樺太南部領有の根拠としてきた日本側の主張は破綻《はたん》してしまう。箱館奉行所は、ロシア人進出に対抗して新しい場所を開き、日本側の雇用を望むアイヌの人別帳《にんべっちょう》(戸籍台帳)を作成。これをロシア側と交換することで、以後の軋轢《あつれき》を避けようと目論《もくろ》むが、日露雑居による紛争は絶えることがなかった。

その後、明治維新によって誕生した新政府が、日本人の移住を最重点に樺太政策を進めていったことで、明治初年の樺太は、日本人・ロシア人・アイヌ人・その他の先住民が混住する、新たな雑居状態へ突入する。こうした状況がさらなる軋轢を生み、現地当局間の紛争に加えて、ロシア流刑囚による暴行事件など民間レベルでの事件が絶え間なく発生する状態が続いた。

結局、こうした状況が解消されるのは、1875(明治8)年に「**樺太・千島交換条約**」が締結されてからのことだったのである。

樺太・千島交換条約　209ページ参照。

［参考文献］
菊池勇夫『北方史のなかの近世日本』(校倉書房、1991年)
秋月俊幸『日露関係とサハリン島　幕末明治初年の領土問題』(筑摩書房、1994年)

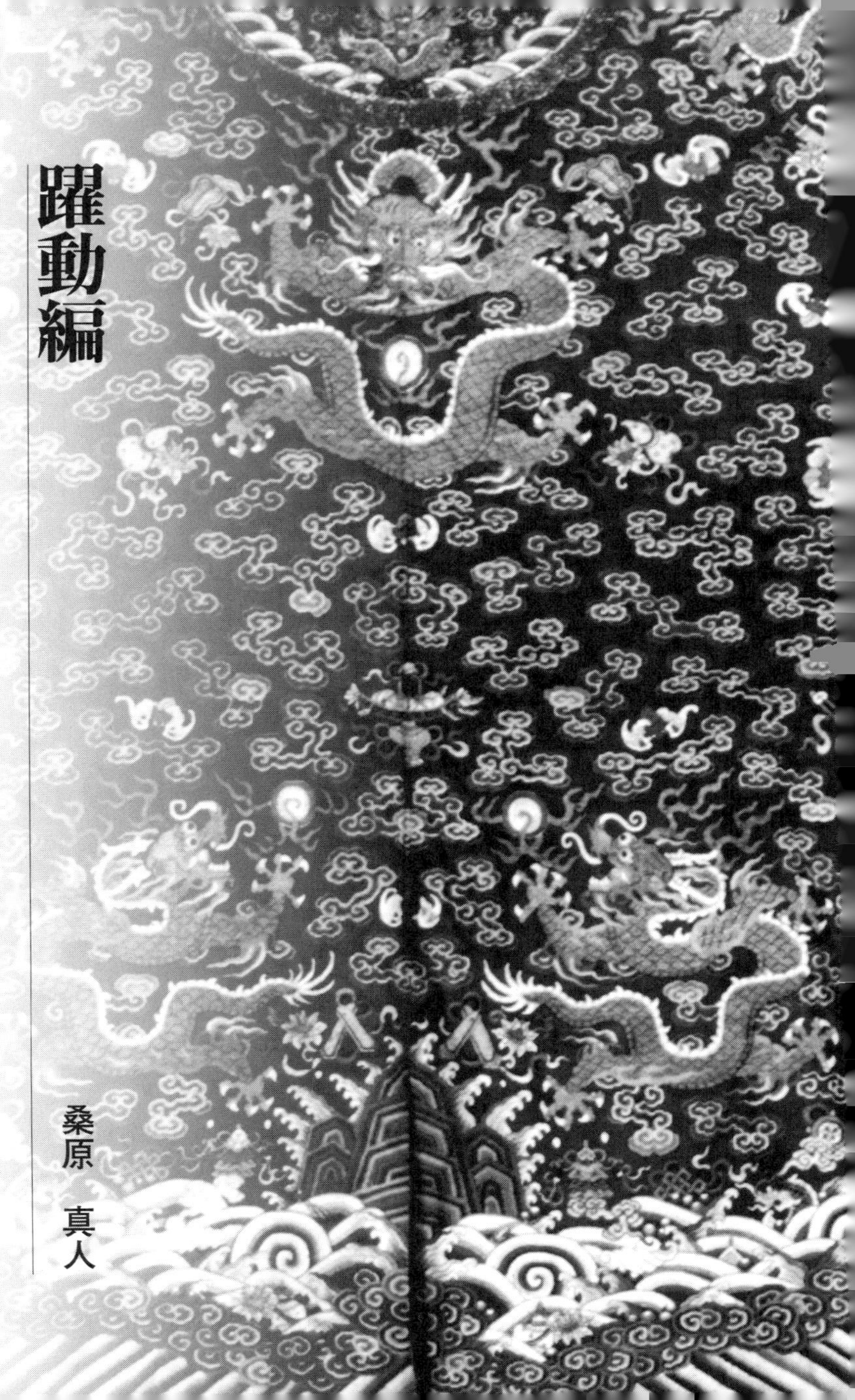

躍動編

桑原　真人

introduction

topic....29

北海道は無人地だった？ 蝦夷地から北海道への歩み

和人中心の歴史観と伝統的な「開基」意識

◆無人扱いされた先住のアイヌの人々

ここに「明治30年の無人地」と題する1枚の地図がある。凡例によれば「㎢人口密度2人以下の地域」が黒く塗られており、その範囲は北海道のほぼ東半分の地域にあたる。この地図の出典は北海道立教育研究所編『北海道教育史』全道編1（1961年）だが、同書の地図が掲載された箇所（80ページ）では次のように説明されている。

明治三十二年ごろになると、本道人口は八十五万人にふえ、上川盆地まで相当の人口密度を有するに到り、倶知安盆地、十勝平野、北見地方にも、散村や市街地がみられるようになった。しかし、第十八図にみるように、まだ人口密度が毎平方キロメートルあたり二人に達しない地域が広く存在していた。

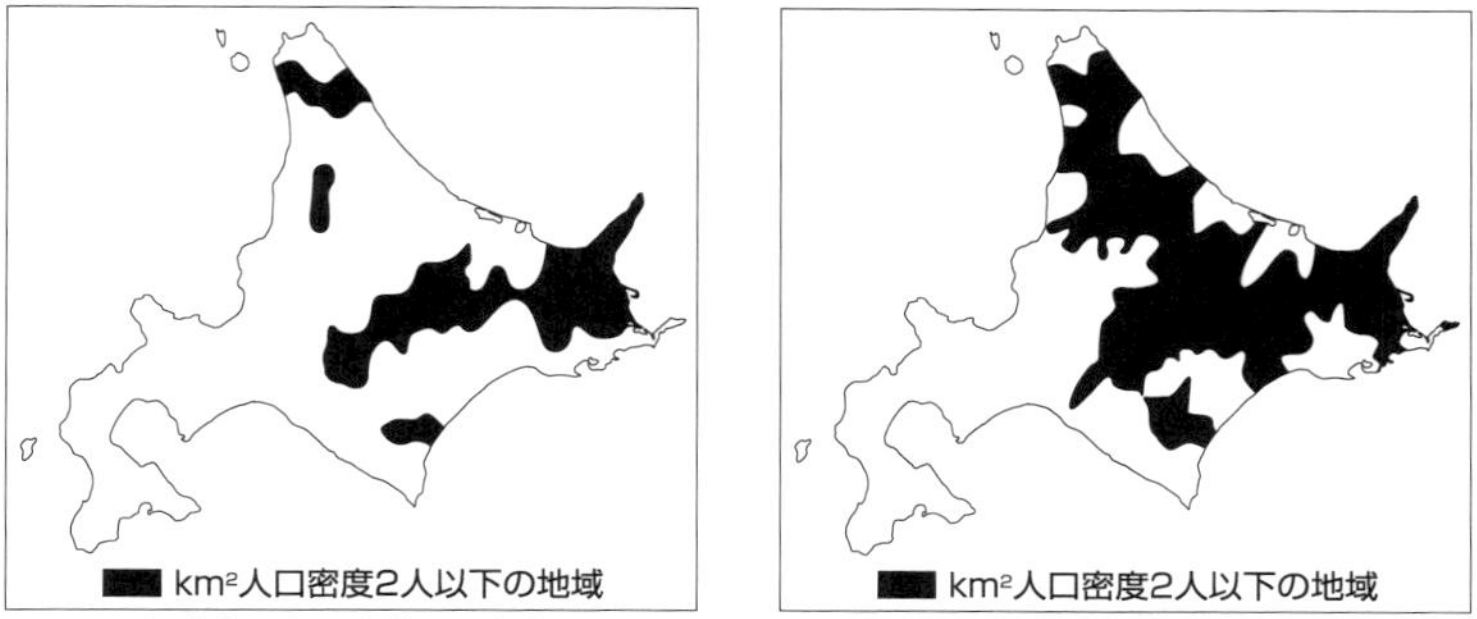

右が「明治 30 年」、左が「明治 40 年」の無人地を表わした図。黒塗りの部分が
「無人地」を指しているようだが、そこには先住民のアイヌが居住していた
（北海道立教育研究所編『北海道教育史』全道編 1〈1961 年〉より）

文中の第18図がこの地図を指すのだが、「明治30年の無人地」という地図のタイトルは、北海道に入植した和人移民の人口密度が低い、空白の地域という意味のようだ。本書には、10年後の状況を示す「明治40年の無人地」と題する地図（90ページ）も掲載されており、黒塗りの範囲は1897（明治30）年からかなり縮まって、道北の一部と道東方面に見られるのみである。

したがって、黒く塗られた空間は「無人地」、それ以外の白塗りの空間は「有人地」＝和人移民の入植地ということになるだろう。

だが、和人移民の未入植地域を示すために、「無人地」のタイトルを付けることが果たして許されるだろうか。これらの地図で「無人地」として黒く塗られた地

斜里郡	52戸	146人
網走郡	64戸	192人
常呂郡	29戸	88人
紋別郡	93戸	230人
枝幸郡	35戸	161人
宗谷郡	52戸	138人
利尻郡	8戸	32人
礼文郡	3戸	9人
合計	336戸	996人

1896年末時点における北見国各郡のアイヌ戸数と人口
（北海道庁編『北海道殖民状況報文　北見国』〈1898年〉より）

域には、北海道の先住民族であるアイヌの人々が暮らしていた紛れもない事実がある。

例えば、北海道庁殖民部編『北海道殖民状況報文　北見国』（1898年）には、1896（明治29）年末の北見国における郡別アイヌ戸口表が掲載されており、表のような数字が示されている。

最初に紹介した「明治30年の無人地」という地図は、実にこれら約1000人に近いアイヌの人々を「無人」として扱い、この世から抹殺してしまうことにならないだろうか。

かつて**開拓使**は、北海道を一方的に「**無主地**」と認定し、全道すべてを「官有地」に編入してしまったが、この「無人地」という発想も、それとほとんど変わりがない。

このようなアイヌ民族の存在を否定する視点が、必然的に近代の北海道における開拓の主人公は、「内地」から移住した和人移民であるという発想に結

開拓使　北海道開拓と経営のため、1869年に設置された中央政府の行政機関。官営工場の設置や屯田兵の移住、炭田開発などを行った。

無主地　20世紀初頭までの国際法では、原住民がいても欧米的な近代社会を構成していないと見なされた場合には「無主地」とされ、先占の対象として他国の領土となった。

びつくのである。

◆蝦夷地から「北海道」へ

ここで、近代初頭まで「蝦夷《えぞ》が島《しま》」とか「蝦夷《えぞ》が千島《ちしま》」と呼ばれていたこの島が、なぜ「北海道」と改称されたのかについても触れておこう。

北海道史の年表で1869(明治2)年を開くと、8月15日の項には必ず「蝦夷地を北海道と改称し、11国86郡を置く」と書かれている。この点に関する北海道の正史は、極めてあっさりと触れているに過ぎない。1937(昭和12)年に北海道庁が刊行した『新撰北海道史』第3巻は、幕末以来蝦夷地の探検家として有名だった**松浦武四郎**がその「原動者」であることを指摘し、「松浦は先づ全地命名の仮案として、蝦夷は元来地名にあらざることを述べて、日《ひ》高見《だかみ》、北加伊《ほっかい》、海北《かいほく》、海島《かいとう》、東北《とうほく》、千島《ちしま》の六道を撰出し(中略)反覆検索の上、北海道と称することに決議」した、とあるだけである。

戦後の1972(昭和47)年に北海道が刊行した『新北海道史』第3巻も、ほぼ同様の指摘に留まっている。同じく最近刊行された『新旭川市史』第1巻(1994年)は、「松浦案の『北加伊』を『北海道』に修正し、実施された」とやや具体的に指摘している。

「北加伊」が「北海」道に転化したことを明確に意識させているのは、戦前

松浦武四郎　90ページ、172ページ参照。

の一時期、道史編纂事業に関わった竹内運平の『北海道史要』（1933年）だろう。彼は武四郎の提案した蝦夷地に代わる新国名6案のうち、北加伊については、武四郎の道名選定に関する史料を直接引用していることから、北海道との関係をうかがうことができる。なお、武四郎は様々な雅号を用い、そのひとつに「北海道人」があった。この点に配慮した武四郎が「北加伊」と表記したとも考えられるが、推測の域を出ない。ここでは、田村貞雄『日本史をみなおす』（青木書店、1986年）の、次の記述を紹介しておきたい。

北海道の名は蝦夷を「かい」と読み、これに海の字をあて、北陸道に真似て、北海道としたものである。これはアイヌ民族に同情的だった旅行家松浦武四郎の献言によるという。しかしこれは**五畿七道**《ごきしちどう》という古代の行政区分に類似した呼称によってあたかも蝦夷島が歴史的に日本領であるかのような錯覚を生ませる効果があった。

近世のアイヌ史研究者の中には、蝦夷島が北海道に改称されたからといって、アイヌ民族には特別な意味をもたらさなかったという主張もあるようだ。だが、蝦夷島の改称は、「**和人地**」と「蝦夷地」という近世の**松前藩**体制の基本的な枠組みが消し去られて、この地全体が日本の領土に編入されたことを

五畿七道　古代律令制下の、地方行政区画のこと。都の周辺の大和・山城・河内・摂津・和泉の五国を畿内とし、ほかを東海道・東山道・北陸道・山陰道・山陽道・南海道・西海道の七道に分けた。

和人地　近世の北海道において、和人（日本人）が集住した渡島半島南端の福山（松前）・箱館・江差を含む地域。それ以外は蝦夷地（アイヌ地）と呼ばれ、和人の定住は原則的に禁止されていた。

松前藩　近世の北海道において、アイヌ民族との交易を経済基盤とした唯一の藩。農業生産に依拠しないので「無高大名」と呼ばれた。詳細は74ページ参照。

意味する。そのことが、近代の北海道開拓、すなわち「蝦夷地」の「和人地」化が必然とされる根拠となった。そして、和人によるこうした北海道開拓を支える精神的イデオロギーが、「開基意識」と呼ばれるものである。ここで、「開基意識」とは具体的にどのようなものであるかを紹介しておこう。

◆和人中心の歴史観が生んだ開基意識

「開基」とは元々、寺院や宗教の創建を意味する仏教用語だが、北海道では「開基100年」といったように、地方自治体の開村・開町を示す意味で用いられることが多い。そして釧路市では、昭和初期に「釧路の開基」を巡って、論争が繰り広げられている。

その際、この開基論争の関係者のひとりが、次のように述べている。「釧路の誕生日といっても無意識的なアイヌの占拠地域はこれ以前の先住民族の占有地であった(が)釧路の発生はこれを記録以前として、今茲《こんじ》でいう誕生日とは大和民族(和人)の力により少くとも意識的に開拓の第一歩の鍬がこの釧路の陸地に打込まれた日(である──引用者)」(『新釧路市史』第1巻)。

この引用文によれば、先住のアイヌ民族は「無意識的」な存在であって釧路地方の歴史からは「記録以前」として否定されている。それとは逆に、「大和民族」による「意識的(な)開拓」にこそ、「釧路の誕生日」を求めるべきという。

つまり、釧路地方の先住民であるアイヌ民族は単なる「無意識的」存在に過ぎず、この地域の歴史を切り開いたのは、和人移民の「意識的（な）開拓」であるというのだ。

釧路市では、**クスリ場所**の請負人佐野孫右衛門が開拓使に協力して移民を募集した1870（明治3）年を「釧路開基のエポック」と評価する主張をもとにして、1969（昭和44）年に「開基百年」事業を実施した。さらに1989（平成元）年にも「開基百二十年」事業を計画したが、北海道ウタリ協会釧路支部によって反対運動が起こされ、釧路市は和人中心主義的な歴史観を反省させられることになる。

このような歴史観は決して釧路地方の歴史にのみ見られるのではなく、近年までの北海道史研究においても支配的な流れだった。この和人優越史観の中核にあるのが伝統的な「開基」意識である。この意識は、北海道史を近代の「開拓の歴史」に矮小化した結果、近代以前の北海道の歴史に関心が薄く、先住のアイヌ民族に対してはその歴史性を認めないという二重の意味での問題がある。また北海道庁では、かつて開拓使の設置以来50年を記念して1918（大正7）年8月に「開道五十年」記念式典を、同じく100年を記念して1968（昭和43）年9月に「北海道百年」と呼ばれる壮大なイベントを行っているが、これこそが開基意識の典型的な現われだろう。

クスリ場所　松前藩が東蝦夷地に設定した商場で、寛永年間（1624〜1643年）の開設とされ藩主の直領だった。安永年間に飛驒屋久兵衛が場所請負人となるが、1789年に「クナシリ・メナシアイヌの戦い」が起こり、罷免された。1802年に白糠（しらぬか）場所を併合。最初は「久寿里」「久摺」などと記したが、近代に入って「釧路」の表記が定着した。

だが、北海道史に対する新しい視点が提起されたのも、この「北海道百年」がきっかけだった。すなわち昭和40年代の北見地方において、**小池喜孝**《こいけよしたか》らが提唱した「オホーツク民衆史講座」という市民的立場からの、歴史運動の台頭である。この運動は、屯田兵や士族移民、あるいは内地の巨大資本による北海道開拓こそが北海道近代史そのものであるといった視点を強く批判した。そして、関係者からの聞き取り（証言）と現地調査を通じて北海道開拓の陰に覆い隠されてきた囚人労働・タコ労働・外国人労働者の強制連行などにスポットをあて、北海道の近・現代史を再構成しようというものだった。この運動は、やがて「民衆史の掘りおこし」運動として全道的な広がりをみせてゆき、北海道史研究は新たな段階に入ったのである。

小池喜孝　1916～2003年。1970年代から北海道近・現代史研究において、関係者からの聞き取り・証言を中心にして歴史を再構成するという「民衆史の掘りおこし」運動を提唱。主な著書に、『谷中から来た人たち──足尾鉱毒移民と田中正造』『北海道の夜明け──常紋トンネルを掘る』など。

〔参考文献〕
『新釧路市史』第1巻（1974年）
田村貞雄『日本史をみなおす』（青木書店、1986年）
桑原真人「地方史編纂と歴史意識」〈『歴史学研究』第427号〉（1975年12月）
桑原真人『戦前期北海道の史的研究』（北海道大学図書刊行会、1993年）
小池喜孝「オホーツク民衆史講座」〈『岩波講座日本通史』別巻2〉（岩波書店、1994年）

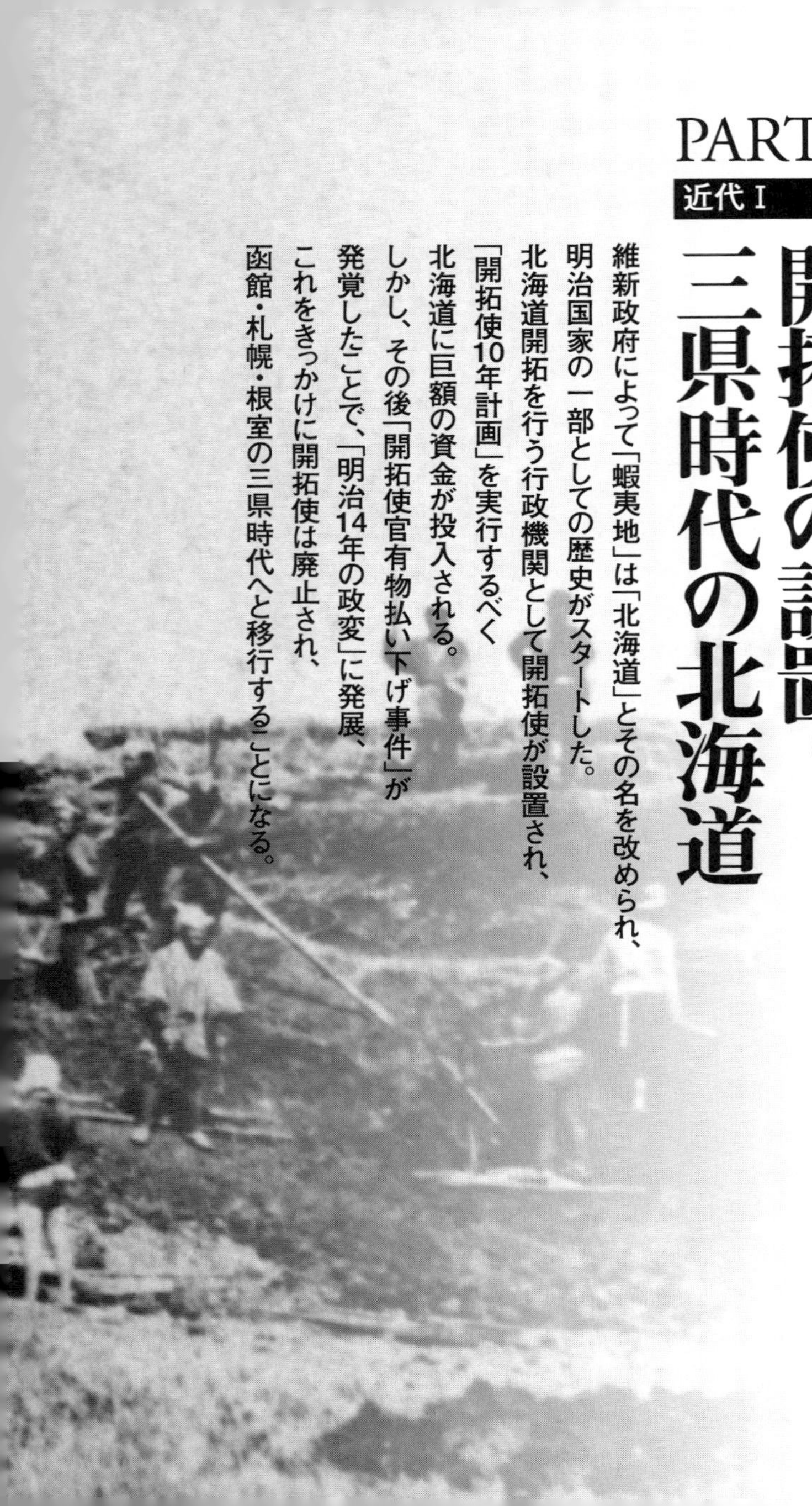

PART.4

近代Ⅰ

開拓使の設置〜三県時代の北海道

維新政府によって「蝦夷地」は「北海道」とその名を改められ、
明治国家の一部としての歴史がスタートした。
北海道開拓を行う行政機関として開拓使が設置され、
「開拓使10年計画」を実行するべく
北海道に巨額の資金が投入される。
しかし、その後「開拓使官有物払い下げ事件」が
発覚したことで、「明治14年の政変」に発展、
これをきっかけに開拓使は廃止され、
函館・札幌・根室の三県時代へと移行することになる。

札幌本道の開削工事〈1872年、亀田桔梗野付近の谷地埋め立て〉
（北海道大学附属図書館北方資料室所蔵）

topic.... 30

箱館に設置された司法機関とは異なる裁判所

地方行政機関としての裁判所と蝦夷地問題

時代 MEMO

鳥羽・伏見の戦いで官軍となった薩長主体の新政府が、各国に王政復古を通告した1868年。国内では佐幕派と官軍の戦が各地で続き、その戦火は榎本武揚らの蝦夷地侵攻で、北海道にも飛び火することになる。

◆地方行政を担う裁判所

1868(明治元)年4月12日、**五稜郭**《ごりょうかく》内に箱館裁判所が設置された。現在の日本で裁判所といえば、地方裁判所や高等裁判所などの司法機関を指すのが常識である。しかし、当時の日本は維新変革の最中にあり、**箱館戦争**はまだ終わっていなかった。そんな状況のなか、成立したばかりの維新政府は、諸藩に属さない直轄地を支配するため、〝裁判所〟と呼ばれる役所を全国に設ける。箱館裁判所も、そのひとつだ。

ただこの裁判所、現在のような純粋の司法機関ではなく、地方行政機関としての役割も担うものであった。つまり、地方官は行政事務を執るかたわら、裁判を行う権限も持っていたのである。

ではなぜ〝裁判所〟という名前が採用されたのか。この点については、維新の主体勢力である**萩藩**《はぎはん》が、地方行政区の呼称として他藩の郡にあたるもの

五稜郭　江戸幕府が築いた、日本で最初の西洋式城郭。1857年着工、1864年竣工。箱館戦争の舞台となった。所在地は北海道函館市五稜郭町44。

箱館戦争　1868〜1869年。五稜郭の戦いともいい、戊辰戦争の最後の戦争。1869年5月、榎本武揚を中心とする旧幕府脱走軍と維新政府軍が箱館・五稜郭で交戦し、政府軍の攻撃によって榎本らは降伏した。

を「宰判（さいばん）」と呼んでいたこととの関連が指摘されている。

　地方行政機関の裁判所として最初に設置されたのは、1868（明治元）年1月27日の大坂裁判所である。以後4月29日までに兵庫・長崎・京都・大津・横浜（のち神奈川に改称）・箱館・笠松・新潟・府中但馬《たじま》・佐渡・三河のあわせて12裁判所が設けられ、各所に総督と副総督が任命された。

箱館裁判所の置かれた、五稜郭内の箱館奉行庁舎
（北海道大学附属図書館撮影協力・複製写真）

　箱館裁判所には総督を筆頭に副総督・判事・権判事《ごんはんじ》が置かれ、さらにその下には司事席《しじせき》・参事席《さんじせき》と称した司《し》事《じ》・参事《さんじ》・従事《じゅうじ》・給事《きゅうじ》・趨事《すうじ》・属事《ぞくじ》の属吏六等《ぞくりろくとう》が置かれた。このような属吏の名称から、関係者の間では「時計役人」と呼ばれたという（竹内運平『北海道史要』）。現在、これらの役人の名称で社会的に通用しているのは、せいぜい参事くらいのものだろう。

　箱館裁判所の初代総督には皇族の**仁**《にん》**和**《な》**寺宮**《じのみや》**嘉彰親王**《よしあきらしんのう》が任命されたが、本人が固辞したことから副総督の**清水谷**《しみずだに》

萩藩　現在の山口県に置かれていた藩。藩主は毛利氏。幕末には鹿児島藩（薩摩藩）と共に、倒幕運動の中心的役割を果たした。毛利藩、長州藩、山口藩とも呼ばれる。

仁和寺宮嘉彰親王　1846〜1903年。皇族、宮号は東伏見宮・小松宮。戊辰戦争では奥羽征討総督として官軍の指揮を執り、西南戦争では旅団長として出征、西郷軍の鎮圧に当たる。その後陸軍大将に昇進し、日清戦争では征清大総督に任命された。

公考《きむなる》が改めて総督に任命された。清水谷総督らの一行が箱館入りしたのは閏《うるう》4月26日。その翌日、五稜郭において最後の箱館奉行を務めた**杉浦勝静**《すぎうらかつきよ》と清水谷総督が対面し、蝦夷島の新政府への引き渡しが無事に行われた。なお、閏4月21日、維新政府は「政体書」を公表して地方組織を府・藩・県の**三治体制**とする。これにより箱館裁判所は箱館府に、裁判所総督は府知事と改称された。

◆維新政府による箱館住民への布告

箱館裁判所は同年閏4月、箱館の住民に次のような布告を出している。「此度《このたび》徳川《とくがわ》氏《し》政事《まつりごと》をかへし奉《たてまつ》り、島々の果まで悉《ことごと》く天子様の御直支配《おんじきしはい》に遊ハされ、当所ニも裁判所《さいばんしょ》御《お》取建《とりたて》相成《あいなり》候《そうろう》、其《その》御総督様と申《もうし》奉《たてまつ》るは、皆々《みなみな》存知《ぞんじ》之通《のとおり》、天子様の御そはにあらせられ、申すまでもなく尊き御方ニ候得共《そうらえども》、是迄《これまで》と違ひ、民百姓ハ子のことくあわれみしたしく被《なら》レ成《れ》（後略）」。これは要するに、徳川家から明治政府（天皇）へ政権が移されたこと、また新政府は旧箱館奉行とは異なり、「民百姓」にも我が子へ対するような優しさで接するという意味である。

さらに、「御法度《ごはっと》をかたく相守《あいまも》り、ねがひことするにも役人共へ聊《いささか》にても進《しん》上《じょう》ものなといたすまじく、是《これ》を賄賂《わいろ》といふて上を軽しめることに相当《あいあた》り、別《わけ》て宜《よろし》からざることにて、天子様よりも御禁制《ごきんせい》の事に候《そうろう》」（「箱館裁判所触書留」

清水谷公考　1845～1882年。幕末の公家、公卿・清水谷公正の子で箱館府知事、開拓次官。

閏　暦と季節のずれを調整するため、月数や日数を普通の年より多くすること。

杉浦勝静　1826～1900年。幕臣、後に誠と改名。号は梅譚。最後の箱館奉行。1869年、維新政府に出仕して開拓使に奉職、開拓権判官・開拓判官を歴任。1877年に退官し、晩年は東京で詩作に打ち込む。

三治体制　府・藩・県による三治制のことで、1868年閏4月の政体書で定められた地方制度。

〈『新北海道史』第3巻通説2〉と、「ねがひこと」(願い事)をする場合も、(これまでのように)役人に対し「進上もの」＝贈り物などをしてはいけない、これは「賄賂」といって「上」、すなわち役所や役人を軽く見ていることになり、「天子様」も禁止していると続く。この布告では、暗に否定すべき対象は「進上もの」を要求した旧体制としての箱館奉行であり、いまや時代は江戸から明治に転換したということを強調したかったのだ。しかし、箱館裁判所の行政が実際にこの布告通りであったかどうかは、別の問題である。

◆維新政府の蝦夷地政策

最後に維新政府の蝦夷地政策について触れておこう。箱館裁判所が設置された直後の4月17日、政府は蝦夷地問題に関する7カ条の方針を明らかにしている。

覚

一、箱館裁判所総督《はこだてさいばんしょそうとく》へ、蝦夷地開拓之御用《えぞちかいたくのごよう》トモ御委任有之候事《ごいにんこれありそうろうこと》

一、追《おっ》テ蝦夷《えぞ》ノ名目被相改《めいもくあいあらためられ》、南北二道ニ御立被レ成《おんたてなられ》、早々測量家《そうそうそくりょうか》ヲ差遣《さしつかわし》、山川之形勢《やませんのけいせい》ニ随《したが》ヒ、新ニ国ヲ分チ、名目ヲ御定有之候事《おんさだめこれありそうろうこと》

(「法令全書」〈『新北海道史』第3巻通説2〉)

最初の条項は、地方行政機関としての箱館裁判所総督に対して、蝦夷地開拓事業を委任するというものである。政府としては、蝦夷地開拓という国家的な大事業を担当する機関を別に設けたいという意図があったが、その余力はないので、当面は箱館裁判所に委任するということであろう。この年の10月には、蝦夷地に**榎本武揚**《えのもとたけあき》の率いる幕府脱走軍が侵攻してくるので、実際にそのような組織が設立されるのは、翌1869(明治2)年7月の**開拓使**設置まで待たねばならなかった。

また第2項は、辺境**化外**《けがい》を意味する「蝦夷」地という名称は相応しくないので改称し、蝦夷地があまりにも広大なので南北の二道に分割すること、また蝦夷地全体を測量して各地域に分け、国名を付けたいという意味である。この点も、実現するのは翌年8月のことだった。

この方針は、第3項以下で次のようなことも定めている。

③諸藩の開拓に熟練した者を新政府が雇い上げてすべて箱館裁判所総督の管轄とし、蝦夷地の現地事情を調査した上で開拓に着手すること

④これまでの蝦夷地の諸税は、蝦夷地開拓という目的が達成されるまではその目的外に使用しないこと

⑤蝦夷地の開墾を希望する諸藩には詮議《せんぎ》した上で土地を割渡し、相応の税

榎本武揚　1836〜1908年。幕臣、明治期の政治家。1868年、政府軍の江戸占領に際し幕府艦隊を率いて箱館に脱走、五稜郭に立て籠もるが敗れる。1872年特赦されて開拓使に奉職。特命全権公使としてロシアに赴き、「樺太・千島交換条約」を締結。以後、通信・文部・外務・農商務の各大臣を歴任した。

開拓使　188ページ参照。

化外　国家の統治がおよばない地方。

金を政府に納めるよう指示すること

⑥カラフト（樺太）に近いソウヤ（宗谷）周辺に一府を建てること

⑦蝦夷地開拓の目途がついたら、北蝦夷地（樺太）の開拓手段を講ずること

　これらを見ても、我々がイメージする〝裁判所〟の仕事とはおおよそかけ離れたものであり、まさに行政機関であったことがよくわかる。ただ、これらの方針は、翌年7月に設置された開拓使のもとで具体化されていった。

　ちなみに、司法機関の裁判所として初めて設置されたのは、1871（明治4）年の東京裁判所である。その後、1875（明治8）年5月に大審院を設けて最高の裁判所とし、翌年9月に府県裁判所を地方裁判所と改称。地方官と裁判官の兼務を禁止し、ようやく司法と行政の分離が実現された。

〔参考文献〕

杉谷昭「明治初年における箱館府考」〈法制史学会『法制史研究』第20号〉（1970年）

竹内運平『北海道史要』（1933年、北海道出版企画センターより1977年に復刻）

『新北海道史』第3巻通説2（1971年）

『函館市史』通説編第2巻（1990年）

topic…. 31

北海道にも県があった？道南に存在したふたつの県

「館県」と「箱館県」に見る行政区域の変遷

時代MEMO

1871年、パリにおいて後の社会主義、共産主義運動に大きな影響を与えた革命政府「パリ・コミューン」が成立。ドイツでは、宰相ビスマルクが中心となって作成した、「ドイツ帝国憲法」が発布された。

◆北海道における行政区域の変更

明治初期、北海道にふたつの県が存在していた――。そんな話を聞くと、意外に思う人が多いかもしれない。

一般的に、明治以降の北海道は、最初からひとつの行政区画として歩んできたイメージが強いようだ。近年、北海道を**道州制**のモデル地域として先行させてはといった議論がなされるのも、そんなイメージがあるからだろう。

しかし、1945(昭和20)年の敗戦後、ソ連軍の千島列島侵攻によってこの地域が根室支庁の管轄から事実上切り離されているし、1868(明治元)年の箱館裁判所設置から1886(明治19)年に北海道庁が設置されるまでにも、行政区域の変更がみられる。道南地方に存在したふたつの県、「館《たて》県」と「箱館県」も、その一例だ。

館県は**松前藩**の末裔にあたる県である。松前藩は1868(明治元)年10月

道州制　地方分権を目的に、複数の都道府県を統合した広域行政単位をつくり、自立のための権限を与える制度。

松前藩　190ページ参照。

版籍奉還　1869年に実施された維新政権の中央集権化政策で、諸藩から版(土地)と籍(人民)を朝廷に返還させた。

に福山（松前）から江差近郊の館村（現厚沢部町）に拠点を移して館藩と称したが、翌年6月の**版籍奉還**、1871（明治4）年7月の**廃藩置県**により同藩は廃止され、館県が置かれた。館県の管轄区域は道南の**福島**・**津軽**・**檜山**《ひやま》・**爾志**《にし》の4郡だったが、2カ月後の同年9月6日、**太政官**《だじょうかん》の指示で弘前県（現青森県）に編入されている。つまり、館県は北海道島から切り離され、青森県の一部となったのだ。

　このようになった事情について、開拓使は石狩地方を中心に内陸の拓地殖民を目的としていたので、道南の一部を領有する館県は「開拓使の行政から見れば異質のものであり、この地域の行政には関知しない方針」のもと、「旧藩体制のなかで常に問題を醸している館藩（県）の場合は無用の長物であったので、同じ北海道にありながら、開拓使が拒否した

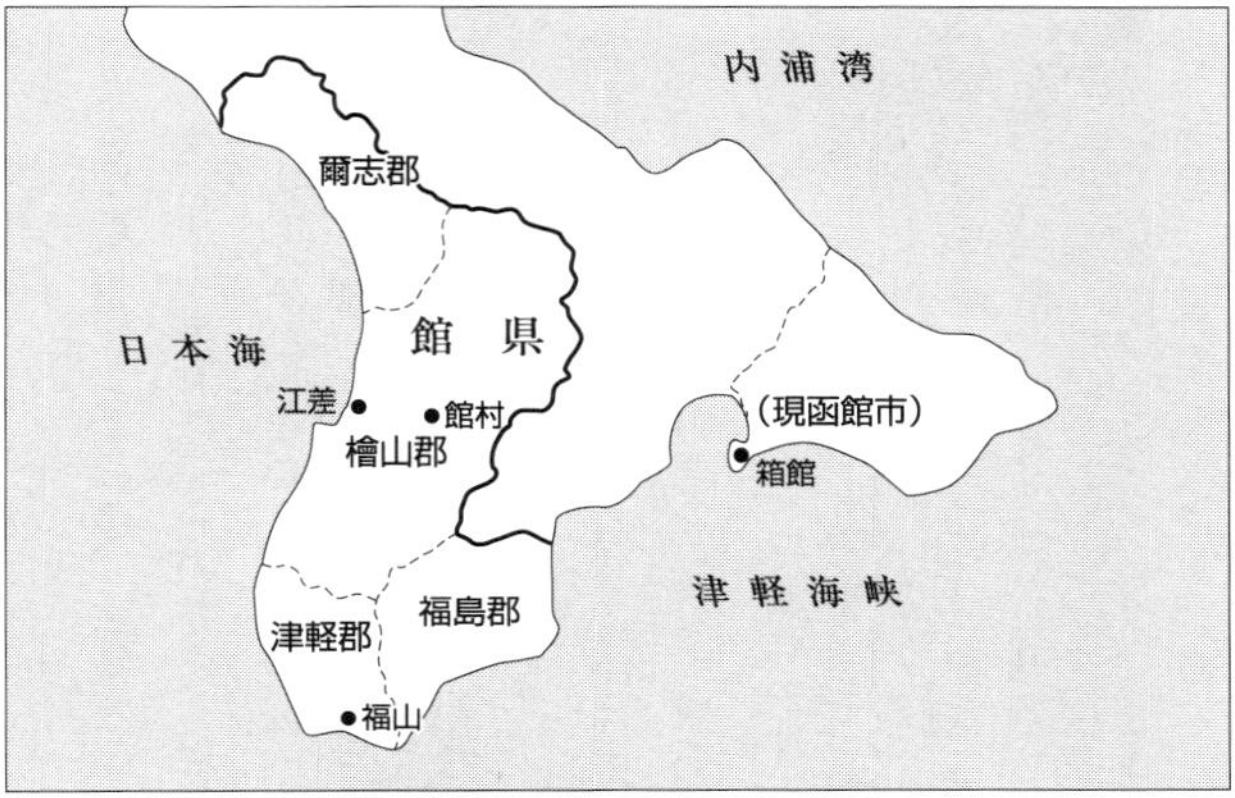

館県の管轄地域図（1871〜1872年）

廃藩置県　1871年、全国の藩を廃止して府県に統一した地方制度改革。これにより東京・大阪・京都の3府と302県が成立した。

福島郡　1869〜1881年まで存在した道南地方の郡。現福島町、知内町。

津軽郡　1869〜1881年まで存在した道南地方の郡。現松前町。

檜山郡　1869年に設置された道南地方の郡。現上ノ国町、江差町、厚沢部町。

爾志郡　1869年に設置された道南地方の郡。現乙部町、八雲町熊石。

太政官　1867年の王政復古により古代の太政官の再興が図られ、翌1868年に設置された維新政府の最高機関。

結果」ではないか、との指摘がある（『松前町史』通説編第2巻）。

これが正しいとすれば、館県はいわば開拓使から見捨てられたということになる。この指摘は一面の妥当性を持っているが、太政官としては、近世以来の歴史的な発展を遂げていた道南4郡を、全体が開拓地同然の北海道よりも青森県に編入した方が、行政的にベターであると判断したのかも知れない。

なお、館藩の起こした問題とは次のような事件である。

①開拓使の漁業制度改革に伴う**場所請負制**《うけおい》および沖の口運上《うんじょう》の廃止と海関所の新設で館藩の収入が減少し、藩財政の悪化を招いたこと。

②1868（明治元）年7月に発生した**正義隊事件**《せいぎたい》の後遺症で藩内に対立が生じ、1871（明治4）年にかけて藩政が混乱したこと。

③1870（明治3）年5月、大蔵省から前年に館藩が発行した9万7000両の藩札回収を命ぜられ6万2430両余りが回収不能となったこと。

④1871（明治4）年5月、前記のような開拓使の政策によって藩財政が逼迫。これを解決するために、館藩大参事下国藤七郎らがオランダの貿易会社五番館から、松前物産品を引き当てに10万1500ドルにおよぶ融資を受けた外債借財事件。

⑤廃藩置県に当たって館藩の借財を22万3088両余と過大に申告し（こ

場所請負制　89ページ参照。

正義隊事件　1868年閏4月、正義隊と呼ばれる松前藩の青年藩士が「勤王」を掲げて決起し、藩の佐幕派重臣を襲撃した事件。これにより、明治初年の松前藩政は混乱が続いた。

の内実債額は10万8110両2分、11万4977両3分余が偽造空債）、政府からその差額を詐取しようとした事件。

最後の空債事件は他藩でも同様の事件を起こしているが、館藩の場合は、実債を空債額が上回って津軽藩の14万3000両と並ぶ高額であり、それだけに悪質だった（『松前町史』通説編第1巻下）。

館県の編入を受けて青森県はさっそく福山出張所を設けたが、地理的に完全に分離していたので県庁との事務連絡に30日以上を要し、管理に手を焼いた青森県側が太政官に返上を願い出た。そして1年後の1872（明治5）年9月2日、開拓使が元・館県地方の管轄を願い出たことから9月20日付で認可され（函館支庁に編入）、道内全域に対する開拓使の一円的管轄が実現する。

しかし、開拓使の管轄に復帰した旧館県地方とそれ以外の地域では税制などに違いがあり、翌1873（明治6）年5月、爾志郡熊石村の漁民達が税制改正反対の強訴を起こし、**福山・江差騒動**と呼ばれる漁民暴動に発展した。

◆箱館府廃止と箱館県の在否

次に箱館県について取りあげよう。この箱館県は、1882（明治15）年に設置された**函館県**とは、まったく別のものである。1868（明治元）年、維新政府によって地方行政機関としての裁判

福山・江差騒動　1873年5月に起きた、道南の福島・津軽両郡の漁民約2000人による暴動、檜山騒動ともいう。減税を求める漁民の動きは檜山・爾志郡にも拡大し、同6月末、黒田清隆開拓次官が福山（松前）で漁民と対して事態を収めた。

函館県　1882年2月8日、開拓使廃止後の北海道は地方行政機関である函館・札幌・根室の3県に分割された。1886年1月26日、北海道庁の新設により廃止。

所が旧天領《てんりょう》・開港場などの主要地に設置され、箱館にも箱館裁判所が置かれた。しかし、これらの裁判所はまもなく府に改称され、さらに翌年7月17日、京都・東京・大坂の3府以外は県と改称されることになった。

この裁判所→府→県という流れは当然北海道にもおよぶはずであるとして、地元の箱館では、箱館県としての実態が先行することになる（『函館市史』通説編第2巻）。

一方で1869（明治2）年7月、政府機関としての開拓使が民部省内に設置されたことから、箱館裁判所と箱館府、そして開拓使の三者の関連を巡って様々な議論が生じている。とりわけ箱館府の廃止と箱館県の設置に関しては、その存否を巡って近代北海道政治史の分野でも多様な見解に分かれている。例えば『新北海道史』では、箱館裁判所・箱館府および箱館県と開拓使とでは、前者が地方行政機関であるのに対し、開拓使は中央政府の機関であるという根本的な違いを考慮して、7月24日の箱館府廃止令を重視。「箱館に限り県は官制上設置されなかったと考えられるのではなかろうか」、という結論に達している。

これに対して『函館市史』は、当時の現地箱館の動きを次のように述べている。「（明治2年）七月十七日の布告をもって箱館府は廃止され、箱館県になったと理解し、開拓使長官一行が箱館にやってくるまで箱館では箱館府は『箱

天領　江戸幕府の直轄領（幕領）の俗称。御領、御料所とも。

館県』として機能し、多数の箱館県名の文書を残すこととなったのである」。

そして、3府以外は県と改称する7月17日の布告が箱館府に届いた7月24日から、開拓使出張所が箱館に開設され、業務が引き継がれる9月30日までの間、箱館県が存在していたという見解に立っている。

このように、『新北海道史』と『函館市史』とではその見解がまったく対照的であるが、『新北海道史』が指摘するように、地方行政機関としての箱館県が制度的に存在しなかったことは事実であろう。しかし、「箱館県」の名前を使用した公文書が多数残されているように、「箱館県」としての実態が現地、函館にあったこともまた、事実である。

〔参考文献〕
『新北海道史』通説編第3巻（1971年）
『函館市史』通説編第2巻（1990年）
『松前町史』通説編第1巻下（1988年）
『松前町史』通説編第2巻（1993年）
石崎宣雄『近代化のなかの青森県』（津軽書房、1979年）

topic....32

「土人」から「旧土人」へ 開拓使が行ったアイヌ政策

日本人への同化政策と農業の強制

時代MEMO

品川・横浜間で日本初の鉄道が仮開業した1872年、新政府による本格的な戸籍編成が行われ、北海道のアイヌは平民籍へと編入される。しかし開拓使は、アイヌを「旧土人」として区別する方針を打ちだした。

◆「夷人・蝦夷人」から「旧土人」へ

現在の日本では、「土人」という言葉は差別用語とされている。しかし、この言葉は最初から、「未開人・野蛮人」などを指すものとして、差別的に使われていたわけではない。語源的にみても土人には、「その土地の住民」という意味があった。現在のように差別的な意味で広まったのは、明治末から大正期にかけて、国語辞典や国定教科書で「土人」が「未開人」として扱われ、そのイメージが形成されたためだという（中村淳「土人論―『土人』イメージの形成と展開」）。

アイヌ民族に関する表現として、江戸時代後期まで使われていたのは「夷《い》人《じん》」「蝦《え》夷人《ぞじん》」である。しかし、ロシアの蝦夷地への接近や**ペリー**来航などをきっかけに、幕府はアイヌ民族の呼称を「蝦夷」から「土人」と言い換える。

1856（安政3）年には箱館奉行より、今後アイヌを役土人《やくどじん》または平土人《ひらどじん》

ペリー　Matthew Calbraith Perry。1794〜1858年。幕末期のアメリカ東インド艦隊司令官。1853年、軍艦4隻を率いて浦賀に入港し、幕府に開国を求めた。いったんは退却するも、1854年に7隻の軍艦で再来日し、日米和親条約を締結。下田と箱館の開港を認めさせた。

と呼び、和語の学習に努めさせるよう指令も出されている。これは、蝦夷人のままで放置しておくと、対外的に蝦夷人＝外国人という誤解を生じかねないからであった（海保嶺夫『列島北方史研究ノート』）。

このように、幕末期のアイヌ民族問題は、日露間を主とした外交問題としての側面を持っていたが、明治維新後は基本的に国内問題へと転化した。それは、１８７５（明治８）年に「**樺太《からふと》・千島《ちしま》交換条約**」が調印され、日露間の懸案だった国境画定問題に一応のピリオドが打たれたためである。このことにより開拓使の関心は、北海道開拓の進行と共に来住する和人移民と、アイヌ民族との格差をなくすることに向かった（海保洋子『近代北方史』）。

１８７２（明治５）年から開始された**壬申戸籍《じんしんこせき》**の編成は北海道にもおよび、アイヌ民族は「平民」籍に編入された。しかし、それにも関わらず１８７８（明治11）年11月４日、開拓使はアイヌを「旧土人」として区別する方針を打ちだす。

旧蝦夷人ノ儀《ぎ》ハ戸籍上其他取扱向一般《そのたとりあつかいむきいっぱん》ノ平民同一タル勿論《もちろん》ニ候得共《そうらえども》、諸取調者等区別相立候節《しょとりしらべしゃなどくべつあいたてそうろうせつ》ノ称呼《しょうこ》一定不致候《いっていいたさず》ヨリ古民或《こみんあるい》ハ土人、旧土人等区々《くく》ノ名称ヲ付シ不都合候条《ふつごうそうろうじょう》、自今区別候時《じこんくべつそうろうとき》ハ旧土人ト可相《あいしょう》称《すべく》（後略）

（大蔵省編『開拓使事業報告附録　布令類聚』上編）

樺太・千島交換条約　１８７５年５月に日本とロシアとの間で結ばれた領土交換条約。日本は樺太におけるすべての権利を放棄し、かわって得撫《うるっぷ》島から占守《しゅむしゅ》島までの北千島を領有した。

壬申戸籍　国民を画一的に把握するため、明治政府が作った最初の戸籍。族称（華族・士族・平民）の記載があり、身分差別の温床ともなった。１８８６年に改正、１８９８年の新戸籍法制定により廃止された。

この通達は、「旧蝦夷人」(アイヌ)を「平民」と同じ扱いにすべきなのはもちろんだが、調査者が(和人と)アイヌを区別する際、その呼び方を「古民・土人・旧土人」などと一定できずに不都合がある。そこで今後、(和人と)アイヌを区別する時には「旧土人」と呼ぶこと、といった意味である。

1899(明治32)年に「北海道旧土人保護法」が制定された際、法律の名称に「旧土人」と付けられたのも、この通達がひとつの根拠とされている。しかし、開拓使がアイヌ民族を「旧土人」として「区別」する措置が、やがて「差別」の方向に転化して行くことは容易に想像された。なお、「旧土人」の「旧」に関しては、「新政府(明治政府)に対する旧政府(幕府)を指したもの」であり、「幕藩時代に『土人』と称していた者」、との指摘がある(広谷多喜夫「『土人』呼称について」)。

◆開拓使による和人化政策の内容

開拓使によるアイヌ政策は、風俗・習慣、勧農、教育の三側面を通じての和人化=同化政策であった(海保洋子、前掲書)。1871(明治4)年10月8日、開拓使はアイヌ民族に対して、全4条からなる次の布達を出している。

一、開墾致《いたしそうろう》候 土人ヘハ居家農具等 被下《くだされそうろう》候ニ付、是迄《これまで》ノ如《ごと》ク死亡ノ者

亜璃西社《ありすしゃ》の読書案内

改訂版 さっぽろ野鳥観察手帖

河井 大輔 著／諸橋 淳・佐藤 義則 写真

札幌の緑地や水辺で観察できる代表的な野鳥123種を厳選。改訂版では近年札幌で観察されるようになったダイサギを増補。鳥たちの愛らしい姿をベストショットで紹介する写真集のような識別図鑑。

●四六判・288 ページ(オールカラー)
●本体2,000円+税

増補版 北海道の歴史がわかる本

桑原 真人・川上 淳 著

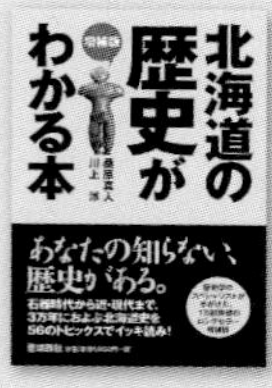

累計発行部数１万部突破のロングセラーが、刊行10年目にして初の改訂。石器時代から近現代までの北海道３万年史を、４編増補の全56トピックスでわかりやすく解説した、手軽にイッキ読みできる入門書。

●四六判・392ページ
●本体1,600円+税

新装版 知りたい北海道の木100

佐藤 孝夫 著

散歩でよく見かける近所の街路や公園、庭の木100種を、見分けのポイントから名前の由来までたっぷりの写真とウンチクで解説。身近な北海道の木の名前を覚えたいあなたにおススメの入門図鑑。

●四六判・192 ページ(オールカラー)
●本体 1,800 円+税

増補改訂版 札幌の地名がわかる本

関 秀志 編著

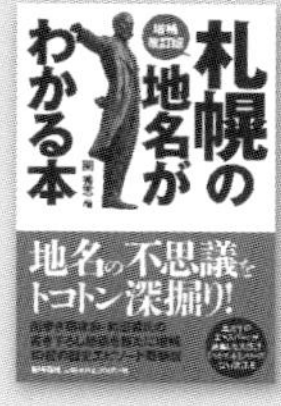

10区の地名の不思議をトコトン深掘り! Ⅰ部では全10区の歴史と地名の由来を紹介し、Ⅱ部ではアイヌ語地名や自然地名などテーマ別に探求。さらに、街歩き研究家・和田哲氏の新原稿も増補した最新版。

●四六判・508 ページ
●本体2,000円+税

増補新装版 北海道樹木図鑑

佐藤 孝夫 著

新たにチシマザクラの特集を収載! 自生種から園芸種まで、あらゆる北海道の樹596種を解説。さらにタネ318種・葉430種・冬芽331種の写真など豊富な図版で検索性を高めた、累計10万部超のロングセラー。

●A5判・352 ページ(オールカラー)
●本体3,000円+税

さっぽろ歴史&地理さんぽ

山内 正明 著

札幌中心部をメインに市内10区の歩みを、写真や地図など約100点の図版をたっぷり使って紹介。地名の由来と地理の視点から、各地域に埋もれた札幌150年のエピソードを掘り起こす歴史読本です。

●四六判・256ページ
●本体1,800円+税

北海道開拓の素朴な疑問を関先生に聞いてみた

関 秀志 著

開拓地に入った初日はどうしたの？ 食事は？ 住む家は？――そんな素朴な疑問を北海道開拓史のスペシャリスト・関先生が詳細&楽しく解説！北海道移民のルーツがわかる、これまでにない歴史読み物です。

●A5判・216ページ
●本体1,700円+税

札幌クラシック建築 追想

越野 武 著

開拓使の都市・札幌で発展した近代建築を、長年にわたり調査・研究してきた北大名誉教授の著者。その豊富な知見から、歴史的建造物の特徴や見どころなどを柔らかい筆致でつづる、札幌レトロ建築への誘い。

●A5判・240 ページ(オールカラー)
●本体3,000円+税

亜璃西社 〒060-8637 札幌市中央区南2条西5丁目メゾン本府701 TEL.011 (221) 5396 FAX.011 (221) 5386
ホームページ https://www.alicesha.co.jp ご注文メール info@alicesha.co.jp

一、有之候共《これありそうらえども》居家《きょか》ヲ自焼《じしょう》シ他ニ転住等ノ儀堅相可禁事《かたくあいきんずべきこと》
一、自今《じこん》出生ノ女子、入墨等堅可禁候事《かたくきんずべきこと》
一、自今男子ハ耳輪ヲ著候儀相禁《つけそうろうぎあいきん》シ、女子ハ暫《しばら》ク御用捨相成候事《ごようしゃあいなりそうろうこと》
一、言語ハ勿論《もちろん》文字モ相学候様可心懸事《あいまなびそうろうようこころがくべきこと》

（大蔵省編、前掲書）

この布達には、以後の開拓使や明治政府によるアイヌ政策の基本姿勢が、すべて盛り込まれている。まず第1条は、開墾を望むアイヌに住居と農具を支給し、定住を求める勧農政策である。その後半部分と第2条・第3条は、死者がでた場合に住居を「自焼」して転住する行為や、入れ墨・耳輪などアイヌ民族独自の風習を禁止するもの。最後の第4条では日本語の習得を求めている。第1条で和人側が「居家自焼《きょかじしょう》」と呼ぶものは、死者がでた際、その死者が住んでいた家を燃やすという行為だが、和人には理解し難いものがあった。しかしこれは、アイヌにとって重要な送り儀礼の一種であり、アイヌ民族が受け継いできた文化である。決して否定されるべきではないだろう。

開拓使による「旧慣」否定政策は、これ以降も様々な形で行われた。例えば、狩猟用具**アマッポ**による「矢猟」の免許・鑑札制。また、伝統的漁法である**テス網**でのサケ漁も、「上流漁業ノ妨《さまたげ》タルハ勿論《もちろん》、魚苗減耗《ぎょびょうげんもう》ノ大害」に

アマッポ　ヒグマやキツネなどの狩猟に使われた仕掛け弓。

テス網　川にテシと呼ぶ柵を設け、手網ですくい取る漁法。

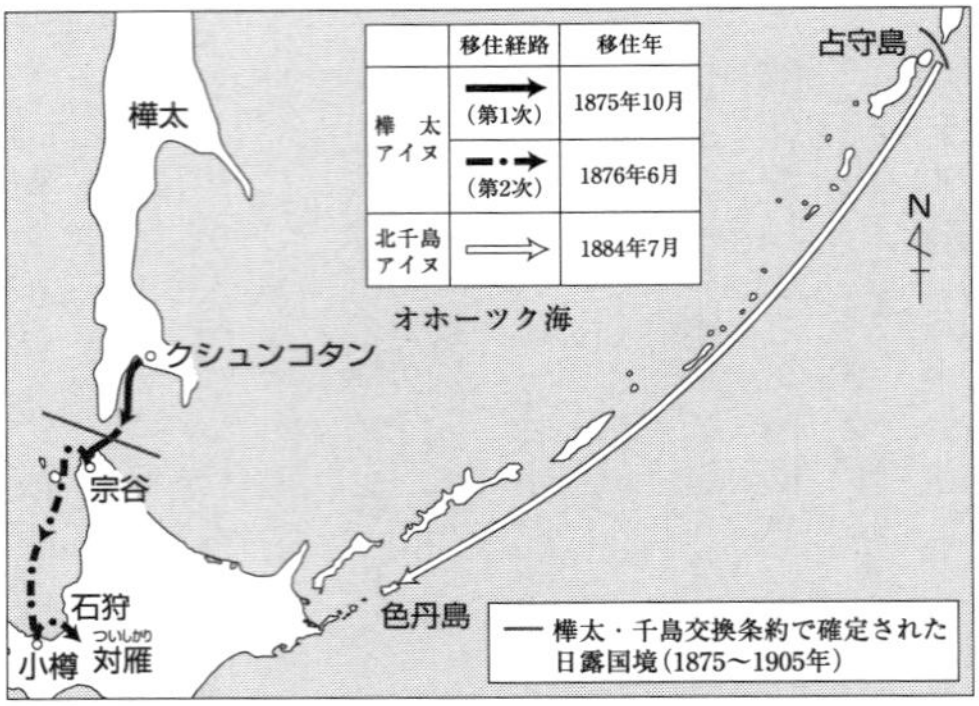

樺太・北千島アイヌの強制移住経路

なるとの理由で禁止された。アマッポやテス網は、いずれもアイヌ民族が自作可能な狩猟用具であり、その使用禁止は、生活手段を奪うことを意味した。

このようなアイヌ政策の延長上に農耕の強制的奨励があり、また**樺太《からふと》アイヌ**(1875年)と**北千島《ちしま》アイヌ**(1884年)の北海道への**強制移住**があった。強制移住の対象となったアイヌの人々は、環境の変化もあって多数の病死者をだすという悲惨な結果を招いている。

ところで、**太平洋戦争**が始まった直後の1942(昭和17)年、福岡市の僧侶田中松月ほか3名から、衆議院議長田子《たご》一民《いちみん》に対し「旧土人称呼廃止ニ関スル請願」が提出されている。その趣旨は、「(前略)社会上法令上一般ニ旧土人ナル称呼ノ使用セラレツツアルハ往々世人ニ一種ノ侮蔑感ヲ聯想《れんそう》セシムルモノアリ」と、法令や公文書での「旧土人」の使用廃止を求めたものだった。衆議院はこの請願趣旨の妥当性を認めて議決し、内閣に送付。当時の**東条英機《とうじょうひでき》**内閣は、この呼称が「北海道旧土人保護

樺太アイヌと北千島アイヌの強制移住 1875年の「樺太・千島交換条約」に伴い、開拓使は樺太アイヌ841人を強制的に宗谷へ移し、翌年石狩国の対雁に再移住させた。また占守島などに住む北千島アイヌ97人も1884年に色丹島へ移住させた。環境の激変によってアイヌの人々は相次いで死亡、人口は半減した。

太平洋戦争 第2次世界大戦(1939年9月〜1945年8月)のうち、アジアにおける日本軍対連合国軍の戦争。

東条英機 1884〜1948年。軍人。関東軍参謀長、陸軍次官などを経て1940年第2次近衛内閣の陸相に。1941年に陸相、内相を兼任し組閣。太平洋戦争に突入するも敗戦となり、戦後、東京裁判の判決により死刑に処された。

法」以来一般社会において「数十年来使用」してきたものとはいえ、請願者の指摘するように「一種ノ侮蔑感ヲ聯想」させることも事実と認め、「此ノ種称呼ノ使用ノ廃止竝《ならび》ニ之ニ代ハルベキ適当ナル称呼ニ付充分研究スルヲ適当ト認ム」と閣議決定した(国立公文書館所蔵『昭和十一年雑乙一六附属物』)。しかし、政府がこの「旧土人」に代わる「適当ナル称呼」を研究し、新しい呼称を用いることはついにできなかった。

行政の世界で「旧土人」が使われなくなるのは、この閣議決定から半世紀以上後のことである。1997(平成9)年、「北海道旧土人保護法」に替わり「**アイヌ文化振興法**」が制定されるまで、待たなければならなかった。

アイヌ文化振興法　1997年5月14日に公布。正式名称は「アイヌ文化の振興並びにアイヌの伝統等に関する知識の普及及び啓発に関する法律」。同法の施行に伴い「北海道旧土人保護法」と「旭川市旧土人保護地処分法」が廃止されたが、これによって、それまで北海道が管理していたアイヌ民族の土地や現金など、共有財産の返還問題が生じた。

[参考文献]

大蔵省『開拓使事業報告附録　布令類聚』上編(1885年)
海保嶺夫『列島北方史研究ノート』(北海道出版企画センター、1986年)
海保洋子『近代北方史』(三一書房、1992年)
広谷多喜夫「『土人』呼称について」〈『釧路短期大学紀要』第12号〉(1985年)
桑原真人「アイヌの人びと」〈永井秀夫・大庭幸生編『北海道の百年』〉(山川出版社、1999年)
中村淳「土人論―『土人』イメージの形成と展開」〈篠原徹編『近代日本の他者像と自画像』〉(柏書房、2001年)

topic....33

函館～札幌を結ぶ大動脈「札幌本道」をつくる

土木請負人・平野弥十郎の挑戦

時代 MEMO

1873年、対朝鮮外交を巡る政争に敗れ、西郷隆盛や板垣退助らの征韓派が参議を辞職。その後の西南戦争や自由民権運動へとつながる政変となった。同年、北海道では函館～札幌間を結ぶ主要道路が完成する。

◆北海道の大動脈、札幌本道を開削

札幌本道《さっぽろほんどう》ヲ除クノ外《ほか》、北海道ハ道路ナシト云《い》フモ、決シテ誣言《ふげん》ニアラズ

これは、1885(明治18)年に北海道を巡視した太政官大書記官・**金子堅太郎**《かねこけんたろう》が、参議の伊藤博文へ提出した『**北海道三県巡視復命書**』(『新撰北海道史』第6巻)の一節である。

同書で金子は、当時の北海道には札幌本道を除いて満足な道路がなく、旅行と物資の運搬はすべて人馬に依拠していること。また、雨天や積雪期には交通がストップして物流に影響をおよぼし、日用品などの輸送費がかさんで移民入植の障害になっていることを指摘。開拓を進めるには、道路の建設が

金子堅太郎　1853～1942年。福岡藩出身の明治時代の政治家。アメリカのハーバード大学に学び、帰国後は元老院大書記官などを経て制度取調局へ。伊藤博文のもとで大日本帝国憲法の起草に参加した。

北海道三県巡視復命書　1885年、金子堅太郎が上司の伊藤博文の命によって、「三県一局」の状態であった北海道の実態調査を行い、その問題点を詳細に分析して提出した出張報告書。

急務であると主張した。また同時に、地図の作成や港湾の整備、道路開削など、開拓のうえで率先すべき事案を先送りにし、豪華な**豊平館**《ほうへいかん》（迎賓館）や**札幌農学校**・師範学校などをつくっている開拓使の政策も厳しく批判している。

もちろん開拓使も、交通手段の必要性に無関心だったわけではない。そもそも近世の北海道は水産業が中心であり、道路は海岸部を中心に発達していた。幕領期には、内陸の道路開削も着手されたが、いくつかの山道建設を除いては微々たるものである。明治期に入り、ようやく開拓使によって内陸部の道路建設が行われるが、札幌を中心とした一部地域に限られていた。

そんな状況のなか、**開拓使本庁**が東京から箱館を経て、札幌に移転する。

そこで、札幌と東京を結ぶ連絡ルートとして整備されたのが、「札幌本道（札幌新道、北海道新道）」である。札幌から室蘭を経て、函館へと至るこの道路。金子の手厳しい批判のなかでも、ただひとつ高い評価を得ているが、では誰がその建設を手がけ、どのようにつくられたのか——。

◆凄腕の土木請負人 平野弥十郎の挑戦

札幌本道の開削にあたり、工事の指揮をとったひとりに平野弥十郎《ひらのやじゅうろう》という人物がいる。歴史好きでもそれほど馴染みのある人物とはいえないが、彼の息子なら知っている人がいるかもしれない。札幌農学校の第1期生で、千歳に**インディアン水車**を設置し日

豊平館　1880年、開拓使によって建てられた迎賓館。1964年に国の重要文化財に指定された。現在は札幌市の中島公園内に移設され、結婚式場などとして使われている。

札幌農学校　北海道開拓の人材育成のため開校。開拓使仮学校から札幌学校を経て、1876年に改称された。全寮制で卒業生は開拓使に奉職する義務があった。現北海道大学の前身。

開拓使本庁　1873年に完成。木造で、屋根に八角型のドームを載せたアーリー・アメリカンスタイルの外観は札幌市街に偉容を誇ったが、1879年の火災により全焼。

インディアン水車　遡上するサケを捕獲するための設備。水車のかごにサケが入ると、川の流れで回転し、水揚げされる。北海道千歳市にあるものが有名。

本初のサケマスふ化場を作った、**伊藤一隆**《いとうかずたか》（旧名平野徳松）である。

さて、その父親の平野は、１８２３（文政６）年、江戸は浅草の雪駄《せった》仲買商、飯田半兵衛の子として生まれる。１８４３（天保14）年には平野弥一の養子となり、江戸の芝田町に移転。このころから次第に、土木関係の仕事に手を染めるようになった。やがて薩摩藩の江戸屋敷に出入りを許され、土木請負人としての道を歩み始める。例えば、江戸湾防備のため建設された品川台場の基礎工事や、伊予松山藩による神奈川砲台の新築工事、さらに１８６７（慶応3）年には、日本で最初の外国人専用ホテルである築地ホテル館の建設にも関わっている。その後、横浜港の埋め立て工事や東京・横浜間の鉄道建設にも参加し、江戸屈指の土木請負業者として高い地位を得ていった。

また平野は、こうした本業だけでなく、熱海温泉の湯を江戸まで運んで販売するなど、なかなかのアイディアマンというか商売熱心な一面も持ち合わせていた。もっとも、この温泉の販売ビジネスはそれほど成功を収めなかったようだが。

東京〜横浜間の鉄道工事が進行中だった１８７２（明治5）年1月、平野はその能力を買われて、月給25円（現在の23万円ほど、**注1**）という待遇で開拓使**十二等**出仕《しゅっし》を拝命した。いわばゼネコンの経営者から北海道勤務の一国家公務員へと転身したのである。

伊藤一隆　１８５９〜１９２９年。明治期に道庁の初代水産課長として、水産界の発展のため尽力した。敬虔なクリスチャンで、禁酒運動にも力を注いだ。

注1　米価換算で試算。１８７２年はコメ60キロ＝１・５円。２００３年は１万３７４８円。よって１円≒９１６５円となる。米価は、中澤辨次郎『日本米價變動史』（明文堂、１９３３年）および農林水産省総合食料局『食糧統計年報平成17年版』、山形県米の図書館「米に関する資料（平成16年）」の「米価の推移」を参照。

十二等　一等から十五等まであった、官吏の身分を指す等級。十二等は下級官吏に分類される。等級により、権限や給料が定められていた。

平野は土木技術者としての自負があり、このことになんの未練もなかったが、批判的だったのは妻のとみである。「甚《はなは》だ不同意」だった妻の言葉を聞かず、彼はなぜ官に奉職したのか。その心境を記した一節を、彼の日記から紹介しておこう。

> 是《これ》より従前《じゅうぜん》の請負《うけおい》営業更《さら》に廃し、官途奉職の身と成る、此時《このとき》妻とみ事、甚《はなは》だ不同意にて我にいふに、是迄《これまで》請負人にて其名《そのな》広く世間に聞へ、何方の役所向にも用ゐられ、且又《かつまた》下請け下方共にも払下け金等のすみやか成るを以《もっ》て評判能《よ》く、万事自在の身分にて有りながら、弐拾五両ばかりの月給をとり、其上《そのうえ》遠き北海道へ行く事いかなる存意なるか知らねど、是《これ》迄《まで》の通り請負事業を手広く致し居候ハヽ、年々得る所の利益ハ、今度の月給の何倍にも当るべしと諫《いさ》めけれども、我か思ふ所は、請負渡世は盛運の時止らざれば、かならず何時かまた失敗の時有るべし、然《しか》る時は又かならず負財も多く成り、進退極る事昔より世間請負人の常なり、
>
> （桑原真人・田中彰編『平野弥十郎幕末・維新日記』）

このとき平野50歳。請負業の不安定な仕事より、官に奉する安定をとったようにも読めるが、函館～室蘭～札幌間の道路開削という一大プロジェクト

亀田桔梗野（現在の函館市桔梗町）付近の谷地の埋め立て
（北海道大学附属図書館北方資料室所蔵）

を前にして、内心燃えるものがあったに違いない。

工事は1872（明治5）年3月9日、函館郊外の亀田村一本木から、開拓使お雇い外国人**A・G・ワーフィールド**の指導のもと測量が開始された。

外国人技術者と日本側との意思疎通が不十分だったり、東京から必要資材を運んできた東京丸が難破するなど、トラブルも多発したが、平野はそのたびに調整能力を発揮し、工事の円滑な進行役を果たした。なお、この工事は開拓使の直轄事業として行われ、鹿児島県などから募集した作業員が労働に従事したが、「冬季ハ積雪野業ニ堪ヘサルヲ以《もっ》テ雇期限ヲ九月限トシ、就業時間午前八時ヨリ午後四時ニ至ル八時間」（大蔵省編『開拓使事業報告』第2編）という労働条件であった。

A・G・ワーフィールド
A・G・Warfield。生没年不明。開拓使のお雇い外国人で、1871年、開拓顧問ケプロンの幕僚として、土木技師長に着任。1872年10月、酔ってアイヌ民族の猟犬を射殺したことが問題となり、免職となる。

総延長約224キロ（航路を含む）、函館から内浦湾沿いの森へ、そこから航路で室蘭に渡り、室蘭から札幌に至る「札幌本道」が完成したのは、1873（明治6）年6月のことである。この距離を、冬期の休工期間を含め、わずか1年3カ月ほどで開削したのだから、現在では考えられない工事スピードといえよう。

道路の完成後、平野は工事費の精算を命ぜられ、110万6287円78銭1厘（現在の80億円ほど、**注2**）と報告している。

この札幌本道、今日では国道36号および同5号として、札幌〜函館間の重要な幹線道路となっている。

注2　米価換算で試算。完成時の1873年はコメ60キロ＝1・9円。2003年は1万3748円。よって1円≒7236円となる。米価は、中澤辨次郎『日本米價變動史』（明文堂、1933年）および農林水産省総合食料局『食糧統計年報　平成17年版』、山形県米の図書館「米に関する資料（平成16年）」の「米価の推移」を参照。

［参考文献］
大蔵省編『開拓使事業報告』第2編（1885年、北海道出版企画センターより1983年に復刻）
桑原真人・田中彰編『平野弥十郎幕末・維新日記』（北海道大学図書刊行会、2000年）
桑原真人「平野弥十郎と北海道」〈北海道立文書館『研究紀要』第18号〉（2003年）

topic….34 北海道に屯田兵が置かれた本当のワケとは？

「且耕シ且守ル」開拓者の誕生

時代MEMO

日露間で「樺太・千島交換条約」が調印され、幕末以来の懸案だった北辺の国境が確定した1875年。その前年に制定された「屯田兵例則」に基づき、札幌郊外の琴似村へ、初めての屯田兵が入植する。

◆土着の軍隊 屯田兵の誕生

現在、「屯田（とんでん）」という名前を耳にして、まず思い浮かぶのは、**ある外食チェーン店**かも知れない。

しかし、近代の北海道では、屯田〝兵〟の方が、大きな存在感を持っていた時期がある。すなわち、明治初期の北海道開拓において、なによりも必要とされたのは移民の受け入れであったが、その代表的な存在が、士族の集団移住と屯田兵だったのだ。

本来、北海道開拓の中心となる移住者は、後の北海道庁時代に広く見られるように、内地農村からの農民移住に求められるべきであろう。しかし、明治維新後間もない内地農村では**農民層の分解**が十分ではなく、明治維新によって失業した士族層に、その対象を求めざるを得なかった。

北海道において、屯田兵制度が実現に向け大きく動いたのは、1873（明

ある外食チェーン店　北海道発の和食レストラン「とんでん」のこと。

農民層の分解　自営農民が経済的変動などによって農地を失い、地主と小作人とに分離すること。両極分解ともいう。

治6）年のことである。

当使（開拓使のこと）貫属《かんぞく》ノ中ヨリ兵卒ヲ徴募シ、隊伍ヲ編成シ（中略）土着ノ兵ニシテ且《か》ツ守リ且ツ食シ（中略）防御ノ力必ス他ニ十倍セン。封疆《ふうきょう》（国境）ノ守ヲ固フシ、人民ノ安ヲ保セン事必セリ

（開拓八等出仕永山武四郎他四名による北海道の兵備に関する「建白書」）

北海道及樺太ノ地ハ、当使創置以来専《もっぱ》ラ力ヲ開拓ニ用ヒ、未《いま》タ兵衛ノ事ニ及ハス（中略）今略屯田ノ制ニ倣《なら》ヒ、民ヲ移シテ之《これ》ニ充テ、且《かつ》耕シ且守ルトキハ、開拓ノ業封疆ノ守リ両ナカラ其《その》便ヲ得ン

（開拓次官黒田清隆の「屯田兵設置ノ建議」）

このふたつの文書は、1873（明治6）年11月、右大臣**岩倉具視**《いわくらともみ》らに提出された屯田兵制度の設置を求める「建白」と「建議」である。この文書の「且ツ守リ且ツ食シ」や「且耕シ且守ル」といった表現は、辺境の北海道に配備された兵士が開拓を行って食糧の自給体制を整えながら、敵に備えることを意味している。

黒田清隆《くろだきよたか》次官らの「建議」を受けた維新政府は、1874（明治7）年10月に

岩倉具視　1825～1883年。幕末・維新期の政治家。公家出身。倒幕運動を積極的に推進し、明治維新の変革を実現させた中心的人物のひとりである。新政権の要職を歴任。1871年に特命全権大使として欧米を視察したことで知られる。

黒田清隆　1840～1900年。鹿児島藩出身の明治期の政治家。維新後に開拓次官、同長官を歴任し北海道開拓に尽くすが、1881年の開拓使官有物払下げ事件で世論の攻撃を受け、開拓使の廃止後に内閣顧問となる。1887年に第1次伊藤内閣で農商務相を務め、翌年の総辞職後に首相となった。

「屯田兵例則」を制定。この例則に基づいて実現した屯田兵制度は、志願者を原則として士族に限定していたことから「士族屯田」と呼ばれ、維新政府による北方警備や**士族授産対策**としての意義を持っていた。しかし、1890(明治23)年以降になると応募資格が士族から平民(平民屯田)まで拡大。道内各地に置かれた**屯田兵村**《へいそん》は、道庁時代に入って本格化する内陸開拓の前線基地として、重要な役割を果たすようになる。

このように、屯田兵制度は近代の北海道に置かれた独自の武装移民制度であるが、その設立の過程では、屯田兵か屯田憲兵かという問題と、屯田兵を誰が指揮するかというふたつの問題があった。

◆ロシアとの関係と屯田兵の役割

そもそも屯田兵制度の誕生は、当時の北海道が維新政府による日本防備構想から外れていたことと、無関係ではない。1875(明治8)年5月の「**樺太**《からふと》**・千島**《ちしま》**交換条約**」の調印は、幕末以来の日露間の領土確定に絡む緊張状態を緩和する意味があった。それと並行して屯田兵制度がスタートしたことから、この制度は必ずしもロシアに対する防衛を意識したものとはいえない、との指摘がある(永井秀夫「北海道開拓政策の転換」)。この点は屯田兵村の設置場所にも反映されているようだ。

士族屯田の時期には、屯田兵村の多くが札幌から滝川方面の内陸部に分布

士族授産対策　明治維新で失業した士族に対する救済政策。士族を対象にした屯田兵制度ほか、起業するための資金貸し付けなども行われたが、「士族の商法」という言葉が示すように、事業に失敗して困窮するものも多かった。

屯田兵村　屯田兵たちが住む村のこと。兵村内には練兵場や屯田本部、学校、兵屋などが設けられていた。

樺太・千島交換条約　209ページ参照。

しており、海岸部に置かれたのは根室の和田兵村（現根室市西和田・東和田）、**厚岸**《あっけし》の太田兵村（現厚岸町太田、北太田など）、室蘭の輪西《わにし》兵村（現室蘭市輪西町、中島町など）の3カ所のみである。和田・太田の両兵村はともかく、胆振地方の輪西兵村が、ロシアに対する防備の一環であるというのは、いささか無理がある。

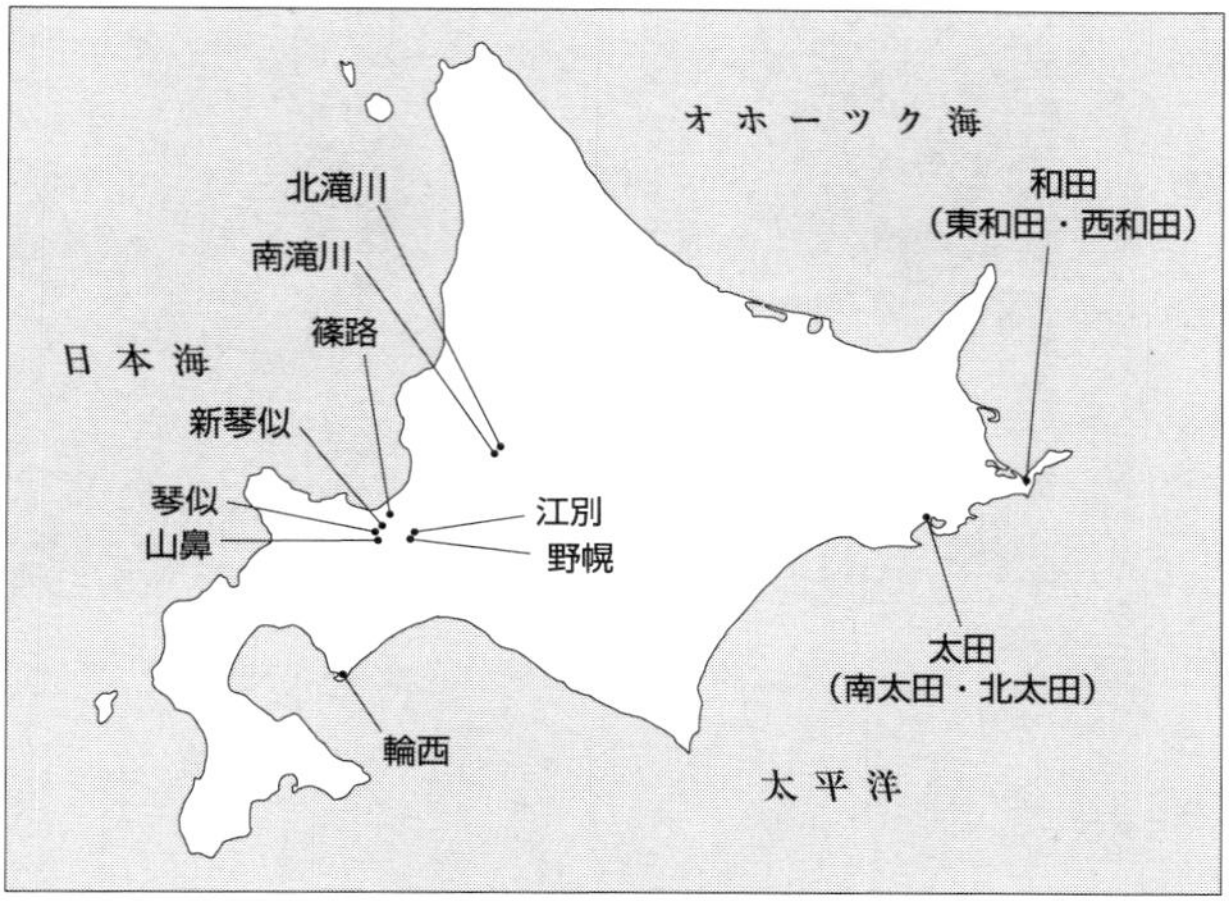

士族屯田兵村の配置図

　しかし、屯田兵制度の成立にロシアがまったく無関係だったわけではない。それが、屯田憲兵という問題である。

　屯田兵の設置に関する議論が本格化した1874（明治7）年5月、屯田兵の指揮権を巡って**左院**《さいん》から意見を求められた陸軍省は、北海道は「隣好之国」（ロシアのこと）と接しており何かと問題もあるので、「尋常之屯田兵」（屯田歩兵のこと）よりも「屯

厚岸　北海道の南東、釧路町の東側に位置する厚岸町のこと。太平洋に面しており、厚岸湖で養殖されるカキ、アサリが有名。

左院　明治初期の立法諮問機関。1871年の官制改革によって、太政官内に正院、右院と共に置かれた。憲法をはじめ、諸法典の編纂を行っていたが、1875年の元老院設置により右院と共に廃止。

琴似屯田兵村の兵屋
（北海道大学附属図書館北方資料室所蔵）

田憲兵」を置くべきである、との見解を示した。これは同年4月、日本政府が「蝦夷嶋」に6000人もの軍隊を置こうとしているという「風評」を耳にした駐日ロシア公使が、これまで軍事力が空白だった北海道になぜ大軍を置くのかと、その真意を外務省に問い合わせてきたことに起因する。大国ロシアを刺激することを恐れた陸軍省は、ロシア政府に対し軍隊内部の警察的任務を行う「憲兵」を配置するという回答で、切り抜けようとした。したがって、屯田兵は制度的には「屯田憲兵」としてスタートしたのである。

また、屯田兵は開拓使の管轄下にあったが、開拓使官員が屯田兵を指揮することは、文官が軍務を行うことであり、陸軍省などの権限を侵すことになる。屯田兵を指揮できるのは武官でなければならないという議論が浮上した。この問題は結局、文官である開拓次官の黒田清隆が、陸軍中将という武官の地位を兼務することで解決した。

１８７５（明治８）年５月、１９８戸・９６５名の屯田兵とその家族が、札幌郊外の**琴似《ことに》兵村**に移住し、翌年には２４０戸の屯田兵が入植して**山鼻《やまはな》兵村**が開村。北海道における屯田兵の歴史が始まる。

だが、その後内陸地方を中心に配備された屯田兵は、「屯田憲兵」という名称のままに、ロシアに対する軍事力としてよりはむしろ警察的な役割を担っていた。これより先の１８７３（明治６）年５月、檜山《ひやま》・爾志《にし》両郡の漁民約２００名によって**「福山・江差騒動」**が引き起こされ、開拓使がその鎮圧に苦慮したという事実がある。

そのわずか数カ月後に屯田兵設置に関する「建議」「建白」が出されていることは、開拓使が北海道内の治安を維持する存在として、屯田兵制度の創設を意図していた証しといえよう。屯田兵は、土着の軍隊という面だけでなく、警察的機能を期待された存在だったのである。

［参考文献］
松下芳男『屯田兵制史』（五月書房、１９８１年）
札幌市教育委員会編『屯田兵』〈さっぽろ文庫33〉（１９８５年）
永井秀夫「北海道開拓政策の転換」〈『北海道大学文学部紀要』第７号〉（１９５９年）

琴似兵村　１８７５年、北海道で最初に置かれた屯田兵村。現在の札幌市西区琴似１〜２条付近および、発寒５条３〜４丁目の一部。

山鼻兵村　琴似兵村に続いて、２番目に置かれた兵村。現在の札幌市中央区南３〜31条、西７〜20丁目付近。

福山・江差騒動　２０５ページ参照。

topic....35

開拓使による管轄から「三県一局」時代へ

3県と農商務省北海道事業管理局の設置

時代MEMO

1877年の西南戦争は保守派士族最後の武力抵抗であり、日本における最後の内戦となった。国外ではイギリスのヴィクトリア女王がインド皇帝就任を宣言。以後70年間、イギリスによるインド支配が続いた。

◆開拓使の廃止と3県の設置

1882(明治15)年2月8日、太政官《だじょうかん》布告第8号によって、1869(明治2)年以来北海道の開拓を担ってきた開拓使が廃止され、函館・札幌・根室の3県が設置された。これら3県はいうまでもなく地方行政機構であり、本庁が札幌にあったとはいえ、中央官庁の一角を成していた開拓使とは異なる位置付けにあった。

3県の管轄区域と県庁所在地は次の通りである。函館県は、現在でいう渡島支庁全域から北は**蘭越《らんこし》町**、**黒松内《くろまつない》町**あたりまでの範囲を管轄し、県庁は渡島国亀田郡函館(現函館市)に置かれた。根室県は、現在の網走・釧路・根室支庁の管轄とほぼ重なる区域で、県庁所在地は根室国根室郡根室(現根室市)に、そのほかの広大な範囲を札幌県が管轄し、県庁は石狩国札幌郡札幌(現札幌市)に置かれた。

蘭越町　後志支庁の南西部に位置する農業と観光の町。周囲をニセコ連峰などの山岳が囲み、町の中央を尻別川が流れる。

黒松内町　後志支庁の南端にあり、面積の87パーセント近くを森林が占める。主幹産業は林業・農業。北限のブナの森があることで知られる。

3県の管轄区域は、基本的に開拓使時代の本庁と支庁の区域をもとに設けられている。函館県はいわば近世北海道の**和人地**に当たる地域であり、札幌県は開拓使時代の札幌本府を中心とした道央・道北地域。そして、これらの2県を除いた地理的空間が、根室県ということになろう。

現在の感覚からすれば、旭川県や帯広県がなぜ設置されなかったのかという疑問があるが、この当時上川地域の和人人口はほとんど見られず、北海道の産業構造が水産業中心だったこともあり、このような区域になったと考えられる。

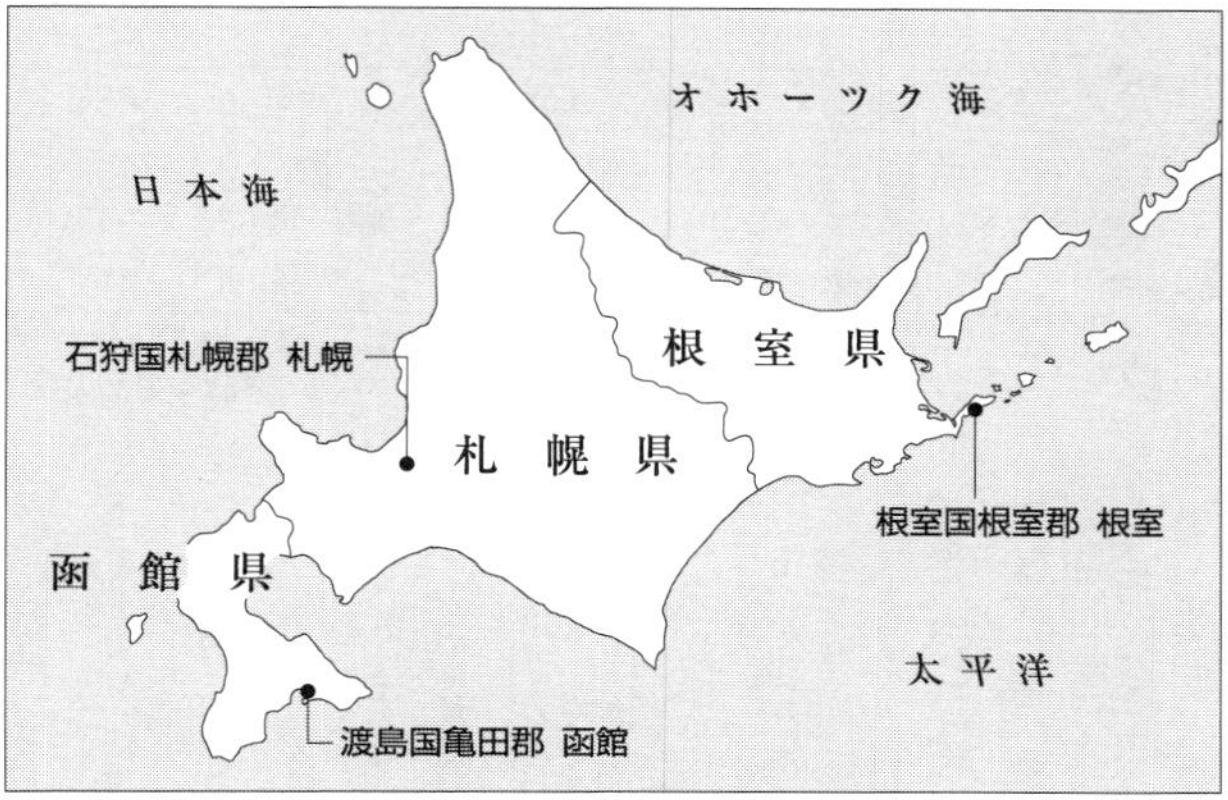

3県の管轄区域と各県庁所在地

3県の初代県令には、開拓大書記官の**調所広丈**《ずしょひろたけ》が札幌県令に、同**時任**《ときとう》**為基**《ためもと》が函館県令に、開拓少書記官の**湯地**《ゆち》**定基**《さだもと》が根室県令に任命された。彼らはいずれも鹿児島藩（薩摩藩）出身で、開拓長官・黒田清隆《くろだきよたか》の部下だっ

和人地　190ページ参照。

調所広丈　1840～1911年。鹿児島藩出身の明治期の官僚、札幌県令。水稲作りを奨励し、幌内鉄道の建設にも尽力した。

時任為基　1842～1905年。鹿児島藩出身の明治期の官僚、函館県令。函館市街の開拓、道路河川の改修、児童福祉事業などに努めた。

湯地定基　1843～1928年。鹿児島藩出身の明治期の官僚、実業家、根室県令。漁業の改善、農業の普及に取り組み、馬鈴薯の栽培を勧めたことから「いも県令」とも呼ばれた。

たことから、人脈的には開拓使時代の延長と言えよう。ちなみに、俳優の時任三郎は時任為基の曾孫に当たる。

いま、発足直後の3県の簡単な比較を試みると、上の表のようになる。町村数は札幌県が最も多いが、全道人口の65パーセントは函館県に集中し、28・3パーセントが札幌県に、そして根室県にはわずか6・7パーセントが在住しているに過ぎない。全人口の93パーセントが函館・札幌の2県に集中していたのである。このような人口構成比率からみると、根室県の設置はかなり無理があったとも言える。

県名	管轄区域	戸数	人口	人口比
函館県	16郡・255町村	2万5362戸	14万625人	65%
札幌県	49郡・420町村	1万3728戸	6万1140人	28.3%
根室県	23郡・117町村	3546戸	1万4486人	6.7%
計	88郡・792町村	4万2636戸	21万6251人	100%

1883年における3県の管轄区域と戸数、人口、人口比
（我部政男編『明治十五年／明治十六年　地方巡察使復命書』上巻〈三一書房、1980年〉より作成）

◆開拓と行政の分離
「三県一局」時代へ

開拓使の廃止に伴い、これまでの開拓使事業は中央各省に分割されることになった。すなわち同使の主要事業は殖民事務・各種官貸資金・官営鉄道・鉱山・諸工場・船舶・試験機関などがあったが、次のように分割された。

大蔵省―北海道準備米、漁業およびコンブ採取資本金の貸与など

司法省―裁判事務
工部省―札幌工業課の管理する諸工場、幌内・岩内の両煤田、幌内鉄道
農商務省―殖民事務、山林事務、真駒内牧牛馬場以下の各種工場、札幌農学校、船舶
陸軍省―屯田兵事務

そのほか、宮内省・海軍省・東京府などにも開拓使が所有する東京府の不動産などが分与され、札幌県には森～室蘭間の渡海用船舶として弘明丸を交付、根室県には千島国《ちしまのくに》のアイヌ**撫恤**《ぶじゅつ》事務が割り振られた。

こうした旧開拓使事業の分割過程では、「それらを総合的に位置づけるような政策的配慮は稀薄であった。分割する太政官の側にも、事業をうけいれる三県諸省の側にも、はっきりした見通しはなかった」（『新北海道史』通説編第3巻）ことから、その継続は困難を極めることになる。

見ての通り、事業の多くが工部省と農商務省に集中し、しかもこの両省間の連絡も密とは言えない状態だった。

その問題を解決すべく、1882（明治15）年から1883（明治16）年にかけて、政府要人が北海道を視察している。

1883（明治16）年1月、その視察をもとに農商務卿・**西郷従道**《さいごうつぐみち》、内務卿・

撫恤　なであわれむこと。ここでは、アイヌに対する保護政策の事務などを指している。

西郷従道　1843～1902年。鹿児島藩出身の明治期の軍人・政治家。西郷隆盛の弟。文部卿、陸軍卿などを歴任し、第1次伊藤内閣では海相兼農商務相を務めた。

山田顕義《やまだあきよし》、工部卿・**佐佐木高行**《ささきたかゆき》の3名が「北海道諸事業維持方法建議」を提出。管理機構の見直しを強く求めた結果、提出から20日後には、工部省所管の幌内炭鉱・幌内鉄道および諸工場を農商務省に移管、そして新たに設置された「農商務省北海道事業管理局」が、従来の旧開拓使事業すべてを所管することになった。初代局長には3県の県令同様、鹿児島藩出身の**安田定則**《やすださだのり》を任命。管理「局」と「3県」が北海道を管轄したことから、この行政体制は一般に「三県一局時代」と呼ばれる。

これ以降、北海道では地方行政は3県が、開拓事業は農商務省北海道事業管理局が実施するという二元的な体制が確立した。これは、戦後から現在までの北海道において、地方行政は北海道庁が、開発行政は北海道開発庁の出先機関である北海道開発局が実施するという体制にうりふたつである。北海道開発庁は2001(平成13)年に廃止されたが、北海道開発局は国土交通省北海道局の出先機関として現存している。

北海道庁と北海道開発庁が開発政策のあり方をめぐってしばしば対立したように、3県と事業管理局の関係も必ずしも円滑とは言えなかった。

1885(明治18)年に道内を巡り、「北海道三県巡視復命書」を提出した太政官大書記官の**金子堅太郎**は、3県と管理局の施政方針を「**牧民**《ぼくみん》**主義**」(3県)と「**営業主義**」(管理局)に例え、この対立を解消して開拓を進めるには、3県

山田顕義　1844〜1892年。萩藩出身の軍人・政治家。吉田松陰の松下村塾に学び、倒幕運動に参加。維新後は工部卿、司法卿となり、第1次伊藤内閣では法相を務めた。

佐佐木高行　1830〜1910年。高知藩出身の政治家。維新後に岩倉使節団の一員として外遊、1881年以降参議兼工部卿、機密顧問官を歴任。

安田定則　1843〜1892年。鹿児島藩出身の政治家。北海道事業管理局長、茨城県知事などを歴任。

金子堅太郎　214ページ参照。

牧民主義　人民の生活に配慮した政治を行った、中国皇帝の政治姿勢に例えたもの。

営業主義　赤字を生まない経営方針のこと。

と管理局を廃止して「(北海道)殖民局」を新設する以外ないと述べている。

この指摘があった翌年の1886(明治19)年1月、わずか3年足らずで「三県一局体制」が廃止される。そして新設されたのが、北海道庁という特別の権限を持つ地方行政組織であった。

［参考文献］
我部政男編『明治十五年／明治十六年地方巡察使復命書』上巻(三一書房、1980年)
『新撰北海道史』第6巻(1937年)
『新北海道史』通説編第3巻(1971年)

topic....36

刑務所から「町」が誕生 北海道と監獄の密接な関係

町の発展、衰退に大きく関わった集治監

時代 MEMO

植木枝盛が私擬憲法の「日本国憲法草案」を起草した1881年。板垣退助らの自由党を代表格に様々な民権結社が設立され、自由民権運動が活発に展開される。同じ年、北海道に初めての集治監が設置された。

PFI　Private Finance Initiative の略。公共施設の建設や維持管理、運営などを民間の資金や技術的ノウハウを活用して行う手法。

◆道内に置かれた5カ所の集治監

2007（平成19）年5月、山口県美祢《みね》市に、日本で初めてのPFI方式を取り入れた刑務所「美弥社会復帰促進センター」がオープンした。この刑務所は要するに、民間の資金やノウハウを活用した刑務所で、今後も栃木県や兵庫県などで建設を予定しているという（2007年5月13日付『読売新聞』）。

このように、日本の行刑制度もアメリカ並みに大きく変貌を遂げようとしている今日、その背景には、平成不況のあおりで犯罪者が増加し、国内のどの刑務所も定員を上回る受刑者を収容している実態があり（2007年6月9日付『朝日新聞』夕刊）、また一方で、刑務所を誘致して地域振興を図ろうとする地方自治体の根強い要請も存在する。刑務所の受刑者はその自治体の人口にカウントされ、地方交付税の対象とされてきたからだ。

刑務所の誘致が地域開発に貢献するという点では、北海道にもその典型的な事例がある。すなわち、近代の北海道においては、監獄（刑務所）の囚人が道路開削や炭鉱での重要な労働力であり、また監獄の設置によって〝町〟そのものが誕生したという歴史もあるのだ。

北海道に設置された最初の集治監《しゅうちかん》と呼ばれる監獄は、1881（明治14）年、樺戸郡シベツ太（現**月形**《つきがた》**町**）に建設された樺戸集治監《かばとしゅうちかん》である。その背景について少し説明しておこう。

◆集治監の開庁とその時代背景

明治維新の変革は、徳川幕府の崩壊と明治国家の設立に結果したが、他方では**戊辰**《ぼしん》**戦争**から**西南戦争**に至る長い争乱があり、**民権運動**の昂揚に伴う政情の不安もあって、多くの政治犯を含む犯罪者が生まれた。このため明治政府は監獄の新設を計画し、1879（明治12）年、東京・宮城に集治監を開設。また政府には「遣犯《いはん》ノ地ハ北海道ニ如《し》カズ」として、北海道に集治監をつくり、内地の囚人を収容しようとする意図があった。

明治10年代から20年代にかけ建設された全国8カ所の集治監のうち、5カ所が北海道に設置されたのも、そのためである。1881（明治14）年の樺戸集治監に続いて翌年7月には空知集治監が、1885（明治18）年には釧路集治

月形町　北海道の中央西部にあり、町の南東を石狩川が流れる。町には樺戸集治監の歴史を紹介する「月形樺戸博物館」がある。

戊辰戦争　1868年1月から1869年5月まで続いた明治維新期における内乱。明治新政府と旧徳川幕府、佐幕派諸勢力との間で戦われた。

西南戦争　西郷隆盛など旧薩摩藩士族を中心とする反政府暴動。1877年2月に西郷軍が熊本鎮台を攻撃、明治政府はただちに軍を派遣して鎮圧にあたり、9月24日、鹿児島において西郷軍指導者は戦死・自刃した。保守派士族の最後の武力抵抗。

民権運動　自由民権運動のこと。国会開設、憲法制定、不平等条約の改正などを求め1874～1880年代初頭に展開された。

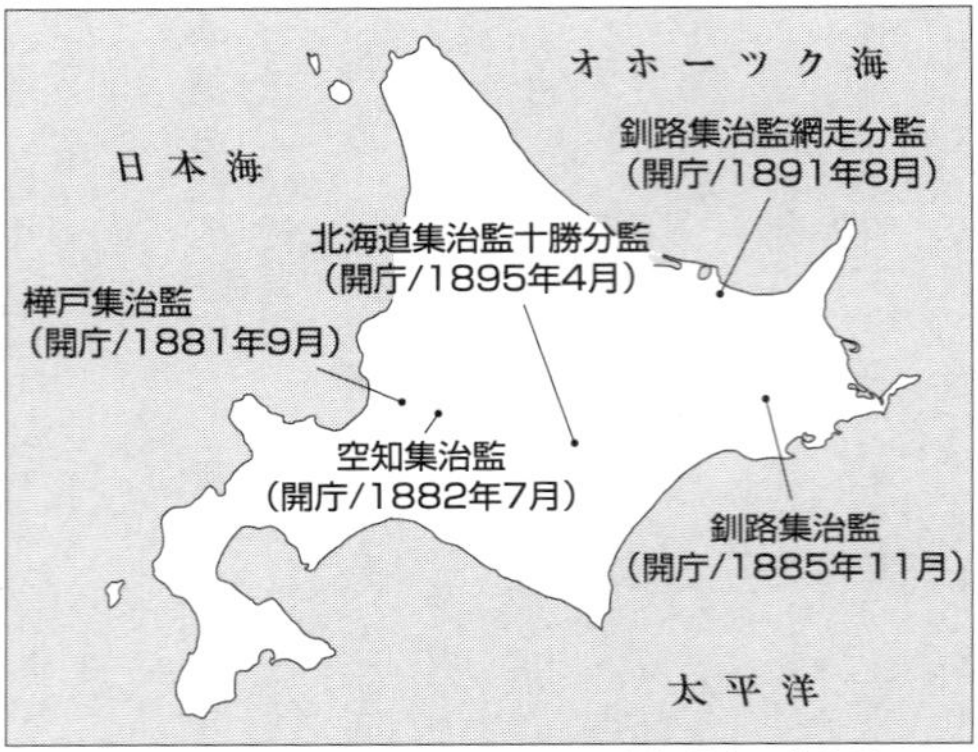

1881〜1895年にかけて設置された北海道内の集治監

監が開庁。明治20年代には、1891(明治24)年の釧路集治監網走分監、1895(明治28)年の北海道集治監十勝分監と、2カ所が設置されている。

さて、樺戸集治監の開設にあたっては当初、樺戸郡シベツ太と**羊蹄《ようてい》山**麓、**十勝川**沿岸の3カ所が候補地に挙がっていた。1880(明治13)年、内《ない》務《む》省《しょう》御《ご》用掛《ようがかり》権《ごん》少《しょう》書《しょ》記官《きかん》・**月形潔**《つきがたきよし》を団長とする調査団が、それぞれの地で現地調査を実施。その結果、札幌に近く**石狩川**の水運が利用できる、シベツ太が選ばれた。樺戸集治監の初代典獄(刑務所長)には候補地の選定にあたった月形が就任し、そのこともあって、この地域が月形村と命名されたのである。

1881(明治14)年の開庁時には39名の囚人が送り込まれたが、以後年々増加し、1884(明治17)年末には1353名に、最も多かった1889(明治22)年末には、2365名まで膨れ上がった。また、これらの囚人を監視するために典獄以下多くの職員が配置され、開庁時は148名だった職員が、3

羊蹄山　北海道の西部、後志山地の中部にある、標高1898メートルの成層火山。その秀麗な山容から蝦夷富士とも呼ばれる。

十勝川　十勝岳連峰に源を発し、十勝平野を経て太平洋へ注ぐ一級河川。流路延長156・3キロメートル。

月形潔　1847〜1894年。福岡藩出身の明治期の官僚、樺戸集治監初代典獄。1885年に退官するまで、この地域の開拓に尽力した。その功績をたたえ、月形町には彼の銅像が建立されている。

石狩川　北海道の中央部を流れる一級河川。源流部の石狩岳北麓から、石狩平野などを通り日本海に注ぐ。流路延長268・2キロメートルは、北海道一の長さ。

年後には373名となっている。

つまり、1884（明治17）年末の時点で、集治監関係の人口だけでも1726名いたのである。監獄ができる前までの樺戸郡全体の和人戸口は2戸・18人であり、先住のアイヌ民族を除いて和人がほとんどいなかった。そこにわずか3年で、1800名近くもの人間集団が出現したことになる。

◆刑務所周辺に市街地が発達

樺戸集治監は食糧品や外役用の衣類、工具など多くの物資を購入したので、その購買力をあてにして、石狩川沿いの監獄波止場と集治監を結ぶ道路沿いに市街地が発達した。この市街地には、集治監に勤務する官吏のほかに御用商人などが住みつき、さらに宿屋・荒物商・料理屋のほか大工・木挽きなどの職人を中心とする、月形市街が形成された。

なお、樺戸集治監は単なる監獄ではなく、1889（明治22）年に樺戸・雨龍《うりゅう》（竜）・上川の郡役所が月形村に設置された際には、集治監の典獄が**郡長**を兼任している。樺戸警察署が設立された際にも典獄が署長を兼務し、また月形郵便局は、1882（明治15）年、集治監内に局舎を設けたのが発端である。このように樺戸集治監は、月形村における政治・行政サービスの中心としての役割も担っていた。

郡長　1890年に制定された「郡制」における、官選の長。郡は府県と町村の中間に位置した地方行政単位で、郡役所と郡長が置かれた。

熊牛村〈現標茶町〉に設置された釧路集治監庁舎。撮影年は不詳
（標茶町史編さん事務局所蔵）

◆集治監の廃止と「町」のその後

集治監制度は1903(明治36)年に廃止され、樺戸集治監は樺戸監獄と改称。その監獄も、1919(大正8)年に廃止となったが、その際に、市街地の人口が一時的に減少している。このように、監獄廃止に伴って人口が減る事例はほかの地域でも見られた。なかでも釧路集治監は、その典型なケースといえよう。

1885(明治18)年、熊牛《くまうし》村(現**標茶《しべちゃ》町**)に開庁した釧路集治監は、194名の囚人でスタート。1894(明治27)年には、1400名の収容定員に対し1・63倍にあたる2285名が収容されていた。

ここでも、集治監の開設にあわせてその付近に市街地が形成され、1894(明治27)年の熊牛村は、釧路市街に匹敵する381戸・5591名の人口を擁していた。しかし、司法省が北海道集治監空知・釧路両分監を1901(明

標茶町　北海道の東部に位置し、釧路湿原の約47パーセントを占める。基幹産業は酪農。

治34）年9月30日限りで廃止し、10月1日付で網走分監の設置を公布したことから、熊牛村は一挙に衰退の道を歩むことになる。

職員と囚人が網走分監に移転した翌年には、村の戸口が249戸・1340名と、最盛期の4分の1以下まで急減した。熊牛村の人口は、翌年弟子屈（現弟子屈町）と屈斜路（現弟子屈町屈斜路ほか）両村の分離でさらに減少し、回復の兆しを見せるのは1907（明治40）年、釧路分監跡に陸軍の軍馬補充部川上支部が開設されてからである。

現在の日本において刑務所は、火葬場や廃棄物処理場などと共に「迷惑施設」と呼ばれ、地域住民からはあまり歓迎されない施設である。しかし近代の北海道では、その刑務所が地域社会を形成するうえで、重要な役割を果たしてきたのである。

［参考文献］
海賀直常『月形村沿革誌』（1914年）
『月形町史』（1985年）
『標茶町史』通史編第1巻（1998年）
小口千明「集治監を核とした集落の形成と住民の集治監像」〈『歴史地理学会紀要』25〉（1983年）

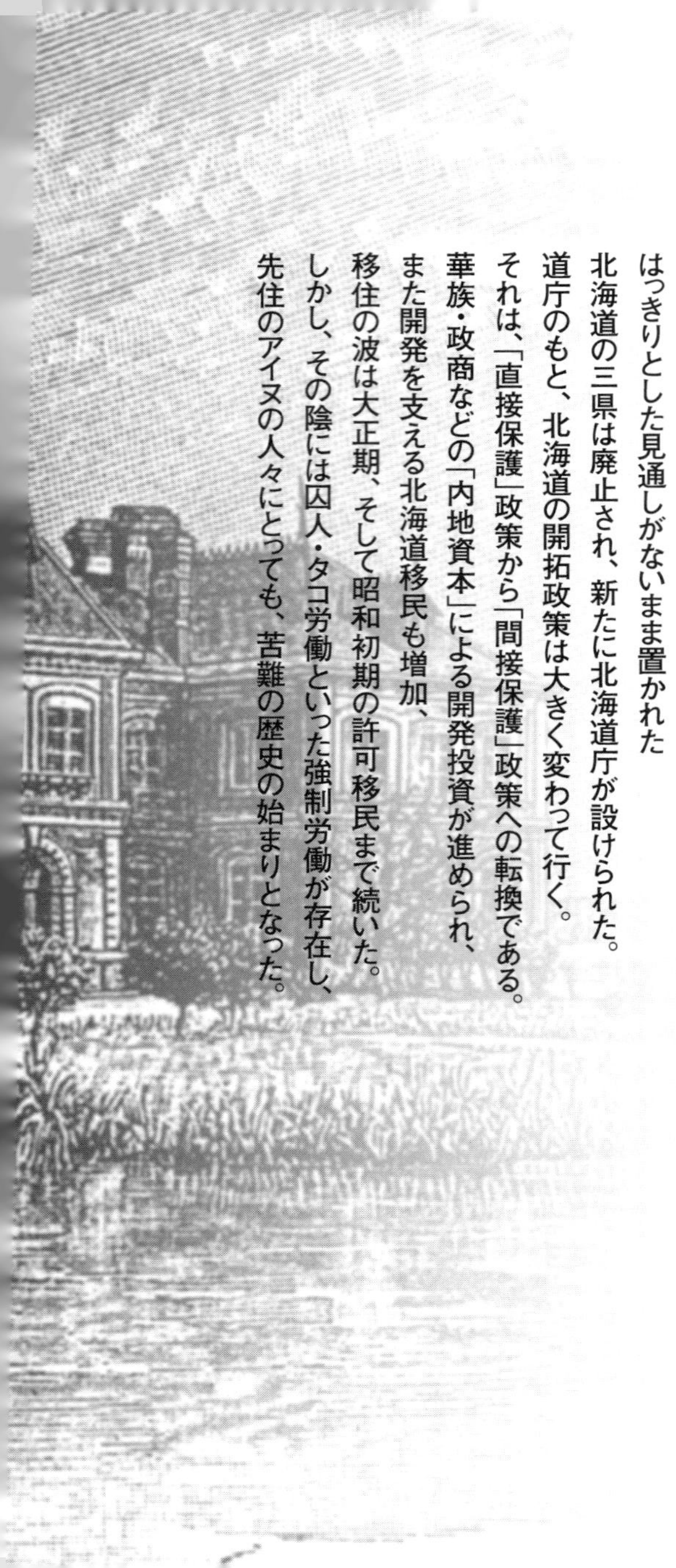

PART.5

近代Ⅱ

北海道庁の設置～許可移民制度の始まり

はっきりとした見通しがないまま置かれた
北海道の三県は廃止され、新たに北海道庁が設けられた。
道庁のもと、北海道の開拓政策は大きく変わって行く。
それは、「直接保護」政策から「間接保護」政策への転換である。
華族・政商などの「内地資本」による開発投資が進められ、
また開発を支える北海道移民も増加、
移住の波は大正期、そして昭和初期の許可移民まで続いた。
しかし、その陰には囚人・タコ労働といった強制労働が存在し、
先住のアイヌの人々にとっても、苦難の歴史の始まりとなった。

北海道庁本庁舎
(Michel Ribaud, Un été au Japon boréal, Paris, 1897〈M.リボー：北日本における夏〉より)

topic....37 海派か、陸派か――開拓方針を巡るせめぎ合い

北海道庁の設置と移民保護政策の転換

時代MEMO

幕末に結ばれた不平等条約を解消するため、各国公使との第1回条約改正会議が行われた1886年。北海道では北海道庁の新設に伴い、開拓政策の転換が図られる。そこには、開発方針を巡る対立があった。

◆直接保護から間接保護へ

北海道は草莱《そうらい》未開の地にして、今より大に其《その》民を殖《ふや》し其土を拓《ひら》かんとする者なれば、一切の制度を簡易にして人の自由に働くを許し、一切の富源《ふげん》を開放して人の勝手に採るに任せ、優利劣損《ゆうりれっそん》の競争場として、利に赴くの人衆を引き寄すること肝要にして、施政一切内地と別にし、渾《す》べて煩瑣《はんさ》の法を省《はぶき》て自由の楽郷、爛漫たる人生の天真を現はさしむるの工風なかる可《べか》らず。

（『福澤諭吉全集』第12巻）

これは、明治期の思想家として、また慶應義塾の創始者として有名な**福澤諭吉**が、1889（明治22）年に執筆した「北海道開放」と題する論文の冒頭部

福澤諭吉　1834〜1901年。明治期の民間啓蒙思想家。蘭学や英学を学び、1860〜1867年まで幕府に出仕。この間3度にわたって幕府遣外使節に随行して英米文化に接する。1866年には『西洋事情』を著して欧米文化の紹介に努めた。1868年に慶應義塾を創設。明治以後、在野の思想家として言論・著作活動を展開、1872年刊行の『学問のすゝめ』はベストセラーとなる。

分である。福澤は、北海道を「一切の制度を簡易にし（中略）一切の富源を開放して人の勝手に採るに任せ、優利劣損の競争場」にすべきと論じ、そのことが北海道の発展に結びつくと主張している。「優利劣損の競争場」とは、かなり率直な意見であるが、それによって本当に北海道が「自由の楽郷」への道を歩むことができたのだろうか——。

1886（明治19）年1月26日、それまでの「**三県一局**」体制が廃止され、新たに北海道庁が設置された。道庁は基本的には地方行政機関であったが、府県の知事が内務大臣の指揮監督下だったのに対し、道庁長官は内閣総理大臣の指揮下に置かれるなど（**注1**）、府県知事とは異なる特別の権限を持っていた。その権限とは、道庁長官が集治監と屯田兵の**授産**に関する事務を行うことや、国有未開地の処分権を持っていたことである。

道庁の新設について同年1月28日付の『郵便報知新聞』が、「要《よう》スルニ北海道庁ハ従前《じゅうぜん》ノ開拓使ノ如《ごと》ク権力ノ重大ナルモノニモ非《あら》ス、又現今《またげんこん》ノ府県庁ノ如キモノニモ非ス、寧《むし》ロ其《その》中間ニ位セルモノニ似タリ」と述べているのは、当を得た評価だろう。

初代道庁長官に就任したのは、かつて開拓判官として北海道勤務を経験した**岩村通俊**《いわむらみちとし》である。岩村は、「創開ノ地」である北海道では、「内地同一ノ制度」によらず「簡易便捷ナル方法」で行政を行い、「拓地興産」の成果を挙げるべ

三県一局　札幌県、函館県、根室県の「三県」と、農商務省北海道事業管理局の「一局」による行政体制。詳細は226ページ参照。

注1　道庁長官が内閣総理大臣の指揮下にあったのは1890年6月まで。以降は府県と同様に内務大臣の監督下に置かれた。

授産　仕事を与え、生計を立てさせること。ここでは、屯田兵の募集と入植に関する事務を指す。

岩村通俊　1840〜1915年。高知藩出身の明治期の官僚。鹿児島、沖縄などの県令を経て、初代北海道庁長官に就任。のち宮中顧問官、貴族院議員などを歴任した。

1889 年頃の北海道庁本庁舎
（北海道大学附属図書館北方資料室所蔵）

きと考えていた。そこで函館・根室の両支庁廃止、官営工場の民間払い下げなどを行い、これまでの政策を見直すと共に、殖民地撰定事業や道路開削、農工業の奨励といった新規事業を推進した。また、「自今以往《じこんいおう》ハ、貧民ヲ植エズシテ富《ふ》民《みん》ヲ植エン。是《これ》ヲ極言スレバ、人民ノ移住ヲ求メズシテ、資本ノ移住ヲ是レ求メント欲ス」（「岩村長官施政方針書」〈『新撰北海道史』〉）と、今後の北海道には「貧民」ではなく「富民」が、「人民ノ移住」ではなく「資本ノ移住」が必要という考えを持っていた。福澤諭吉風にいうならば、「北海道開放」の受け皿となる「利に赴くの人衆」的な存在を求めたわけだ。

そして移民政策でも、渡航費の補助といった直接保護を廃止し、「間接ニ公衆ニ利益ヲ与フルノ保護」を行うこと、すなわち殖民地の撰定と道路交通網の整備に代表される間接保護に、開拓政策を転換させていった。

◆沿岸か内陸か開拓政策の対立

岩村がこのような開拓政策の転換を明らかにしたとき、そのあり方を巡って大きくふたつの考え方があった。ひとつは移民政策において、屯田兵のような保護移民制度の強化を求める立場であり、これに対立するのが、保護政策の間接化と資本への自由開放という立場である。そして、この問題にリンクする開拓の方向も、近世以来の主要産業である漁業の発展によって沿岸開発を目指そうとする意見と、開拓使によって行われてきた移民の移植を進め、内陸の農業開発を目指そうとする意見が交差していた（『新北海道史』第4巻通説3）。

道庁設置の前年に北海道を巡視し、『北海道三県巡視復命書』をまとめた太政官大書記官の**金子堅太郎**は、開拓を効率よく進めるには、基本となる「物産消流ノ路」を開くこと、すなわち、「海、陸運輸ノ便」を開くことであると説いた。金子の主張は、内陸の農業開発に力点を置き、交通手段の整備と生産物の販路を確保するという間接保護的な方針であった。

一方、道庁設置直後の1886（明治19）年8月、外務大臣**井上馨**《いのうえかおる》と内務大臣**山県有朋**《やまがたありとも》は、政府官僚と財界人、落語家の**三遊亭円朝**《さんゆうていえんちょう》らを伴って1カ月の北

金子堅太郎　214ページ参照。

井上馨　1835〜1915年。長州藩出身の明治期の政治家。第1次伊藤内閣の外相ほか、農相、内相、蔵相などを歴任した。

山県有朋　1838〜1922年。長州藩出身の軍人、政治家。元老の第一人者として、絶大な権力をふるった。

三遊亭円朝　1839〜1900年。明治期の人気落語家。江戸噺家三遊派の大名跡。落語中興の祖として知られる。

海道視察を実施し、同年12月に「北海道漁業ニ関スル意見并《ならび》ニ開墾及ヒ運輸等ノ事」と題する意見書を公表した。この意見書では、「北海道ヲ開クノ順序ハ尤《もっと》モ其《その》水産ノ利ニ因《よ》ルコトヲ先《さき》ニセザル可《べか》ラズ」として、漁業振興の必要性を主張。法律や規則を簡略化して漁民の負担を軽減すること、水産税・出港税を廃止することなどを求めている。

これは金子や岩村の主張と共通する点もあったが、漁業と農業のいずれを優先するかという点では、明らかに漁業振興に比重を置いていた。そして、金子の復命書で強調されている内陸の道路開削に関しては、時期尚早として早期着工に否定的だった。

沿岸開発か内陸開発か、言い換えれば漁業か農業の振興かというふたつの路線の対抗のなか、もともと**上川開発論**を持論とする岩村長官は、どちらかといえば内陸開発を優先するかに見えたが、実は「内陸と沿岸、水産と農産の双方の発展を意図した折衷的な立場」（前掲、『新北海道史』第4巻）であった。

この状況を評して同時代のある雑誌論文は、

（開拓の）方針に至りては内部の開拓を前にするか沿岸の殖民を前にするか、或《あ》る時は沿岸よりの政策を採り或る時は内部開拓の外《ほか》余念なきもの、如《ごと》く一施一廃《いっせいっぱい》吾人《ごじん》をして転《うた》た針路を迷はしむ（『北海時論』第4号）

上川開発論　上川開発論は、開拓使時代末期から3県時代にかけて表面化した。1882年、会計検査院長の岩村通俊は上川に「北京《ほっきょう》」をおくことを三条実美太政大臣に建議し、1885年にも再議した。1889年、第2代道庁長官の永山武四郎も同様の建議を行ったが法制局によって否定され、その後北京案は「上川離宮」構想に転化する。離宮造営は一旦決定を見たが、財源問題も絡んで結局実現せず、予定地とされた御料地も大正時代末期に不要存地として処分された。詳細は294ページ参照。

と述べている。

◆殖民地の撰定と払下規則の制定

さて、直接保護に替わる間接保護政策の代表的なものは、道路や港湾、鉄道、**駅逓**《えきてい》といった交通運輸手段の整備であり、また増加傾向を見せていた移民のための殖民地の撰定・調査・区画の実施と、土地処分制度の整備だった。この2点については、金子と井上・山県ともにその必要性を認めていたので、まず岩村は両者の共通的政策を実施する。

殖民地の撰定・調査は1886（明治19）年から大原野を中心に実施され、1896（明治29）年までに111万7751町歩（33億5325万3000坪）を調査、その結果は『北海道殖民地撰定報文』や「殖民地区画図」などとして公刊された。

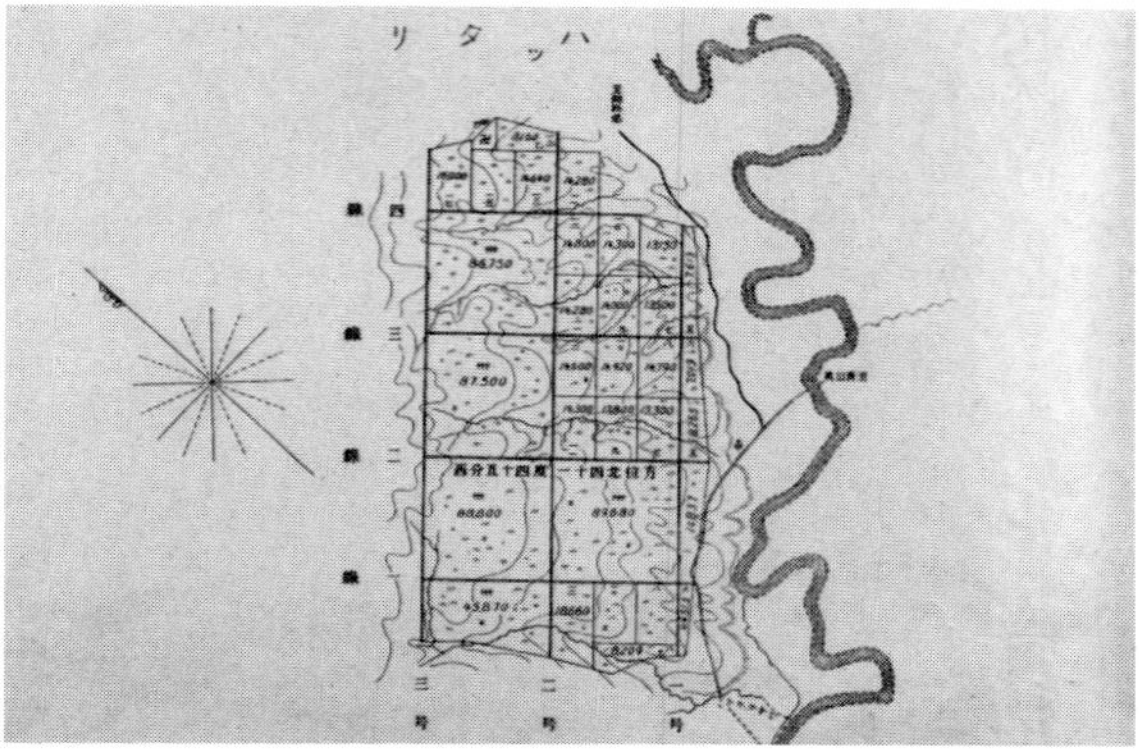

1910年作成の石狩国厚田郡ハッタリの殖民地区画図
（北海道大学附属図書館北方資料室所蔵）

駅逓　宿泊のできる駅舎と人馬を備えた、道路交通の補助機関。旅人の宿泊や休憩のほか、荷物、郵便物などの運送の便をはかるため設置された。

また土地処分制度については、1886(明治19)年、それまでの「**北海道土地売貸規則**」に代わる「**北海道土地払下規則**」が制定され、国有未開地の大地積処分への道を開いた。

岩村長官の後任として1888(明治21)年6月、第2代長官に就任したのは鹿児島藩(薩摩藩)出身の**永山武四郎**《ながやまたけしろう》である。永山は屯田兵の拡張計画と中央道路の開削、上川離宮の設置問題などには力を注いだが、拓殖事業一般についてはそれほどでもなく、**久松義典**《ひさまつよしのり》によって「理事官政治」「課長政治」などと評された(『北海道新策』)。

道政の腐敗と混乱もいちじるしく、国有未開地の処分では、華族組合農場に対する雨竜郡5万町歩(1億5000万坪)や、犬養毅ほか8名の組合に対する瀬棚郡利別原野《せたなぐんとしべつ》750町歩(225万坪)など大面積の貸し下げが行われ、一般移民に対する土地処分が停滞した。さらに、特権的保護会社である**北海道炭礦鉄道会社**(北炭)や**札幌製糖会社**の設立がなされたが、札幌製糖は株券偽造といった会社経営上での乱脈問題も発生。1892(明治25)年5月の帝国議会では、足尾鉱毒事件で有名な**田中正造**《たなかしょうぞう》が「北海道ハ泥坊ノ棲家」と酷評したほどである。福澤の論じた「自由の楽郷」とは、ほど遠い状況だったといえよう。

なお、拓殖における〝海か陸か〟の対立は、この明治20年代をもって終わっ

北海道土地売貸規則　1872年制定。官有地や貸付地、私有地を除くすべての未開地を、1人10万坪を限度に払い下げ、10年間は地租を免除するというもの。ただし、一定期間内に開拓に着手しない場合、その土地を取り上げるという規則もあった。

北海道土地払下規則　1886年制定。開墾希望者は道庁に事業計画書を提出し、審査に通ると、10万坪を限度に土地が無料貸付されるという内容。事業(開拓)の成功後には、1000坪1円で売却された。また「盛大の事業」を行うため制限外の土地を必要とし「目的確実」な場合は、上限を超えた払い下げも認めていた。

永山武四郎　1837〜1904年。鹿児島藩出身の明治期の軍人、華族。屯田兵司令官・第2代道庁長官などを歴任した。

たわけではない。1901（明治34）年に北海道会がスタートした時点でも、海派（水産派）と陸派（農業派）の議員が対立。その後も道会では、**政友会・非政友会**といった政党レベルとは別次元で、「海派か陸派か」という政治力学が働く傾向が続いた。

〔参考文献〕

「天下皆死せり、時論子憤然として起つ」〈『北海時論』第4号〉（1891年11月）
久松義典『北海道新策』（玉新堂、1892年）〈永井秀夫編『北海道民権史料集』〉（北海道大学図書刊行会、1986年）
福澤諭吉著・慶應義塾編『福澤諭吉全集』第12巻（岩波書店、1960年）
金子堅太郎「北海道三県巡視復命書」、岩村通俊「岩村長官施政方針書」、北垣国道「北海道開拓意見具申書」〈『新撰北海道史』第6巻〉（1937年）
『新北海道史』第4巻通説3（1973年）
『田中正造全集』第7巻（岩波書店、1977年）

久松義典　1855～1905年。明治期のジャーナリスト・小説家。民権運動家としても活躍した。

北海道炭礦鉄道会社　1889年、開拓使が開発した幌内炭礦と幌内鉄道の安価な払い下げを受けて設立された特権的保護会社。

札幌製糖会社　1888年、岩本五兵衛らによって札幌に設立された。しかし、未熟な製糖技術と原料の甜菜不足のために1895年に操業を中止、1901年に解散した。

田中正造　1841～1913年。栃木県出身の政治家、思想家。足尾鉱毒事件を中心に、政府の不正を国会で追及した。

政友会　伊藤博文が創立した、明治後期～戦前の大政党。正式名称は立憲政友会。

topic....38

所得税は官吏だけ？道民に与えられた数々の恩典

税制上の優遇と徴兵令の未施行

時代MEMO

大日本帝国憲法の発布、帝国議会の開会など、日本にとって大きな転換期となった明治中期。道庁の政策のもと北海道への移住民も次第に増えていくのだが、開拓を進める上では、さらなる移民の入植が必要だった。

◆移民の増加と9つの「恩典」

1891(明治24)年、北海道庁第二部殖民課より、『北海道移住問答』という冊子が刊行された。これは、明治20年代に入って北海道移住民が増加するなか、移住方法を問答形式でわかりやすく解説したものだが、そのなかに次のような一節がある。

問　移住者に対する政府の保護又《また》は資金の補給給与なきや

答　従前は無賃渡航、米塩噌、小屋掛料《こやかけりょう》、農具、種子の給与其他《そのほか》移住者に対し種々直接の保護ありしか、現今《げんこん》は一個人と数人とを問はず直接の保護は一切之《これ》を廃せられ、専《もっぱ》ら道路を通じ電線を架し、運輸通信を便にし、或《あるい》は燈台《とうだい》を設け港湾を築き海運を自由にし、湿地を排水し原野を区画して移民を待ち、工業会社を保護して実業の発達を企図する等

務めて全道一般の利益を謀《はか》る事となれり

問　然《しか》らば如何《いか》なる間接の保護ありや

答　敢《あえ》て保護と云《い》ふにもあらざれども、北海道人民の特に恩典に浴する箇条の一二《いちに》を摘記《てきき》すれば左の如《ごと》くなるべし

回答者はこのように述べ、北海道に移住すると受けられる「恩典」を、以下9項目にわたって挙げている。

①北海道は、地方費として毎年莫大な国庫補助を受けていること。

②官有未開地の貸し下げを受けて開墾に成功すれば、誰でも1000坪1円（現在の4044円ほど　**注1**）で土地払い下げを受けられること。

③その土地は、払い下げの翌年より20年後でなければ地租・地方税を課せられないこと。

④1869（明治2）年以後有租地になった田畑および郡村宅地は、1889（明治22）年より10年間は特に**地租**・地方税を免除されること。

⑤地租は地価の100分の1であること。

⑥所得税は官吏以外にはおよばないこと。

注1　米価換算で試算。1890年はコメ60キロ＝3・4円。2003年は約1万3748円。よって1円≒4044円となる。米価は中澤弁次郎『日本米価変動史』（明文堂、1933年）および農林水産省総合食料局編「米価に関する資料」を参考。

地租　1873年の地租改正によって導入された、土地を対象とする租税。従来の現物納から金納となり、土地所有者には地券が与えられた。最初は地価の3パーセントだったが、農民暴動が相次ぎ、1877年から2・5パーセントに引き下げられた。

⑦酒造税は一般税額の半額であること。
⑧菓子・醤油および車税を免除されていること。
⑨**徴兵令**は函館・福山・江差を除いて他地域に施行されていないこと。

ここに挙げられた「恩典」のうち、②は「**北海道土地払下規則**」による国有未開地の処分を指している。この規則では、一般の開墾希望者は1人10万坪まで未開地が無償貸与され、開墾成功後に1000坪1円で購入できた。また、大規模な事業のために制限以上の土地を必要とする場合は、この面積を超えた土地処分を行える例外規定（**注2**）もあった。

③から⑧までは国税などの軽減に絡んだもので、地租や酒造税の税率を低く抑える、あるいは菓子・醤油税や車税を免除し、府県からの移住を進めようという施策である。ちなみに当時、他府県の地租は100分の2・5で、これは北海道の2・5倍であった。

⑥は、所得税を支払うのは官吏のみ、という意味である。現代風に言うならば、公務員以外は所得税を支払わなくてよい、ということだ。1887（明治20）年に制定された「所得税法」では、官庁からの俸給や手当、年金、恩給を除いて、北海道と沖縄県に対する課税が見送られていたのだ。

徴兵令　国民の義務兵役制度、徴兵制。1872年の「徴兵の詔」と「徴兵告諭」にもとづき、1873年より施行された。

北海道土地払下規則　246ページ参照。

注2　その代表的なケースが、1889年、三条実美などの華族組合雨竜農場に対してなされた、雨竜郡一帯の国有未開地1億5000万坪の無償貸付である。この農場は、代表格の三条が急死したために成功しなかったが、例外規定を容認する立場は1897年に制定された「北海道国有未開地処分法」にも引き継がれ、内地資本による大土地所有形成への道を切り開いた。

◆徴兵令の未施行と夏目漱石の岩内転籍

これらの特典のなかでも、特に異彩を放っているのが、最後の⑨である。当時の北海道では、戦前の日本で国民の義務とされた兵役、すなわち徴兵制が、函館と福山（松前）、江差を除いて施行されていなかった（この3都市には、1889年1月に施行）。このことを、北海道民の「恩典」であると道庁自身が積極的に主張しているのである。政府が国民の義務とする兵役について、地方行政官庁である北海道庁がその未施行をメリットに宣伝するのは、明らかに矛盾してはいないだろうか。

1896（明治29）年1月より、北海道の西半分にあたる渡島、胆振、後志、石狩にも徴兵令が適用されるが、その翌年に刊行された北海道庁殖民部拓殖課編『第五　北海道移住案内』では、それらの地域でも開墾などに従事する移住者には、5年間の兵役猶予措置があると説明されている。しかし1898（明治31）年1月、沖縄県や小笠原諸島と共に北海道全域に徴兵令が施行。さらに同年、「所得税法」も適用され、徴兵令の未施行と所得税免除を前面に押し出した移民誘導政策は、それほど長く続かなかった。

さて、北海道と徴兵令の話では、明治の文豪、**夏目漱石**の岩内転籍問題が有名である。1891（明治24）年、**帝国大学**に在学中の漱石は、4月5日付で東京から**後志国岩内郡吹上町17番地**浅岡仁三郎方に移籍・同居して、一戸を構えた。これより先の1889（明治22）年、徴兵令の改正が行われ、一般兵役

夏目漱石　1867～1916年。本名は金之助。『坊ちゃん』『吾輩は猫である』など、多数の作品を著した、近代日本文学界を代表する作家。

帝国大学　東京帝国大学のこと。現東京大学。

後志国岩内郡吹上町17番地　現岩内郡岩内町字御崎13番地。岩内町は北海道西部、日本海に面した港町。

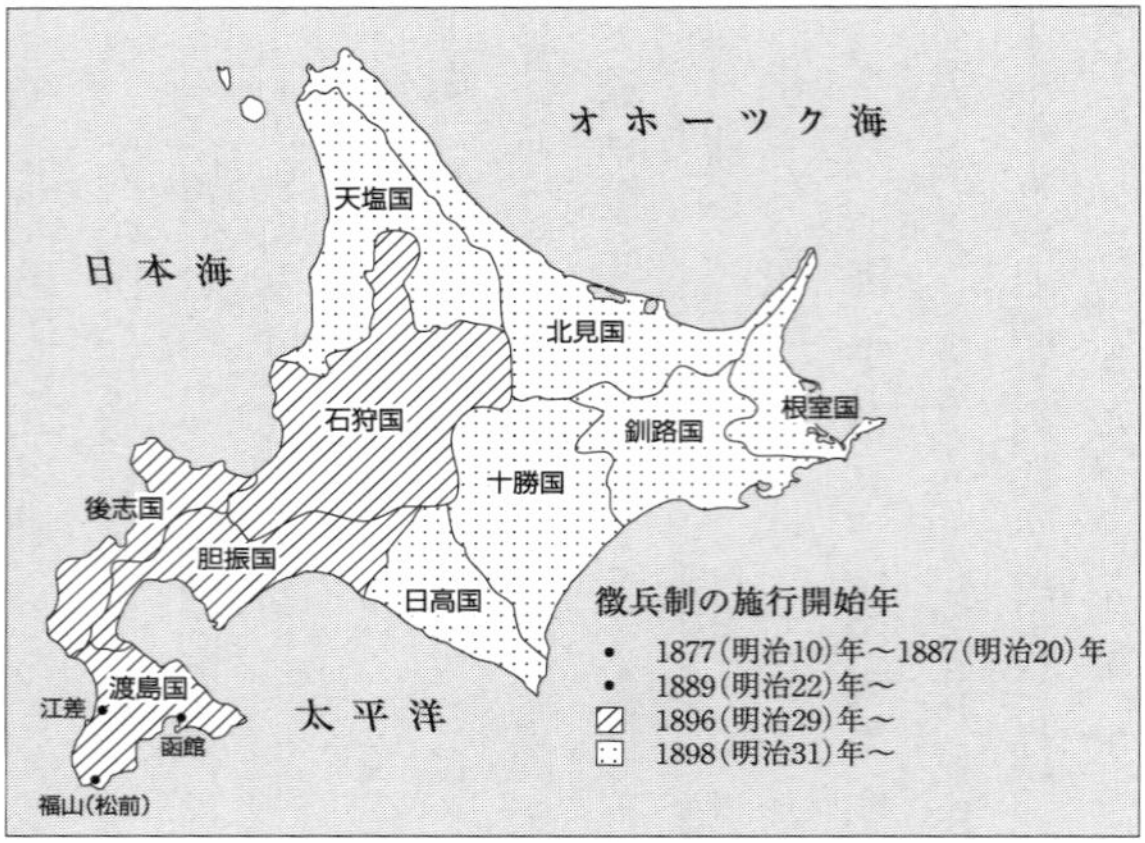

北海道における徴兵令適用地域の変遷

義務としての徴兵制が確立したが、前述の通りこの改正徴兵令は、函館・江差・福山を除く北海道全域と沖縄県、東京府の小笠原諸島には当分の間施行されなかった。また、徴兵猶予が26歳までとなったことから、大学卒業を翌年に控え、大学院進学を希望する満25歳の漱石にとって、この兵役問題が悩みの種であった（「漱石を岩内に訪ねる」）。

ちなみに漱石が東京府へ転籍するのは、1913（大正2）年6月2日付で、その3年後の12月に49歳で病死する。この22年間にもおよぶ岩内への転籍は、単に徴兵忌避の視点からだけでは説明できないとの指摘もあり（**江藤淳**「夢中の『夢』」）、その謎は依然として残されたままだ。

なお1895（明治28）年、渡島などへの徴兵令施行が公《おおやけ》になると、未施行の

江藤淳　1932～1999年。戦後日本を代表する文学評論家。『漱石とその時代』など、漱石に関する数々の著作を残している。

天塩《てしお》や北見、釧路などへ転籍する「不忠《ふちゅう》の臣民《しんみん》」が後を絶たなかった（1895年12月3日付『北海道毎日新聞』）という。これは一種の徴兵逃れであり、道民にとって徴兵は、国家に対する義務という意識が希薄だったのかもしれない。

ただし、ここで注意しておきたいのは、道民に対して与えられた様々な「恩典」こそ、道民が政治上の無権利状態に置かれていた裏返しであることだ。

1889（明治22）年2月に「**大日本帝国憲法**」が発布され、翌年11月には第一議会が開会するが、北海道と沖縄県からは衆議院議員を送り込めず、いわば明治憲法体制外の地域であった。

北海道から衆議院議員が選出されたのは1902（明治35）年のことである。地域住民の政治的権利において、北海道は内地府県と約10年の格差があった。

天塩　北海道の北西部に位置し、現在の留萌支庁全域および上川支庁の北部（中川郡、上川郡）、宗谷支庁の豊富町をあわせた地域にあたる。

大日本帝国憲法　1889年2月11日に発布された、戦前における日本国家の基本法。戦後、1947年の日本国憲法施行により廃止された。

［参考文献］
北海道庁第二部殖民課編『北海道移住問答』（1891年）
「北海道の国税と内地府県の国税」〈北海時論社『北海時論』第4号〉（1891年11月）
「北海道人民の特例」〈北海道雑誌社『北海道』第3号〉（1894年3月）
北海道庁殖民部拓殖課編『第五　北海道移住案内』（1897年）
才神時雄「漱石を岩内に訪ねる」上・下〈『北海道新聞』夕刊〉（1985年2月7日・同8日）
江藤淳「夢中の『夢』」〈『文学界』第47巻第7号〉（1993年7月）

topic....39

番外地の世界と、開拓地における小都市の誕生

屯田兵村に置かれた「番外地」の役割

時代MEMO

為政者による政策から自然発生的なものまで都市の始まりには様々な要因がある。北海道に置かれた屯田兵村では、ある空間が商業地として定められていた。その区域が後年、都市として発展していくことになる。

◆「番外地」は無法地帯？

「番外地」という言葉を耳にしたとき、私たちが最初に思い浮かべるのは、あの高倉健主演の東映映画「**網走番外地**シリーズ」ではないだろうか。このシリーズの第1作が、石井輝男監督によって制作されたのは1965(昭和40)年。主役の高倉健は「橘真一」という網走刑務所に送られる囚人（受刑者というべきかも知れない）という設定で、雑居房に入れられた橘が牢名主たちと対立して懲罰房に入れられる。ひとりとなった橘が、網走までの自らの人生を改めてふり返り、そして……。

以下ストーリーの詳しい紹介は避けるが、主役の高倉健を始め、脇役も南原宏治や丹波哲郎、嵐寛寿郎、田中邦衛と個性的なキャストで固められたこの作品は、当時の大学生やサラリーマンなどの男性観客から、圧倒的な支持を得たものだ。

網走番外地　東映配給網で劇場公開されたヤクザ映画。石井監督が手がけた10本のシリーズほか、他監督の「新網走番外地シリーズ」が8本公開されている。

この映画「網走番外地」から私たちが想像するのは、番外地イコール凶悪な犯罪者が横行し、そのボスが支配するという無法地帯のイメージであろう。だが現実の番外地は、果たしてそのようなものであったのだろうか。

そもそもこの映画に「番外地」と付けられたのは、網走刑務所の所在地が網走市の官有無番地であることと関わりがあるらしい。しかし、明治以降の北海道では、この「番外地」に別の意味があった。まずは、近代北海道史における番外地の意味を把握しておこう。

◆屯田兵村と番外地の関係

実はこの「番外地」、1874(明治7)年から始まる**屯田兵制度**と深い関係がある。屯田兵によって編成された集落を屯田兵村《へいそん》と呼ぶが、兵村内には次のような土地があった。

それは、練兵場・射的場・軍事教育用作業地・屯田本部敷地・官舎敷地・兵屋敷地・学校敷地・社寺敷地・農耕地・道路敷地・風防林敷地・墓地といった土地であり、役場的な機能を持つ中隊本部を中心に、ひとつの村を構成していた。以上は土地使用上からの分類であるが、土地所有という面からは共有地・民有地・官有地にわかれており、そのほかに「番外地」と呼ばれるものがあった。

この番外地について、屯田兵制度の古典的研究者、**上原轍三郎**《うえはらてつさぶろう》が、『北海道

屯田兵制度　明治期の北海道に見られる武装移民制度。詳細は220ページ参照。

上原轍三郎　1883～1972年。近代北海道の土地制度や屯田兵制度研究の第一人者。北海道帝国大学農学部で農政学・植民学講座を担当、後に北海学園大学の学長に。著書に『北海道屯田兵制度』がある。

屯田兵制度』（北海道庁拓殖部刊）で次のように説明している。

是《こ》レ屯田兵村ニ給与セラレタル土地ノ近傍《きんぼう》ニ於《おい》テ一定ノ土地ヲ区画シ、此所ニ兵村ニ於テ要スル各種ノ物資ヲ販売スル商人ヲ住セシムルノ土地ニシテ北海道庁殖民区画地ニ於ケル市街地ト称スル所ノ如《ごと》キモノナリ、其《そ》ノ名称ノ因《よっ》テ来ル所ハ普通ノ土地ニ於テハ各々番号ヲ付シテ抽選ノ方法ニヨリテ屯田兵ニ給与シタルガ、此《こ》ノ土地ニ対シテハ別ニ番号ヲ付セザリシヲ以《もっ》テ也《なり》。

つまり、屯田兵村における番外地とは、外部の商人たちが入る商業ゾーンのことであり、北海道庁が明治20年代から実施した**殖民地区画制度**《しょくみんち》における「市街地」と、その機能が同一であった。

番外地という名称は、兵村内の兵屋敷地や農耕地には番号がつけられ、抽選で個々の屯田兵へ配分されたのに対し、この商業ゾーンの配分にあたっては番号をつけなかったので、こう呼ばれたのである。

番外地は兵村の中央部に設けられる場合が多かったが、例外もあった。

１８８５(明治18)年から翌年にかけて２２５戸の屯田兵が入地した野幌兵村には、左の図のように東・中央・西と３つの番外地が置かれた。このなか

殖民地区画制度　１８８６年の北海道庁設置と共に開始された殖民地の撰定・調査事業の結果、移住民1戸当たりの標準的な経営規模として、「小画」と呼ばれる1万5000坪（5町歩）の空間を最小単位に設計された開拓地。

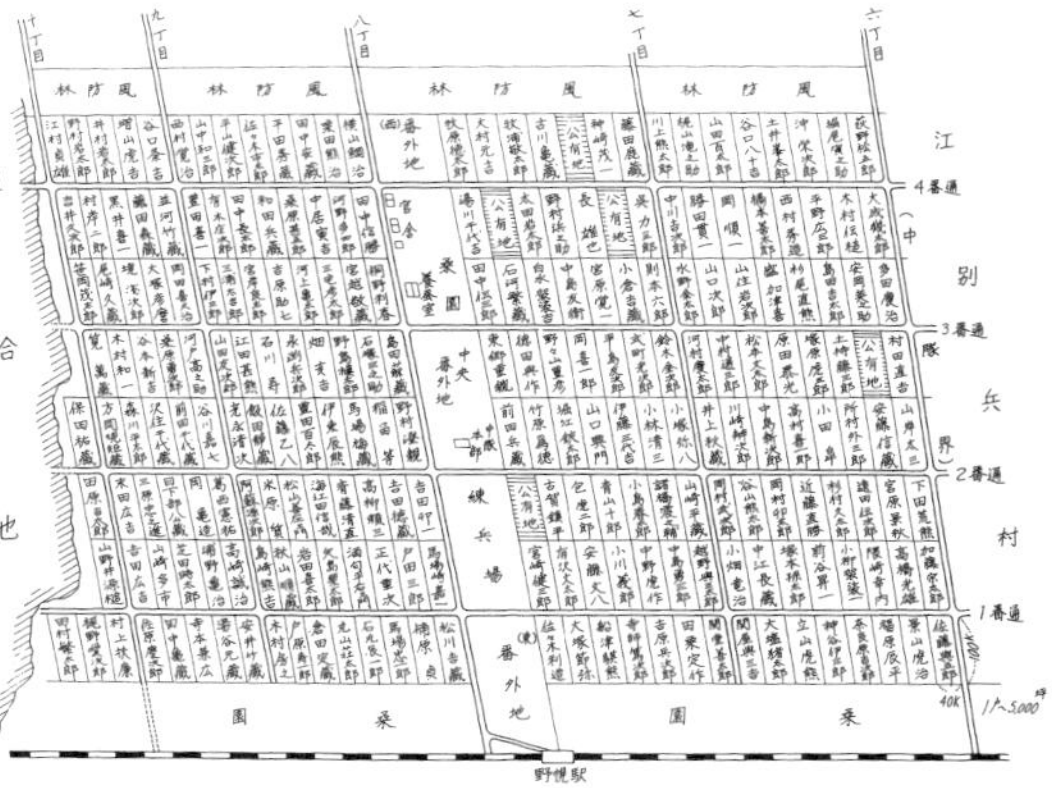

野幌屯田兵村の屯田兵第二中隊配置図
(江別市編『野幌屯田兵村史』〈1969年〉より)

で、市街地として発展するのは兵村の東端に位置する東番外地である。この地に同1885年、屯田兵の申し合わせで日用品の供給を目的とする共同販売所が設けられ、これが「市街地の草創」(『野幌兵村史』)となった。

その後、1889(明治22)年に**幌内《ほろない》鉄道**の野幌駅が設けられ、翌年には新潟県長岡地方からの団体移民である**北越《ほくえつ》殖民社**が鉄道の南側に入植。そのこともあって、この地域が次第に発展していった(前掲『野幌兵村史』、江別市『野幌屯田兵村史』)。

◆番外地から小都市への発展

次に番外地の管理方法を見てみよう。一般的には公有財産地として希望者に賃貸した事例が多く、等級に応じた賃料を借地人が支払っていた(**注1**)。これに対し野幌兵村や士別兵村では希望者に売却しているが、これは番外地の

幌内鉄道　官営幌内炭鉱(現三笠市)の石炭を小樽・手宮まで輸送する目的で敷設された北海道で最初の鉄道。1880年着工、1882年に幌内まで開通した。

北越殖民社　新潟県人の大越一蔵らが、札幌郡江別村(現江別市野幌)などの開拓を目的として設立。会社組織による北海道開拓事業のひとつである。

注1　借地人は6カ月以内に家屋の建築に取り掛からねばならず、地税は1等・2等・3等の区別によって1坪1カ月あたり4厘・3厘・2厘であった。

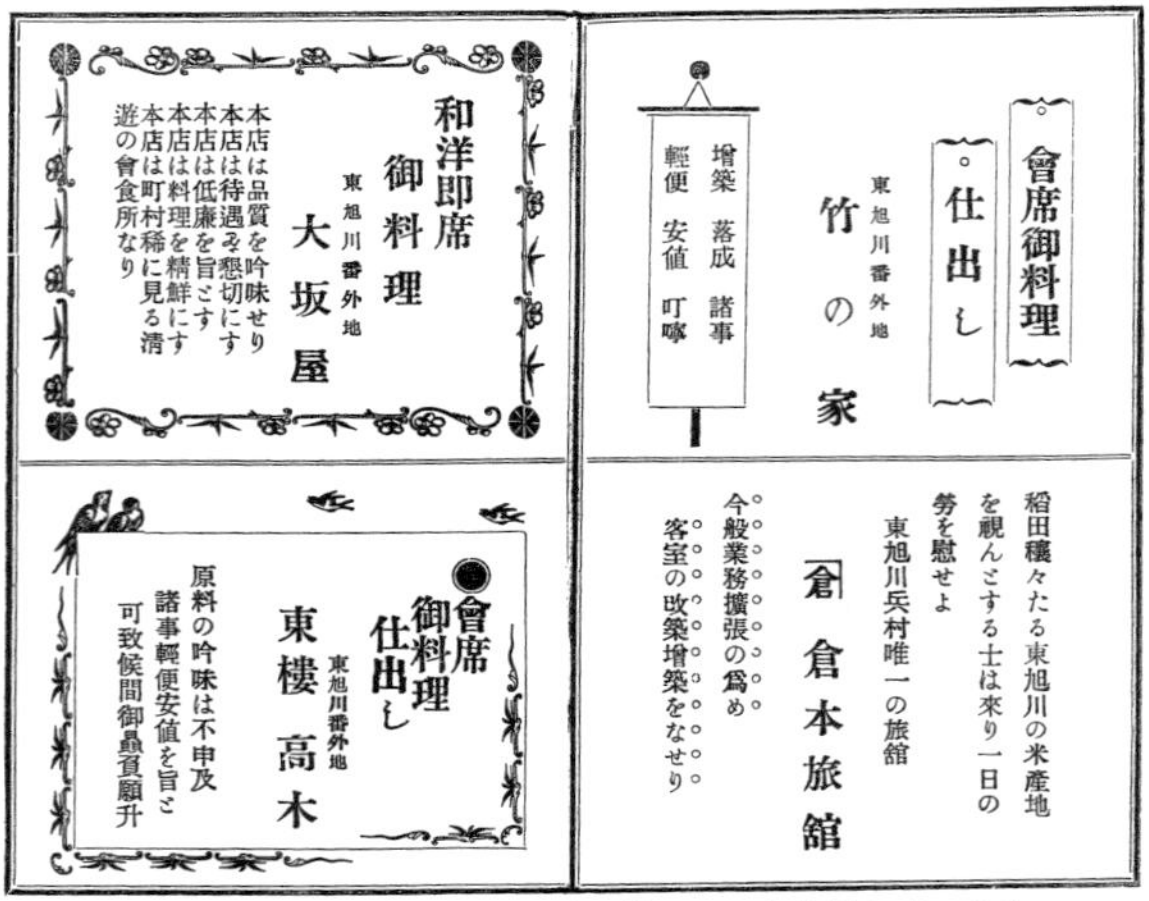

明治後期、旭川兵村番外地に店を構えていた旅館などの広告
（東旭川兵村上下部落会『東旭川史』〈1908年〉より）

将来的な発展を期待するには、商人たちに家屋敷の所有権を与えた方が良いとの判断からであった。ただ、番外地に入居した商人たちは兵村当局から強い監督を受けており、例えば**旭川兵村**《へいそん》では、借地人が番外地内の溝や道路の清掃、修繕の義務を負うこと、兵村役員の命令を遵奉し、村内の風俗を害しないことなどと決められていた。それらを守らなければ、兵村から退去を命ぜられることもあった。

それでも、1897（明治30）年末の旭川兵村では番外地戸数が20戸だったのに対し、翌年にはその倍以上の48戸まで増加している。そして、旭川兵村開村から10年を経た1903（明治36）年には、「戸数約六拾《ろくじゅう》、小市街をなし、

旭川兵村　現在の旭川市東旭川北1〜3条西5〜7丁目、豊岡地区など。1892年に開村。東側が上兵村、西側が下兵村と呼ばれた。

兵村及近傍《およびきんぼう》部落の日用品供給場たり。重なる建物には、戸長役場、東旭川郵便局、旭川尋常高等小学校、村立病院、劇場等あり」と、小都市的な発展を遂げている。一般に屯田兵村では、「経済中心としての番外地、行政中心としての役場、交通中心としての駅の三つが近接して立地した場合」、その村の中心集落として発展することが多かったようだ（山田誠論文）。

なお、このほかに「無番地」と呼ばれるものがあり、地番のない住所表記を指すようであるが、この点では番外地との共通点がある。ちなみに、道都札幌市の歓楽街として有名なススキノには「**ゼロ番地**」があるが、これはもちろん、屯田兵や土地区分とは何の関わりもない。

ゼロ番地　札幌市中央区南6西4の「すすきの市場」地下にある、北海道初の地下飲食店街「ススキノゼロ番地」のこと。現在、約30店舗が営業している。

［参考文献］
上原轍三郎『北海道屯田兵制度』（北海道庁拓殖部、1914年）（北海学園出版会より1973年に復刻）
山田誠「屯田兵村の番外地に関する一考察」〈『織田武雄先生退官記念人文地理学論叢』〉（1971年）
『野幌兵村史』（1934年）
『野幌屯田兵村史』（1969年）
『新旭川市史』第2巻通史2（2002年）

topic....40

屯田兵から旅役者に―兵村生活の実情と、ある屯田兵の話

内陸開拓の礎を築いた「平民屯田」の誕生

時代MEMO

1894年8月、日本初の本格的な対外戦争である日清戦争が始まる。屯田兵にも動員令が下されたが、彼らが外地での戦闘に参加する直前、1895年の4月に日清間で下関条約が締結され、終戦を迎える。

◆士族屯田から「平民屯田」へ

1891(明治24)年6月19日、兵庫県出身の**乾《いぬい》咲《さき》次《じ》郎《ろう》**というひとりの屯田兵が、**上川地方**で最初に置かれた**永山《ながやま》兵《へい》村《そん》**に移住した。彼は兵村内に17坪半の兵屋1軒をあてがわれ、感激のあまり次のように記している。

(前略)十七坪半の屋内の庭広く、六丈の板間に一間の庭炉があり、北に向て庭づたいの流し下、次に障子が立て六丈の座敷に奥は四丈半に押入付、いづれも畳が布いて有る。尤《もっと》もバラク建ではあるが此《この》新築平家を貰ッた嬉れしさ、神戸で腐ッた家で弐《に》円の借家を思出して、有難く感謝の念は全身に漲《みなぎ》る。

(乾咲次郎『自伝私記』第3記)

乾咲次郎 1874〜1959年。兵庫県出身の平民屯田兵、旅役者。屯田兵退役後は壮士芝居の旅役者に転身。1909年に新派芝居の「独立理想団」を結成し、北海道内ほか本州、樺太、中国大陸などで巡業を行った。

上川地方 北は天塩山地と北見山地に、南は夕張山地と日高山地に囲まれた地域。肥沃な盆地が広がり、農業が基幹産業となっている。

乾らが移住した永山兵村は、「平民屯田」の第1号として知られている。

　1874（明治7）年、「屯田兵例則」の制定をきっかけにスタートした屯田兵制度は、応募資格を士族に限定しており、「士族屯田」**（注1）**と呼ばれていた。しかし、1890（明治23）年に制定された「**屯田兵召募《しょうぼ》規則**」では、応募資格を平民まで拡大。この翌年から募集された屯田兵は、「平民屯田」と呼ばれた。

　応募資格が変更された原因は、当初の対象だった士族層が維新後20年を経て減少し、特別視する必要が薄れたことにある。そのことは応募年齢にも反映され、「屯田兵例則」では18歳以上35歳未満と制限の幅も広かったが、その後次第に狭まり、最終的には20歳の男子となった（松下芳男『屯田兵制史』）。

　このような事情に加えて、北海道側の状況も大きく変わっていた。1886（明治19）年の北海道庁設置後、北海道への移住民が次第に増加し、上川地方など内陸部の開拓が本格的に進められていた。そこで屯田兵に対しても、兵士より開拓民としての能力が、求められるようになったのである。

◆内陸開拓に励む平民屯田の活躍

　1890（明治23）年9月、北海道庁は石狩国上川郡に神居《かむい》村、旭川村、永山村の3村を設置する。永山兵村は第1（西兵村）、第2（東兵村）中隊にわかれており、第1中隊は兵庫、和歌山、

永山兵村　現在の旭川市新旭川地区と永山地区にあたる地域。第2代道庁長官、永山武四郎から名付けられた。

注1　実態としては、明治10年代から「養子屯田」というものがあり、平民籍の者が士族の養子となって屯田兵に応募した事例が報告されている。

屯田兵召募規則　1890年、「屯田兵徴募規則」を廃止して新たに制定された。屯田兵の採用資格の上限が30歳以下から25歳以下に引き下げられ、屯田兵の募集対象府県と人員についても、全国を6召募区に区分した割当表を作成し、募集の円滑化を図った。

岡山、徳島の出身者が9割、第2中隊は宮城、山形の東北勢と徳島、高知の四国勢がその8割近くを占めていた。乾ら兵庫県勢36戸は全員が第1中隊に属したが、乾の両隣ともに同県人であり、この点で彼は恵まれていたと言える。ある宮城県出身者は、「隣り同志はちがった国の人ばかりです。向うが山梨県、その差し向いが新潟県というぐあいで、第一言葉がよく分からない。もちろん習慣などもてんで分らない」（『永山町史』）という状態だった。

このような問題はほかの屯田兵村や開拓集落でもしばしば見られた。言葉の問題はとりわけ深刻であり、このことを克服するために北海道的共通語（北海道弁）が発達するのである。

さて、屯田兵は士族・平民屯田を問わず「保護移民」であった。出身地から兵村までの旅費と支度費が家族全員に支給され、1家族あたり兵屋1軒と1万5000坪の土地が与えられた。そればかりか農具や生活用具、寝具も準備され、入村から3年間の生活も保障されている。給与地の開墾を終えた者には、追給地も与えられた。

その代わり、屯田戸主は連日のようにきびしい軍事教練があり、支給された土地の開墾も一定期間内にやり遂げねばならなかった。だが、出身地の神戸で極貧生活を送っていた乾にとって、永山兵村の生活は極楽にも思えた。移住6日目、乾は次のように記している。

　神戸では毎日々々一升の米を買いかねて居た生活から、庭に一ヶ月分の米俵を積み家は我が物税金はなし、此後《こののち》三ヶ年は米は給与になり塩菜《えんさい》料は一人一銭五厘宛貰へるし、畑物の種子は悉《ことごと》く給与になる。（中略）屯田**五丁歩**の地主に成た喜びが湧く（下略）。（乾咲次郎、前掲『自伝私記』）

　永山兵村に移住した屯田兵たちは、ほとんどが乾のように強靱な精神力の持ち主であったに違いない。1891（明治24）年10月16日付の『北海道毎日新聞』では、永山兵村の開拓が「在来屯田兵の功程《こうてい》に比すれば異常の速成《そくせい》」なる原因として、その土地が開墾しやすいという事情のほか、「此回の屯田兵は士族平民を問はず募集したる為《た》め、是迄《これまで》と違ひ純然たる農家の多かりしに原因するものなりとぞ」と平民屯田の功績を挙げている。

◆屯田兵から
旅役者へ転身

　乾が永山兵村に移住後、3年の歳月があっという間に過ぎ去った。この間に上川地方の開拓は大きく進み、「上川盆地は賑やかに、開拓の煙りは黒白に上り、夜中は空も赤く色づき何んとなく陽気な気分に満ちて来た」（前掲書、以下同）。そして、1894（明治27）年7月1日をもって永山兵村の屯田兵は現役を終え、**予備役**に編入される。それと共に、軍務と開墾に張りつめていた乾の心が微妙に変化し始める。「予備役となって

五丁歩　1丁（町）歩は3000坪に相当。よって5丁歩は1万5000坪となる。

予備役　一般社会で生活を送っている軍隊在籍者。通常は軍隊以外の職業につき、有事の際、隊へ戻る。

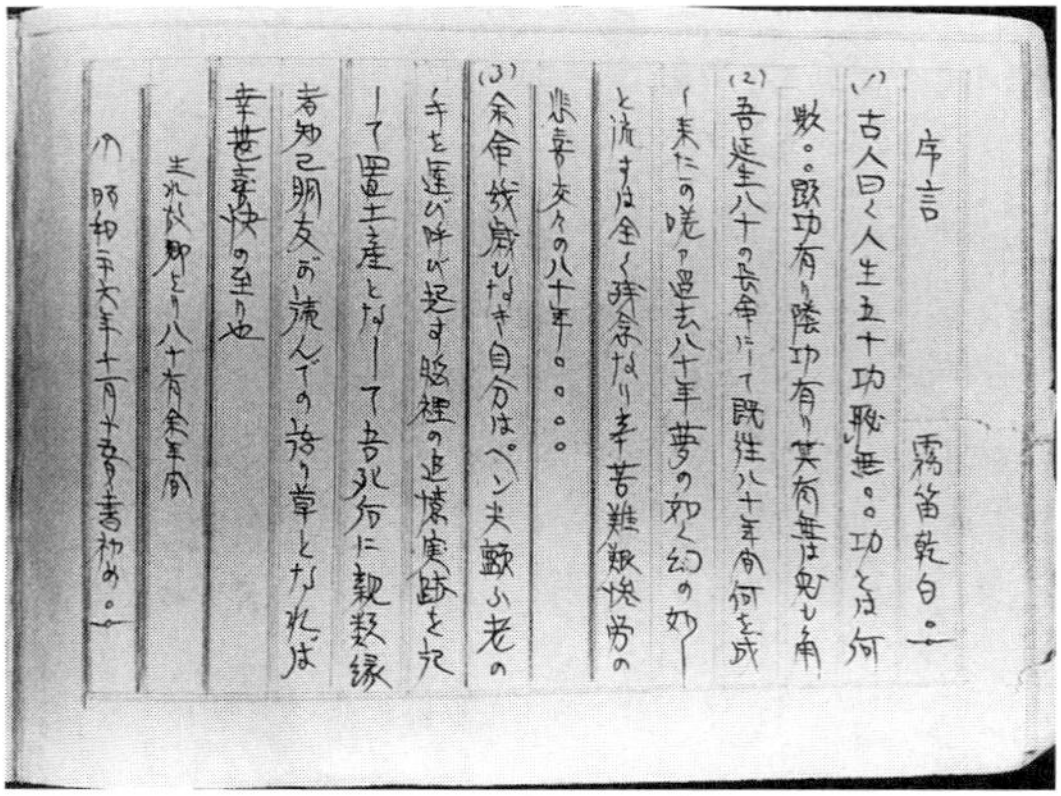

全58冊にもおよぶ乾咲次郎著『自伝私記』（私家版）の直筆原稿

心境一変浮動心が湧いて落着がなく、百姓仕事が手につかず時々頭がヘンテコになり、毎日ブラブラして居ると母も義成も何事も小言とは云はないが、妙なイヤな顔して私を見る」。いたたまれなくなった乾は7月下旬から家出して仙台で働き、10月に再び永山に戻った。

現役期間の終了は屯田兵村の結びつきが解体し始めるひとつのきっかけであり、多くの兵村でこのような事例がみられた。

なお、同年(明治27)8月から**日清戦争**が始まり、翌年2月には乾ら屯田兵にも動員令が下される。3月4日には道内の屯田歩兵4個大隊を基幹とする臨時第7師団が編成され、東京に進出。しかし、4月17日に日本と清国との間で**講和条約**が結ばれたことから、屯田兵は外地での戦闘に参加することなく、6月になって**復員**した。

東京で待機中の乾は、彼のその後の人生を大きく変える出来事に出合う。

日清戦争　1894年8月から翌年4月にかけ、おもに朝鮮の支配をめぐり、日本と清国で行われた戦争。近代日本が初めて体験した本格的対外戦争である。

講和条約　「下関条約」のこと。日本は約3億1000万円の賠償金ほか、遼東半島、台湾、澎湖島の割譲(遼東半島は三国干渉によって返還)、重慶や蘇州など開港場での企業権付与などを清国に承認させた。

復員　戦時下の兵士を平時の体制に戻し、召集を解くこと。召集を解かれた兵士が帰郷することを指す。

川上音二郎　1864～1911年。新派劇の基礎をつくった俳優、興行師。時代を風刺した演歌オッペケペ節で人気を博した。

それは、京橋の歌舞伎座で大人気だった**川上音二郎**一座の**壮士芝居**を見物したことだ。「私が後年四十年も俳優生活で送ッた原因は此時《このとき》に心の種が植へられた」のである。

その年の8月、三浦祐亮を座長とする壮士演劇が永山兵村を訪れる。芝居を見物して三浦座長と意気投合した乾はその一座に同行。屯田兵上がりという特異な経歴の旅役者として、活躍することになる。

壮士芝居 自由民権運動を大衆へ広めるために行われた演劇。1881年に角藤定憲が始め、その後、新派劇の源流となった。

［参考文献］
乾咲次郎『自伝私記』（私家版）
千田三四郎「見果てぬ夢舞台─旅役者の手記─」〈『人間像』第113号〉（1985年11月）
桑原真人「兵村の人びと」〈桑原真人編『開拓のかげに─北海道の人びと（1）』日本民衆の歴史・地域編⑦〉（三省堂、1987年）
松下芳男『屯田兵制史』（五月書房、1981年）
『永山町史』（1981年）
『新旭川市史』第2巻通史2（2002年）

topic....41

ベストセラーで北海道を開拓 検印票に残された開拓の志

丹羽五郎と丹羽農場—ある開拓者の話

時代MEMO

交通機関の発達や人口の増大により、ヨーロッパ人が次々とアメリカなどの新大陸へ移住し、人と物が活発に流通しだした19～20世紀。北海道にも、様々な過去を秘めた人物が、開拓を志しわたってきた。

◆検印票に記された謎の文字

にをかはちうごよのらさしうくにはしきこてよのやうしうしよ
かれうじののをししてさつわがかいほくだうよくにしみんとせすん

この暗号のような一文は、1888(明治21)年に出版された『漢英対照《かんえいたいしょう》いろは辞典』(博聞社)の**著者検印票**に記された文章(?)である。この辞典、徹底してイロハ順の語彙配列にこだわった当時としては画期的なもので、定価は5円50銭(現在の4万円ほど、**注1**)と決して安くなかったが、印刷の鮮明さと内容的に優れていることから人気を集めた。刊行当事者は丹羽《にわ》五郎だが、編集業務を行ったのは高橋五郎ということで高橋の著作として扱われている。

著者検印票　書籍の奥付に、著者が発行部数を確認するために押した印。

注1　米価換算で試算。1888年はコメ60キロ＝1・9円。2003年は約1万3748円。よって1円≒7236円となる。米価は中澤弁次郎『日本米価変動史』(明文堂、1933年)および農林水産省総合食料局編「米価に関する資料」を参考。

ところで、この辞典の著者検印票に注目した、ある研究者がいる。現代の図書からはまったくその姿を消してしまった著者検印票だが、彼はこの検印票を詳しく観察した結果、その四隅にローマ字で「N・I・W・A」という4文字があり、その周囲に冒頭のひらがな58字を発見した（河島正光「いろは辞典のこと」「丹羽五郎のこと」〈『資料ガイド』〉）。

いったい、この不思議な文は何を意味しているのだろうか。

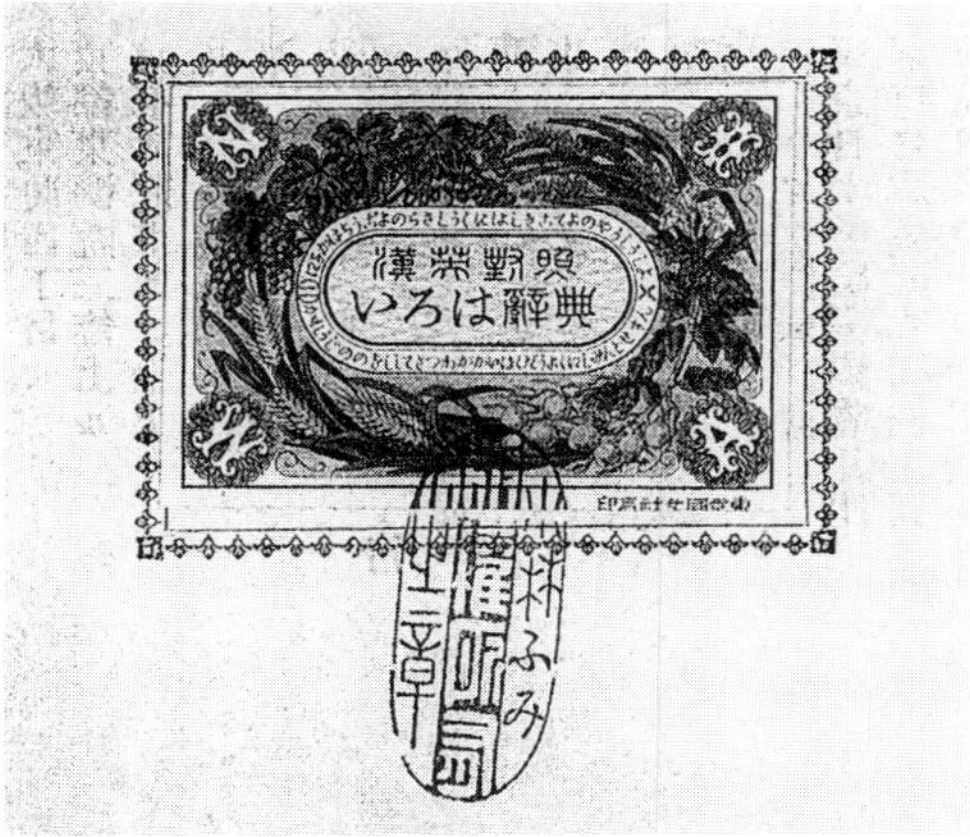

『漢英対照いろは辞典』（博聞社）の著者検印票

実は、この文字列にはある文章が隠されているのだが、それについては後で触れることにして、まずはこの辞書の出版に関わった「丹羽五郎」と「高橋五郎」の人となりについて、紹介しておこう。

◆幕末の激動と2人の「五郎」

丹羽五郎は、道南・瀬棚《せたな》地方の開拓者として有名な人物で、今日でも**久遠《くどう》郡せたな町**に「丹羽」という地名が残されている。これ

久遠郡せたな町　渡島半島の北西部、日本海に面した町。

は、かつてこの地に、五郎が開いた丹羽農場があったことに由来する（『北檜山町五十年のあゆみ』など）。

ここで、五郎の経歴を簡単に紹介しておこう。会津藩士丹羽族《やから》のひとり息子として1852（嘉永5）年に生まれた五郎は、宗家の当主が急死したため、本家の家督を継ぐことになる。しかし、幕末の**戊辰戦争**に敗れた会津藩は、石高を没収されて津軽の下北半島に転封。藩士の多くは斗南《となみ》藩と改称した同藩の一員として、開拓に従事した。五郎は東京で幽閉生活を送り、その後も斗南には戻らず、藩の命令により東京での洋学修業に打ち込む。

1872（明治5）年、「田村五郎」の偽名で東京府邏卒（警察官）の職を得てからは、警察の世界で才覚を発揮。**西南戦争**でも大いに活躍し、警視庁幹部を経て、1888（明治21）年には東京神田の泉橋警察署長となった。

実はこの頃から、五郎は北海道開拓の意志を固めていくのだが、そのことを示すのが最初に紹介した文である。この文字列の謎を明らかにした河島氏によれば、行ごとにある一定の法則で文字を並べ替えると、次のように解読されるという。

1行目
にはごらうはこのしよをちよさくしてようこうのしにきようし

戊辰戦争　233ページ参照。
西南戦争　233ページ参照。

（丹羽五郎はこの書を著作して洋行の資に供し）

2行目

かれののうじをしさつしてわがほつかいだうにしよくみんせんとす

（彼の農事を視察して我が北海道に殖民せんとす）

つまりこの文には、「この書」、すなわち『漢英対照いろは辞典』を出版して西洋への留学資金とし、現地の農業事情を視察して北海道拓殖事業を行いたいという、丹羽五郎の希望が隠されていたのだ。

そして、この辞典の編集・出版の協力者となったのが高橋五郎である。彼は1856（安政3）年に越後の柏崎で生まれ、維新後に洋学の勉強を志し横浜へ出向く。横浜でギリシャ語などを学んでいるときに丹羽五郎と出会い、辞典編集の片腕となった（河島正光「『五郎外伝』かきをき」〈1〉、私家版）。

◆丹羽五郎の北海道開拓

では、丹羽五郎の開拓事業はどのようにして具体化されたのだろうか。彼には、北海道移住後に著した『丹羽村之経営』と題する手記があり、開村35年を迎えた1926（大正15）年には『我か丹羽村の経営』（丹羽部落基本財団）も出版している。これらによれば、北海道開拓の意図を抱いた五郎は、1889（明治22）年に休暇を利用して上川地方を探険

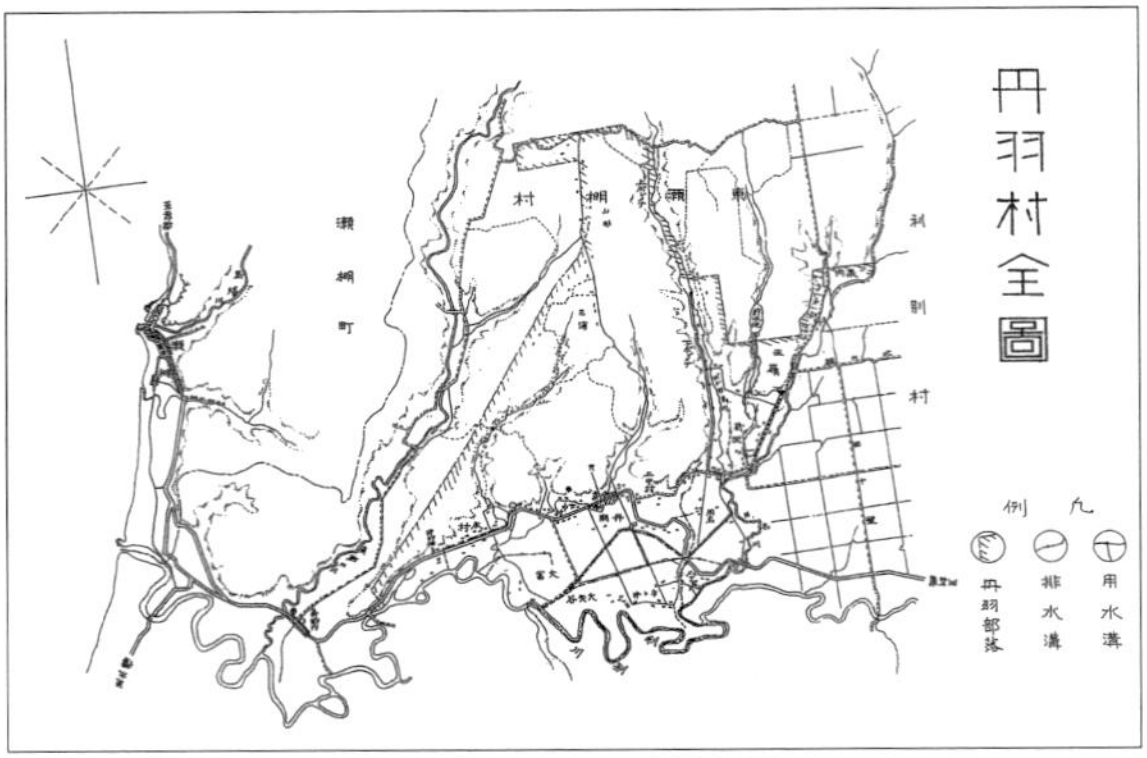

大正末期頃の丹羽村全景図
（丹羽五郎著『我か丹羽村の経営』〈1926年〉より）

し、翌年7月に再び来道。瀬棚郡利《せたなぐんとし》別《べつ》原野（現今金《いまかね》町、せたな町）に出張し、この土地を詳細に調査した。そして、1891（明治24）年に官を辞すると、同年4月には檜山外五郡役所《ひやまほかごぐんやくしょ》から利別原野の国有未開地180万坪の貸し付けを受ける。その翌年3月、郷里の福島県会津猪苗代《いなわしろ》地方から募集した開拓農民12戸・49人を率いて利別原野に入植し、念願だった開拓事業の第一歩を踏み出した。

その後もしばらくの間、五郎は東京で開拓資金の捻出に尽力する。日本橋北鞘町の**金原《きんばら》銀行**の一部を借りて「いろは辞典発行部」を置き、様々な著書を出版して資金の獲得を図った。彼が家族と共にこの地に移住したのは、入植から3年半ほどが経った、1895（明治28）年9月のことである。

丹羽農場の経営方針は、当時開拓の主流になろうとしていた「開き分け小

金原銀行　明治期の静岡県の実業家・金原明善（1832〜1923年）が起こした銀行。1941年三菱銀行に併合された。金原は静岡県下で天竜川の治水や植林を手がける一方、銀行や天竜運輸会社など実業面でも活躍した。元々、丹羽五郎とは東京での知り合いだった。

作」だった。移民1戸につき5町歩（1万5000坪）の土地を支給し、7年以内の開墾を命じると共に、成功後は4町歩が本人の私有地となり、1町歩について5年目より「相当の」小作料を納付させる方式だ。丹羽農場の開拓は苦労を重ねながらも着実に進み、1925（大正14）年には188戸・1266人まで移民戸数が増え、また開墾面積も2249町歩（674万7000坪）に達した。検印票に記した拓殖の希望は、見事かなったといえよう（ちなみに五郎が洋行した事実はない）。

五郎は、「前後《ぜんご》無慮《むりょ》八千部を発売」した『漢英対照いろは辞典』のほかにも、姉妹編の『和漢《わかん》雅俗《がぞく》いろは辞典』や『市町村一覧』『日本勲章図』など多種多様な出版を行っている。その正確な販売実績は不明だが、その売り上げが、丹羽五郎の北海道拓殖事業を支えたことは間違いないだろう。

〔参考文献〕
丹羽五郎『我か丹羽村の経営　附録丹羽五郎自叙略伝』（丹羽部落基本財団、1926年）
河島正光「いろは辞典のこと」〈機械振興協会『資料ガイド』6―1〉（1970年）
河島正光「丹羽五郎のこと」〈機械振興協会『資料ガイド』8―1〉（1972年）
河島正光「『五郎外伝』かきをき」〈1〉（私家版、1997年）
高橋哲夫『丹羽村の誕生―会津藩士丹羽五郎の生涯』（歴史春秋社、1989年）

topic....42

北海道集治監に収容された「赤い人」の群像

囚人たちの横顔と集治監における官員の実情

時代 MEMO

明治10～20年代の日本では、維新後の争乱や政情の不安もあり、多くの犯罪者が生まれた。そこで監獄の新設を計画した維新政府は、北海道に５カ所の集治監を設ける。そこには、実に様々な囚人が送られてきた。

◆囚人たちが着せられた「赤い獄衣」

小樽港手宮町番外地三田万太郎方雇人《かたやといにん》なる新潟県佐渡国雑太郡沢根村九番地平民関川利作（二十八年）は去る十八日小樽警察署へ引致されしが、同人は懲役人の如《ごと》き柿色の足袋を履き居り、其《そ》の挙動も何となく不審なりとのことにて種々取調になり（中略）今壱人柿色の足袋をはき居たる嫌疑にて拘留されし者ありしが、一体此足袋は空知辺より売物に出たる由《よし》にて其値段も廉《やす》き為《た》めに、貧者は之《これ》を買求めて履くよし。

（１８８８年11月29日付『北海道毎日新聞』）

これは、１８８８（明治21）年11月29日付の『北海道毎日新聞』に掲載された、

「柿色足袋の嫌疑」と題する記事である。小樽の市街地などで「柿色足袋」を履いている者は、集治監からの逃走囚として嫌疑を受けると注意を促し、そしてこの足袋の出所が「空知辺」で、空知集治監の払い下げ品らしいと推測されている。それにしても、囚人の履き古した「柿色足袋」の買い手が、貧しい地域住民だったという点は、あまりにも悲しい現実である（桑原真人「地獄部屋―北海道の開拓―」〈林英夫編『地方文化の日本史　青雲の志と挫折』第8巻〉）。

さて、2006（平成18）年7月に死去した作家・**吉村昭**《よしむらあきら》には、近現代の北海道を舞台にした歴史小説が数多くあるが、そのひとつに樺戸集治監の設置と囚人労働を取り上げた『赤い人』（筑摩書房、1977年）という作品がある。

「赤い人」とは集治監の囚人を指し、その囚人らが赤い獄衣の着用を強制されたことからこう呼ばれていた。「赤い服」や「赤ん坊」は「悪事をする囚徒の代名詞」（寺本界雄『樺戸監獄史話』）であり、作業用の単衣、房内用の長衣から股引、足袋、手拭い、下帯に至るまですべてが赤色だった。赤色にしたのは、一般社会との断絶を、囚人たちに強く意識させる意味があったのであろう。

◆「赤い人」らの多彩な犯罪歴

集治監に収容された囚人には、多彩な犯罪経歴の人物が含まれていた。最初に設置された樺戸集治監では、巡査の追及を逃れようと飛び降りて足に五寸釘を踏み抜き、そのまま**3里**も逃

吉村昭　1927～2006年。東京都出身の小説家。日本芸術院賞や菊池寛賞など、数々の文学賞を受賞した。『戦艦武蔵』『破獄』など代表作多数。

3里　1里＝約4キロメートル（3・9273キロメートル）。よって3里は約12キロメートルになる。ちなみに1寸は約3・03センチメートル。

「外役連鎖ヲ着スル図」
(『監獄則図式』〈1872年〉より)

走したという「五寸釘の寅吉」こと**西川寅吉**《にしかわとらきち》、強盗に入って1日に48里も走ることのできた「稲妻強盗」こと坂本慶次郎、といった面々がいた(『月形町史』)。

空知集治監の場合には単なる凶悪犯に留まらず、当時国事犯と呼ばれた政治犯、すなわち**自由民権運動**の激化事件の関係者が含まれていた(供野外吉『獄窓の自由民権者たち』)。

1882(明治15)年4月6日、岐阜市内で演説中の自由党総理、**板垣退助**《いたがきたいすけ》が刺客に襲われた事件(岐阜の変)では、その犯人、愛知県士族の相原尚褧《あいはらなおぶみ》が無期徒刑の判決を受けて空知集治監に収容されている。

なお、相原に襲われた板垣が「板垣死すとも自由は死せず」の名言を残したと伝えられたことから、その後民権運動は急激に盛り上がったが、不意をつかれた板垣がこのような名文句を吐いたわけでは決してない。ただし、負傷した板垣が、「退助は此儘《このまま》死んでも自由の精神は滅ぶることは無いから、諸君もしつかり遣《や》つて呉《く》れ給《たま》へ」といった意味の言葉を残したことは事実のよ

西川寅吉 1854〜1941年。三重県出身。あだ打ちによる傷害、放火で捕まるも何度も脱走した脱獄の名手(?)である。本文の五寸釘の話は、秋田の集治監を脱走後に静岡で博打の揉め事に巻き込まれ、警察に追われた際のエピソード。

自由民権運動 233ページ参照。

板垣退助 1837〜1919年。高知藩出身の明治期の政治家。「民撰議院設立建白書」を政府に提出し、自由民権運動の中心人物となった。

うだ（尾佐竹猛『明治秘史疑獄難獄』）。

釧路集治監にも、凶器持ち強盗で前橋監獄を襲い、「明治の凶盗」と呼ばれた関口文七などの著名な囚人がいたが、その代表格は津田三蔵と小山豊太郎（六之助）だろう。津田は、1891（明治24）年に来日したロシア皇太子**ニコライ**をサーベルで斬りつけた、大津事件（湖南事件）の犯人である。この事件では、津田に死刑を求める政府の圧力を大審院の**児島惟謙**《こじまいけん》院長がはねのけ、無期徒刑の刑が言い渡された。津田は同年7月2日、釧路集治監に送られるが9月27日になって突然発病し、肺炎を起こして同30日に死去している（尾佐竹猛『露国皇太子大津遭難湖南事件』）。

一方、小山豊太郎は1895（明治28）年3月24日、日清戦争の講和使節として下関を訪れていた清国全権大使の**李鴻章**《りこうしょう》をピストルで狙撃し、重傷を負わせた。この事件で無期懲役の判決が下るが、**英照**《えいしょう》**皇太后**の崩御に伴う恩赦で懲役15年に減刑。1907（明治40）年8月に仮出獄が認められた。

◆暴かれた獄吏らの悪事

小山の最大の功績は、出所まもない1910（明治43）年、東京の日高有倫堂から『活地獄《いきじごく》』（筑摩書房版『明治文学全集』第96巻）という書物を出版し、集治監における悲惨な実態を明らかにした点であろう。彼はこの書で再三にわたり、獄吏の不正行為や囚人への虐待の事実を告

ニコライ　1868〜1918年。後のロシア帝国最後の皇帝、ニコライ2世。

児島惟謙　1837〜1908年。宇和島藩出身の明治期の司法官。大津事件では政府に抵抗し、司法権の独立擁護に貢献した。

李鴻章　1823〜1901年。中国・清朝末期の政治家。1895年3月、清国政府全権として下関講和会談に臨んだが、第3回講和会談の帰途に日本人壮士小山六之助に狙撃され負傷、戦後は失脚する。

英照皇太后　1833〜1897年。明治天皇の嫡母。

述べている。

発している。例えば、「監獄署の所帯廻はし」という一節で、彼は次のように

集治監の吏員達はそれぞれの地位に応じて不正な行為を繰り返し、もっとも地位の低い「小なる官吏」の場合には、「筆墨紙の如《ごと》きものを手当り次第に持ち帰へッたり、鋸鉈スコップの様なものまで、朽廃用に立たぬ安物を古道具屋から買ッて来て、獄用の新らしひものとスリ代へたり、だうせ碌《ろく》な事は仕《し》ないのである」。これに対して「一層甚だし」い獄吏は、「外役一隊の囚人に申《もうしふく》含めて、官有の大根であれ、馬鈴薯であれ、薪炭であれ、南瓜であれ、二三台の車に積み重ねたまゝ、白日公然、我家へ引張り込ませるのである」。

だが、最も悪質なのは彼らの上官である。「然《しか》らば上官の芸当と云ふのは何か、是《こ》れは概して帳簿の上に於《おい》て、演ぜらるゝのである。前に述べたる不急の土木、無用の修繕、官品払下げ又は購入、御用商人よりの収賄、旅費稼ぎの旅行、是等《これら》は、彼等が乗じて以《もっ》て、利を営むの壇場《だんじょう》である」。

小山の指摘する「小なる官吏」の行為は、現在の我々にも身に覚えのある話ではないか。勤務先の備品や消耗品を自宅に持ち帰ったり、あるいは新品の道具類を古道具とすり替えるなどの行為は、つい誰もがやりそうなことではある。これらに較べ、階級が上になるほどその行動は大胆となる。小山が最も悪質だと非難するのは、集治監の「帳簿の上」で様々な不正行為を働き、

私腹を肥やしている最高幹部たちであった（桑原真人『近代北海道史研究序説』）。

小山は出獄後結婚し、書道塾や碁会所を営んでいたが、戦後の1947（昭和22）年8月、東京都葛飾区で75歳の生涯を閉じた。

〔参考文献〕

小山六之助『活地獄』（日高有倫堂、1910年）（筑摩書房版『明治文学全集』第96巻、1967年）
板垣退助監修『自由党史』中（1910年）（岩波文庫版中巻、1958年）
尾佐竹猛『明治秘史疑獄難獄』（一元社、1929年）
尾佐竹猛『露国皇太子大津遭難湖南事件』（岩波新書、1951年）
寺本界雄『樺戸監獄史話』（月形町役場、1972年）
供野外吉『獄窓の自由民権者たち』（みやま書房、1972年）
桑原真人「地獄部屋―北海道の開拓―」〈林英夫編『地方文化の日本史　青雲の志と挫折』第8巻〉（文一総合出版、1977年）
桑原真人『近代北海道史研究序説』（北海道大学図書刊行会、1982年）
『月形町史』（1985年）
『標茶町史』通史編第1巻（1998年）

topic....43
「北海道旧土人保護法」の制定とアイヌ民族
保護法制定の背景と、法案成立までの道のり

時代 MEMO

イギリスやフランスなどが清国の領土を次々と租借し、列強国のアジア進出が進んでいくなか、1900年には義和団事件が起こり、日本もその鎮圧のため清へ出兵する。その前年、日本ではある法律が制定された。

◆開拓で生活圏を追われたアイヌ民族

1899(明治32)年3月2日、「北海道旧土人保護法」いう名の法律が制定・公布され、4月1日から施行された。「旧土人」とは近・現代におけるアイヌ民族を指す明治政府の公式用語であり、文字通りに解釈すればこの法律は、「アイヌ民族を保護する法律」という意味になる。

しかし、本当にそのような内容だったのであろうか。この点に触れる前に、なぜこの法律が制定されたのか、その背景を簡単に説明しておこう。

1869(明治2)年の開拓使設置以来、明治政府のアイヌ民族に対する政策は一貫して、日本人への同化を求めるものであった。開拓使時代のアイヌ政策については別項(208ページ)に譲るが、北海道庁の設置と共に開拓政策の見直しが行われ、直接保護から内地資本によって開拓を進めようとする

間接保護へ、政策が転換された。またこの時期には北海道への移民が増加し、内陸部の開拓が積極的に進められたが、これは先住のアイヌ民族にとってその生活圏が狭められ、追われることを意味していた。

1889（明治22）年、奈良県十津川村の住民600戸・2480人が大水害によって北海道へ移住し、翌年に**樺戸郡トック原野**《かばと》へ入植したのも、その一例である。この際、石狩川の沿岸で暮らしていたアイヌは1カ所に集められた上、十津川移民入植地の近くにアイヌ地が32区画設けられた。浦臼や雨竜、伏古のアイヌもここに集められ、計26戸が入植。しかし土地所有権の問題もあり1909（明治42）年に村内の別の地に移転、その10年後には14戸・76人にまで減少している（『新十津川町史』）。

このような事例はほかの地域でも見られたことから、明治20年代後半には帝国議会でも、北海道のアイヌ保護問題が取りあげられるようになった。

◆法案成立までの長き道のり

まず、1893（明治26）年11月の第5議会において、埼玉県から選出された立憲改進党の加藤政之助議員が「北海道土人保護法案」を衆議院に提出した。加藤は埼玉県の有志が設立した北海道拓殖組合による**利別原野**《としべつ》の開墾事業に関係したことがあり、北海道と全く無縁の人物ではなかった。この法案は、帝国議会にかけられたアイヌ問題に関

樺戸郡トック原野　現在の新十津川町。北海道中西部の石狩平野にあり、石狩川の右岸に位置する。移住した奈良県十津川村の住民が、故郷の名前を取って新十津川とした。

利別原野　現在の今金町、せたな町にまたがる地域。

する最初のものであったが、結局本会議で否決されている。

その2年後、1895(明治28)年2月の第8議会でも、三重県選出の自由党の鈴木充美議員ほか5名が「北海道土人ニ関スル質問」4カ条および「北海道土人保護法案」を、衆議院に提出している。鈴木らの法案の内容は、北海道のアイヌで「既《すで》ニ其《そ》ノ土地ヲ開墾シタル者ハ其ノ土地ノ所有権ヲ取得」することができ、面積は1万5000坪を上限としていた。これ以外にもさらに、「**普通土地貸下規則**ニ依《よ》リ土地ノ貸下ヲ出願スルコト」もできるとあり、もしもこの法案が成立していれば、ひとりのアイヌが最大11万5000坪もの官有未開地処分を受けることが可能だった。

だが、狩猟民族としての生活が基本であり、開墾労働に熟達しているとはいえないアイヌ民族が、限られた期間内にこれだけの面積の開墾が可能であったかどうかは、やや疑問が残る。この法案も衆議院の特別委員会に付託されたままで会期が終わり、結局は廃案となってしまった。

さらに1894(明治27)年ごろ、道庁が「北海道旧土人保護規則案」を独自に準備し、内務省に上申したが、同省はこの案に冷淡だった(『新旭川市史』第2巻)。ちなみに道庁の保護案は、農耕の奨励と医療・衛生面の保護をうたっている点はこれまでの案と共通しているが、教育面については「北海道旧土人ニシテ部落ヲ為シ特ニ小学校ノ必要アルトキハ之《これ》ヲ設クルコトヲ得」と独

普通土地貸下規則　1886年に制定された「北海道土地払下規則」のこと(246ページ参照)。この規則では、1人10万坪を上限に官有未開地の貸し下げが認められていた。

自の構想を打ちだしている。そして、同条の附則として、これら農耕・医療・教育に要する経費は「旧土人共有財産ノ収益ヲ以《もって》其《その》費用ニ充テ其不足アルトキニアラサレハ国庫ヨリ支弁《しべん》セス」と規定されており、この点から**アイヌ共有財産**の管理権は道庁長官が持つことになっていた。

◆法案成立とその問題点

以上のように、明治20年代後半には様々なアイヌ保護法案が提起されたが、それらが実現することはなかった。その後、日清戦争を挟んで１８９８（明治31）年12月、今度は政府から「北海道旧土人保護法案」が第13議会に提案される。この法案は、「北海道旧土人」で「農業ニ従事スル者又《また》ハ従事セムト欲スル者」に対し1戸当たり1万５０００坪以内の土地を無償下付するというものである（第1条）。下付された土地は「旧土人給与地」と呼ばれたが、相続以外で譲渡することは禁止されていた。さらに質権や抵当権など、民法上の所有権の移動に関する制限が課されていた（第2条）。これらを含めて第4条までは勧農政策に関する規定であり、第5条と第6条は医療に関する規定、そして第7条から第9条までは教育に関する規定だった。

この政府提案によるアイヌ保護法案は、明治20年代に提起された法案の諸要素を取り入れたものといえるが、そのための必要とする財源は、「北海道旧

アイヌ共有財産　開拓使の官営漁業による収益金、明治天皇や宮内省によるアイヌ教育のための下賜金と交付金、樺太アイヌ・北千島アイヌに支給された救恤金などを合わせたもので、道庁長官・道知事が管理を行っていた。1997年の「北海道旧土人保護法」の廃止でアイヌ民族に返還されることになったが、その返還方法などを巡ってアイヌ側から裁判が起こされた。

旭川近文アイヌ集落の人々〔1907年撮影〕
(北海道大学附属図書館北方資料室所蔵)

土人共有財産ノ収益ヲ以《もっ》テ之《これ》ニ充ツ、若《も》シ不足アルトキハ国庫ヨリ之ヲ支出ス」(第8条)となっている。要するに、貧しいアイヌに対して農具および種子代、薬代、授業料などが支給されるのだが、その財源はまずアイヌ共有財産の運用益から支出し、不足する場合に初めて国庫から支出するのである。その一方で、最初から国がその費用を支出しようとしたのが「北海道旧土人ノ部落ヲ為シタル場所」に設置する小学校だった(第9条)。これが**アイヌ学校**と呼ばれるものである。

このように、アイヌ民族に対する農耕の強制とアイヌ教育を柱として施行された「北海道旧土人保護法」は、その後、大正・昭和の各時代を経て幾たびかの修正を受けながら存続し、1997(平成9)年に「**アイヌ文化振興法**」(略称)の制定を受けて廃止されるまで、アイヌ社会を律する唯一の法律だっ

アイヌ学校　北海道旧土人保護法第9条の規定により、アイヌ集落に設けられた学校。日高・胆振地方を中心に全道で21校設置され、アイヌ児童の就学率向上に一定の役割を果たした。しかし、その本質は和人児童からアイヌ児童を切り離す分離教育にあり、1937年の保護法改正によって廃止された。

アイヌ文化振興法　213ページ参照。

た。

しかし、給与地に対する所有権の極端な制限はアイヌ民族の反発を買い、アイヌ学校も和人児童からの分離教育との評価を受けるなど、この法律がアイヌ民族の「保護」に値するか否かについては、当時から評価が分かれていた。

この「北海道旧土人保護法」にはモデルがあり、それは1887（明治20）年にアメリカで制定された先住民族に対する保護法「ドーズ法」である。このふたつの法律は、アイヌ民族とアメリカ先住民に対し土地給与を通して農耕民化させるという点で共通していた。しかし、「旧土人保護法」が農耕希望者に1戸当たりという家単位で土地を給与したのに対し、「ドーズ法」は個人を単位として強制的に土地を割り与えるなど、日本とアメリカの国情を反映した違いもあった。

［参考文献］
『新十津川町史』（1966年）
『新旭川市史』第2巻通史2（2002年）
榎森進『アイヌ民族の歴史』（草風館、2007年）
富田虎男「北海道旧土人保護法とドーズ法」〈『札幌学院大学人文学部紀要』第48号〉（1990年）

topic....44

人類館事件とアイヌ民族
好奇の目にさらされた人々
アイヌ民族と沖縄人の地域を超えた繋がり

時代MEMO

大阪に日本初の市電が登場した１９０３年、同じく大阪の天王寺公園で、第５回内国勧業博覧会が開かれる。翌年には日露戦争が開戦、大国ロシアと互角に戦い、その後の国際社会における日本の発言力を高めた。

◆内国博覧会の目玉、「人類館」とは

○人類館　斜に正門に対して其《その》建物有り。…内地に近き異人種を聚《あつ》め其風俗、器具、生活の模様等を実地に示さんとの趣向にて北海道アイヌ五名、台湾生蕃《せいばん》四名、琉球二名、朝鮮二名、支那三名、印度三名、瓜哇《ジャワ》一名、バルガリー（ママ）一名、都合二十一名の男女が各其国の住居に模したる一定の区画内に団楽しつゝ、日常の起居動作を見するにあり。亦《また》場内別に舞台の如《ごと》きものを設け其処に替る替る自国の歌舞音曲を演奏せしむる由《よし》にて、観客入場の口は表にありて出口は裏にあり。通券は普通十銭、特等三十銭にして、特等には土人等の写真及び別席にて薄茶を呈すとの事。

（『大阪朝日新聞』１９０３年３月１日。松田京子『帝国の視線―

博覧会と異文化表象―』〈吉川弘文館、2003年〉より再引用）

これは1903(明治36)年3月1日から7月31日まで、大阪の天王寺公園で開かれた、第5回内国勧業博覧会における人類館(3月10日に学術人類館と改称)というパビリオンの様子を伝える記事である。

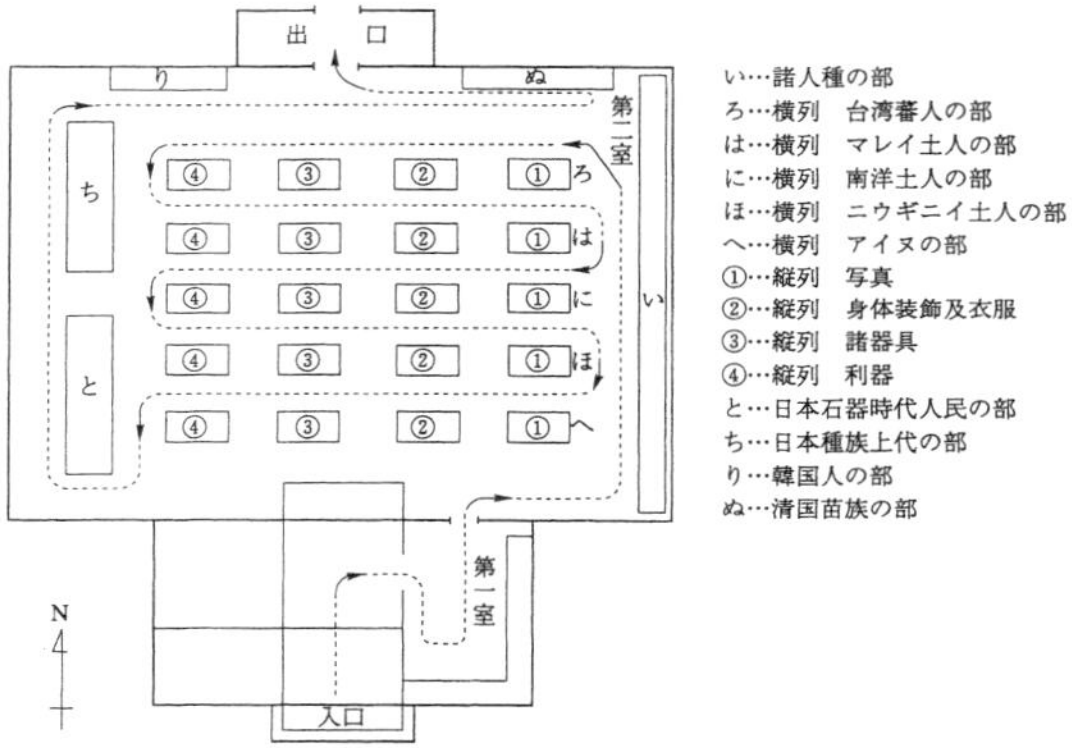

人類学標本展覧会会場配置図
（松田京子『帝国の視線―博覧会と異文化表象―』より）

この内国勧業博覧会は、殖産興業政策を推進する明治政府によって、欧米技術の導入と国内産業振興の一環として開催されたものである。第1回は1877(明治10)年に東京で開かれ、1880(明治13)年に第2回(東京)、1890(明治23)年に第3回(東京)、1895(明治28)年に第4回(京都)が開かれている。内国博に対する国民の関心も次第に高まり、入場者数も第1回45万4000人、第2回82万3000人、第3回10

2万3000人と増加していった。

大阪で開かれた第5回内国博では、**日清戦争**によって日本が初めて獲得した植民地・台湾を紹介する台湾館が登場し、また人類館という展示も目新しい試みであった（海保洋子『近代北方史―アイヌ民族と女性と』）。

人類館は3月10日に開館したが、事前の展示計画に清国人と朝鮮人が含まれていたため両国から抗議が行われ、外交関係に配慮した日本側は展示を取りやめている。この結果、4月の段階で学術人類館に展示されていた人々は、アイヌ7人・「琉球人」2人・「台湾**熟蕃**《じゅくばん》」2人・「台湾**生蕃**《せいばん》」1人・台湾土人2人・マレー人2人・「ジャヴァ人」1人・「印度人」7人・トルコ人1人・「**ザンジバル島人**」1人の計26人であった（松田京子、前掲書）。

これらの人々は、民族ごとに再現された住居のなかで、日常生活を営む形で展示された。このような展示に抗議の声をあげたのが、沖縄の人々と地元マスコミである。当時、大阪には多くの沖縄県出身者がいたが、あるひとりの沖縄県人がこの人類館を訪れた際、そこで「琉球貴婦人」と紹介されている沖縄人女性が実は「まがう方なく娼妓」であり、見物人の好奇心に満ちた視線にさらされていることを深く憤り、沖縄の地元紙に投書したのである。

これを受けて『琉球新報』は、このような展示は同胞である沖縄県民に対する最大の侮辱であるとして、展示中止を求めるキャンペーンを展開した。

日清戦争　264ページ参照。

熟蕃と生蕃　台湾の先住民で、大陸の漢民族が増加してきた18～19世紀になって平地に住み、漢民族化が進んだ人々を「平埔蕃」（へいほばん）と呼び、特に漢化が進んだ人々は「熟蕃」と呼ばれた。逆に漢化が進んでいない人々を「生蕃」「高山蕃」と呼んだ。日清戦争後の日本領時代には、「生蕃」を「高砂族」と呼んだ。

ザンジバル島　ザンジバルは、アフリカ・タンザニア東の沖合に浮かぶ島嶼群、1890年にイギリスの保護領となる。

例えば、4月11日付の『琉球新報』は、「人類館を中止せしめよ」と題する記事を掲載し、

我輩は日本帝国に斯《かか》る冷酷なる貪欲の国民あるを恥つるなり。彼等が他府県に於《お》ける異様の風俗を展陳せずして、特に台湾の生蕃北海のアイヌ等と共に本県人を撰みたるは是《こ》れ我を生蕃アイヌ視したるものなり、我に対するの侮辱豈《あに》これより大なるものあらんや。

と述べて、沖縄県民を「台湾の生蕃」や「北海のアイヌ」と同列に扱う人類館の展示に、強い不満の意を表した。沖縄県民の中止を求めるエネルギーの前に、5月7日、人類館における沖縄女性の展示は中止された。

◆展示された12人のアイヌ

一方、この人類館に展示されていた北海道のアイヌ民族はどうであったのか。『北海タイムス』や『小樽新聞』といった地元有力紙には、『琉球新報』のような、人類館あるいはアイヌ展示に関する批判的視点からの報道がほとんどみられない（海保洋子、前掲書）。アイヌ民族に対し、北海道のマスコミは「同胞」視する意識を欠いていたのである。

この人類館に展示されたアイヌは、十勝アイヌの首長ホテネこと伏根《ふしね》安太

郎を始めとするチンコウ、シバウ、アルシト、ヌシタンほか12人であった。彼らが日本人の斡旋で人類館におもむいた最大の理由は、個人的な利益を手にするためではなく、十勝・伏古に設立した**アイヌ学校**の維持費を得るためであった。伏根は学術人類館の舞台上で流暢な「内地語」を駆使して宗教と教育についての演説を行い、アイヌ学校の義捐金募集に成功している。こうした伏根安太郎らの行為は、結果的に「見せ物興行的『観光アイヌ』」としてのイメージ形成に一役買ったのではないかとされるが(海保洋子、前掲書)、アイヌ自身の自主的な判断によるものである限り、尊重されるべきであろう。

◆アイヌと沖縄人の地域を超えた繋がり

さて、学術人類館問題のその後に触れておこう。「沖縄学の父」として知られる**伊波普猷**《いはふゆう》は、1907(明治40)年、「琉球史の趨勢」と題する講演のなかで、明らかにこの人類館事件を念頭に置きながら次のように述べている。

ところがこの琉球民族という迷児は二千年の間、支那海中の島嶼《とうしょ》に彷《ほう》徨《こう》していたにかかわらず、アイヌや生蛮みたように、**ピープル**として存在しないで**ネーション**として共生したのでございます。(中略)アイヌを御覧なさい。彼らは、吾々《われわれ》沖縄人よりもよほど以前から日本国民の仲間

アイヌ学校　282ページ参照。

伊波普猷　1876〜1947年。沖縄県出身でいわゆる「沖縄学」の基礎を築いた研究者。東京帝国大学卒業後は帰郷して「おもろ」を中心とする沖縄学研究に取り組み、沖縄の歴史や文学・民俗に関する多くの業績を残した。

ピープル　people.「民族」のこと。ここでは、ネーション（国民）になる以前の段階として使われている。

ネーション　nation.「国民」「国家」「(近代）民族」のこと。ピープルが、一定の歴史的過程を経て形成された国民国家を指す。

入りしています。しかしながら諸君、彼らの現状はどうでありましょう、やはりピープルとして存在しているではありませんか。あいかわらず、熊と角力《すもう》を取っているではありませんか。彼らは一個の**向象賢**《しょうしょうけん》も一個の**蔡温**《さいおん》も有していなかったのであります。

（伊波普猷著、外間守善校訂『古琉球』）

ここで伊波は、アイヌや台湾の「生蕃」が「ピープル」的な存在であるのに対し、琉球民族はより高度な「ネーション」的発展段階にあることを強調し、アイヌに対する差別的意識を露わにしている。

しかし、伊波のアイヌ民族に対する見方が、生涯このままだったわけではない。１９２５（大正14）年3月19日、伊波は第2回東京アイヌ学会で講演したアイヌ青年の**違星**《いぼし》**瀧次郎**（北斗）と知り合い、「目覚めつつあるアイヌ種族」（『沖縄教育』第１４６号）という一文を残している。この中で伊波は、かつての「アイヌと沖縄人との違い」という視点ではなく、「アイヌと沖縄人との共通性」という視点を全面に出し（安良城盛昭『新・沖縄史論』）、次のように述べている。

（違星の講演を聞いた後に）一同は少からず感動しました。アイヌは五以上

向象賢　１６１７～１６７５年。琉球王国の政治家、羽地朝秀《はねじちょうしゅう》の唐名。数々の改革で琉球国を立て直し、のちに「琉球の五偉人」に数えられた。

蔡温　１６８２～１７６１年。近世中期の琉球王国の三司官、和名は具志頭親方文若。在任中に林政・農政の合理化と商工業を振興して王府の財政を再建し、失業士族を救済した。向象賢と並んで近世沖縄の二大政治家と呼ばれる。

違星瀧次郎（北斗）　１９０２～１９２９年。余市に生まれ、小学校卒業後は作業員や出稼ぎ生活を送る。１９２５年に上京して金田一京助の知遇を得、帰郷後は道内で売薬行商のかたわら、アイヌ民族差別を告発する短歌などを投稿。病死後に歌文集『コタン』が刊行された。

の数は数へることが出来ないなどと聞かされてゐた私たちの知識は、見事に粉砕されました。（中略）私は違星君に握手をして、私は君の郷里と反対の方向の琉球から来た伊波というものだが、君の気持ちは誰よりも私には能《よ》くわかる、といつたら、非常に喜びました。（中略）彼等の祖先は、私達の祖先が**オモロ**をのこしたように、**ユーカリ**といふ美しい詩をのこしてゐます。そして今日のアイヌの村落でも美はしい民謡が盛んにうたわれてゐるとのことです。（中略）私たちはこれまでアイヌを甚しく誤解してゐました。大方の人は彼等をその価値以下に見てゐるだらうと思います。どうか貴誌（『沖縄教育』のこと）を介して、アイヌの真相を県下の教育家諸君に知らして下さい。これひとりアイヌの幸福ばかりではないと思ひます。

伊波は、「アイヌの幸福は沖縄人の幸福に連なる」（安良城、前掲書）という、人間として本来あるべき思考に到達したのである。

　このような問題を引き起こしたにも関わらず、博覧会における先住民の展示はその後も繰り返し行われた。例えば、明治天皇没後の1913（大正2）年に大阪の天王寺公園で開かれた明治記念拓殖博覧会では、その目玉として台湾・樺太・北海道からの「土人招来」事業があり、台湾の「生番人」や樺太

オモロ　琉球（沖縄）に中世より伝わる祭祀歌謡。16～17世紀に採録、編集された「おもろそうし」（全22巻）は、琉球の歴史や文化を解明する重要な史料となっている。

ユーカリ　アイヌ民族が口承してきた叙事詩、ユーカラのこと。神のユーカラ（神謡）と人のユーカラ（英雄詩曲）がある。

の「**ギリヤーク**」・北海道アイヌなどが呼び寄せられ、本国における彼らの「摸擬住家」を建築して収容・生体展示した。しかし、この博覧会では、特に人類館事件のような問題は起きていない。

なお、この博覧会の規則では、参加地域を朝鮮・台湾・樺太・関東州・北海道とし、最初は沖縄県と小笠原諸島も含まれていたが、この両地域は辞退した。北海道が参加地域に選ばれたのは、「殖民的経営ヲ要スル所」という理由であるが、沖縄県などについては特に説明はない(坂本重英編『明治記念拓殖博覧会報告』)。

ギリヤーク　樺太の中部以北とシベリアに居住する少数民族。現在はニブウと呼ばれている。

〔参考文献〕

伊波普猷著、外間守善校訂『古琉球』〔1911年〕(岩波文庫版、2000年)
『伊波普猷全集』第11巻(平凡社、1976年)
坂本重英編『明治記念拓殖博覧会報告』(明治記念拓殖博覧会、1913年)
安良城盛昭『新・沖縄史論』(沖縄タイムス社、1980年)
海保洋子『近代北方史―アイヌ民族と女性と』(三一書房、1992年)
松田京子『帝国の視線―博覧会と異文化表象』(吉川弘文館、2003年)
國雄行「内国勧業博覧会の基礎的研究」〈『日本史研究』第375号〉(1993年11月)

topic….45

北海道が札幌からなくなる!?

北海道庁本庁舎の全焼と旭川移転計画

時代MEMO

近代国家を目指す日本は1905年に韓国の外交権、1907年に内政権を手に入れた。1909年にはハルビンで伊藤博文が暗殺されるも、その翌年に日本は韓国を植民地とし、アジア侵略へと突き進んでいく。

◆行政の要道庁が全焼

1909(明治42)年1月11日、この日札幌において、前代未聞の事件が起こった。北海道行政の要ともいえる北海道庁本庁舎が、火事で全焼してしまったのである。以下は、その様子を伝える翌日の『北海タイムス』の記事である。

昨十一日午後六時四十分、北海道庁庁舎最下層印刷所より出火、南風極めて微《かすか》に消防の出場極めて迅速なりしに係らず火足凄き許《ばか》りに早く見る見る階上に吹抜き、七時二十分といふに紅舌遂《こうぜつつい》に屋上に及び猛火炎々天を焦がして警官消防手其外《そのほか》庁員一同が必死を極めし働きも其《その》効なく、あわれ工費三十余万を投じ実質の堅牢外観の壮麗を以《もっ》て称せらりし全国有数の大建物北海政令発布の府は、発火後四時間にして遂に灰燼《かいじん》と化し了《おわ》りぬ。

（『北海タイムス』１９０９年１月12日、句読点は筆者）

この一大事に、札幌区や道内には強い衝撃が走ったが、一方で旭川町にはある希望を与えた。その希望とは、札幌から旭川に道庁を移転し、旭川を北海道の中心にしよう、というものである。

燃えさかる北海道庁本庁舎（札幌市公文書館所蔵）

◆岩村と永山の「北京」「離宮計画」

「旭川を北海道の中心に」とは一見突飛にも見える考えであるが、実は道庁本庁舎の焼失によって生まれたものではなく、それ以前から続く動きであった。

１８６９（明治２）年に開拓使が置かれ開拓事業が始まると、地理的に北海道の中心にあり、土地も豊かな上川地方の旭川へ、「北京《ほっきょう》」(北の京)を置いてはどうかという意見が出された。**廃使置県**後の北海道を巡視した、会計検査院長の**岩村通俊**(当時、後の北海道庁初代長官)は、1882(明治15)年11月に「奠北京於北海道上川議」(北京を北海道上川に奠《さだむ》るの議)、すなわち旭川を北海道の中心とする「北京」建設計画を、太政大臣の**三条**《さんじょう》**実美**《さねとみ》に建議している。岩村は1885(明治18)年8月にも北海道を訪れ、再び「奠北京於北海道上川再議」(北京を北海道上川に奠るの再議)を三条太政大臣に提出したが、結局、岩村の道庁長官在任中には実行されなかった。その後「上川北京論」は後任の**永山武四郎**第2代道庁長官に受け継がれ、今度は明治天皇の離宮として、「上川離宮」の造営が計画される。

1889(明治22)年11月14日、永山武四郎が内閣総理大臣の三条実美に対し、「北海道石狩国上川郡ニ北京ヲ設定セラレ度ノ件」を上申したところ、法制局は北京に否定的な意見だった。しかし内閣はこの意見に納得せず、今度は宮内省から天皇の別邸となる「離宮」の建設計画が出される。

結果、明治天皇の裁可を受けて同年12月25日に上川離宮の建設が確定。3日後の28日には、内閣総理大臣の**山県有朋**より永山に、離宮建設計画の準備をせよとの通達が入り、道庁は早速予定地を調査して準備にとりかかった。

こうして「離宮」造営計画が決まるのだが、上川地方の開拓が進むにつれ、

廃使置県　1882年、それまでの開拓使を廃止して、3県(函館県、札幌県、根室県)を置いた。

岩村通俊　241ページ参照。

三条実美　1837〜1891年。明治期の公卿、政治家。右大臣や太政大臣、首相など要職を歴任した。

永山武四郎　246ページ参照。

山県有朋　243ページ参照。

札幌側から離宮造営反対の声が上がり始める。1892(明治25)年、第4代道庁長官となった**北垣国道**《きたがきくにみち》も、上川離宮は札幌を衰退させるものとして反対の意見だったらしく、その後この計画はうやむやのうちに消失してしまった。

このように、「旭川を北海道の中心に」という計画が何度も持ち上がりながら、そのたびに消えてしまうという過去があった上で、冒頭の道庁本庁舎全焼というニュースが、旭川に飛び込んだのである。

◆活発化する旭川の動き

旭川の動きは迅速であった。町会開会中に道庁焼失のニュースが入るや、これこそ念願の〝旭川を北海道の中心〟にする好機と、満場一致で移転運動に取り組むことを決定、すぐに町民大会を開き実行方法を審議し、その後「北海道庁移転期成会」が結成されてそれぞれの部署を決めるなど、本格的な活動が始まった。東京へも上京委員が派遣され、委員らが内務・陸軍両省をはじめ、各関係当局を訪問。また、**上野精養軒**に各新聞社、通信記者を招待し意見を開陳するなど、積極的な活動を行っていく。もちろん、北海道出身の衆議院議員に対し、移転の了解を得ることも忘れていなかった。そして旭川の隣の**鷹栖村**《たかす》でも村民大会を開き、道庁移転のための敷地として、約100ヘクタールを寄附することが決定される。

道庁の焼失から半月ほど経った2月1日、北海道会の臨時会が始まる。そ

北垣国道　1836～1916年。但馬国（現兵庫県但馬）出身の明治期の官僚、政治家。第4代北海道庁長官ほか、貴族院議員、枢密院顧問官を歴任し、明治の官界で活躍した。

上野精養軒　東京上野、不忍池そばの高台にある、1872年創業のフランス料理店。

鷹栖村　現旭川市東鷹栖、鷹栖町周辺。

れまで各地で動いていた旭川移転計画推進関係者は、ここにおいて運動の主力を道会議員に注ぐことにした。旭川移転に賛成する議員はもとより、多数派であった**松月組**《しょうげつぐみ》を動かし、道庁移転の建議を提出させようとしたのである。

◆札幌の反対運動と移転計画の終焉

しかし、始まった道会では、全焼した道庁本庁舎の復旧予算についてのみ話し合われ、移転問題には触れられずに終わった。また旭川の動きに対して、最初は相手にもしていなかったような札幌区側であったが、移転運動が加熱し本格的になってくると、危機感を抱き、反対運動を起こし始める。

札幌区は、道庁が移転すると生命を殺がれるも同然であるとして、札幌から道庁がなくなると不便になるであろう小樽区や函館区に応援を依頼し、札幌駅には見張りを立て、旭川の関係者が来ても札幌へ入れないようにするなど、猛烈な移転反対運動を行う。加えて、今まで移転に賛成だった議員からも寝返るものが出てきて、徐々に旭川の形勢が不利になっていった。

2月10日、旭川で移庁問題報告会が開かれ、臨時道会に出席している議員29名のうち17名の賛成を得ていると報告された。この会で旭川側は、札幌の抵抗も激しくなってきてはいるが、正々堂々戦いたいとしている。

しかし、頼りにしていた松月組は意見をまとめることができず、この移転

松月組　当時の北海道会において、多数派を占めていた会派。名前は札幌の旗亭(料理屋、酒場、旅館のこと)、松月に由来する。なお、この松月組に対抗するため旅館丸新に集まり会合を開いていたのが丸新組であり、当時はこの2派により激しく争われていた。

問題を各議員の自由な対応にゆだねてしまった。その上、道庁は移転問題に頓着せず、復旧のための予算を道会に提出し、それが可決されてしまう。結局、道庁はこのまま札幌に置かれることとなった。

このように、一時期は道内全域、そして東京まで巻き込んで大きな動きとなった道庁移転運動だが、形勢が不利になっていくと共に運動も失速していった。その後、昭和40年代になって、札幌に集中しすぎた道政機能を拡散させようと、空知支庁の滝川市などに道庁を移転する話も持ち上がったが、結局いまに至るまで、札幌から北海道庁がなくなることはなかった。

歴史に「もしも」はないが、もし北海道庁が札幌以外に移されていたら、現在の北海道はどのようになっていただろうか。

［参考文献］
佐藤一夫『北に描いた浪漫―先駆者・高畑利宜とその時代』（北海道出版企画センター、1990年）
北海道議会『北海道議会史』第1巻（北海道議会事務局、1954年）
松井恒幸「物語　旭川史　北都の栄光」〈『北海タイムス』〉（1967年5月1日～4日）
旭川市『新旭川市史』第1巻通史1（1994年）、第2巻通史2（2002年）
北海道新聞社編『北海道を考えなおす』第2集（北海道新聞社、1975年）

topic....46

藤田留次郎爆弾死事件「タコ部屋」の過酷な実態

なぜ北海道に「タコ部屋」労働が生まれたのか

時代MEMO

1919年、ヴェルサイユ条約が調印され正式に第1次世界大戦が終結。1920年には国際連盟が発足する。1922年には、世界最初の社会主義国家であるソビエト社会主義共和国連邦が成立した。

◆タコ部屋労働の実態を告発

1922（大正11）年3月18日付の『読売新聞』は、「爆弾を懐にした怪漢／宮城《きゅうじょう》に突入せんとして／正門近く爆弾は破裂し／首と足だけ残して**横死**《おうし》」という衝撃的な見出しで、次のような記事を載せている。

（三月）十七日午後一時、宮城二重橋前は、折柄《おりから》の陽気に人手が多く、その多くの拝観人の中から三十八九歳前後の、懐をふくらました男が突然二重橋を渡つて来た、歩哨が驚いて制止すると「近寄ると危ないぞ」と呼びながら正門近くまで進んだので上等兵が突き飛ばすと後ろに倒れたが、間もなく轟然《ごうぜん》たる響きと共に懐中していた爆弾が破裂し男の體《からだ》は首と足が残つた丈《だけ》で滅茶々々に粉砕した。（1922年3月18日付『読売新聞』）

横死　正常ではない死、変死。

これが、いわゆる「二重橋事件」と呼ばれるものであるが、皇居前でのいわば自爆テロを企てた人物は、懐に持っていた書きかけのハガキから、滋賀県生まれの藤田留次郎と判明した。しかしなぜ藤田は、このような最期を遂げたのか――。その謎が解けたのは、この事件から約2カ月後のことだった。

同年5月23日付の『読売新聞』は、「二重橋で爆死した藤田留治郎の上奏文／「天に奏聞し地に宣伝す」の遺稿／昨夕愈《いよい》よ解禁さる」という見出しで、再び3月の事件についての記事を載せている。記事によれば、爆死した藤田は**大正天皇**に宛てた上奏文を持っていたとある。この上奏文全体の基調は、**資本主義**社会や階級社会を否定することにあり、それが約2カ月間も当局によって非公開にされた原因と思われる。が、そのなかでも注目すべきは、「下級社会の事として不法極まる一例」として次のような指摘があることだ。その内容を同年5月23日付、『**萬朝報**《よろずちょうほう》』の記事から引用してみよう。

> 東京大阪其他《そのた》の場所にて北海道樺太其他の鉄道鑛山の土木工事場へ悪周旋業者の募集に雇る労働者が（中略）恐しき彼の監獄部屋に透引され所持の一切を取り上げ、星を頂き出て突き飛ばすと踏む頃迄《ころまで》過度の労働に強使され、綿の如く疲弊した身を横ふに牛馬の小屋と同屋の所へ外部より鍵を掛く、昼夜悪漢の監視附きにて起居労働に従事し、食物は粗食を

大正天皇　1879～1926年。在位1912～1926年。明治天皇第3皇子。明治天皇の崩御により践祚（せんそ）し大正と改元。名は嘉仁。

資本主義　資本家が利潤獲得のために賃労働者を雇用し、商品を生産する関係が基軸となる経済体制。

萬朝報　明治中期から昭和初期に発行されていた一般新聞。藩閥、官僚政治への批判的記事が特徴だった。

土工夫の昼食風景。食卓などはなく、立食で食事を取らされていた
（司法省調査課『司法研究』第8輯〈1928年〉所収）

以てし日用品や食料品を法外数十倍で高値に売り付け、労働賃金の計算期遷延し巧に手段で旅費の蓄積出来得ん方法を取り、疾病に罹《かか》るも常々手当なさず疲憊困倒の極に至らば数里外へ抛棄《ほうき》し、苦役酷使に堪へ難くて逃走を企つるも巧な監視網に捕る（後略）

◆開拓事業とタコ部屋の関係

藤田がこの「上奏文」で強調していることは、当時の北海道や樺太で広く見られた**土工**《どこう》部屋と、そこでの過酷な強制労働に対するものであった。

近代の北海道では、樺戸や釧路など各集治監の囚人たちが、道路開削や炭鉱への外役労働に狩り出されていた。しかしそれも、1894（明治27）年を最後に終わるのだが（**注1**）、その後の開拓事業でも、このような安上がりな強

注1　囚人の外役労働は多くの犠牲者を出して批判を受けたほか、外役中の囚人の逃亡も多く、集治監に対する批判が強まった。このため、1894年を最後に囚人の外役は廃止された。

土工　土木工事に従事する作業員のこと。

制労働力の存在が求められていた。

　こうした要望に応えるべく、囚人労働の後継的役割を果たすものとして登場したのが、土工部屋のタコ労働である。しばしば「監獄部屋」とも呼ばれた土工部屋には、藤田の上奏文でも指摘されているように、東京や大阪の悪徳周旋屋を経由して多くの土工夫が募集され、6カ月の契約期間で送り込まれてきた。タコとはこの土工部屋における契約労働者のことであり、大正末期から昭和初期にかけて、その数は年間2万人から3万人にも達した。

　彼らがどうして、「蛸《たこ》」「タコ」「タコ人夫」などと呼ばれたかについては、

①他雇＝他人に雇われる労働者だから。
②蛸＝蛸が空腹になった場合に自らの手足を最後の食糧とするように、前借り金を背負った土工夫が、その返済のために肉体と労働力を切り売りにする様が、蛸と酷似しているから。
③蛸＝蛸はいったん岩に吸い付くと死ぬまで離れないが、土工夫もタコ部屋に入ると、必死で労働するから。
④凧＝土工夫は強制労働から逃れるため、糸の切れた凧のように逃走するから。

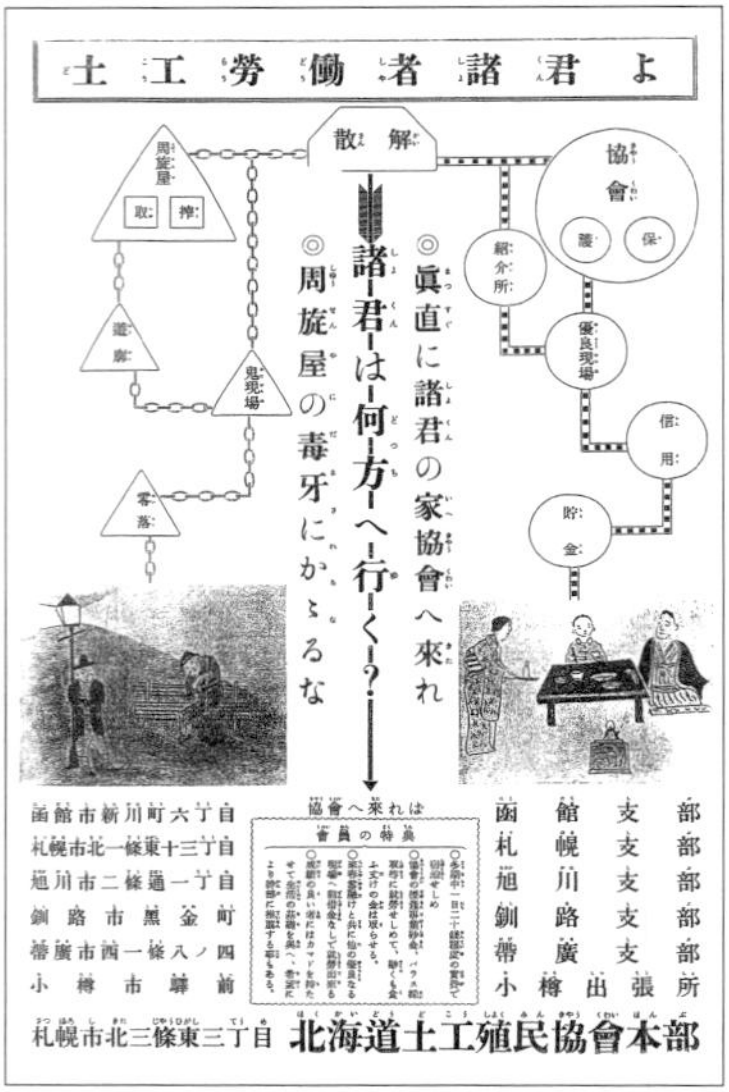

北海道土工殖民協会のポスター（1932年）

と、諸々の説があるが（弓削小平「北辺の労働と出稼関係」）、②の説が、比較的信憑性が高いと思われる。

◆土工部屋の管理システム

土工部屋は大きく信用部屋とタコ部屋に分けられ、信用部屋には自らの意志で土工夫となった「信用人夫」が収容されていた。しかし、一般的な土工部屋には、東京や大阪などの都市部や東北地方の農村から、いわゆる「ポンビキ」と呼ばれる周旋屋の手を経て集められた人々が多かった。

タコ労働者を収容する土工部屋は、後に寄宿舎と呼ばれるようになるが、タコの逃走を防ぐため、**武者窓**に格子が取りつけられた独特の建築構造となっていた。大正期までは外部施錠がなされ、出入り口には不寝番が、また部屋の外部には鉄条網が張り巡らされていた。さらに、部屋内での強制労働を維持するため、親方（後に幹部）を最高責任者とし、その下に世話役―帳場

武者窓　太い竪格子の入った窓。武家屋敷によく使われていたことから、こう名付けられた。

―棒頭（後に幹部）―取締人という独特の労務管理システムを形成した。こうした管理システムの原型は**上飯台**《うわはんだい》―**中飯台**《なかはんだい》―**下飯台**《しもはんだい》と呼ばれる非公式的な組織で、このシステムが、食事上の差別待遇から発生したことを推測させる（石田廣「所謂監獄部屋の研究」〈『司法研究』第８輯２〉）。

大正期から昭和初期にかけて、道内各地の土工部屋では不法監禁や暴行、虐待と酷使が日常的に行われ、一種の無法地帯となっていた。また、毎年秋になると契約の終了したタコ労働者が旭川や函館のような都市部へ大量に流れ込み、一種の社会問題となった。このため、１９３２（昭和7）年には、北海道庁と土木業者達が半官半民の北海道土工殖民協会を設立して、土工夫の待遇改善に乗り出したが、戦時体制の進行もあって実態はそれほど改善されず、敗戦までタコ労働は残った。そして戦後の民主化の流れのなか、永年にわたり北海道の土木事業をその底辺で支えてきた土工部屋は、**ＧＨＱ**の圧力もあってついに解体へ向かうのである。

上飯台―中飯台―下飯台　土工部屋の非公式な支配組織。元々は労働者の飯台序列、すなわち下飯台は立食、中飯台は腰掛食、上飯台は別室で座食という食事上の差別待遇から発生したといわれる。

ＧＨＱ　General Headquarters＝総司令部の略。ここでは、連合国軍の日本占領時における総司令部を指す。

［参考文献］
石田廣「所謂監獄部屋の研究」〈『司法研究』第８輯２〉（１９２８年）
弓削小平「北辺の労働と出稼関係」〈『司法研究』第28輯17〉（１９３９年）
筆宝康之『日本建設労働論』（御茶の水書房、１９９２年）

topic....47

軍国美談のヒーロー「一太郎」の北海道移住話と許可移民制度

北海道における移民制度の移り変わり

時代MEMO

1931年、関東軍が奉天郊外で線路を爆破（柳条湖事件）し、後の日中戦争へと続く満州事変が起こる。国内では犬養毅内閣が発足。しかし翌年、五・一五事件の凶弾に犬養が倒れ、軍閥政治の時代へと進んでいく。

◆一太郎の北海道移住話

1931（昭和6）年1月20日付の『小樽新聞』は、「『一太郎ヤーイ』の一家が士別へ／打ち続く不作に悲惨な境遇／いよいよ移住に決る」という見出しで、次の記事を載せている。

出征美談「一太郎ヤーイ」の主人公、香川県三豊《みとよ》郡豊田村岡田梶太郎一家は、深刻なる不景気に村を追はれて雪の北海道に移住することゝなつた。同家は梶太郎（四九）、母カネ（八〇）、妻キヌ（四五）、長男登（二五）、次男忠義（二二）、長女末野（一五）、次女タミ（六）の七人暮しで、素《もと》より貧しい小作人であるが、母カネは老衰し梶太郎は病身の上に子供が多く、加ふるに旱魃《かんばつ》続きのため昨年などは一粒の米も取れぬ有様に生活費にも窮し、近所のもの十数戸と共に北海道上川支庁管内奥士別に移住を願ひ

士別　現在の士別市。北海道の中央北寄り、名寄盆地に位置する。2005年9月1日に東隣の朝日町と合併。

日清戦争　264ページ参照。

出た処、支庁側では梶太郎一家のみの入地を許したので永年住馴れた故郷を去り、北海道に渡ること丶なつた（下略）。

（1931年1月20日付『小樽新聞』）

この記事に登場する「岡田梶太郎」は、冒頭で「出征美談『一太郎ヤーイ』の主人公」と紹介されているように、戦前の国定教科書では、**日清戦争**のラッパ手・**木口小平**《きぐちこへい》や、「**水兵の母**」などと並ぶ軍国美談のヒーローであった（中村圭吾『新評判　教科書物語―国家と教科書と民衆―』）。

「一太郎」こと梶太郎がモデルとして教科書に登場するのは、1918（大正7）年から1932（昭和7）年に使用された第3期国定教科書の国語第7巻である。その「一太郎やあい」と題する教材のあらすじを、簡単に説明しておこう。

日露戦争の開戦当初、港から出征

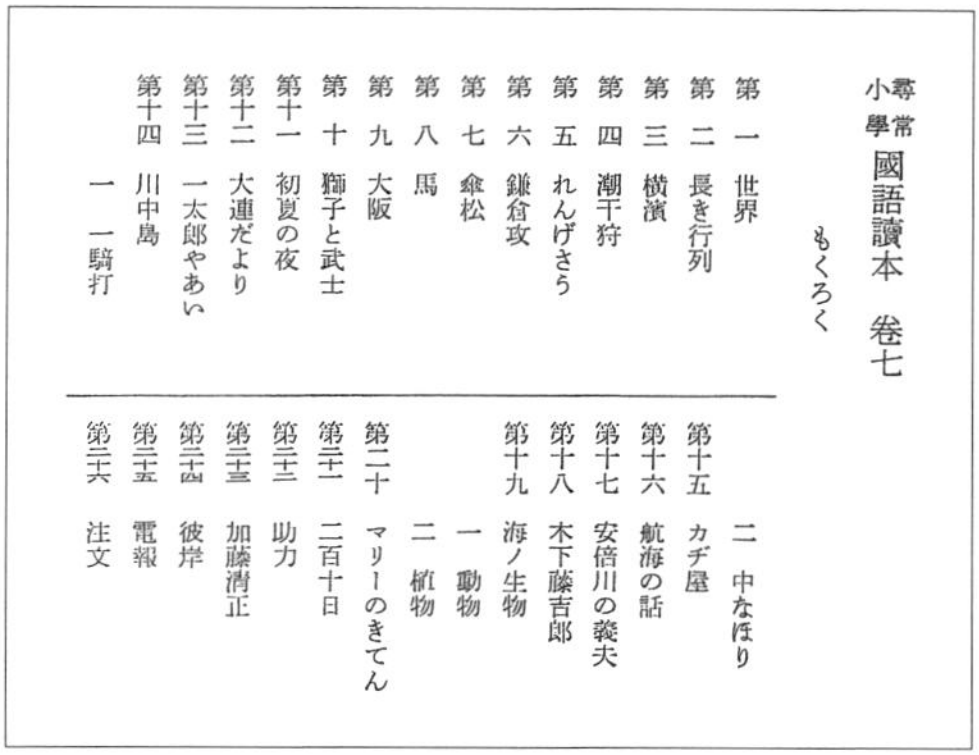

尋常小學國語讀本　巻七

もくろく

第一　世界
第二　長き行列
第三　横濱
第四　潮干狩
第五　れんげさう
第六　鎌倉攻
第七　傘松
第八　馬
第九　大阪
第十　獅子と武士
第十一　初夏の夜
第十二　大連だより
第十三　一太郎やあい
第十四　川中島　一　一騎打　二　中なほり
第十五　カヂ屋
第十六　航海の話
第十七　安倍川の義夫
第十八　木下藤吉郎
第十九　海ノ生物　一　動物　二　植物
第二十　マリーのきてん
第二十一　二百十日
第二十二　助力
第二十三　加藤清正
第二十四　彼岸
第二十五　電報
第二十六　注文

第3期国定教科書の国語読本第7巻の目次。第十三に「一太郎やあい」とある

木口小平　1872〜1894。日清戦争で戦死した兵士。ラッパ手として、死してもなおラッパを口から離さなかったことが国民に深い感動を与え、そのエピソードが当時の教科書に取り上げられた。

水兵の母　日清戦争のとき、ある大尉が手紙を見て泣いている水兵に「兵士の恥は艦の恥、艦の恥は帝國の恥だぞ」と叱ったところ、彼が泣いていた理由は、まだ本格的な戦闘に参加していないことを残念に思う、という母からの手紙であったというもの。戦前の尋常小学校で国語の教材に採用され、愛国心の昂揚に利用された。

日露戦争　1904〜1905年。日本とロシアとの間で、朝鮮・中国北東部の支配権を巡って争われた戦争。1905年9月のポーツマス講和条約調印により終結。

兵士を乗せた御用船が出港しようとしたとき、ひとりの老婦人が多数の見送り人を押しのけ、「一太郎やあい、その船に乗っているなら、鉄砲を上げろ」と叫んだ。すると、甲板の上で鉄砲を上げるひとりの兵士がいた。そこで彼女は「うちのことは心配するな。天子様によく御ほうこうするだよ。わかったらもう一度鉄砲を上げろ」と言うと、これに応えて兵士が再度鉄砲を上げた、という話である。

このエピソードが教科書の教材に取り入れられたことから、「一太郎」のモデル探しが始まった。そして1921(大正10)年10月1日、『大阪朝日新聞』の報道により、そのモデルが香川県三豊郡豊田村母神麓《ぼじんろく》(現香川県観音寺市内)に住む岡田かめ(『小樽新聞』のカネは誤り)と、長男梶太郎であることが判明。梶太郎一家は一躍、時の人となったのである。

当時、梶太郎は4反歩(1200坪)の農地で、小作農として細々と生計を立てていたが、この新聞報道をきっかけに全国から義捐金や慰問品が大量に寄せられた。豊田村では村長を会長とする岡田母子後援会が設けられ、2人は郷土で輝かしい生涯を送れるはず……であった。

ところが1931(昭和6)年になって、この梶太郎一家にいきなり北海道移住話が持ち上がる。同年1月14日付の『香川新報』は、「『一太郎やあい』の／主人公北海道移住／三月までに渡る」の見出しで、北海道庁が募集した昭和

6年度「内地補助移民」の入地許可が決定したこと、そのなかに梶太郎一家が含まれていることを報じた。この補助移民とは、1927（昭和2）年、北海道第2期拓殖計画の移民事業で採用された、保護移民制度のことである。

◆移民制度の移り変わり

近代の北海道移民事業は開拓使時代に始まるが、当初は生活環境も十分でなかったため、渡航費や移住後の生活を保障する保護移民制度が採用された。しかし、道庁設置と共に開拓政策の転換が行われ、保護移民政策は廃止。この時期から急増する一般移民には、北海道までの汽車賃・汽船賃の割引券が1戸に1枚と、開墾地として1万5000坪の土地が与えられただけで、それ以外の費用は原則として移民が負担した。

その後、**関東大震災**をきっかけに罹災者の北海道移住政策が内務省によって進められ、1戸当たり平均300円（現在の約30万円ほど、**注1**）の補助金を与える補助移民制度が実施された。この政策は好評だったので、北海道第2期拓殖計画でも「許可移民」と呼ばれる保護移民政策が受け継がれることになる。

許可移民は「普通移民」と異なり、一応北海道庁が移住希望者を審査し、それを通った者のみが移住を許された。普通移民は「移住割引証」や「移住証明書」を持参すれば、随時北海道へ移住することができたが、「許可移民」

関東大震災　1923年9月1日、東京など南関東と中部地方の一部で起こった大地震。マグニチュード7・9の地震波が、日本列島の3分の2におよぶほどの強い揺れだった。首都東京では死者、行方不明者が9万人余りに達し、現住人口の6割が被災した。

注1　米価換算で試算。1927年はコメ60キロ＝13・5円。2003年は約1万3748円。よって1円≒1018円となる。米価は中澤辨次郎『日本米價變動史』（明文堂、1933年）および農林水産省総合食料局編「米価に関する資料」を参考。

は、1戸当たり300円の補助金と住宅補助金50円のあわせて350円が支給されるかわり、移住地と移住時期が指定されていた（**注2**）。

梶太郎一家は1930（昭和5）年の出願で、希望地は「土地肥沃の**上志別村字奥志別**」であった。上川支庁は梶太郎の移住を契機として、奥士別に30戸の模範部落を建設し、『一太郎ヤアい』の名を耻づかしめぬやうに努力する」意気込みだったという（前掲『小樽新聞』）。

しかし、こうした支庁の意図はもろくも崩れ去った。というのは、梶太郎の移住は残念ながら実現しなかったからである。『小樽新聞』の報道の直後に、地元『香川新報』の記者が梶太郎を訪ねて北海道移住の真意を質したところ、次のようなことが明らかとなった。

実の処、私の老母かめは既《すで》に八十歳の高齢を迎え、且《かつ》は又《また》昨年正月末、老病に罹《かか》り健康愈々勝れぬのみか、私自身としても戦傷の指頭が腐食し、両者相揃ふて迚《とて》も北海道の如《ごと》き寒地へ移住を思ひ立つ可きでもなく…お耻しいことだが、私共一家は打続く凶荒で多大の借財が出来ておりますので、之《これ》を打捨てゝ北海道に移住しては、私は死んでも目がつぶれませぬ、…多分移住は至難と思つて居ます云々

（北の生活文庫企画編集会議編『北海道民のなりたち』）

注2 入植地は、移民に与える特定地を選定する関係もあって道東地方の根室・釧路・十勝の各支庁が比較的多く、それに次ぐのが上川支庁であった。希望者は募集地内の希望する土地を選んで県庁に願書を提出、その書類は道庁に送られて12月までに移民を許可し、翌年3月までに指定の土地に入地することになっていた。

上志別村字奥志別 現在の士別市朝日町中央付近。

結局、梶太郎一家の移住話の真相は、連年の凶作に苦しんだ母神麓部落の人々が「岡田梶太郎」という有名人を利用して、北海道への移住許可を得ようと画策したことにあった。しかし、移住を許可されたのは梶太郎とほかの1戸に過ぎず、この計画は実現しなかった。

ちなみに、1930（昭和5）年度における香川県からの許可移民応募戸数は114戸で、そのうち許可を得て入地したのは21戸。いずれも上川郡上士別村の**ペンケヌカンナプ原野**と新奥士別原野への入地だった。ただ、その年の同地の応募戸数は22戸で、21戸だと1戸足りないことになる（北海道庁拓殖部殖民課『北海道庁許可移民事業成績調』）。

もしかすると、その1戸の不足は梶太郎一家が辞退したためかも知れないが、真偽のほどは不明である。

ペンケヌカンナプ原野　上川郡士別村（現士別市）にあった殖民地。1910年2月に福島県人須田金平（21戸）および徳島県人朝比奈政吉（25戸）、合わせて46戸分が予定存知されていた。

〔参考文献〕
中村圭吾『新評判　教科書物語―国家と教科書と民衆―』（ノーベル書房、1970年）
関秀志・桑原真人『北海道民のなりたち』〈北の生活文庫1〉（1995年）
北海道庁拓殖部殖民課『北海道庁許可移民事業成績調』（1933年2月）

topic….48

北海道と「羊」の歩み ジンギスカンが生まれるまで

道内における綿羊飼育とジンギスカンの関係

時代 MEMO

アジア、ヨーロッパなど世界各国で食される羊肉。だが日本では長く肉食禁止が続き、本格的な肉食、そして羊肉食が始まるのは近代以降であった。ここでは時代を追って、北海道での羊の歩みを概観する。

◆北海道と羊の関係

現在、「北海道」という言葉でイメージされるのは、羊のいる牧場の風景であり、食べ物としては**ジンギスカン**が挙げられることが多い。多数の観光客が訪れる**サッポロビール園**で、〝生ビールとジンギスカン〟の組み合わせが人気を集めているのも、その一例であろう。

実際、北海道におけるジンギスカンは、家庭でも、人が集まったときにもよく食べられ、道民にとって身近な料理となっている。このように、北海道と羊は強く結び付いているのだが、ここでは北海道と羊飼育の歩み、そしてその中で生まれてきたジンギスカンについて、取り上げてみたい。

ジンギスカン　羊肉を鉄鍋で焼いて（煮て）食べる北海道の郷土料理。

サッポロビール園　明治中期に建てられた赤レンガの建物内で、ジンギスカンと生ビールを味わえる老舗ビール園。札幌市東区北7東9。

◆明治期の綿羊飼育

江戸幕府に代わって成立した維新政府は、北海道を「日本」の中に組み込み、開拓使を置いて本格的な開発を始めた。そのため、欧米から様々な分野の「お雇い外国人」を招聘《しょうへい》したが、そのひとりで開拓使顧問になったアメリカ人**ホーレス・ケプロン**は、北海道で牧畜を行い、またそれを食料にしようと考える。稲作が不適応な北海道の土地には、畑作・牧畜が合うだろうとの見解からであった。

ケプロンの指示を受け、同じアメリカ人のお雇い外国人**エドウィン・ダン**が、1873（明治6）年7月、牛23頭と共に横浜港へ上陸、同29日には綿羊88頭も到着し（田辺安一編『お雇い外国人エドウィン・ダン』）、その後ダンは北海道へ渡ってくる。函館や札幌、根室に綿羊飼育のための試験場や牧羊場が作られていき、その前途は順調かに見えた。しかし、外国と同じ大規模な飼育の方法では、伝染病や肺虫症と思われる病気がまん延し、なかなかうまくいかない。綿羊の飼育は、軍服用に使う陸軍の羊毛買い上げ制度があったため、かろうじて続いていた状況にあった。

その後、羊毛は**日清・日露戦争**を経て軍需品としての需要が高まっていき、羊毛の国産需給が進められる。それでも総体的にみると、明治期の綿羊飼育の状況は決してかんばしいものではなかった。また羊肉に関しても、北海道にはパンや肉を主体とした洋食が適しているとのケプロンの建策から、その普及が進められたが、羊肉独特の臭気や調理方法も研究されていなかったため、一般に広まるにはまだ時を待たなければならなかった。

ホーレス・ケプロン　Horace Capron。1804～1885年。アメリカ合衆国の第2代農務局長在任中、日本政府に乞われ来日。御雇教師頭取兼開拓使顧問に就き、北海道開拓に尽力した。

エドウィン・ダン　Edwin Dun。1848～1931年。北海道に家畜の飼育技術を広めた開拓指導者。

日清・日露戦争　日清戦争は264ページ、日露戦争は305ページ参照。

大正末頃の月寒種羊場（札幌市公文書館所蔵）

◆大正期の綿羊事情

その頃、日本は羊毛の多くをオーストラリアとニュージーランド（共に当時イギリス領）からの輸入に頼っていたが、1914（大正3）年7月に**第1次世界大戦**が起こると、イギリスは両国からの羊毛輸出を禁止してしまう。このため、日本は国内で自給せざるをえない状況となり、政府は1918（大正7）年4月、農商務省農務局に緬羊課を設置し、同年から25年間で、国内の綿羊を増殖する「緬羊百万頭計画」を立てる。国内5カ所に種羊場が新設され、北海道では空知郡滝川《たきかわ》町（現滝川市）に滝川**種羊場**が、翌1919（大正8）年には札幌郡豊平《とよひら》町（現札幌市豊平区）に月寒種羊場が設置されて、綿羊の増産が図られた。

そんな社会情勢のなか、空知郡北村《きたむら》（現岩見沢市北村）の第8代戸長も務め

第1次世界大戦　1914年7月28日～1918年11月11日まで続いた初めての世界大戦。三国同盟（ドイツ・オーストリア・イタリア）と三国協商（イギリス・フランス・ロシア）の間で始まり、後に協商側へ日本、アメリカ、中国なども加わった。

種羊場　羊の増殖施設。羊毛加工の羊肉を、食肉として広めるための研究なども行われていた。

た**北村黽**《きたむらびん》は、農家経営の安定化を図るため、1916（大正5）年に村内での綿羊飼育を試みる。その際、従来の大規模な飼育ではなく、各戸で2、3頭ずつ分割飼育させてみたところ、好成績をおさめることが出来た。1戸が数頭ずつ飼育するという副業的な方法であれば、農家での綿羊飼育も十分に可能であることを証明したのだ。

　また北村では、綿羊飼育の普及にはその完全利用が必要であるとの考えから、1924（大正13）年に北村緬羊畜産組合が『羊肉料理法』という小冊子を作っている。そこではまだ、「ジンギスカン」の名は見られないが（「羊肉の網焼」は登場するが、これがジンギスカンと同一かは不明）、「羊肉と独活《ウド》の煮付け」「脳の味噌漬け」なるものまで紹介されており、非常に興味深い。

　このように、第1次世界大戦の影響や先人の様々な奮闘があり、順調に進むかと思われた綿羊飼育計画も、1920（大正9）年に起きた**戦後恐慌**の影響で、1924（大正13）年には計画自体が中止となる。整備中であった種羊場は廃止となったが、滝川種羊場はかろうじて残り、月寒種羊場はその分場に格下げとなった。後に月寒分場は、廃場となった種羊場の羊を引き受け、1931（昭和6）年7月から再び月寒種羊場として出発することになる。

　この時期、大きな変動はあったものの、種羊場の綿羊払い下げ希望者も徐々に多くなり、農家副業としての綿羊飼育も根付いていった。加えて農村衣料

北村黽　1876～1960年。山梨県出身。1894年、空知郡岩見沢村（現岩見沢市）に北村農場を開設した兄、雄治の後を追って渡道。土地の一部を無償で農民へ分与し、自作農を育成した。

戦後恐慌　第1次大戦後の経済恐慌。株式市場の暴落からコメ、生糸などの商品市場の低落が続き、取引所の閉鎖、中小企業の破産が相次いだ。

としての羊毛加工（**ホームスパン織り**）の普及も進められ、道内での綿羊飼育が大きく前進した時期でもあった。

ホームスパン織り 羊毛を手紡ぎで糸にし、手織で布に仕上げる織り方。

◆昭和期の綿羊事情とジンギスカンの誕生

1931年（昭和6）年、世界恐慌による国家財政の低迷のため、滝川種羊場は月寒種羊場の分場となり、その半年後に農林省の機関としては廃止されることとなった。しかし、前述の通り徐々に綿羊の払い下げ希望も増えていたことから、1932（昭和7）年2月、滝川分場は北海道庁に移管され北海道庁種羊場となる。

その後道庁では「緬羊三十万頭計画」が立案され、再び綿羊の増産が図られている。この計画は元々、寒地農業や農村生活の改善を目的に立てられたものだったが、**第2次世界大戦**へと進んでいく情勢のなかで、結果的には軍需品としての羊毛確保という、軍の要請に応える形となってしまった。戦時体制の進行で衣料や食糧などの物資が不足し、畜産業もその影響を受けていたが、綿羊はほかの家畜に比べて飼育頭数をさほど減らすことはなかった。それは、軍需品として羊毛の確保が優先されたためである。

第2次世界大戦 1939年9月から1945年8月まで、日・独・伊の枢軸国と英・米・仏など連合国との間で戦われた戦争。1945年8月に日本がポツダム宣言を受諾し、終戦。

さて、ジンギスカンが文献に初めて登場するのも、この昭和初期頃である。その初出は、初代北海道庁種羊場長も勤めた山田喜平による『緬羊と其飼ひ方』とされ、同書に「成吉思汗《じんぎすかん》料理」の文字が見られる。その誕生にはまだ検討の余地があるものの、恐らくジンギスカンは、この本が発行された1931（昭和6）年頃生まれたと考えられる。

1936（昭和11）年には、山田喜平・マサ夫妻の指導の元、札幌の狸小路にあった「横綱」という店で、羊肉普及のためのジンギスカン鍋料理試食会が行われた。その3年後の1939（昭和14）年には、マサによって「成吉思汗鍋」が紹介され、「支那料理」では「鍋羊肉（カオヤンロウ）」と言うものであると紹介されている。この辺りから徐々にジンギスカンが広まっていったようだ。ちなみに「ジンギスカン」の名付け親は、**満州建国**に大きく関わった**駒《こま》井《い》徳《とく》三《ぞう》**という人物であるとする説が有力である。

◆戦後の綿羊飼育とジンギスカンの普及

戦後、深刻な衣料原料の不足を解決するため、綿羊は再びその頭数を増やしていく。1950（昭和25）年6月の朝鮮戦争で羊毛が高騰したことも手伝い、日本の綿羊頭数は大幅に伸びていった。しかし1953（昭和28）年7月、朝鮮戦争の休戦協定が結ばれると羊毛の価格は下がり始め、それと同時に綿羊頭数も減少してくる。政府や民間では、羊毛生産から羊肉生産へと目的をシフトさせ、綿羊の飼育頭数を確保しようと奮闘したが、この減少に歯止めをかけることは出来なかった。

満州建国　342ページ「満州事変」参照。

駒井徳三　1885～1961年。滋賀県生まれの官僚、実業家。東北帝国大学農科大学（現北海道大学）卒業後、南満州鉄道株式会社に入社、1931年の満州事変勃発を機に陸軍省嘱託となる。同年関東軍統治部長、翌年の満州国建国とともに、国務院総務長官に就任した。

農林省種羊場の絵はがき
（札幌市公文書館所蔵）

一方、食材としての羊肉はこの頃から本格的に広まり、各地で羊肉料理の講習会などが開かれるようになった。普及しつつあったジンギスカン以外にも、水炊きや串カツなどが紹介され、また羊肉料理の専門書が出版されるなど、その普及が進められた。ジンギスカンに関しては、種羊場のある滝川の飲食店が1951（昭和26）年頃から注目し始めたとされ、1956（昭和31）年には現在の**松尾ジンギスカン**が出来ている。札幌では1953（昭和28）年に月寒の「成吉思汗倶楽部（現**ツキサップじんぎすかんクラブ**）」が発足している。

昭和30年代にはジンギスカンブームが到来し、大量の羊肉が消費されるようになった。そして現在、タレに漬け込んで焼く滝川流、焼いた後にタレをつける月寒流と、大きく2派に分かれ、それぞれの味が楽しまれている。

初めは羊毛を取ることが主な目的だった綿羊飼育のなかで、次第に羊肉の利用も検討され、その結果生まれたのがジンギスカンであった。いまでは道

松尾ジンギスカン　秘伝のタレに羊肉を漬け込む「味つけジンギスカン」の人気店。本店は滝川市明神町3－5－12。

ツキサップじんぎすかんクラブ　緑豊かな丘陵地に建つジンギスカンの老舗。羊本来のうま味を持つマトンを鉄鍋で焼き、オリジナルのタレにつけて味わう。札幌市豊平区月寒東3－11。

内で飼育する羊の減少もあり、使われる肉は輸入ものが多くなっているが、これからも「ジンギスカン」は北海道食文化の象徴として、道民に親しまれていくであろう。

［参考文献］
農林省畜産局編『畜産発達史』本編（中央公論事業出版、1966年）
北海道緬羊協会『北海道緬羊史』（1979年）
北村緬羊畜産組合『羊肉料理法』（1924年）
北村雄一『甲斐から石狩へ―流霞軒・北村農場の歩み』（新々堂、1987年）
田辺安一編『お雇い外国人エドウィン・ダン』（ダンと町村記念事業協会、1999年）
佐々木悟「日本における緬羊飼育の展開と衰退」〈北海学園大学開発研究所『開発論集』第32号〉（1983年3月）
高石啓一「日本の羊肉物語」〈『畜産の研究』第50巻第3号〉（養賢堂、1996年）
高石啓一「羊肉料理「ジンギスカン」の一考察」〈『畜産の研究』第50巻第6号〉（養賢堂、1996年）
『北村百年史』（2004年）

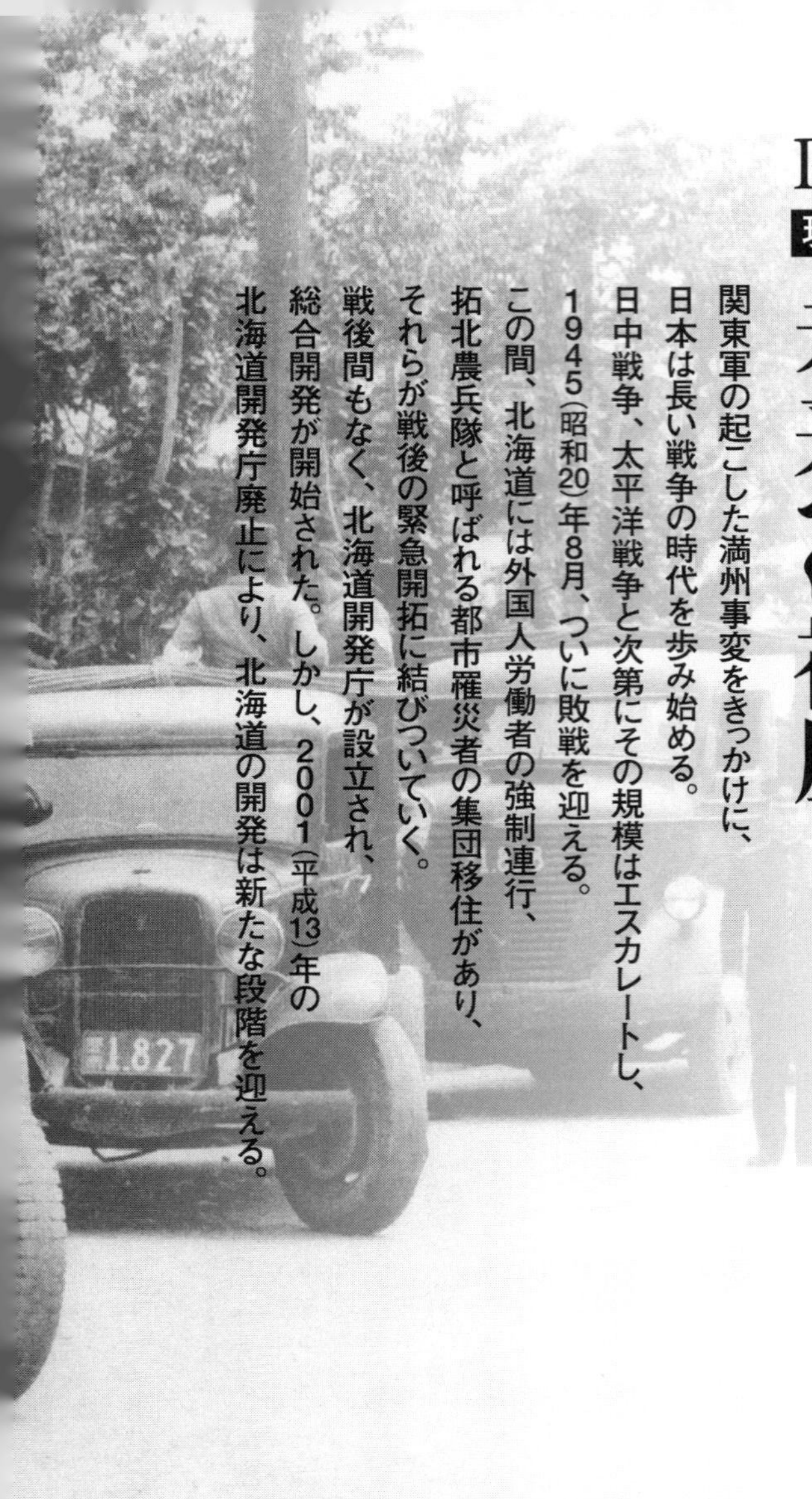

PART.6

現代

戦時下の北海道〜未来への視座

関東軍の起こした満州事変をきっかけに、日本は長い戦争の時代を歩み始める。日中戦争、太平洋戦争と次第にその規模はエスカレートし、1945（昭和20）年8月、ついに敗戦を迎える。この間、北海道には外国人労働者の強制連行、拓北農兵隊と呼ばれる都市罹災者の集団移住があり、それらが戦後の緊急開拓に結びついていく。戦後間もなく、北海道開発庁が設立され、総合開発が開始された。しかし、2001（平成13）年の北海道開発庁廃止により、北海道の開発は新たな段階を迎える。

募集した朝鮮人労働者の出発状況（慶尚南道内鮮協会編
『皇紀二千六百年　内地移住労働者渡航保護訓練状況』1940年より）

topic....49

韃靼海峡を埋め立てる!? 2代目宇三郎の北方開発論

北の大地で夢を追い続けた、ある土木業者の話

時代MEMO

1932年に満州国を成立させた日本は、大陸利権の拡大を警戒する欧米列強国と対立。翌年に国際連盟を脱退し、1936年にはドイツと日独防共協定を結ぶなど、イギリス、アメリカとの対決姿勢を強めた。

◆地元土木業者の壮大な計画

てふてふが一匹韃靼海峡を渡つて行つた

これは、詩人**安西冬衛**《あんざいふゆえ》が1929(昭和4)年に刊行した詩集『軍艦茉莉《ぐんかんまり》』(厚生閣書店)に掲載された一行詩である。この詩に登場する「韃靼海峡《だったんかいきょう》」は、ロシアのシベリア東岸とサハリン(樺太)との間にある南北633キロメートル、最大幅が342キロメートル、最狭部が7・3キロメートルの海峡で、世界的にはタタール海峡と呼ばれているが、ロシアでは発見者のネベリスコイにちなみネベリスコイ水道と呼び、日本では幕末の北方探検家・**間宮林蔵**《まみやりんぞう》の名前をとって間宮海峡と呼んでいる(158ページ参照)。間宮の最大の功績

安西冬衛 1898〜1965年。奈良県出身の詩人。大阪の堺中学校を卒業し1920年、父親の赴任先の大連に渡る。1924年に北川冬彦らと詩の雑誌『亜』を創刊。代表的詩集に『軍艦茉莉』『韃靼海峡と蝶』など。

間宮林蔵 1775〜1844年。江戸後期の探検家。伊能忠敬に測量を学び、1803年に蝦夷地を測量、1808年には樺太を探検し、同地が島であることを明らかにした。

は、1809（文化6）年の調査によってサハリンが半島か独立した島であるかを確認したことにあるが、ここで取り上げようとしているのは、こうした間宮海峡の探険史ではない。この海峡を埋め立てようという壮大な土木事業を計画した、ある人物のことである。

現代日本における雄大な国土開発計画といえば、誰もが1972（昭和47）年6月、当時通産大臣だった**田中角栄**《たなかかくえい》の「**日本列島改造論**」を思い出すことだろう。この「日本列島改造論」に匹敵する近代北海道の一大プロジェクトといえば、大正時代から構想されていた青函トンネルの建設計画がある。青函トンネルの建設は、1954（昭和29）年9月26日、台風15号の襲来によって青函連絡船洞爺丸など5隻が沈没し、1400人を越える死者を出すという大惨事を引き起こしたことから、一挙に具体化することになった。そして、世界最長の海底トンネル建設という技術的な困難を乗り越えて、1988（昭和63）年3月13日、全長53・85キロメートルの青函トンネルが開業する。4月10日には世界最長の鉄道と道路併用の**瀬戸大橋**が開通し、日本列島を構成する4つの島々が直接結びついた。

こうした青函トンネルや瀬戸大橋の建設以上に大規模なプロジェクトが、以下に紹介する間宮海峡の埋め立て計画である。この計画をぶち挙げたのは、戦前・戦後の北海道における土木業界で活躍した地崎宇三郎（2代目）である。

田中角栄　1918〜1993年。新潟県出身の政治家。郵政相や蔵相、通産相、自民党幹事長などを歴任した後、1972年に田中内閣を組織。大規模開発政策の推進、中国との国交回復などに尽力するも1974年に金権批判が強まり総辞職する。

日本列島改造論　高速交通網を整備し、地方の工業化を進めることで過疎・過密問題や公害問題などを解決しようという主張。田中首相のもとで推進されたが、1973年の「石油危機」とそれに対する「総需要抑制」により、すべてが実現することはなかった。

瀬戸大橋　瀬戸内海をまたいで岡山県倉敷市と香川県坂出市を結ぶ、本州四国連絡橋のひとつ。1988年4月10日開通。

1992(平成4)年に刊行された『地崎工業百年史』によれば、初代宇三郎は1869(明治2)年、富山県石動町《いするぎまち》(現小矢部《おやべ》市石動町)に生まれ1891(明治24)年、北海道に渡って土木事業中心の地崎組を設立している。当初、同社の経営は必ずしも順調とは言えなかったが、大正期に入って灌漑工事や鉄道建設で実績を挙げ、個人経営から合資会社となり、1920(大正9)年には資本金50万円(現在の5億円ほど、**注1**)の株式合資会社地崎組となった。

1936(昭和11)年に初代宇三郎が死去し、2代目宇三郎を襲名したのは長男の清次である。同年9月、地崎組代表に就任した2代目宇三郎こと清次は、1897(明治30)年に初代宇三郎の長男として生まれ、札幌一中(現札幌南高等学校)から秋田鉱山専門学校(現秋田大学工学資源学部)に進学。家業の土建業を継ぐ意志の薄かった清次は、初代宇三郎をバックに様々な事業に手を染めては失敗し、1923(大正12)年には「**家督《かとく》相続人**廃除」(前掲『地崎工業百年史』)の扱いを受けた。

しかし、父親の死去という事態になり、1936(昭和11)年8月家督相続人として正式に復籍、2代目宇三郎(以下、宇三郎と記す)を継ぐことになった。「他人に縛られることを極端に嫌」い、「自由な人生を夢に描き、その実現のためには力を惜しまなかった」といわれる宇三郎は、軍部や官庁の業者に対する強要を毛嫌いしたという。この点は、一介の土木請負人から土工部屋の労

注1 米価換算で試算。1920年はコメ60キロ＝13・9円。2003年は約1万3748円。よって1円≒989円となる。米価は、中澤辨次郎『日本米價變動史』および農林水産省総合食料局『食糧統計年報平成17年版』、山形県米の図書館「米に関する資料(平成16年)」の「米価の推移」を参照。

家督相続人 明治民法における家制度では、家督相続人(新戸主)は、旧戸主と同じ家に属する者の中から、男女・嫡出子庶子・長幼の順などの順位で決めることになっていたが、通常は長男が戸主の地位を承継した。

働システムを積極的に利用して成功を収めた初代との、大きな違いであろう。

　自らの「信念と家業のはざま」に悩む宇三郎に、小樽を地盤とする**山本厚《やまもとこう》三《ぞう》**衆議院議員から持ち込まれたのが『**小樽新聞**』の発行母体である小樽新聞社の再建だった。『小樽新聞』は、明治・大正期を通じて『北海道毎日新聞』および『北海タイムス』（1901年に『北海道毎日新聞』などが合併して創刊）に対抗し、いわば社会派報道の新聞として存在感を示したが、昭和に入るとその業績は低迷していた。

　1938（昭和13）年11月、小樽新聞社の取締役から社長に就任した宇三郎は、「土建と新聞の二足のわらじ」を履きながら資本と編集の分離という画期的な経営方針を採用、同社の負債棚上げと紙面の刷新に取り組み、また『網走新報』を傘下に収めるなどして、会社の再建に成功する。

　1942（昭和17）年3月には**正力松《しょうりきまつ》太郎《たろう》**率いる読売新聞社と提携し、政府が進める「一県一紙」政策に抵抗したが、最終的には同年11月、ライバル紙の『北海タイムス』など全道10紙と合併して『北海道新聞』が創刊された。

◆埋め立て論の概要とその結果

　さて、問題の「間宮海峡埋立論」が公表されたのは1941（昭和16）年1月6・7日の『小樽新聞』とされるが、実は同日付の紙面に、この論文は掲載されていない。しかし、宇三郎が社長を

山本厚三　1881～1950年。長野県生まれの政治家・実業家。東京高等商業学校（現一橋大学）を卒業後、小樽倉庫社長の山本久右衛門の養子となり、実業界で活躍。1920年衆議院議員に初当選し、連続8期当選、鉄道参与官や文部政務次官を歴任した。

小樽新聞　『北海道毎日新聞』に対抗して1893年に創刊された『北海民燈』が前身。翌年に『小樽新聞』と改題した。

正力松太郎　1885～1969年。読売新聞・日本テレビの経営者、政治家。東京帝国大学卒業後警視庁に入るが、警務部長の時に虎ノ門事件が起こり、1924年に懲戒免官となる。その後読売新聞社長に就任、プロ野球球団の創設や各種イベントの開催を通じて販路拡張に努めた。

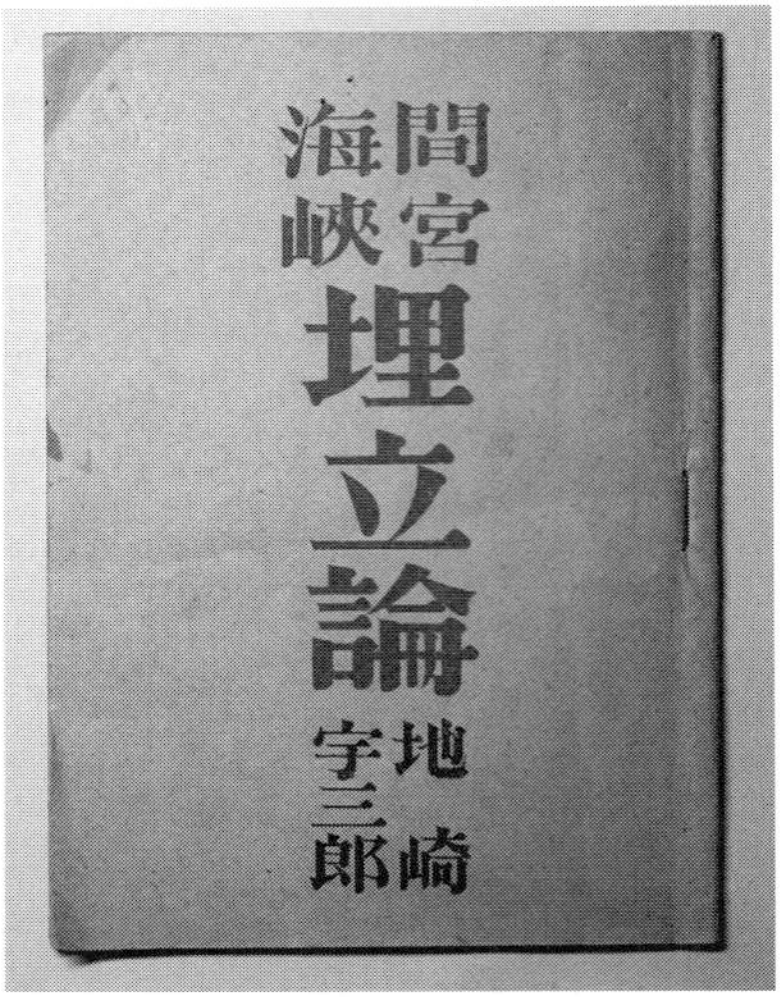

『間宮海峡埋立論』の表紙
（北方文化出版社、1946 年）

務める同紙に掲載されたことは間違いないだろう。現在、我々が手にできるのは、敗戦後の1946（昭和21）年2月、著者の宇三郎が「北海道新聞社相談役」の肩書きで北方文化出版社から刊行した、『間宮海峡埋立論』である。

この論文の趣旨は、間宮海峡の最狭部に「防堤《ぼうてい》」を設けて埋め立てることにより、「オホツク海北西隅サンタール湾より氷塊を抱いて漂流南下する**リマン海流**は完全に南下を阻止せられ、日本海は対馬海峡より北上する**対馬暖流**のみが回流すること丶なる」。その結果、「日本海は湯タンポのやうに暖かくなり、ソ聯《れん》が清津其他《せいしんそのた》に不《ふ》凍港《とうこう》を要求しなくても、浦塩《うらじお》で結構海水浴が出来るようになる」だけでなく、東北・北海道地方は気温が上昇して稲作などの冷害問題は解決される。また降雪量の減少により、いままでは一毛作すら困難だった地方でも、完全に二毛作が出来るようになり、「現下《げんか》の食糧問題解決に貢献する処《ところ》大なるものが

リマン海流　日本海北隅より発する寒流。ユーラシア大陸沿岸を経て、対馬海峡に達する。

対馬暖流　対馬海流のこと。琉球列島近海で分岐する黒潮の支流。九州の西側を抜け日本海に入り、本州・北海道の西岸を経て樺太の西岸に達する。

ある。例へば天塩《てしお》方面で晩秋に麦を蒔《ま》いて五、六月頃に刈り取られるならば、その増収は想像以上である」。

　こうした好影響は日本だけが享受するのではなく、「視野をソ聯に転ずれば、樺太《からふと》は勿論《もちろん》のこと沿海州方面に至つては日本の数倍しての受益を想像することが出来る。（中略）森林資源の外に地下資源に富むこの地帯が世界の穀倉とうたはれるのも遠い将来ではあるまい」という。

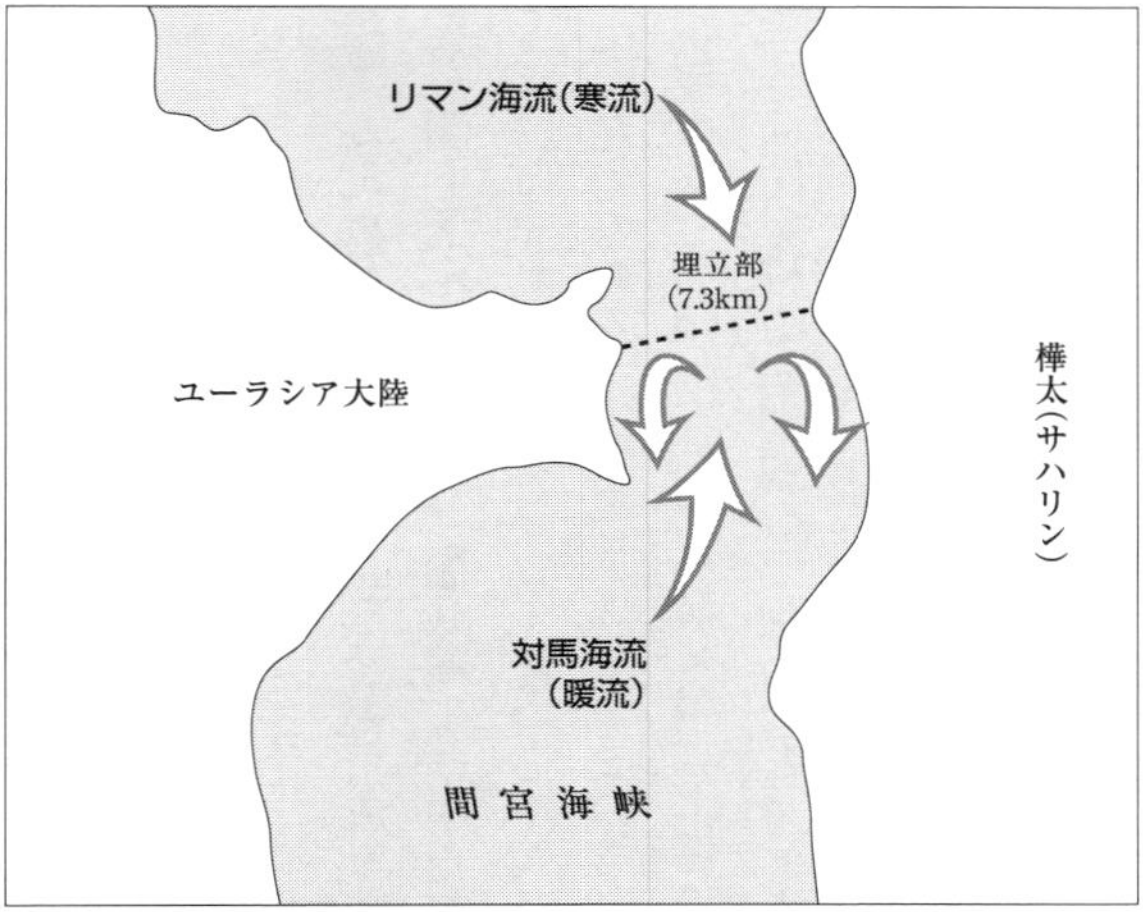

海峡最狭部を埋めることで寒流を遮断し、日本海は暖流が回流する
（地崎宇三郎『間宮海峡埋立論』〈北方文化出版社、1946年〉より作成）

　では、この土木事業に必要な工事期間と経費はどの程度であろうか。宇三郎の試算によれば、間宮海峡の最狭部を**捨石堤**《すていしづつみ》という埋め立て築造法で施工するとして、着手より竣工までに約2年を要し、必要経費は1940（昭和15）年当時で1億9500万円

捨石堤　石や消波ブロックなどを海底から積み上げる工法。

注2、**注3**　米価換算で試算。1940年はコメ60キロ＝16・9円、1945年は60キロ＝1204円。2003年は約1万3748円。よって、1940年は1円≒814円、1945年は1円≒11円となる。米価は、農林水産省総合食料局『食糧統計年報　平成17年版』および山形県米の図書館「米に関する資料（平成16年）」の「米価の推移」を参照。

（現在の1590億円ほど、**注2**）、1945（昭和20）年では8億3400万円（現在の92億円ほど、**注3**）と試算されている。

この壮大な開発計画の最大のネックは、埋め立て場所がすべてソビエト領内であるという点だった。1942（昭和17）年2月、この計画案を衆議院に上程するため、山本厚三議員などの賛成を得て東京・神田の共立講堂前で演説会を開く予定だったが、**憲兵隊**より中止を命ぜられている。また外務省からも、「ソ聯を刺激して貰ひたくないと申入れもあり遂に計画断念の止むなきに至つたのである」（前掲書「序論」）。この宇三郎の一見大風呂敷に見える間宮海峡埋め立て計画が、実は「対ソ親近工作」としての一面を内包している点に、当時の国家権力が警戒心を抱いたためであろう。

この計画が公表されてから60年以上の歳月が過ぎたが、21世紀に入って顕著な地球の温暖化現象のために、この宇三郎の計画は結果的に実現しつつあるようにも見える。宇三郎の計画の問題点を挙げるとすれば、埋め立て論のメリットのみを強調し、間宮海峡の埋め立てに伴い当然引き起こされるであろう環境破壊などの様々なデメリットと、その解決策に関する視点が欠けていた点だろう。こうした問題は、巨大プロジェクトの提案に当たってしばしばありがちなことである。

戦後の宇三郎は、1946（昭和21）年国政に進出したがまもなく**公職追放**

憲兵隊　1881年の憲兵条例により設置された軍事警察官。軍隊内における犯罪の調査や令状の執行などが主な任務であったが、後に市民運動の弾圧や思想取締りに活動がおよび、戦時体制下では国民生活まで監視した。1945年の敗戦により解体。

公職追放　軍国主義、超国家主義勢力の永久除去のためとられた措置。戦争犯罪人、職業軍人、国家主義的団体や、それに関連した金融機関の有力者などを始め、地方公職や経済界、言論界の人物を公職から追放した。合計20万人以上が追放されたが、1952年のサンフランシスコ平和条約発効と共に、追放制度は消滅した。

となり、１９５１（昭和26）年6月に53歳で死去した。

その後、地崎工業は１９９１（平成3）年に創立１００周年を迎えたが、**バブル経済**の崩壊や主力銀行だった**北海道拓殖銀行**の経営破綻もあって、業績が悪化していく。２００４（平成16）年から札幌市内に本社を置く岩田建設の支援を受けていたが、２００７（平成19）年4月、岩田建設を存続会社とする吸収合併によって、岩田地崎建設株式会社となった。

なお、かつて宇三郎が社長を務めた小樽新聞社の社屋は、札幌市厚別区の道立野幌森林公園の一角にある、**北海道開拓の村**に移設されている。

［参考文献］

地崎宇三郎『間宮海峡埋立論』（北方文化出版社、１９４６年）
地崎工業株式会社『地崎工業百年史』（１９９２年）
日本国有鉄道青函船舶鉄道管理局『青函連絡船五〇年史』（１９５７年）
功刀真一『北海道・樺太の新聞雑誌―その歩みと言論人―』（北海道新聞社、１９８５年）

バブル経済　株式や不動産などへの過剰な投機により、資産価格が実態経済をはるかに上回っている経済状態のこと。日本では1980年代後半〜1990年代初頭にかけての好景気を指し、その崩壊と共に、急激に経済活動が後退した。

北海道拓殖銀行　1899年に制定された北海道拓殖銀行法に基づく特殊銀行として1900年に設立。1950年に同法が廃止され、都市銀行となった。バブル経済の崩壊後、不良債権が増大し、1997年11月に経営破綻する。

北海道開拓の村　敷地内に開拓時代の貴重な建物を移築・復元している野外博物館。札幌市厚別区厚別町小野幌50―1。

topic….50

戦時中に畑となった大通公園や赤れんが前庭

食糧難解消のために奨励された増産運動

時代MEMO

1937年、中国・盧溝橋で日中両軍が衝突し、日中戦争が始まる。1939年、ドイツ軍のポーランド侵攻を機に第2次世界大戦が勃発。そして1941年、日本軍の真珠湾奇襲により太平洋戦争へと突入する。

左ページの写真を見て、どこかおわかりになるだろうか。一面の畑を耕す人々、そしてその向こうにぽつんと台座が見える。一見すると、のどかな田園風景にも見えるが、これは終戦前年の1944(昭和19)年に現在の大通公園7丁目を写したものである。この台座には、かつて**黒田清隆**の銅像が据えられていたが、撮影前年の1943年に公布された**金属類回収令**により供出されてしまった。現在とはあまりにも違う光景だが、なぜ大通公園はこのような状態になってしまったのだろうか。

◆戦争の長期化と国民生活の統制

1937(昭和12)年に起きた盧溝橋事件を発端に開戦した**日中戦争**は、長期化の様相を見せていた。それに対応するため翌1938年、日本は「国家総動員法」を公布する。これは国家

黒田清隆　221ページ参照。

金属類回収令　戦局の悪化による物資の不足を解消するため、不要不急の金属資源を回収する目的で制定された法律。

日中戦争　北京郊外の盧溝橋で日本軍と中国軍が衝突した盧溝橋事件にはじまり、太平洋戦争終結に至るまで続いた戦争。

が国民経済の全体にあらゆる統制を加えられるものであった。この法律に基づいて、翌1939年に「米穀配給統制法」が公布されたことで、米穀商は政府の許可制となり、その翌年には米の自由売買も禁止となった。

さらに1941年4月には、六大都市（東京・大阪・名古屋・京都・神戸・横浜）で米穀の**割当通帳制**が始まり、消費量の制限が定められた。これはその後全国に拡大し、米穀配給の基準割当量は、一人一日**2合3勺**とされた。同年12月には**太平洋戦争**が始まり、戦時体制の強化が次々と行われた結果、軍需生産の増産にともない、庶民の生活物資はますます窮《きゅう》迫《はく》していく。

「春の増産譜」の見出しで紹介された、大通西7丁目の空き地を利用した菜園で耕作する人々
（1944年4月25日付『北海道新聞』）

翌1942年になると、政府はこれまでの米麦関係の法規を統合した「食糧管理法」を施行した。この法律に基づいて東京に

割当通帳制　食糧管理制度のもと、一世帯に一通発給される米穀配給通帳に基づき、一日当たりの配給量が国民に割り当てられた制度。定められた配給日に配給所へ行き、各世帯の配給量に配給日数をかけた量の米を購入できた。

2合3勺　2合3勺は、約414・9ミリリットル（0・41リットル）。

太平洋戦争　第2次世界大戦（314ページ参照）における、アジア太平洋地域を戦場とした日本と連合国との戦争。戦時下の日本では大東亜戦争と呼ばれた。

中央食糧営団《えいだん》が、各都道府県には地方食糧営団が設置されることになり、北海道には「北海道食糧営団」が置かれ、札幌に本部が設置された。

以降、食糧管理法に基づき、例えば米については、内地米は政府が農家から自家消費用を除くすべてを供出させて買い上げ、外米の場合は政府が中央食糧営団に委託して輸移入を行った。こうして集めた米穀を地方食糧営団に払い下げ、地方食糧営団は各地の直営配給所を通じて消費者に配給したのである。

「道庁芝生も食糧増産に一役」と紹介された、鍬をふるう庁内女子青年団
(1944年4月23日付『北海道新聞』)

◆食糧難解消を目的に奨励された空閑地利用

しかし、前出のような統制強化を行っても食糧不足の解消には至らず、戦争が長引くにつれて食糧難は深刻化していく。その対策の一つとして奨励されたのが、公園など空閑地を利用した食糧の増産運動であった。空閑地利用の奨励はそれまでも行われていたが、食糧不足が逼迫《ひっぱく》するにつれ、その奨励の度合いは高まっていた。大通公園が一面の畑地になったのは、そうした状況下でのことだった。

中央食糧営団　1942年、食糧管理法によって発足した経営財団。米や麦など主要な穀物の配給や貯蔵を行った。

札幌では1944（昭和19）年2月、市会において議員から「大通公園の菜園化」が提案され、それをきっかけに大通公園は次々と畑になっていった（**注1**）。「暮らしの最大の関心事は『何でもいいから食べたい』だった」というように、食糧不足はかなり深刻だったようである。公園のみならず、道路も境界から中心へ、少しずつ畑が広がって行ったという（**注2**）。こうした状況は、札幌のみならず旭川などの大都市でも同様で、旭川市内では神楽岡《かぐらおか》公園や常盤《ときわ》公園などが畑として利用された。

このように都市部の食糧難は深刻化していたが、道内の各地方ではどうだったのだろうか。例えばオホーツク海に面する雄武村《おうむ》（現**雄武町**）では、1940（昭和15）年から翌年にかけてニシンの群来《くき》があり、以後も住民は魚を代用食にできたことから、大都市の食糧難とは事情を異にしていたとの記述もある（『雄武町百年史』）。広大な土地を持つ北海道において、それぞれ異なる事情を持つ各地方をひとくくりには語れない。しかしながら、生産地である地方と消費地である都市部は、食糧事情が異なっていたことがうかがえる。

◆北海道ならではの野草の利用も奨励

こうした食糧難に対する対策として、空閑地利用のほかに奨励されたのが、野草の利用だった。1944（昭和19）年発行の『北海道年鑑』を見ると、「戦時生活便覧」の一つに「食用

注1　秋山淳子「戦時期の物資供出と札幌市民」（第7回札幌市公文書館講演会「講演録」（札幌市、2016年））より。

注2　朝倉賢〈文〉、北海道新聞社〈編〉『札幌街並み今・昔』（北海道新聞社、2000年）より。

雄武町　オホーツク海に面し、主要産業は漁業や酪農など。1872年に雄武村として設置。1948年に町制を施行して雄武町となった。

群来　産卵期のニシンが大群で沿岸に押し寄せること。鰊群来とも。

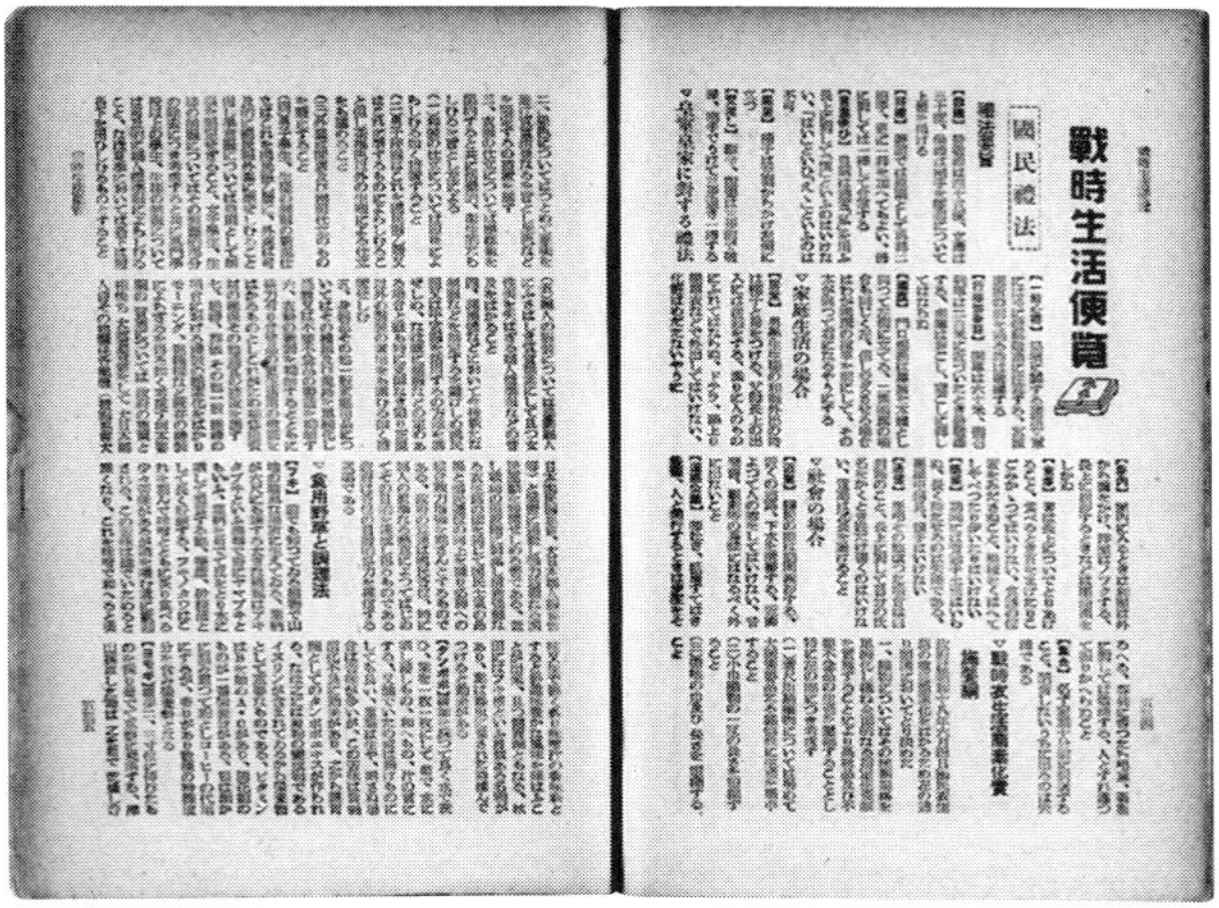

『北海道年鑑　昭和19年』に掲載された「食用野草と調理法」の記事〈左ページ〉（国立国会図書館ウェブサイトより）

野草と調理法」が掲載されており、フキやワラビなどなじみのある山菜とともに、ニリンソウやウバユリなどの名も見える。

ウバユリ（正式名**オオウバユリ**）はアイヌ語で「トゥレプ」と言い、アイヌ民族にとって保存食となる特に重要な植物であった。球根からとったデンプンを乾燥させて保存するのだが、前出の『北海道年鑑』でも同じ処理方法が紹介されており、山菜や野草を食糧として利用してきたアイヌ民族の知恵を借りて食糧難を乗り切ろうとした点は、北海道ならではの特徴と言えるだろう（ただし、野草食自体はこの時期、全国的に奨励されていたことであり、野草食の手引きが新聞や雑誌にしばしば掲載されていた）。

オオウバユリ　ユリ科ウバユリ属の多年草。本州に分布するウバユリの変種で、平地から山地の林内、林縁に自生する。球根からとったデンプンは、アイヌ文化を代表する保存食として知られる。

このように、戦争の長期化で深刻さを増した食糧難であったが、実は食糧不足がピークに達したのは敗戦直後のことだった。戦時中と同じく食糧管理法が布《し》かれ、食糧の配給こそ行われていたが、敗戦と同時に戦時中の植民地であった朝鮮や台湾からの米の輸入は、完全にストップした。

加えて徴兵による農村労働力の欠乏や、肥料や農薬、農機具の不足による生産力の低下、さらには引き揚げ者や復員兵の帰国による消費人口の急増などが重なった結果、配給は遅れに遅れ、まともに届かないことも多かったという。特に1945（昭和20）年は大凶作に見舞われたことから、相当数の餓死者が出ると予想されていたが、占領軍による大量の食糧放出によって何とか危機を免れている。

しかし、その後も食糧難は長らく続き、国民がようやく食糧調達の不安から解放されるようになったのは、戦後数年が経ってからのことであった。

〔参考文献〕

『新北海道史』第5巻通説4（1975年）
雄武町史編纂委員会編『雄武町百年史』（2006年）
北海道新聞社編『北海道年鑑　昭和19年』（北海道新聞社、1944年）

topic….51

穴に隠れて14年間の逃亡生活　中国人・劉連仁の悲劇

第2次世界大戦時における中国人の強制連行

時代MEMO

太平洋戦争開戦後、破竹の勢いで東南アジアへ侵攻した日本軍だが、1942年のミッドウェー海戦敗北を契機に戦況が悪化。1944年、米英軍がノルマンディーに上陸し欧州における連合国軍の反攻が始まる。

◆極寒の山中で発見された、ある中国人

2006（平成18）年6月6日、石狩支庁**当別町**の袴田清治という老人が、89年の生涯を終えた。当別町の袴田と聞いて、すぐにこの人物が関わった50年ほど前の事件を連想できる人は、そう多くないだろう。1958（昭和33）年2月8日、当別町材木沢の雪深い山中でウサギ狩りをしていた袴田が、雪穴に隠れていたひとりの人間を発見した事件である。この事件について、同年2月10日付『北海タイムス』は、保護された直後の人物、すなわち劉連仁の写真と共に「雪の当別山中に穴籠もり／中国人？不審な男／十四年前炭鉱から逃げた」という見出しで、発見の経過を詳しく報じている。

それによれば、身長が5尺7寸（約173センチメートル）くらい、防寒外套《がいとう》に長靴という姿で保護された劉の所持品は、日本円で1222円（現在の4300

当別町　石狩支庁の北東端にあり、管内有数の米どころとして知られる農業の町。

注1　米価換算で試算。1958年はコメ60キロ＝3880円。2003年は約1万3748円。よって1円≒3・5円となる。米価は、農林水産省総合食料局『食糧統計年報　平成17年版』を参照。

円ほど、**注1**)のほかノコ・スコップ・テント・バリカン・懐中時計・コメなどを詰め込んだ袋だけで、「休め」「痛い」など片言の日本語を話したという。

ではなぜ彼が、真冬の北海道で雪穴から発見されることになったのだろうか。その最も大きな理由は、**第2次世界大戦**の最中、国内の労働力不足に苦しむ日本が、1939(昭和14)年以降植民地朝鮮からの朝鮮人強制連行を開始し、やがてその矛先を占領地中国へ向けたことにあった。

1942(昭和17)年11月27日、当時の**東条英機**内閣は「**華人労務者内地移入ニ関スル件**」を閣議決定した。この方針に基づく翌年4月からの「試験移入ノ成績ハ概《おお》ネ良好」だったことから、1944(昭和19)年2月28日の次官会議で「華人労務者内地移入ノ促進ニ関スル件」が決定され、同3月から「本格移入」が始まった。日本内地に連行された中国人は国内135事業場・3万8935名に上っているが(『外務省報告書』)、もう少し多い4万1603名とする指摘もある(『草の墓標―中国人強制連行事件の記録』)。

道内では、「試験移入」期の1943(昭和18)年、東日本造船函館工場に431名が連行されている。翌年以降の「本格移入」期には、地崎組・土屋組・菅原組・新井組・伊藤組・瀬崎組といった道内土建業者の現場に、多くの中国人が連行された。また、東京や大阪に本社を置く同業者の鹿島組・川口組などを始め、三井鉱山・野村鉱業・日本鉱業・三菱鉱業などが所有する道内

第2次世界大戦　314ページ参照。

東条英機　1884～1948年。軍人。関東軍参謀長、陸軍次官などを経て1940年第2次近衛内閣の陸相に。1941年に陸相、内相を兼任し組閣。太平洋戦争に突入するも敗戦となり、戦後、東京裁判の判決により死刑に処された。

華人労務者内地移入ニ関スル件　国内の労働力不足を解消するため華人、すなわち中国人を「内地ニ移入」し、「大東亜共栄圏建設ノ遂行」に協力させようという方針。この方針に沿い、連行後は重要な鉱山や荷役・工場雑役に使用された。

強制連行された中国人の作業始式〔美唄にて1944年8月撮影〕
（中国人殉難者全道慰霊祭事務局『戦時下における中国人強制連行の記録
付・40,000人の中国人強制連行の真相』〈1992年〉より）

の炭鉱・鉱山も、中国人を使用する主な現場のひとつだった。

このようにして、道内19社・58事業場に総数2万430名の中国人が連行されたと言われるが、実数は1万6282名であった。この内死亡者は3047名で死亡率は18・7パーセントに上っている。この数字は、連行された中国人を使用する事業場の43パーセントを、また死亡者は全国の45パーセントを占めていた（『知っていますか　北海道での中国人強制連行　全道五十八事業場殉難の記録』）。

劉連仁は1944（昭和19）年旧暦8月、中国山東省高密県で日本軍の「労工狩り」の犠牲となるのだが、彼が山東省で捕らえられた経緯については、後に彼自身が次のように語っている。

一九四四年九月のある日のこと、朝食をすませて野良仕事へでようと、外に出ると、偽政府の兵隊どもがあらわれて、わたしをうむを言わさず高密県城へとひったてていった。その途中でも、かれらは手ありたしだいに人をつかまえた。県城についたときには、捕らわれた者が八十人をこえていた。その夜は「合作社」とよばれる日本侵略軍の建物に監禁された。そこではじめてわたしは日本侵略者の手中に落ちたとさとったのだ。

（欧陽文彬・三好一訳『穴にかくれて十四年』三省堂より再引用）

高密駅近くで一度は脱走を試みた劉だったが、結局は青島《チンタオ》から中国人俘虜グループの一員として日本に送られてしまう。門司《もじ》に到着後、彼を含め200名の中国人は日本列島を北上して北海道に入り、10月末に道央の空知地方・雨竜郡**沼田村**《ぬまたむら》にある**明治鉱業株式会社昭和鉱業所**に送られた。

◆炭鉱での過酷な労働

この炭鉱の在籍鉱員数は、1945（昭和20）年3月31日時点で内地人515名、朝鮮人584名、**勤労報国隊**《ほうこくたい》ほか64名、俘虜195名の計1358名だった（明治鉱業株式会社『社史』）。この〝俘虜〟が中国人労働者のことであり、青島から沼田に到着後の5カ月間で5名の中国人が死亡した。その後6月末までに4名が死亡し、日本の敗戦までに合わせ

沼田村　現沼田町。昭和初期より炭鉱の町として栄えたが、昭和40年代に入ると閉山が相次いだ。いまは農業の町として知られる。

明治鉱業株式会社昭和鉱業所　1918年に九州の石炭王・安川敬一郎の経営する明治鉱業の所有となり、1930年から本格的な採炭を開始。戦時下の1944年には年間最多18万1200トンの石炭を生産した。

勤労報国隊　戦時体制下の1939年、政府は「労務動員計画」を策定して強制的に労働力を徴用し、重要時局産業に配置する方針を採用した。この計画は1942年「国民動員計画」と改められ、特に在学者・女性は勤労報国隊や学徒勤労動員、女子挺身隊として軍需工場や炭鉱などに動員された。

て9名の死亡者を出している。昭和鉱業所の印象について、再び劉の手記から引用してみよう。

鉱業所はまったく生き地獄だった。十月の末だというのに北海道はもう氷雪にとざされていた。平地でも雪が三十センチ以上もつもっている。わたしたちが押し込められた木造の家はすき間だらけで、雪が吹きこんできた。ひとえものの服にはだしだから、寒さにふるえどおしだった。食うものはドングリの粉と木屑にカビのはえたトウモロコシの粉をまぜてつくった窩々頭。だから腹がはり、便通がない。頭がふらつき、体に力がなくなる。それでもけだもののような監督は、まいにちひとり当たり炭車四十車分の石炭を掘れとせまり、その量にたっするまで仕事をさせるのだ。ぼやぼやしていると容赦なく鉄の棒でなぐられるのだった。

(前掲『穴にかくれて十四年』)

このような酷使と虐待に耐えかねた劉は、1945(昭和20)年7月30日に同郷人5名と鉱業所から脱走し、最後はひとりとなって13年間も道内各地で逃亡生活を続け、1958(昭和33)年2月8日に、当別町山中で発見されたのである。最初日本政府は、劉を「不法入国」者として取り調べようとしたが、その後戦時中の強制連行の犠牲者とわかり、劉は日本政府の態度に抗議の姿勢を見せたまま同年4月10日、**白山《はくさん》丸**で帰国した。

ところで、日本の事業場から逃亡した中国人は、劉連仁以外にもいなかったわけではない。例えば1948（昭和23）年4月10日付の『北海道新聞』では、「終戦知らずに山賊暮し／羽幌山中で捕った二中華人」という見出しで次のように報じている。

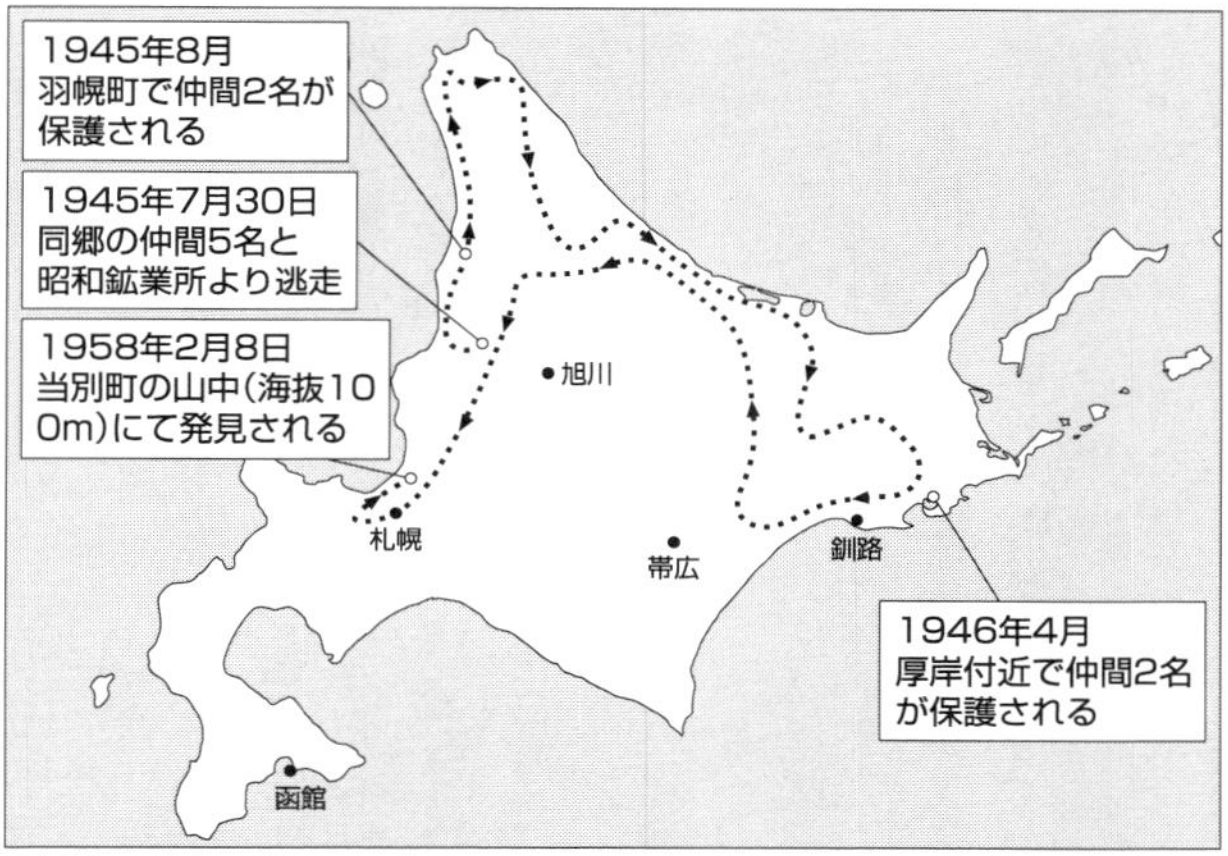

1945年8月
羽幌町で仲間2名が保護される
1945年7月30日
同郷の仲間5名と昭和鉱業所より逃走
1958年2月8日
当別町の山中（海抜100m）にて発見される
旭川
札幌
帯広
釧路
1946年4月
厚岸付近で仲間2名が保護される
函館

劉連仁の逃走経路。1945年7月30日より当別町で発見される1958年2月8日まで、上記の経路で逃亡を続けた（前掲『穴にかくれて十四年』などより作成）

昨年十二月ころから**羽幌《はぼろ》町**曙部落の山奥に数名集団の山賊？が巣くつをかまえて部落に出没、食糧、衣類などの盗難がひんぴんとしてあるので羽幌地区署では九日未明から部落民の協力をえて山狩りを行ったとこ

白山丸　1939年に設立された日本海汽船（株）の所有する貨客船で、1940年に浦賀船渠で建造された。全長109・2メートル、総トン数4531トン、速力14ノット。敦賀港を起点とする朝鮮航路に就航、敗戦後は興安丸・高砂丸と共に在外邦人の引き揚げ船として活躍した。1965年に解体。なお、日本郵船（株）も同名の白山丸を所有していたが、1944年に、太平洋戦争中のアメリカ軍の攻撃により沈没している。

羽幌町　留萌支庁の中部にある、農業と酪農の町。日本海に面し、町域に含まれる天売島・焼尻島は観光地として知られる。

ろ同部落沢山田でついに中国山東省生まれの劉俊華（二九）同張来栄（二九）の二名を捕らえた。（後略）
（1948年4月10日付『北海道新聞』）

そもそもこの2人は、川口組豊里出張所に連行され、敗戦直前の1945（昭和20）年8月14日に脱走して行方不明となっていた（田中宏他編『資料　中国人強制連行』）。2人の中国人は、その後函館の北海道華僑連盟に引き取られることになり、途中の札幌では市役所に立ち寄って「一時扶助」の手続きを行ったが、その際に3年間の逃亡生活について次のように語っている。

三年の長い間食糧は全部農家から徴発《ちょうはつ》、衣類も上に着ているボロ服だけは炭鉱で働いている時のものだが、後はみんな失敬したそうだ。冬は洞穴に寝て越冬、理髪はカマでお互いに刈り合ったというから、まさにその生命力は例の**脱獄囚白鳥**《しらとり》以上―。
（1948年4月14日付『北海道新聞』）

2人の中国人は、札幌市役所で一時扶助料150円（現在の1000円ほど。**注2**）と新しい衣服を貰い、函館に向かった。しかし、張は中国に帰国することなく北海道に居続け、1954（昭和29）年9月には札幌市の日光堂で、料理

脱獄囚白鳥　1907〜1979年。「脱獄囚」として有名な白鳥由栄《しらとりよしえ》のこと。1936年から1947年にかけて青森・秋田・網走・札幌の各刑務所で脱獄に成功した。晩年は東京・府中刑務所の「模範囚」となり、1961年に仮出獄。吉村昭の小説『破獄』のモデルとして有名である。

注2　米価換算で試算。1948年はコメ60キロ＝2080・5円。2003年は約1万3748円。よって1円≒6・6円となる。米価は、農林水産省総合食料局『食糧統計年報　平成17年版』および山形県米の図書館「米に関する資料（平成16年）」の「米価の推移」を参照。

人として働いていた。そして劉が保護された際には、札幌華僑総会の一会員として、また同じ山東省出身者として面会し、何かとアドバイスしている。

劉連仁は１９９１（平成3）年、１９９５（平成7）年、１９９８（平成10）年と３度訪日し、当別町や沼田町を訪れている。そして強制連行に対する損害賠償訴訟の裁判を日本で起こしたが、その最終的な結果を見届けることなく２０００（平成12）年9月、87歳で死去した。これを契機に彼の記念碑建立運動が起こり、２００２（平成14）年9月、劉連仁の発見された場所を望める当別町若葉地区に「劉連仁生還記念碑」が完成した。

なお裁判は、２００７（平成19）年4月の「戦争被害に関する個人の請求権は認めない」という最高裁判決により敗訴している。

〔参考文献〕
明治鉱業株式会社『社史』（１９５７年）
『草の墓標―中国人強制連行事件の記録』（新日本出版社、１９６４年）
欧陽文彬・三好一訳『穴にかくれて十四年』（三省堂、１９７２年）
田中宏他編『資料　中国人強制連行』（明石書店、１９８７年）
日本中国友好協会北海道支部連合会編『知っていますか　北海道での中国人強制連行　全道五十八事業場殉難の記録』（１９８８年）

topic….52 後ロヲ振リ向イテ視線ヲ合ハスコトハ情交ヲ許シタ証拠

太平洋戦争の敗戦とアメリカ軍の北海道進駐

時代MEMO

1945年5月、ナチスドイツが連合国軍に無条件降伏。同年8月、広島・長崎に原爆が投下され、壊滅的被害を受ける。8月14日の御前会議でポツダム宣言受諾を決定、翌日「終戦」の詔勅が放送され終戦を迎える。

◆連合国軍の進駐と北海道民の戸惑い

1945(昭和20)年8月15日、日本はアメリカを中心とする**連合国軍**に無条件降伏し、1931(昭和6)年の「**満州事変**《まんしゅうじへん》」から始まる長い戦争の歴史に、ひとまず終止符を打った。そして、8月下旬から占領を目的とした連合国軍が日本本土に**進駐**《しんちゅう》し、10月には、その中心となるアメリカ軍が北海道へと上陸した。

アメリカ軍の日本進駐を前にして、関東地方など上陸地周辺の住民に対し「住民心得」が配布されているが、この点は北海道でも同様だった。

同年9月、北海道庁は「連合軍進駐ニ就《つ》イテ皆様ノ心得」と題する文書を作成し、地域住民に対して回覧を行っている。空知地方における有数の産炭地だった**三笠**《みかさ》**町**でも、この件に関する文書が3度にわたって回覧された。

まず1回目では、「愈々《いよいよ》連合国ノ軍隊ガ近ク北海道ニ上陸シテ来ルコトニナ

連合国軍　1939年9月から1945年8月までの第2次世界大戦における英・米・仏などの連合国軍。

満州事変　関東軍が起こした中国東北部（満州）への侵略戦争。1931年9月の柳条湖事件を口実に中国軍を攻撃し、翌年2月には東北3省の大半を制圧。3月に日本の傀儡政権である「満州国」を発足させた。

進駐　他国の領土に軍隊が進軍し、とどまっていること。

リマシタ。吾々道民ハ政府ヨリ示サレタ色々ノ注意スル事柄ヲ正シク守ツテ大国民トシテノ立派ナ態度ヲ見セテヤリマセウ」と述べ、

一、外国人ニ対シテハ立派ナ日本人トシテノ態度ヲ示シマセウ
二、根モ葉モナイ「デマ」ニ迷ツテハイケマセン
三、タトヘ戦ニ破レタ国民デモ正シク自分ノ身ヲ守ル権利ヲ行フコトガ出来マスカラ、暴行ヤ陵辱ヤ略奪等ニ対シテ之ヲ甘ンジテ受ケナケレバナラナイ等ト思フ誤ツタ考ヘヲ持ツテハイケマセン

といった全11カ条からなる注意事項を挙げている。戦争に負けたとはいえ、「大日本帝国」の国民として恥ずかしくない態度で連合国軍を迎えようというのが、この回覧文の趣旨であった。

2回目の回覧も、同じような内容の6カ条の注意事項からなっている。そして3度目の場合は「皆様！！連合軍ノ進駐ニ就テノ心構ヘハ出来マシタカ」という前文で始まり、これまでの注意事項を再確認するような内容であった。全体で7カ条からなるこの回覧は次のような注意から始まっている。

一、連合軍ノ進駐以前ニ外国ノ将兵ガボツボツ入ツテ来テオリマスガ、

三笠町　現三笠市。空知地方の南部、北海道のほぼ中央に位置する。道内有数のアンモナイト化石の産地である。

一部ノ方ハ外国ノ兵ヲ物珍ラシソウニ立チ留リ取囲ンデ見テヲツタリ、振リ返ツテ眺メテイタリスル方々ヤ、子供等ガ付纏ツテ歩イタリ致シテヲリマスガ、此等ハ相手ニ厭ナ感ジヲ持タセルバカリデナク誠ニ見苦シク、大国民トシテノ態度デハアリマセン、絶対ニ止メテ下サイ。又子供サンノ躾ニ付テモ充分御注意ヲ願ヒマス。

二、外国ノ将兵ニ対シ視線ヲ合ハシテハイケナイト前ノ回覧板デオ知ラセシテ置キマシタガ、コレハ外国ノ習慣トシテスレ違ツタ際、後ロヲ振リ向イテ視線ヲ合ハスコトハ情交ヲ許シタ証拠ニナルノデスカラ、コノ様ナ場合ハ、絶対何事ガ起キヨウト後ロヲ振リ向カナイ様特ニ御注意下サイ。重ネテ申シテ置キマス。

この文書の3以下は省略するが、最初の注意事項では先遣隊として来道した外国の兵士、すなわちアメリカ兵などを見かけた際、「物珍ラシソウニ立チ留リ取囲ンデ見テヲツタリ、振リ返ツテ眺メテイタリスル」ことは、「大国民トシテノ態度」ではないと厳しく戒めている。だがとりわけ興味深いのは、2番目の注意事項だろう。これは女性に対する注意を喚起したものであり、外国人とすれ違った際に「後ロヲ振リ向イテ視線ヲ合ハスコトハ情交ヲ許シタ証拠ニナル」のだから、絶対にこのようなそぶりをみせてはいけないという。この文章の意味は、外国人とすれ違った際に物珍しさのあまり振り返って視線があった場合には、相手にセックスすることを許したことになるので絶対にそのようなことをしてはいけない、というものだった。

　いうまでもなくこのような行為が、「情交ヲ許シタ証拠」であるという「外国ノ習慣」には何の根拠もなかったが、外国人（アメリカ人）を見慣れていない一般の道民にとっては、疑問を差し挟む余地がなかったのかも知れない。

歴戦の米軍主力
八千・札幌に進駐
師団司令部、拓銀に設置

岸壁に本紙記者と交驩

アメリカ軍の進駐を伝える新聞記事
（1945年10月6日付『北海道新聞』）

◆鎖国状態だった日本人の外国観

太平洋戦争が終わった1945（昭和20）年は、日本が「開国」するきっかけとなった**ペリー**来航（1853年）から数えて92年

太平洋戦争　第2次世界大戦（1939年9月〜1945年8月）のうち、アジアにおける日本軍対連合国軍の戦争。

ペリー　Matthew Calbraith Perry。1794〜1858年。幕末期のアメリカ東インド艦隊司令官。1853年、軍艦4隻を率いて浦賀に入港し、幕府に開国を求めた。いったんは退却するも、1854年に7隻の軍艦で再来日し、日米和親条約を締結。下田と箱館の開港を認めさせた。

目にあたり、ほとんど1世紀近い歳月を経ている計算になる。この間、日本は、近代国家の建設を目指してアメリカやヨーロッパの科学技術を積極的に取り入れてきた。それにも関わらず、敗戦後の北海道でアメリカ人や彼らの日常的な生活習慣に対する誤った考えが、官庁の作成した文書で回覧されている。これは、当時の日本人一般の西洋的生活文化や習慣に対する理解が、**「鎖国」**状態のままであったことの反映だろう。

この問題に関連して、興味深い史実を示しておこう。1853(嘉永6)年に来航したペリー率いるアメリカ艦隊は、翌年1月に再び江戸湾に来航し、3月に**「日米和親条約」**が締結された。その後、4月21日になってペリー艦隊は函館湾に入港する。このことを幕府から知らされていた松前藩は、幕府の通達を参考にして全18カ条の触書をまとめているが、そのなかに次のような条項があった。

・アメリカ船が渡来の節には「**浜表**《はまおもて》」へ出、あるいは屋根に上って見物することを禁止する。
・アメリカ艦隊の滞船中は、どのようなことがあってもアメリカ人に対し決して手荒なことをせず、逆らわないようにする。
・箱館の場末では、夜分にアメリカ人が秘かに上陸してくるかも知れな

鎖国　江戸幕府が、キリスト教の禁止や貿易・通交の管理、日本人の海外往来禁止を目的に行った対外政策。海禁とも言う。詳細は118ページ参照。

日米和親条約　1854年に調印・締結。アメリカ船の薪水給与のため伊豆や箱館などを開港し、下田に領事館を設置することなどが規定された。鎖国体制を破った最初の条約である。

浜表　浜の方向。浜面。

いので、これらの地域の婦女子は老若に関わらず全員が、また男性も23歳以下の者は最寄りの山の手に早急に引っ越すこと。

この松前藩が作成した触書と、道庁が作成した回覧板との間には、先にも触れたようにほとんど1世紀近い年月が流れているのだが、その内容に本質的な違いはない。

こうした日本側の緊張感をよそに1945(昭和20)年10月4日、アメリカ軍が函館に上陸する。翌日には、北海道進駐軍最高司令官の第9軍団司令官ライダー少将および第77師団長ブルース少将が率いる8000名が小樽を経て札幌に進駐し、アメリカ軍による北海道の占領行政がスタートした。そして、実際に生身のアメリカ人やアメリカ文化と接することになった日本人は、日米間に横たわる多くの文化的なギャップに直面することとなった。

〔参考文献〕
毎日新聞社編『私たちの証言―北海道終戦史』(毎日新聞社、1974年)
『函館市史』通説編第2巻(1990年)
西川博史『日本占領と軍政活動―占領軍は北海道で何をしたか―』(現代史料出版、2007年)

topic....53

北海道の戦後開拓と「ロビンソンの末裔」たち

罹災者による拓北農兵隊の結成と戦後の開拓移民

時代MEMO

農地改革や財閥解体など、GHQ主導の戦後改革が進められていた1946年。国内の失業者対策や食糧自給体制確立のため、政府は緊急の開拓事業を開始し、北海道にも様々な地域からの開拓団が入植してきた。

◆東京大空襲と都市罹災者の発生

作家・**開高**《かいこう》 **健**《たけし》と言えば、北海道の人々には「釣り師」開高が釧路湿原を背景に豪快なポーズで幻の魚イトウを釣り上げるシーンが印象的だろう。だがそれ以前に彼は、戦中・戦後の北海道に取材したある小説を執筆している。1960（昭和35）年に発表された『ロビンソンの末裔』（角川文庫版、1964年初版）である。この小説は、**太平洋戦争**末期の北海道を舞台に、東京から集団移住した拓北農兵隊と呼ばれる人々の開拓問題を取り上げたもので、小説になぜ「ロビンソン」の名前がつけられたかという点は、巻末の解説に詳しい（**注1**）。

この小説の主人公は東京都庁に勤務する職員であったが、太平洋戦争下の1945年（昭和20）年7月、都庁を辞めて夫婦で北海道に集団入植する。旭川から支線で5時間もかかる町の開拓地を割り当てられ、そこで新たな生活を

開高健　1930〜1989年。大阪市出身の作家。1957年『裸の王様』で第38回芥川賞を受賞。1964年には新聞社の臨時特派員として戦時下のベトナムを取材し、『輝ける闇』『ベトナム戦記』などを著した。釣り師としても有名で、『フィッシュ・オン』『オーパ！』など、釣りに関する著作も多数。

太平洋戦争　345ページ参照。

スタートさせるのだが、火山灰地や泥炭地などに覆われた原野の開墾は、都会からやってきた素人同然の開拓者にとって極めて困難な作業であった。

この主人公が北海道へ移住することになった理由は、敗戦間近な1945（昭和20）年3月9日、深夜の東京がB29爆撃機による**大空襲**を受け、死者8万4000人、罹災者150万人、焼失戸数23万戸の大惨事となったことによる。3月14日には大阪空襲で13万戸焼失の被害があり、5月25日には再び東京が空襲を受けた。政府はこうした事態を受けて、都市罹災者の対策に取りかかる。焼け野原となった都市には住む家も食料もなく、多くの戦災・罹災者を抱えておく余地は無かったのだ。その結果考えられたのが、都市被災民を北海道に疎開させ、開拓者として活用するプランだった。

◆集団移住と拓北農兵隊

1945（昭和20）年3月、政府は都市罹災民・避難民対策として「都市疎開者ノ就農ニ関スル緊急措置要項」を閣議決定し、同5月の次官会議で「北海道疎開者戦力化実施要領」が決定された。これは戦災罹災者・疎開者などから「北海道ノ拓殖農業ニ積極的ニ挺身《ていしん》シ、戦力増強ニ貢献セントスル真摯《しんし》ナル熱意ヲ有スル者」5万戸・20万人を選び、集団帰農させようという計画である。具体的には、帰農者に対して主要食糧の配給と1戸当たり1**町歩**の開墾地を貸与し、北海道農業に習熟した段階で、

注1　「ロビンソンの末裔」と命名された理由について、文芸評論家の佐々木基一は角川文庫版の解説でおおむね次のように述べている。無人島に漂着したロビンソン・クルーソーは独力で畑を開墾し、小麦を植え、野生の山羊を捕らえて家畜とし、着々と生活を切り開いて行く。開高は、この「ロビンソン的な原始蓄積」の再現を北海道の戦後開拓の中に見出したのではないかと。

大空襲　アメリカ軍による東京大空襲のこと。334機ものB29爆撃機が、焼夷弾によるじゅうたん爆撃を行った。

町歩　1町歩＝3000坪。

入植予定地	戸数	入植者の出身地
札幌郡手稲村	21 戸	杉並区
札幌郡琴似村	21 戸	足立区
札幌郡豊平町	50 戸	目黒区・荏原区・神田区
札幌郡札幌村	21 戸	板橋区
札幌郡白石村	23 戸	大森区
札幌郡江別村	36 戸	世田谷区
空知郡栗沢村	14 戸	葛飾区・江戸川区と北多摩郡
空知郡角田村	31 戸	品川区・蒲田区・荒川区・王子区・城東区

1945 年 6 月 23 日付の新聞各紙で発表された、東京都からの移住戸数とその入植予定地。このうち角田村の入植者は、実際には中野区からの 21 戸も含めて計 52 戸だった

独立農家としての経営を保証するため1戸あたり10～15町歩の未墾地を無償付与する方針だった。これを受けて北海道庁は「北海道集団帰農者受入要領」を定め、戦災者北海道開拓協会を設立して東京都などで帰農者の募集を開始した。この時、東京都の帰農者募集に派遣されたひとりに詩人の**更科源蔵**《さらしなげんぞう》がいる。また、大阪府嘱託として入植者を引率し、道北・道東方面に出張したのが民俗学者の**宮本常一**《みやもとつねいち》だった。

　これらの北海道集団帰農者は「拓北《たくほく》農兵隊《のうへいたい》」と命名され、7月6日の第1陣から敗戦後の8月下旬まで、東京・神奈川・大阪などから延べ9回にわたり1800戸・8900人が集団帰農した（北海道編『北海道戦後開拓史』）。

　拓北農兵隊は、入植地域別に手稲《ていね》隊・琴似《ことに》隊・豊平《とよひら》隊などと呼ばれたが、

更科源蔵　1904～1985年。北海道出身の詩人。『凍原の歌』『無明』などの詩集ほか『コタン生物記』『アイヌ伝説集』『少年たちの原野』など多数の作品を著し、北海道の文化・芸能界で活躍した。

宮本常一　1907～1981年。民俗学者。漂泊民や被差別民などに関し、戦前から高度成長期まで日本各地でフィールドワークを続け、貴重な記録を残した。著書に『忘れられた日本人』など。

なかでも世田谷《せたがや》区から江別《えべつ》町に入植した江別隊は「インテリ帰農部落」として有名だった。それは入植者の中に商社マン・教師・大学教授といった人々が含まれていたからである。入植者のひとり安斎七之介《あんざいしちのすけ》は元大倉高商(現東京経済大学)の教授で英語に堪能だったため、終戦後に江別町役場を訪れたアメリカ軍兵士と巧みに応対し、「英語が話せる世田谷部落」の住民として一躍有名になったというエピソードもある(太田恒雄『世田谷物語』叢書・江別に生きる1)。

1945(昭和20)年7月、野幌《のっぽろ》駅に降り立ったときには32戸だった江別隊の入植者は、土地の配分を受ける段階で23戸となり、その後も日を追って減り続け18戸にまで減少した。それでも、残った人々は泥炭地と戦いながら開墾生活を続ける。入植から40年目を迎えた1985(昭和60)年、東京都の世田谷区長より「区民功労賞」を贈られたが、このとき表彰を受けたのはわずか10人に過ぎなかった(太田恒雄、前掲書)。しかし世田谷区民による入植の足跡は、現在でも江別市角山《かくやま》に「世田谷」の地名として残されている。

◆引揚者の入植と戦後開拓団の人々

拓北農兵隊の入植が続いていた1945(昭和20)年8月15日、日本は敗戦を迎えた。それと共に、これらの都市戦災者に加えて、旧満州や樺太《からふと》・朝鮮・台湾など海外植民地からの引揚者や**復員**軍人などで国内の失業人口が急増し、食糧事情も次第に深刻化し

復員　264ページ参照。

一切の感傷拋って
北の沃野に再起
拓北農兵隊第一陣の首途

拓北農兵隊の出発を報じる新聞記事
(1945年7月7日付『朝日新聞』)

た。政府は失業者に就労の機会を与え、食糧の自給体制を確立するために緊急開拓事業を計画、北海道庁は同8月に臨時北海道拓殖本部を立ち上げ、同10月には「北海道戦後開拓実施要領」を定めて内地からの入植者の受け入れ・指導を行うことにした。拓北農兵隊は拓北農民団と改称され、緊急開拓の一部を担うことになったのである。

同11月、政府は「緊急開拓事業実施要領」を閣議決定し、1946(昭和21)年から1950(昭和25)年までの5年間に全国で100万戸の入植と155万町歩の開墾を目標とする、緊急開拓事業がスタートした。このうち北海道では、20万戸の入植による70万町歩の開墾が目標だったが、この目標はいかにも過大であり、計画の修正は避けられなかった。しかも戦後開拓者には、戦前の開拓で取り残された火山灰地・重粘土・泥炭地といった特殊土壌地帯が割り当てられ、入植者は辛酸をなめることになる。

戦後開拓地域は道東・道北地域が比較的多いが、なかでも釧路管内の標茶《しべちゃ》町は１９４６（昭和21）年から１９６６（昭和41）年までに戦後開拓者を１１８９戸も受け入れ、その中には「世田谷部落」にも劣らない個性的な移民団が含まれていた。『標茶町史』通史編第２巻からそのいくつかを紹介してみよう。

①多和《たわ》開拓団（標茶町多和地区）

終戦時の標茶村では、道東地方防衛の任務を帯びた北部軍の工兵第７連隊（熊９２１８部隊）が駐屯し、畜産班を組織して自活用の家畜を飼育していたが、１９４５（昭和20）年11月頃に復員となった。その際に復員軍人職業補導会標茶畜産部が組織されていたが、**GHQ**の指示によって翌１９４６（昭和21）年３月に解散させられ、その一部の人々が帰農して多和地区に入植した。いわば元職業軍人の集団入植である。最初は共同的な経営方式だったが、やがて個人経営に移行。しかし、昭和40年代になるとすべての人が離農した。

②小林部落（標茶町西熊牛《にしくまうし》地区）

この入植者の中心は大阪８連隊に所属する元軍人たちで、１９４５（昭和20）年６月までは千島列島ウルップ島の警備に当たっていたが、復員後の10月、大阪出身者が中心になって西熊牛地区に入植した。この部落は開墾当初から率先して酪農経営や農村電化に取り組み、経営および生活環境が早くか

GHQ　３０３ページ参照。

ら整備された活気のある開拓地だった。リーダーは小林一男・南彦一といった人物だったが、小林は元水泳の飛び込み競技の名手で1927（昭和2）年と1931（昭和6）年の日本選手権で優勝し、1932（昭和7）年のロサンゼルスオリンピックでは板飛び込みで6位入賞を果たしている。また、南は応召前には朝日新聞大阪本社社会部記者だった。

満州建国　342ページ「満州事変」参照。

③弥栄《いやさか》開拓団（標茶町上多和地区）

この開拓団は、旧満州と北海道で「2度の開拓」を経験した人々である。最初の開拓は、**満州建国**直後の1932（昭和7）年10月、東北地方の在郷軍人500人によって編成された永豊鎮屯墾《えいほうちんとんこん》第1大隊が旧満州国三江省樺川県永豊鎮に入植し、弥栄村の形成となった。しかし、敗戦によって母国日本へ引き揚げることになり、これら満州移民の収容先として根釧原野が候補地となる。入植は1947（昭和22）年度から始まり、翌1948（昭和23）年には弥栄開拓農業協同組合を結成、経営方針を酪農に定めた。そして、満州開拓の経験を生かしながら、牧野の造成や農産加工・酪農関係の諸施設を整備していく。この地区は、こうした経緯から「弥栄開拓団」と呼ばれるようになった。

このように、敗戦後の標茶村（1950年に町制施行）には多様な性格の戦後開拓団が入植し、1945(昭和20)年から1950(昭和25)年までの6年間に戸数で600戸前後、人口で3000人の増加となった。こうした傾向は、戦後開拓者が入植した道内の他地域でも一時的に見られた。しかし、日本経済が高度成長を遂げる昭和30年代になると、戦後開拓によって開かれた開拓地はその経営基盤の弱さもあって離農者が相次ぎ、過疎化が進んでいく。そして、昭和40年代に入ると開拓行政を一般農政の中へ移行させることになり、1973(昭和48)年度をもって、戦後開拓事業はその幕を下ろすのである。

〔参考文献〕
開高健『ロビンソンの末裔』(角川文庫版、1964年)
北海道編『北海道戦後開拓史』(1973年)
太田恒雄『世田谷物語』〈叢書・江別に生きる1〉(1989年)
関秀志・桑原真人『北海道民のなりたち』〈北の生活文庫1〉(1995年)
『新札幌市史』第5巻通史5〈上〉(2002年)
『標茶町史』通史編第2巻(2002年)

topic....54

江戸時代から連綿と続く北海道独立論の系譜

日本各地の独立論と北海道独立の可能性

時代MEMO

1948年のビルマ(現ミャンマー)独立、1949年のインドネシア独立承認など、植民地支配からの独立が相次いでいた大戦後のアジア。ここ北海道においても、ひとりの学者が、「北海道独立論」を提唱する。

◆国内における独立論の流れ

1945(昭和20)年8月の敗戦以後、日本国内で様々な独立論が提起されているが、代表的な地域が3カ所ある。それは、北海道と九州、および沖縄である。

沖縄では、戦後の**アメリカによる占領**、1972(昭和47)年5月の日本返還という歴史と実態を背景にして、「日本国への同化志向」と「日本国からの離脱志向」という「二つの志向」が、県民の間でせめぎあっていた。前者は日本への復帰運動という形で、また後者は沖縄独立論として具体化し、敗戦から現代まで4度にわたる独立論の波を形成してきた(厳密に言えばさらに「自立論」と「独立論」に分かれるが、その点には触れない)。最初は、敗戦から**対日講和条約**調印にいたる1945(昭和20)年から1951(昭和26)年までの時期であり、2度目は「**沖縄返還協定**」が締結された1972(昭和47)年前後、3度目は日本

アメリカによる占領　戦後、沖縄はアメリカの支配下に置かれ、沖縄民政府・琉球政府などの統治下にあった。返還前の基本通貨はアメリカドルであり、本土への出入国にはパスポートの提示が必要とされていた。

対日講和条約　1951年に調印されたサンフランシスコ平和条約のこと。これにより、日本は主権を回復したが、沖縄、小笠原などは無期限でアメリカの支配下に置かれることが(3条)規定されていた。

復帰10周年を迎える中で、改めてその意味が問われた1982（昭和57）年前後、そして4度目は、**大田昌秀**《おおたまさひで》知事によるアメリカ軍用地強制使用手続きの代理署名拒否が問題になった、1995（平成7）年以降である。このような4度にわたる独立論の波の中で、2度目以降はすでに日本復帰が実現しており、基本的には「反復帰論」の立場から提示される独立論であった。その点を鑑みれば、最初の独立論こそが、真の意味の沖縄独立論ということになるだろう。

一方、戦後の九州でもさまざまな独立論が主張されているが、そのルーツは、敗戦の際に**西部軍**の一部が「九州革命政府」を樹立して軍政を布き、九州独立を目論んでいたというエピソードに行き着く。その際の混乱ぶりは、たまたま西部軍司令部の報道部員であった**火野葦平**《ひのあしへい》が『革命前後』（河出書房）に描いており、「辻昌介」の名前で登場する火野は登場人物のひとりに、「九州独立はできます。いや、絶対にやらなくてはいけない」と語らせている。

近年の九州独立論者の試算として、昭和から平成初期の各種経済指標に基づいた「九州」の国際比較を行ってみると、人口は世界の56位（1332万人）、**GNP**は13位（2556億ドル）、ひとり当たり国民所得は10位（1万6100ドル）といった数値が挙げられている。「日本」との関係では、移出が553億ドル、移入が731億ドルで、差し引き178億ドルの赤字となっている（『朝日新聞』1992年3月7日夕刊）。

沖縄返還協定　1969年11月、佐藤栄作首相とニクソン大統領との会談で沖縄の「本土なみ」の返還が合意され、1971年に返還協定が調印された。

大田昌秀　1925年～。沖縄県出身の政治家。琉球大講師、教授を経て、1990年沖縄県知事に。2001年より参議院議員。

西部軍　中国、四国、九州を管轄していた帝国陸軍。

火野葦平　1907～1960年。福岡県生まれの昭和期の小説家。芥川賞受賞作の『糞尿譚』ほか、『革命前後』など代表作多数。

GNP　Gross National Productの略。国民によって新しく生産された財（商品）やサービスの付加価値の総計。国民総生産。

◆北海道独立論の形成と展開

では、この北海道の場合はどうであろうか。1618(元和4)年、ジロラモ・デ・アンジェリスというひとりのキリスト教宣教師が、蝦夷地にわたってきた(80ページ参照)。アンジェリスと面会した**松前藩**の第2代藩主公広《きんひろ》は、「天下は日本から神父等を追払ったが、松前は日本ではないのであるから、神父が松前に来ることは大事もない」と述べ、幕府の法度を無視する根拠を「松前は日本ではない」ことに求めた(児玉作左衛門他「蝦夷に関する耶蘇会士の報告」〈H・チースリク編『北方探険記』〉)。

この点について、北海道近世史の研究者海保嶺夫氏は「辺境外様大名によくある独立意識の現れと見ることもできるが、自己の地位を『天下』(将軍権力)から相対化するのみならず『日本』そのものと対置させている点に中世以来の『エゾ大王』『日ノ本将軍』的意識が存在していたように思われる」(同『近世蝦夷地成立史の研究』)と指摘する。この、「松前は日本ではない」という公広の発言は、北海道独立論の嚆矢《こうし》といっても過言ではない。

また、幕末・維新期の北海道に目を転じると、1868(明治元)年10月20日、**榎本武揚**の率いる幕府脱走軍が噴火湾の鷲ノ木《わしのき》(現森町《もりまち》鷲ノ木)に上陸、ただちに各国領事に対し「声明書」を届けた。その中に、「蝦夷は徳川の新たな領地となるでしょう、そして必ずミカドは我々がそこで我々固有の利益のためにと同様に日本全体の利益のために働いているのを知るでしょう」という一節があり

松前藩　道南の松前に居城を置いた江戸時代の藩のひとつ。詳細は74ページ参照。

榎本武揚　1836～1908年。幕臣、明治期の政治家。1868年、政府軍の江戸占領に際し幕府艦隊を率いて箱館に脱走、五稜郭に立て籠もるが敗れる。1872年特赦されて開拓使に奉職。特命全権公使としてロシアに赴き、「樺太・千島交換条約」を締結。以後、通信・文部・外務・農商務の各大臣を歴任した。

（『函館市史』通説編第2巻）、榎本軍の蝦夷地占領の目的が記されている。このような蝦夷地領有宣言もまた、北海道独立論の系譜に連なるものといえよう。

だが、本稿の最初に指摘した沖縄独立論や九州独立論に対比し得る北海道独立論の提唱者はおそらく、『北海道自由国論』（玄文社）を著した**河野廣道**《こうのひろみち》が始めてだろう。

1946（昭和21）年に刊行された『北海道自由国論』によれば、前近代から近代にかけての北海道は「日本民族の北方進展」の歴史そのものであり、そのことが明治維新以後の極めて短期間に実現した最大の理由は、日本民族が「旧日本の殻を破つて、寒国に適する新しい生活手段と生産手段とを採用し得たから」であった。具体的には、「窓硝子のある住宅様式とストーブの採用」と「機械力を用ひての寒地農業様式と農作物の耐寒的品種の栽培」である。このようにして形成された北海道の文化は、内地の文化が「封建的、島国的、独善的、割拠《かっきょ》主義的」であるのに対し、「自由主義的、開放的、普遍的、

『北海道自由国論』の表紙
（玄文社、1946年）

河野廣道　1908〜1963年。「北海道史の生き字引」と言われた河野常吉の次男に生まれる。北海道帝国大学農学部、同大学院で学び、1930年からは農学部助手に。しかし、「治安維持法」での逮捕を機に北大助手を辞職し、その後北大への復職と辞職、北海道新聞社北方研究室長就任といった中で、終戦を迎える。北方研究室廃止と共に同社を退職した後、1955年に北海道学芸大学札幌分校の教授に就任。『北海道自由国論』は、北海道新聞社在籍中の業績である。

世界的」であるという。

この前提に立って、河野の「日本聯邦制《れんぽう》」論が展開される。「この様な文化的条件を異にする二つの地域が、画一的な一定権内の政治で律せられることの不合理なるはいふまでもない。この二地域にはそれぞれ異る政策を必要とする」が、それは「北海道に強度の自治性を与へること」である。このようにして、「本州、四国、九州を一環とする日本政府」と「北海道及びその附属島嶼《とうしょ》を一環とする北海道自由国政府」とによる、「日本聯邦制の樹立」を提唱する。

その際、「北海道が自由国として自立し得るや否や」が問題とされるが、人口や面積、経済面について世界的な比較を試みた河野は、次のようなデータを挙げている。まず北海道の350万人(1946年当時)という人口は、ヨーロッパで植民地を持たないアイルランドやノルウェー、フィンランドなどに匹敵し、中央アメリカのサルバドル、ドミニカなどと比較すると問題にならないほど多い。北海道の面積も、これらの国々と比較して「遥かに優位である」。資源の点おいても北海道は地下資源に恵まれており、貿易面でも北欧の小国はいずれも輸入超過であるが、北海道は「海外貿易に於ても国内貿易に於いても移輸出超過で充分にやって行ける」。このように北海道は「経済的にも立派な自由国として自立し得る資格を有する」のである。

◆その後の北海道独立論

以上のような河野の北海道独立論は、その後も梅棹忠夫《うめさおただお》「北海道独立論」（『中央公論』1960年5月号）を経て、荒又重雄「北海道は『独立』できるか」（『北海道経済の地平をさぐる』北海道大学図書刊行会）に受け継がれる。梅棹は河野を「エリート的北海道主義者」と批判しているが、「分離か、統合か」という問題提起や「潜在する分離主義の流れを生かして、いっそ、北海道の政治的独立を実際に検討してみては、どうであろうか」といった指摘は、河野の主張の延長線上にある。

そしてこの「北海道の政治的独立」問題を、経済学的に考察したのが荒又氏である。同氏は、世界的には人口や領土面積、経済規模において北海道と同規模の、あるいはそれ以下の国々が存在することを指摘しながら「今の北海道は独立国になれるか?」と問い、「北海道経済の規模が、北欧諸国や西欧の一部の諸国と並ぶものであったとして、では、全く同じだけの実力が現在すでにあると言えるでしょうか。独立国といっても、これは比喩であって、政治的独立のことではなく、経済的自立のことです」と問題提起する。

ここで同氏は1985（昭和60）年当時のデータに依拠しながら「世界の中の北海道」という表を作成し、GNP・領土面積・人口・ひとり当たりGNPを算出している。北海道はそれぞれ546億ドル・8万4000平方キロメートル・567万人・9637ドルとなっており、この数値は「北欧諸国

梅棹忠夫　1920〜2010年。京都府生まれの生態学者、民族学者。国立民族学博物館名誉教授、総合研究大学院大学名誉教授、京都大学名誉教授。

国名	GNP（億ドル）	領土面積（万平方キロ）	人口（100万人）	ひとり当たりGNP（ドル）
日本	13,660	37.8	120.75	11,330
アメリカ	39,154	937.3	239.28	16,400
スイス	1,052	4.1	6.37	16,380
デンマーク	573	4.5	5.11	11,240
アイスランド	26	10.3	0.24	10,720
ノルウェー	576	32.4	4.15	13,890
オランダ	1,329	4.1	14.48	9,180
北海道	**546**	**8.4**	**5.67**	**9,637**

1985年時点における各国のGNPなど。北海道は北欧諸国と比べ遜色ない数値が並ぶが、ひとり当たりのGNPは、他国に比べ低い
（荒又重雄「北海道は『独立』できるか」より改編）

や西欧の幾つかの国」と比較して、それらの国々と無理なく並ぶ数値である。これは、「今は自立していない北海道にも、それらの国々の経済的達成を独力で自分のものに出来る可能性がきっとある、ということを示唆」しているという。

だが、この問題に対する荒又氏の回答は、「領土と人口に戻ってみたときの北海道の可能性と、今日の北海道経済の現実の達成の間の落差は、はなはだ大きいものがあると言わなくてはなりません」と、当然のことながら否定的だった。

荒又氏の問題提起からさらに20年の時が流れた。この間**バブル経済**の崩壊に伴い、地域の基幹金融機関である**北海道拓殖銀行**の経営破綻を経験した今日の北海道では、もはや

バブル経済　327ページ参照。
北海道拓殖銀行　327ページ参照。

「北海道独立論」という主張の片鱗もみることはできない。しかし、改めて河野の主張に立ち帰ってみると、それは、日本的なものに対する北方的なものの存在を主張するという点に力点が置かれていたのである。この点において河野の主張は、依然として色あせてはいないだろう。ただ、このような北海道独立論の主張は、北海道に植民した和人側の主張に過ぎないことも、確認しておく必要がある。

〔参考文献〕

今林直樹「沖縄独立論の系譜」〈宮城学院女子大学『キリスト教文化研究所研究年報』第34号〉（2001年3月）
明治前日本科学史刊行会編『明治前日本人類学・先史学史』（日本学術振興会、1971年）
海保嶺夫『近世蝦夷地成立史の研究』（三一書房、1984年）
河野廣道『北海道自由国論』（玄文社、1946年）
百瀬響「北進と民族学」〈中生勝美編『植民地人類学の展望』〉（風響社、2000年）
梅棹忠夫「北海道独立論」〈『中央公論』〉（1960年5月号）
荒又重雄「北海道は『独立』できるか」〈北海道大学放送教育委員会編『北海道経済の地平をさぐる』〉（北海道大学図書刊行会、1988年）

topic....55

研究目的で「発掘」されたアイヌ遺骨と返還問題

背後にある「学問のために」という免罪符

時代MEMO

1879年に道内で盗掘されたアイヌ遺骨が2017年、138年ぶりにドイツの民間学術団体より日本政府に返還された。国連の「先住民族の権利に関する宣言」に従い、外交ルートを通じて返還された第1号となった。

近年、アイヌ遺骨に関する報道を目にする機会が増えた。北海道大学（以下北大）が保管する遺骨にとどまらず、道外や海外のアイヌ遺骨に関する話題も取り上げられるようになっている。では、なぜアイヌの遺骨が大学で保管されたり、海外に持ち出されたりしたのだろうか。ここではその経緯を振り返り、こうした事態に至った背景を探ってみたい。

◆骨相学のブームにより高まったアイヌへの関心

19世紀、欧州では時ならぬ頭蓋骨ブームが起きた。その発端は、人の個性は骨の形によって決まるという**骨相学**《こっそうがく》（頭蓋計測学）の爆発的な広がりによるものだった。そして、やがてそれは人種差別を正当化するために用いられていく。

アメリカの科学者**サミュエル・G・モートン**は、多くの人種の頭蓋骨の容

骨相学　頭蓋骨の形状から、性格や精神的特性が推定できると主張する学説。19世紀の欧米で流行したが、科学的根拠を欠くなどの理由から衰退した。

サミュエル・G・モートン　1799〜1851年。アメリカ合衆国の医師、科学者。ペンシルベニア大学で解剖学の教授を務めた。

積を計測し、すべての人種の中で白人が一番優れているとの結論を出した。そうした風潮の中で、さまざまな地域の先住民の人骨研究が行われるようになったことから、開国したばかりの日本に住むアイヌへの関心が高まり、研究対象として頭蓋骨を欲しがる学者も多かったという。

そんな中、1865（慶応元）年に森村（現森町）と落部《おとしべ》村（現八雲町）で、イギリス人がアイヌ墓地をあばいて遺骨を盗掘する事件が発生した。盗掘の動機は「人類学の研究のため」とされたが、幕府はイギリスに対して強く抗議し、最終的に当時の英国領事は解任され、遺骨も返還されている（**注1**）。

さらに近年、この事件のほかにも外国人による盗掘が行われていた事実が明らかになってきた。これは、研究目的で本国に送られたアイヌ遺骨の存在が、次々と報告されるようになったためである。

前出の幕末に起きたアイヌ遺骨の盗掘は、外国人による非道な事件として国際問題にまで発展した。しかしその後、そうした盗掘を批判した和人自身によって、「学問」の名の下に再びアイヌの墓があばかれることとなった。

◆研究を目的に「発掘」された遺骨

かつて研究目的で収集されたアイヌの遺骨は、現在までに1630体ほどが確認されている。それらは、北大のほか東京大学や京都大学など、全国12の大学でいまも保管されている。こ

注1　しかし、森村の返還された遺骨は偽物で、実際の遺骨は英国に送られた可能性が高いとされる。

うした研究のための遺骨「発掘」は、東京帝国大学医学部教授をつとめた**小《こ》金井《がねい》良精《よしきよ》**の研究に端を発するものだった。

解剖学者であった小金井は、留学先のドイツで頭蓋骨の測定に興味を抱き、帰国後はアイヌ研究に没頭。1888(明治21)年と翌年、北海道各地でアイヌの墓を発掘し、遺骨を収集している。現在、東京大学に保管されているアイヌの遺骨は、この2度にわたる旅行の際に持ち帰られたものである。

また、アイヌの身体を詳しく計測し、それらのデータを用いて数々の論文を発表した小金井は、専門の解剖学に加えて、人類学の分野でも地位を築いた。また、京都大学が保管する遺骨も、京都帝国大学医学部教授であった**清《きよ》野《の》謙次《けんじ》**が、樺太のアイヌ墓地から発掘し、持ち帰ったものとされる。

そして、北大で保管される約1000体にもおよぶ大量の遺骨を収集したのが、**児玉作左衛門《こだまさくざえもん》**を始めとする北海道帝国大学医学部の教授たちであった。北大は医学部発足当時より、アイヌ研究に関心を持っていた。本格的にその研究に取り組む契機となったのが、1932(昭和7)年設立の日本学術振興会が設けた研究テーマの一つ「アイヌの医学的民族生物学的調査研究」に、同大学教授の山崎春雄と児玉が参画してからのことである。

この研究ではアイヌを「滅びゆく民族」と位置づけ、「アイヌ民族を研究することは、アイヌ民族の保護にも役立つ」と謳い、研究の意義を強調した。

小金井良精 1858〜1944年。解剖学者、人類学者。東京大学名誉教授。ドイツ留学後、東大で解剖学教授となり、日本解剖学会を創立。アイヌの骨格研究から、日本古代人はアイヌ人であると主張した。

清野謙次 1885〜1955年。病理学者、人類学者。京都大学教授。日本における生体染色学の創始者。同時に縄文人などの人骨を収集して計測を行い、統計学的手法で資料をまとめ、現代日本人とアイヌの祖先を日本石器時代人とする原日本人説を提唱した。

児玉作左衛門 1895〜1970年。解剖学者、人類学者。北海道帝国大学教授を経て同大医学部長となる。脳の形態学・組織学的研究およびアイヌ民族の人類学的研究で知られる。

こうしたテーマのもと、大規模な発掘調査が道内各地で行われた結果、特に児玉によって数多くの遺骨が墓から持ち出されたことがわかっている。1937（昭和12）年にこの調査研究が終了したのちも、児玉は北海道各地でアイヌ人骨の発掘と収集を続け、それは戦後まで続いた。

北海道大学構内にあるアイヌ納骨堂（筆者撮影）

◆徐々に進む大学からの遺骨の返還

各大学で保管される遺骨は、アイヌの目を盗んで持ち去られたものも少なくない。児玉自身は、「勝手に遺骨を持ち出したかつての研究者と違い、自分は承諾を得て発掘した」と述べている。しかし、「周囲のアイヌの承諾はなく、墓から勝手に骨を持っていった」との証言も、のちにアイヌ側から出ている（注2）ことにも留意したい。

1980年代に入って、アイヌ側から遺骨返還の要請が出たことで、返還の動きが見えはじめる。当初は学術研究を理由に、返還について難色を示していた北大であったが、の

注2　現代企画室編集部編『アイヌ肖像権裁判・全記録』より。

ちに方針を転換し、遺骨は可能な限り返還し、難しいものは1984(昭和59)年に大学構内に設置した**アイヌ納骨堂**で保管することを約束した。以来、毎年8月には、納骨堂でアイヌの慰霊祭**イチャルパ**が行われている。

その後、納骨堂に安置されている遺骨をめぐって、遺族から返還を要求する訴えが起こされ、北大との係争の末、2016(平成28)年に12箱分の遺骨が、「発掘」から約85年の時を経て浦河《うらかわ》町の杵臼《きねうす》コタンに返還された。その後も浦幌《うらほろ》や紋別《もんべつ》に遺骨が返還されており、長い時を経てようやく故郷の土に還ることができたのである。

このように、徐々に返還の動きはあるものの(**注3**)、いまだ返されていない遺骨も数多く残っている。これらについて日本政府は、現在白老《しらおい》町に整備中の「**民族共生の象徴空間**」に設置される予定の慰霊施設に、北大含む全国の大学に保管されている遺骨を集約し、保管を行うことにしている(**注4**)。

◆背後に見え隠れする「学問のため」という言葉

遺骨の研究に関する問題は、なにもアイヌに限ったことではない。例えば、京都帝国大学医学部を卒業した人類学者の**金関丈夫**《かなせきたけお》が、昭和初期に沖縄の今帰仁村《なきじんそん》の**百按司墓**《むむじゃなばか》から人骨を持ち出し、それらが母校の京都大学と金関が教授を務めた台北帝国大学(現国立台湾大学)に保管されていたことが判明し、波紋を呼んでいる(2

アイヌ納骨堂　1982年、北海道ウタリ協会(現アイヌ協会)と北大が、保管するアイヌ遺骨の取り扱いについて協議を開始。1984年、同大構内にアイヌ納骨堂が建立された。

イチャルパ　108ページ参照。

注3　海外からの遺骨の返還も徐々に進み、2017年7月にはドイツから頭骨一体が返還されている。

民族共生の象徴空間　アイヌの歴史や文化への理解促進などを目的とする国立の施設。2020年の一般公開に向け、整備が進められている。

注4　こうした政府の方針に対し、故郷への返還を望むアイヌの人々の声は根強く、2017年11月現在、日高地方の遺族が北大に遺骨返還を求める訴訟を起こしている。

017年2月16日付『琉球新報』）。2017（平成29）年11月現在、国立台湾大学との話し合いは返還の方向で進んでいるようだが（2017年11月1日付『琉球新報』）、京都大学は返還の是非をまだ明らかにしていない。

幕末の発掘事件、小金井、清野、児玉へと続く一連の流れ、さらに前出の金関による沖縄からの人骨持ち出しは、その背後に「学問のため」という言葉が見え隠れする。彼らの「真理の探究」は、墓を発掘し遺骨を収集するという行為におよび、それをほかの研究者も社会も止めることができなかった。そして持ち去られた遺骨の返還問題は、いまも解決に至っていない。「学問」の名のもとに発生したこの問題は、決して歴史上の出来事ではなく、いつ、どの時代でも起こり得る可能性がある。それだけに、学問のあり方やそれに対する社会の対応など、我々が学ぶべきことは多い。

金関丈夫　1897～1983年。人類学者、解剖学者。台北帝国大学などを経て、手塚山学院大学教授となる。弥生時代の人骨を研究し、日本人渡来説を主張。

百按司墓　16世紀以前、琉球王朝期の有力貴族の墓とされ、一帯には60基以上の古墓が集中する。

〔参考文献〕
北海道大学『北海道大学医学部アイヌ人骨収蔵経緯に関する調査報告書』（2013年）
植木哲也『新版　学問の暴力―アイヌ墓地はなぜあばかれたか』（春風社、2017年）
小井田武『アイヌ墳墓盗掘事件』（みやま書房、1987年）
現代企画室編集部編『アイヌ肖像権裁判・全記録』（現代企画室、1989年）

topic....56

「未来記」に描かれた50年、70年後の北海道

過去の人々が夢想した未来の北海道・札幌の姿

時代MEMO

朝鮮戦争特需による経済復興、そして1955年からの「高度経済成長」と、目まぐるしい発展と共に、経済大国へと歩みを進めた戦後の日本。そんな激動の時代を前に、北海道の未来を予想したある研究者がいた。

◆明治時代に発表された札幌の未来像

近・現代における日本社会の中でも、北海道ほど変化・発展の著しい地域は、ほかに例を見ないだろう。言うまでもなくそれは、北海道の近代史が「開拓」や「拓殖」、あるいは「開発」という行為を伴いながら「発展」してきたからにほかならない。

こうした近代の北海道であってみれば、ある時点において、そこから将来どのような発展を遂げるか予測するのは、極めて困難であると言える。だが、その困難な作業を行った事例が、まったくないわけではない。ここではそうした「未来物語」を紹介することで、21世紀における北海道や札幌を考える手がかりとしたい。

日清戦争後の1897(明治30)年2月、**札幌史学会**という歴史サークルの会員が執筆した『札幌沿革史』が出版されている。この本には附録として、

札幌史学会　北海道における社会科学の研究、特に「北海道の歴史地理を究むる」ことを目的として1892年に設立され(初代会頭は新渡戸稲造)、しばしば研究会を開いた。その成果としてまとめられたのが『札幌沿革史』である。

「五十年後札幌未来記」という大変興味深い内容の懸賞論文が収録されていた。著者は、札幌農学校予科生徒の安東幾三郎（嵩村）である。

「**条約改正**は半世紀の昔となれり。その后内地雑居実行されて移住の声全国至る所に聞え、札幌の如《ごと》き工業学術の好適地として月に日に開け行くまに〳〵、諸外邦より移住し来るもの引きも切らず」という文章で始まる「未来記」は、**神武紀元**《じんむきげん》２６０６年9月の札幌が舞台である。紀元２６００年が１９４０（昭和15）年にあたるから、紀元２６０６年は換算すると、１９４６（昭和21）年になる。

それでは、「未来記」に描かれた北海道と札幌の様子を紹介してみよう。

まず札幌市街は、「異様の風せし外国人今は市街に充ち満ちて大学者、資本家、工芸人より、なか〳〵に賤業を為して其《その》日を送る者に至る迄、数へんと欲するも到底及はさるに至れり」という状況であり、「異人種往来殊に雑踏する札幌駅前には、「伊太利《イタリア》人」が経営者する「いと立派なる三層の旅館」が建っている。現在の大通公園らしき場所は、「北海道人口四百万の紀念碑は巍《ぎ》然《ぜん》として中空を貫き、大小の噴水器、此処彼処《ここかしこ》に散見する処《ところ》、閑人三々五々打集ひて太平楽日を表す。植え渡す楡樹森々として繁茂し、桜花散て幾月、しかも緑葉尚《なお》混せず」という光景を見せていた。

ちなみに北海道の人口が４００万人を超えたのは、戦後の１９４８（昭和

条約改正　幕末から明治初頭にかけ、日本が欧米各国と結んだ条約は、関税自主権が無いなど日本にとって著しく不利な内容であった。その解消のため、明治政府は様々な外交交渉を重ね、1894年に法権回復や税率の一部引き上げを認めさせた日英通商航海条約に調印。1911年には、日米新通商航海条約の調印に成功、以後各国とも新条約を結び、税権が回復された。

神武紀元　記紀で伝えられる初代天皇、神武天皇が即位した、西暦紀元前660年を元年とする紀年法。皇紀、神武暦とも。

23)年である。紀念碑はいまだ建立されていないが、それほど現実と大きく外れているわけではないようだ。

そして、「**氏神山**《うじがみやま》」の頂上から見下ろす札幌市街は、

美なる哉《かな》、豊平河滾々《とうとう》として長《とこし》へに流れ、大小幾十の橋梁《きょうりょう》此処彼処を中断し、楓葉堤上《ふうようていじょう》に生繁《おいしげ》りひたすら降霜の候《こう》を待つもの、如く、近年の創造にか、る急流使用船は重荷を積て自由に河を上下するを観る（中略）人家稠密《ちょうみつ》整然として碁面を窺《うかが》ふが如く、北は石狩河、南は山鼻、西は手稲、東は白石に達し、遠き所は雲煙模糊《うんえんもこ》として識別すべからず。

と、描写されている。市内中央区学者街の北端には「人物養成所模範として全国に誇」る「北海大学」があり、豊平区月寒市街の真正面、小高い丘の上には「北海道の兵備」の要ともいうべき「北門師団兵営」があった。また、行政の中枢を担う「北海民政庁」は琴似区大主街にあり、かつての「旧北海道庁は修繕を加へて札幌市庁」となっている。そのほか市内には北海泥炭会社、北海道製麻会社、札幌麦酒会社、茨戸楡皮会社など多数の民間会社があり、「製造会社の多くは豊平河の両岸又は琴似区の運河に接せし辺」に立地していた。「烟突《えんとつ》林立して天を衝《つ》き、黒烟長蛇の如く靡《なび》くを見るも、此地の工業

氏神山　「未来記」に登場する架空の山。現在の円山のことか。1897年頃の札幌において、市街の全貌を見渡すことのできる比較的身近な山は円山しかない。しかも同地には1871年に「開拓三神」を祀る札幌神社の本殿が建立され、翌年には官幣小社、1899年に官幣大社に昇格した。この点も「氏神山」のイメージを連想させるものがある。

如何に盛大なるかを窺知《きち》するに足りなん」という活況である。

この論文では、未来の札幌の人口にも触れられている。「未来記」が予見する1946（昭和21）年の札幌は、「三十万余の人口を保ち、周囲は二十哩《り》あり」、その発達は目覚ましいので、これから20年後の1966（昭和41）年には「札幌が人口五十万を保つの大都会たらんと予期するなり」と述べられている。さて、この予測は果たして的中しただろうか。

論文が執筆された1896（明治29）年時点の札幌の戸口は5589戸・3万3710人であった。50年後の1946（昭和21）年には4万8590世帯・22万7223人に、さらに20年後の1966（昭和41）年では23万5589世帯・83万1533人となっている（『新札幌市史』第8巻Ⅰ統計編）。

1891年頃の札幌市街を描いたイラスト
（『明治24年札幌繁昌記』復刻版〈1975年、みやま書房〉より）

この実態からみると、50年後の人口予測は30万余人に対して約7万3000人ばかり少なく、さらに20年後の予測では、逆に50万人の予測を33万人ほど上回っていることになる。

◆後の都市学者が予見した「平成」の北海道

以上、1896(明治29)年から50年後の札幌、すなわち1946(昭和21)年の札幌を予想した「札幌未来記」の一節を紹介してきたが、1947(昭和22)年にも、北海道新聞社が「五〇年後の北海道」について懸賞募集を行い、入選作品が紙面で紹介されている。作品は「交通編」「教育編」「都市計画編」などがあるが、ここでは「交通編」を取り上げてみよう。時は1998(平成10)年6月という設定である。

一九九八年六月一日二十時三十分。東京駅から北海道行特急列車が発車しようとしている。巨大な円屋根の下に流線型電気機関車と軽金属の車両の列車が明るく輝いている。札幌行、釧路行、網走行等十数両の寝台、食堂、普通客車が連つている。普通車に入り広々とした車内の指定席につき、フォームの人波を見やるうちに、列車は静かにすべりだした。光の波は後に消え、時速百キロで暮れ果てた関東の野を突進する。完全防音の車内では話声も静まり、座席をかたむけて眠に入る人が増す。(中略)早朝、海は陽にきらめき、既に青森をすぎて陸奥湾西岸を快走している。三厩湾頭《みんまやわんとう》の今別《いまべつ》に停車、補助機関車をつけ、やがて三厩から数粁《キロメートル》、本州と北海道を結ぶトンネルに静に吸い込まれる。四十分の一勾配で降ること五粁。竜飛岬の海面下百二十米《メートル》の地点で列車は海底部分に達した。（中略）一九五三年に着工、二十年を経て一九七五年に完成したこのトンネルは、海底部十九粁、両端の地下部を合して全長約三十粁、複線、鉄道と自動車道をそなえ、ほゞ同時に開通したドーウバァ・カレー間英仏海底トンネルの延長四十粁にはおよばないが、水深五十米にみたぬ英仏海峡に比し工事の困難は数倍した。

ここで書かれている、**青函トンネル**の起工式が実際に行われたのは1954（昭和29）年1月のことで、無事に開通したのは1988（昭和63）年3月である。また、**英仏海峡トンネル**は1986（昭和61）年に工事に着手され、開通したのは1994（平成6）年のことだ。したがって、トンネル工事の細かな実施状況には誤りがあるものの、全体的な見通しにはそれほど大きな間違いがあるとはいえない。

さて、かつての「**北斗星**」を彷彿とさせる特急列車は20分余りでトンネルを抜けて北海道側に乗り入れ、福島に停車してトンネル区間は終わる。函館市の北

青函トンネル　321ページ参照。

英仏海峡トンネル　ドーバー海峡の海底を抜け、イギリスとフランスを結ぶ鉄道用トンネル。全長約50キロメートル。

北斗星　1988年3月、青函トンネルの開業に合わせて誕生した、上野〜札幌間を約17時間で結ぶ日本初の豪華寝台特急。車輛の老朽化や北海道新幹線の走行試験などの理由から、2015年に運行を終えた。

端の駅で、大阪始発の急行から札幌・小樽行きの客車が連結され、釧路・網走・稚内行きの客車は分離される（この大阪始発の急行は、あるいは「**トワイライトエクスプレス**」の前身と言えるかもしれない）。やがて特急は北上を開始し、森・長万部を過ぎてトンネルの連続する旧室蘭線を通過する。東室蘭、苫小牧を経て樽前山の噴煙を眺めるうちに、右手に大型航空機の発着する千歳空港が見えてくる。

野幌丘陵を一気に過ぎると白石東方から複々線となり、併行線に電車の快走するのをみる。石狩川流域の諸都市を結ぶ国鉄の電車である。札幌間を七分半間隔、余市、滝川へは十五分間隔で運転され、夕張、芦別、留萌、旭川へも延長し、急行電車は旭川札幌間二時間を要しない。その頻繁な運転はこの地帯を一つの経済的、文化的統一に融合するのに大きな働きをなしている。

札幌（も）ま近い気はいが車中に感じられるうちに豊平川がきらめき、高架線上からは高層建築が日光の中にそびえるのが望まれる。正十二時、千二百三十七粁を走破して列車は札幌駅にすべりこむ。

以上の論文を読んで、これが今から60年も前に書かれた文章と考えられる

トワイライトエクスプレス
1989年から運行を開始した豪華な仕様の臨時寝台特急。大阪〜札幌間を約21時間で結んだが、車輌の老朽化などにより2016年に運行を終えた。

だろうか。とりわけ鉄道の電化により、札幌を中心とした石狩平野とその周辺の諸都市が「一つの経済的、文化的統一」地帯として結びつけられているという指摘は鋭い。ちなみにこの懸賞論文の当選者は、経済地理学・都市問題の専門家として後に北海道大学や北星学園大学で教鞭をとられた、**大爺《おおや》栄《えい》一《いち》**氏である。

一方、「札幌未来記」に話を戻すと、人口わずか３万５０００人規模の段階で、50年後と70年後の人口を予想するのだから、極めて困難なことはいうまでもないだろう。こちらでは札幌が工業都市として成長することを指摘しているが、この点は実態と異なっている。

ただし、札幌がなぜこのように成長したのかという基本的な問題に対する次の問答は、21世紀の札幌や北海道を考える上で大いに参考になるだろう。

「嗚呼《ああ》かく札幌の進歩するは一に農工業に源を帰せずんばあらず」
「否《いな》農工業のみにあらず、他に一源因あり、学術の進歩是《これ》なり」
（『札幌沿革史』附録「五十年後札幌未来記」）

［参考文献］
札幌史学会編『札幌沿革史』（１８９７年、北海道出版企画センターより１９７９年に復刻）
『新札幌市史』第８巻Ⅰ統計編（２０００年）

大爺栄一　１９１６年〜１９９９年。北海道帝国大学農学部卒業、北海道大学経済学部教授を経て北星学園大学経済学部教授となる。アメリカにおける都市の発達、西ドイツにおける人口移動問題など経済地理学の研究が専門。

あとがき

「新しい視点に立った北海道史の概説書を是非作りたい」、このような企画案を携えて、亜璃西社編集部の本多政史編集長(当時)が豊平区西岡にある札幌大学経済学部の私の研究室を訪ねてきたのは、2005年11月下旬のことである。

その後に、本書を担当することになった編集部の井上哲・宮川健二の両氏から寄せられたメールは次のような内容だった。

①原始・古代から近・現代までの出来事を時系列的に構成すること。

②一般的な事実をそのまま並べるのではなく、読者の興味をひくようなトピックを取り入れて欲しい。

③対象とする読者は幅広く、中学生の副読本的な役割を持ちながら、大人の知的好奇心を刺激するものとしたい。

このように、かなり無理と思われる要求(?)に加えて、私ひとりでまとめて欲しいとの要請であったが、近・現代史を専門とする私にとって近代以前の執筆は手に余った。そこで、文化学部の川上淳氏にこの部分の執筆をお願いすることにした。

しかし、「既存の北海道史概説とは違った内容にして欲しい」という編集部の要請がプレッシャーとなり、執筆はなかなか進まなかった。2007年夏には、川上氏は担当部分をほぼ脱稿されていたが、私はようやく3分の2程度を執筆したに過ぎなかった。私がすべての原稿を書き上げたのは、今年1月下旬のことである。

だが、近・現代全体をカバーすべきところ、特に現代の部分が手薄となってしまった点は私の力量不足である。この点については、別の機会に是非とも実現したいと考えている。

なお、私の担当した全26話のうち、第43話、第46話については、ふだん何かとお手伝い願っている金沢恵理さん（北海道札幌星園高校講師）に執筆をお願いした。また本書の執筆にあたっては、参考文献のほかにも多くの研究成果を利用させていただき、写真資料は北海道大学附属図書館や根室市歴史と自然の資料館など各関係機関の協力を得た。ここに深く感謝したい。

依頼を受けて2年あまり、執筆をともかく終えることができたのは、亜璃西社の本多前編集長を始め、井上・宮川両氏の熱意に溢れた督促のおかげである。

本書が、多くの方々の手に取っていただけることを期待して筆を置く。

２０１１年４月　執筆者を代表して

桑原　真人

増補版あとがき

「はじめに」でも記したように、本書が刊行されて10年の歳月が過ぎた。来る２０１８年は、１８６９年に蝦夷地が「北海道」と改称されてから１５０年が経過する節目の年にあたり、北海道が中心になって様々な記念行事が企画されている。

しかし、「北海道１５０年」という発想自体が、戦前の「開道50年」、戦後の「北海道百年」の延長線上にあり、「和人ファースト史観」とでもいうべき「開基意識」の体現に他ならない。本書は、このような問題を含めて、北海道の歴史を見直す手がかりを与えてくれることと思う。

なお、増補版は新たに近世で2話、近代で2話を追加し、全体を56のトピックスで構成している。このうち、私の担当したのは近代の28話であるが、第45話（旧第43話）、第48話（旧第46話）に加えて、第50話、第55話についても、金沢恵理さん（札幌大学史編さん委員会調査員）に執筆をお願いした。

２０１７年12月

桑原　真人

◆年表

年代	時代・文化	北海道
1万5000年前		陸橋の水没により、北海道が島となる。白滝遺跡の黒曜石、本州・サハリン・シベリアからも出土。【topic02】
1万2000年前	縄文草創期	江別市大麻Ⅰ遺跡から本道最古の土器が出土。【topic03】
8000年前	縄文早期	アムール地域原産の石刃のやじりが、道東を中心に分布。
6000~4000年前	縄文前期~中期	縄文海進が進み、道内各地に貝塚がつくられる。
4000~3000年前	縄文後期~晩期	環状列石・環状土籬がつくられ、呪術的精神文化の高揚がみられる。
2100~1700年前	続縄文前期	伊達市有珠モシリ遺跡から出土の貝製品は、西日本との間に〝貝の道〟があったことを示す。【topic04】
1700~1200年前	続縄文後期	道央を中心に、河川を利用したサケ・マス漁に依存。この時期の土器が東北地方から出土。【topic04】
1500~1000年前	オホーツク文化	オホーツク海沿岸に、北方の海洋性文化が展開。【topic06】
1200~800年前	擦文文化	本州文化の影響で成立し、アイヌ文化の母体となる。【topic05】

西暦	年号	北海道
802	(延暦21)	この年、坂上田村麻呂が、胆沢地方の「蝦夷」の指導者だった阿弖流為らを反乱者として征伐、平定する。【topic07】
1219~24	承久1~元仁1	この頃、安東氏蝦夷管領を命ぜられる。【topic07】
1454	亨徳3	**8**—28 安東政季、武田信広らを伴い夷嶋にのがれる。【topic09】
1456	康正2	この年、マキリの価格をめぐってアイヌと和人が対立、アイヌが蜂起に至り「コシャマインの戦い」がおこる。【topic09】
1457	長禄1	この年、コシャマインに率いられたアイヌ軍、道南の10館を陥落させるが、上ノ国花沢館主蠣崎季

		繁の客将武田信広に討たれる。武田氏は蠣崎を名乗る。【topic10】
1482	文明14	4― 夷千島王遐叉、朝鮮に使者派遣。【topic10】
1590	天正18	12―29 蠣崎慶広、聚楽第で初めて秀吉に拝謁。【topic11】
1593	文禄2	1―2 蠣崎慶広、名護屋の陣営で秀吉に拝謁。【topic11】
1599	慶長4	11―7 蠣崎慶広、大坂城にて徳川家康に拝謁。この時、姓を松前氏に改める。【topic11】
1604	9	1―27 松前慶広、徳川家康の黒印状を交付される。【topic11】
1618	元和4	この年、イエズス会宣教師アンジェリス、松前に渡来、布教を行う。【topic12】
1639	寛永16	8― 松前藩、切支丹宗徒100人余を処刑。【topic12】
1643	20	8― オランダ東インド会社の船が、アッケシに渡来。【topic08】
1669	寛文9	夏、シベチャリの首長シャクシャインの主導で反和人、反松前藩の戦い「シャクシャインの戦い」がおこる。10―22 シャクシャインが謀殺され、戦いは終結。【topic14】
1717	享保2	6―23 幕府、巡見使を松前に派遣。この時の記録「松前蝦夷記」に場所請負の始まりを示す記事。【topic13】
1778	安永7	6―9 ロシア船ナタリア号でシャバーリン一行、ノッカマップに来航。翌年、松前藩吏、アッケシのツクシコイで折衝、通商を拒絶して帰国させるが、この件を幕府に報告せず。【topic15】
1783	天明3	1― 工藤平助『赤蝦夷風説考』を著す。翌年、蝦夷地調査の必要性を示す資料として、老中田沼意次のもとへ提出。【topic15】
1785	5	3― 幕府の蝦夷地調査隊、松前に到着。2隊に分かれて東西蝦夷地を調査。翌年、最上徳内らクナシリ・エトロフ・ウルップ島を調査し、大石逸平はカラフトを調査する。【topic24】
1786	6	10― 幕府、蝦夷地調査の中止を決定。【topic18】
1789	寛政1	5―7 クナシリ・メナシアイヌ、飛騨屋の使用人らの横暴に抗して蜂起(クナシリ・メナシの戦い)。【topic16】 7― アイヌ首長たちの協力で、松前藩による鎮圧が成功。【topic17】
1792	4	9―5 ロシアの遣日使節ラクスマン、ネモロに来航。翌年、松前で幕吏が交渉して通商は拒否、長崎に来航の信牌を交付し帰国させる。【topic19】

西暦	年号	北海道
1798	10	5— 幕府の蝦夷地巡見隊、松前に到着。7— 近藤重蔵らエトロフ島へわたり、「大日本恵登呂府」の標柱を立てる。【topic21】
1799	11	1—16 東蝦夷地の仮上知を決定。東蝦夷地の場所請負制を廃して幕府の直営による蝦夷地経営が始まる（第1次蝦夷地幕領期）。【topic15】
1804	文化 1	この年、幕府が蝦夷三官寺を建立。【topic25】 9—6 ロシア遣日使節レザノフ、信牌をもって長崎に来航、通商を求める。翌年3月まで交渉、通商を拒絶され帰国。【topic20・22】
1807	4	3—22 幕府、松前・西蝦夷地一円の上知を決定。松前藩は奥州梁川へ国替え。4—29 フヴォストフら、択捉島シャナ会所を襲撃。幕府役人や警備の藩士らは敗走。【topic15・26】
1808	5	この年、松田伝十郎・間宮林蔵のカラフト調査が行われ、島であることを確認。【topic24】
1811	8	6—4 ロシア船将ゴローニンら8人、クナシリ島で拉致され、松前に幽閉。翌年には高田屋嘉兵衛がクナシリ近海で捕まり、カムチャツカへ連行される。【topic23】
1813	10	9— 高田屋嘉兵衛の仲介で、ゴローニンら箱館より帰国。【topic23】
1821	文政 4	12— 幕府、松前藩へ旧領を返還。【topic26】
1845	弘化 2	この年、松浦武四郎、東蝦夷地・箱館・松前を踏査。以後、安政年間までに東西蝦夷地・カラフト・クナシリ・エトロフを調査。【topic27】
1853	嘉永 6	7—18 プチャーチン、長崎に来航し、国交および樺太・千島の国境確定を要求。【topic28】
1854	安政 1	この年、福山（松前）城竣工。6—30 箱館奉行設置。12—21 日露通好条約調印。【topic26・28】
1855	2	2—22 幕府、木古内以東、乙部以北の地を上知（第2次蝦夷地幕領期）。【topic28】
1867	慶応 3	2—25 樺太島仮規則調印。日露両国人の雑居を決定。【topic28】
1868	明治 1	4—12 箱館裁判所設置。閏4— 箱館裁判所を箱館府と改称。【topic30】 10—20 榎本武揚率いる艦隊、鷲ノ木に上陸し五稜郭・箱館にむかう。
1869	2	5—18 旧幕府軍降伏し、箱館戦争終結。6—24 15代藩主松前兼広、版籍奉還して館藩知事となる。7—8 開拓使設置。8—15 蝦夷地を北海道と改称し、11国86郡を配置。【topic29】

1871	4	7—14 廃藩置県により、館藩を廃し館県を設置（9— 館県、弘前県に併合）。【topic31】
1872	5	9—20 開拓使、北海道土地売貸規則・地所規則を制定。
1873	6	6—28 亀田〜札幌間の新道完成（札幌本道）。【topic33】
1874	7	8—2 陸軍中将兼開拓次官黒田清隆、参議兼開拓長官に任じられる。
1875	8	5—7 樺太・千島交換条約調印（11—10 公布）。5— 最初の屯田兵198戸965人が札幌郡琴似村へ入地。【topic34】 10— 樺太からアイヌ108戸841人を天塩国宗谷に強制移住させる（翌年6— さらに石狩国対雁に強制移住）。【topic32】
1878	11	11—4 開拓使、アイヌの取扱いにあたり、呼称を区別する際は「旧土人」とする。【topic32】
1879	12	12— 幌内炭山開坑。
1881	14	9—15 樺戸集治監開庁。【topic36】
1882	15	2—8 開拓使を廃し、函館・札幌・根室の3県を設置。【topic35】 7—5 空知集治監開庁。【topic42】
1883	16	1—29 農商務省に北海道事業管理局をおき、旧開拓使の官営事業を所管。【topic35】
1885	18	8— 太政官大書記官金子堅太郎、道内を視察（帰京後「北海道三県巡視復命書」を提出）。
1886	19	1—26 3県1局を廃止し、北海道庁を設置。【topic37】 6—29 北海道土地払下規則公布。
1888	21	12—14 北海道庁の本庁舎落成。
1889	22	1—22 函館・江差・福山に徴兵令施行。【topic38】 この年、幌内鉄道・野幌駅が開設される。【topic39】
1890	23	この年、「屯田兵召募規則」が制定され、屯田兵の応募資格が平民まで拡大される。【topic40】
1892	25	3— 利別原野に福島県会津猪苗地方からの開拓移民12戸が入植。【topic41】
1894	27	12—20 幌内炭鉱、囚人使役を中止。
1895	28	9—21 渡島・胆振・後志・石狩4カ国に徴兵令施行を決定。【topic38】
1896	29	5—12 第7師団を創設し、屯田兵司令部を廃止。
1898	31	1—1 北海道全道に徴兵令施行。【topic38】

西暦	年号	北海道
1899	32	**3**—2 北海道旧土人保護法公布。【topic43】
1901	34	**9**—3 北海道毎日新聞・北門新報・北海時事が合併し北海タイムス社設立、『北海タイムス』創刊。
1903	36	**3**—1 「第5回内国勧業博覧会」の人類館で、アイヌの人々が展示される。【topic44】
1904	37	**2**—14 日露開戦に伴い函館に戒厳令施行。
1906	39	**8**— 対雁移住アイヌの残留者395人、樺太へ帰還。
1908	41	**3**—7 国有鉄道青函連絡船営業開始。
1909	42	**1**—11 北海道庁本庁舎の内部全焼、公文書を多数焼失。【topic45】
1910	43	**4**—1 北海道拓殖事業15年計画（第1期拓殖計画）実施。
1912	大正 1	**4**—29 夕張炭鉱でガス爆発、死亡269人。
1914	3	**11**—28 新夕張炭鉱でガス爆発、死亡422人。
1916	5	**3**— 新冠村姉去部落のアイヌ全80戸、平取村上貫気別に強制転住。
1918	7	**4**—1 北海道帝国大学を札幌に設置。**8**—1 開道50年記念の北海道博覧会を、札幌・小樽で開催（50日間、入場者140万人）。**8**—12 札幌の路面電車、博覧会を機に初走行。
1920	9	**6**—14 夕張炭鉱でガス爆発、死亡209人。
1921	10	**4**—14 函館大火、2041戸焼失。
1922	11	**3**—17 滋賀県出身の藤田留次郎が、北海道などにおける「土工部屋」での過酷な実態に抗議すべく、皇居前にて自殺する。【topic46】
1925	14	**10**—16 小樽高商の朝鮮人を仮想敵とした野外演習に抗議する「小樽高商軍教反対事件」発生。
1926	昭和 1	**5**—24 十勝岳大噴火、泥流のため死者・行方不明者144人。
1927	2	**4**—1 北海道第2期拓殖計画実施（20カ年計画）。【topic47】
1929	4	**6**—17 駒ケ岳大爆発、山麓8町村に家屋全壊365戸などの甚大な被害。
1930	5	**7**— 北海道アイヌ協会設立。
1934	9	**3**—21 函館大火発生、市街の3分の1を焼く。1万176棟焼失、死亡2054人。

1936	11	9—26 昭和天皇、陸軍特別大演習のため室蘭に到着。以後道内各地を巡幸。この年、札幌・狸小路の「横綱」で山田喜平・マサ夫妻の指導のもと、ジンギスカンの試食会を開催。【topic48】
1937	12	4—1 日本航空輸送、札幌～東京間の定期航空路を開設。
1940	15	7—15 札幌で全国初となる米の通帳配給制を実施。【topic50】
1941	16	11—26 日本海軍機動部隊、ハワイ攻撃のため択捉島単冠湾を出航。
1942	17	11—1 北海タイムス・小樽新聞など11紙が合併し、『北海道新聞』を創刊。【topic49】
1943	18	6—1 北海道一・二級町村制廃止。この年、中国人労働者の国内試験移入を開始。【topic51】
1944	19	2— 札幌市会で議員が大通公園の菜園化を提案。【topic50】 6—23 壮瞥村の麦畑で火山噴火、昭和新山が出現。
1945	20	7—14 全道各地、アメリカ軍の空襲・艦砲射撃をうける（～15）。9— 道内炭鉱で朝鮮人・中国人労働者の闘争による暴行事件多発(～10)。10— アメリカ軍、全道各地に進駐。【topic52】
1946	21	3—3 道庁、北海道開拓者集団入植施設計画を定め、緊急開拓事業に着手。【topic53】 5—17 河野廣道著『北海道自由國論』（玄文社）刊行。【topic54】
1950	25	2—18 第1回札幌雪まつり開催。6—1 北海道開発法施行、北海道開発庁発足。
1952	27	3—4 道東一帯に大地震（十勝沖地震）。死亡30人。
1954	29	1—6 青函トンネル工事の起工式挙行。【topic49】 9—26 台風15号襲来。青函連絡船洞爺丸など5隻沈没、岩内町で大火発生、死亡1320人・行方不明206人、家屋全壊・全焼9689戸（洞爺丸台風）。【topic49】
1956	31	4— 根釧原野パイロット・ファームの入植開始。12—22 NHK札幌中央放送局のテレビ開局。
1961	36	4—13 北海道アイヌ協会、北海道ウタリ協会に改称。
1963	38	2—11 青函トンネル調査坑着工式、福島町吉岡で挙行。
1968	43	7—16 函館市志海苔町で、甕3個から中世古銭37万4000枚発見。【topic09】 9—2 北海道百年記念式典を札幌市円山競技場で開催。【topic29】
1972	47	2—3 第11回冬季オリンピック札幌大会開幕。4—1 札幌市、政令指定都市となる。

西暦	年号	北海道
1977	52	**8**—7 有珠山噴火。洞爺湖温泉、避難命令により一時無人となる。
1983	58	**1**—27 青函トンネル、着工以来19年ぶりに先進導坑が貫通。
1984	59	**5**—27 道ウタリ協会、総会で「アイヌ民族に関する法律（案）」を採択。
1985	60	**3**—10 青函トンネル本坑貫通（53・85㎞）。着工から20年10カ月目のこと。**【topic56】**
1988	63	**3**—13 JR津軽海峡線（函館〜青森間）開業。青函連絡船廃止。**7**—20 新千歳空港開港。
1989	平成 1	**6**—22 北電の泊原発1号機、営業運転を開始。
1993	5	**1**—15 釧路沖でマグニチュード7・8の地震発生。2人死亡・368人負傷。**7**—12 北海道南西沖地震発生（マグニチュード7・8）、各地に津波襲来、奥尻島で大火発生。死亡200人・不明34人。
1994	6	**7**—19 アイヌ民族出身の社会党の萱野茂、参議院議員に当選。
1996	8	**2**—10 古平町豊浜トンネルで岩盤崩落事故発生、20人死亡。
1997	9	**5**—8 「アイヌ文化振興法」、衆議院で可決成立。**11**—17 拓銀、多額の不良債権を抱えて経営破綻。
1998	10	**12**—20 新規参入の北海道国際航空（エア・ドゥ）、新千歳〜羽田便を就航。
2000	12	**3**—31 有珠山、23年ぶりに噴火。**6**—27 雪印乳業の集団食中毒が発覚。
2001	13	**6**—2 札幌ドーム、札幌市豊平区に開業。
2002	14	**1**—30 国内最後の坑内掘り炭鉱、太平洋炭砿が閉山。
2003	15	**3**—6 JR札幌駅南口にJRタワー開業。**4**—13 北海道知事選挙で高橋はるみ候補が当選、道政史上初の女性知事。**8**—5 北海道初のプロ野球球団となる北海道日本ハムファイターズ設立。
2004	16	**12**—1 函館市と戸井・恵山・椴法華・南茅部の4町村が合併し、新「函館市」が誕生。
2005	17	**5**—22 北海道新幹線の新青森—新函館間の建設起工式、北斗市で挙行。**7**—14 ユネスコ（国連教育科学文化機関）の世界自然遺産に、知床が登録される。
2006	18	**3**—1 平成の大合併で道内市町村数が180に。**10**—26 北海道日本ハムファイターズ、44年ぶりに日本一の座につく。**11**—7 佐呂間町若佐地区で大規模な竜巻が発生、9人死亡。
2007	19	**3**—6 夕張市が深刻な財政難から財政再建団体に移行。**6**—8 函館市南茅部出土の中空土偶、道

		内初の国宝に指定。【topic03】
2008	20	6—6「アイヌ民族は先住民族」の国会決議を、衆参両院とも全会一致で可決。6—28 道議会が支庁制度改革条例を可決。7—7 洞爺湖町で第34回主要国首脳会議（北海道洞爺湖サミット）を開催。
2009	21	1—29 道内最大手百貨店の丸井今井が民事再生法を申請。4—1 北海道ウタリ協会、北海道アイヌ協会に改称。7—16 大雪山系トムラウシ山、美瑛岳で10人死亡。夏山史上最悪の遭難。
2010	22	4—1 明治以来続いた支庁体制が、振興局に再編。6— 札幌でAPEC貿易相会合開催。7—29 箱館奉行所が139年ぶりに復元。10—6 鈴木章北海道大学名誉教授らにノーベル化学賞授与。
2011	23	3—11 宮城県沖を震源とする東日本大震災が発生。死者・行方不明者は約2万人に。道内でも道東で4メートル超の津波を観測。東京電力福島第1原発では全電源を喪失し、炉心溶融の事態に。
2012	24	7—23 政府と北海道電力、39年ぶりに節電要請。この日から節電期間が始まる。11—28 記録的な暴風雪により、室蘭、登別などで大規模停電が発生。
2013	25	4~12 JR北海道で事故や不祥事が相次ぐ。検査データの改ざんも発覚。
2014	26	12—1 北海道新幹線の走行試験が始まる。
2015	27	4—12 北海道知事選で現職の高橋はるみ、女性知事として初の4選。
2016	28	3—26 北海道新幹線（新青森—新函館北斗間）開業。8— この月、2週間に4つの台風が襲来。記録的な大雨により道内各地で堤防決壊や道路冠水など甚大な被害が発生。
2017	29	7—31 明治期に北海道で盗掘され、ドイツで保管されていたアイヌ遺骨、138年ぶりに返還。【topic55】 10—28 昨夏の台風被害で通行止の日勝峠、約1年2カ月ぶりに開通。
2018	30	9—6 北海道胆振東部地震が発生。国内初の全域停電（ブラックアウト）が起きる。
2019	令和 1	4—19 アイヌ民族を先住民族と初めて明記したアイヌ新法「アイヌの人々の誇りが尊重される社会を実現するための施策の推進に関する法律」が参院本会議で成立。
2020	2	7—12 白老町にアイヌ文化の復興拠点、ウポポイ（民族共生象徴空間）が開業。
2021	3	7—27 北海道・北東北の縄文遺跡群が世界文化遺産に登録。

※田端宏・桑原真人・船津功・関口明 著『北海道の歴史』（山川出版社、2000年）の年表を元に一部改変して作成

索　　引

【あ】

【い】

【う】

【え】

【お】

【か】

【き】

■著者プロフィール

桑原真人（くわばら・まさと）

北海道大学大学院文学研究科修士課程修了、札幌大学元学長、札幌大学名誉教授。著書に『近代北海道史研究序説』（北海道大学図書刊行会、1982年）、『北海道の歴史』（共著、山川出版社、2000年）など。

川上淳（かわかみ・じゅん）

駒沢大学文学部歴史学科卒、立正大学大学院文学研究科史学専攻修了、現・札幌大学地域共創学群文化学系教授。著書に『千島通史の研究』（北海道出版企画センター、2020年）など。

■章扉図版

「蝦夷錦」（北海道博物館所蔵）

■制作協力・写真提供

金沢恵理

札幌市公文書館／標茶町史編さん事務局／東京大学史料編纂所／根室市歴史と自然の資料館／函館市中央図書館／北海道大学附属図書館北方資料室／北海道博物館／山川出版社

増補版 北海道《ほっかいどう》の歴史《れきし》がわかる本《ほん》

2018年1月31日 第1刷発行
2022年6月24日 第2刷発行

著　者　桑原《くわばら》真人《まさと》
　　　　川上《かわかみ》淳《じゅん》
装　幀　佐々木正男
編集人　井上哲
発行人　和田由美
発行所　株式会社亜璃西社（ありすしゃ）
　　　　〒060-8637 札幌市中央区南2条西5丁目6-7
　　　　TEL （011）221-5396
　　　　FAX （011）221-5386
　　　　URL http://www.alicesha.co.jp
印刷所　株式会社アイワード

ISBN 978-4-906740-31-4 C0021